Gute Selbstfürsorge bedeutet,

erst einmal gut für sich selber zu sorgen.

Erst dann kann man für andere sorgen.

Hinweis: Alle Informationen und Hinweise, die dieses Buch enthält, wurden von der Autorin nach besten Wissen und Gewissen erarbeitet und mit größtmöglicher Sorgfalt überprüft. Unter Berücksichtigung des Produkthaftungsrechts weist die Autorin darauf hin, dass inhaltliche Fehler und Auslassungen nicht völlig auszuschließen sind. Für etwaige fehlerhafte Angaben kann die Autorin, der Verlag oder Verlagsmitarbeiter keinerlei Verpflichtung und Haftung übernehmen. Korrekturhinweise sind jederzeit willkommen und werden gern berücksichtigt.

Des Weiteren dient dieses Buch nur Informationszwecken und der Aufklärung über Zusammenhänge. Empfehlungen basieren auf eigenen Erfahrungen und sind weder eine medizinische noch therapeutische Beratung.
Die Autorin übernimmt keine Haftung oder Verantwortung für entstandene Schäden durch angewandte Methoden und haftet folglich auch nicht. Es wird dringend allen Lesern, die diese Methoden anwenden möchten, empfohlen, sich an einen Arzt oder Heilpraktiker des Vertrauens zu wenden.

Dieses Buch ist vor allem ein Erfahrungsbericht. Nachahmungen liegen in der Verantwortung des Lesers. Die Autorin kann dafür keine Haftung übernehmen.

Die Autorin erklärt, dass sie für namentlich genannte Produkte keinerlei Werbeprovisionen oder Ähnliches erhält und dass es sich bei den Vorschlägen lediglich um Beispiele handelt. Ebenso kann die Autorin keine Garantie für die Qualität der Produkte übernehmen.

STABILITÄT KANN MAN LEBEN –
Psychische Gesundheit erlangen und behalten

von Annett Oehlschläger

FSC
www.fsc.org
MIX
Papier aus verantwortungsvollen Quellen
Paper from responsible sources
FSC® C105338

Bibliografische Information der Deutschen Nationalbibliothek:
Die Deutsche Nationalbibliothek verzeichnet diese Publikation in der Deutschen Nationalbibliografie; detaillierte bibliografische Daten sind im Internet über http://dnb.dnb.de abrufbar.

www.bipolar-lotse.de

Satz & Layout: Marlis Konrad, www.marlis-konrad.de
Illustrationen: Peter Ruge, www.ruge-cartoons.de
Lektorat: Florian Hauschild, www.schoenkost.com

Herstellung und Verlag: BoD – Books on Demand, Norderstedt
ISBN: 978-3-758-31597-8

Inhaltsverzeichnis

STABILITÄT KANN MAN LEBEN –
Psychische Gesundheit erlangen und behalten

Vorwort

Stellen Sie sich vor, Sie leiden an einer Krankheit und suchen fast ein Jahrzehnt lang bei zuständigen Fachärzten und Experten nach Heilung. Doch die erhoffte Genesung tritt nicht ein. Zwar gelingt es, die Symptome zu lindern, doch Ihr Leben ist weiterhin im hohen Maße von der Erkrankung bestimmt. Es ist Ihnen nicht möglich, einen unbeschwerten Alltag zu leben, Ihre Aufgaben zu erfüllen, sich einfach gesund zu fühlen.

Wie viele Menschen würden da einfach die Flinte ins Korn schmeißen? Annett Oehlschläger hat sich für einen anderen Weg entschieden. Als bei der früheren Lehrerin im Jahre 2007 eine Bipolare Störung diagnostiziert wurde, folgte zunächst eine Odyssee durch Psychiatrien und Arztpraxen. Insgesamt 24 Klinikaufenthalte und unzählige Arztbesuche sowie das gesamte Repertoire der pharmazeutischen Medizin waren Teil dieser Behandlung. Auch davon werden Sie in diesem Buch ausführlich lesen. Doch am Ende dieses Weges stand eben keine Heilung, sondern die Aussage der Ärzte, dass mehr als das Erreichte nicht zu erwarten sei. Gesund fühlte sich Annett Oehlschläger jedoch lange nicht.

Um dies einordnen zu können, ist es wichtig, sich das Krankheitsbild der Bipolaren Störung, unter dem in Deutschland ca. 1 Millionen Menschen leiden, kurz zu vergegenwärtigen: Das Leben der Betroffenen ist von unkontrollierten Schwankungen in Stimmung und Antrieb geprägt. Wie der Name der Krankheit schon sagt, hat diese zwei Pole: Schwere Depressionen, mit der Gefahr bis hin zum Suizid, und ebenso heftige euphorische Manien, welche sich nicht selten in psychotische Zustände steigern können. Weder ist es so möglich, einem geregelten Alltag nachzugehen, noch bleibt dies für das Arbeits- und Sozialleben folgenlos. Viele Betroffene fühlen sich wie eine Geisel ihrer Krankheit, der sie scheinbar hilflos ausgeliefert sind. Das Ziel: endlich wieder Stabilität erlangen.

Die Bipolare Störung reiht sich in eine ganze Liste von sogenannten Nichtübertragbaren Krankheiten (NüK) ein, welche im Volksmund auch als „Zivilisationskrankheiten" bezeichnet werden. Zu diesen Erkrankungen gehören unter anderem auch Krebs, Demenz, Diabetes und die Herzkreislauf-Erkrankungen. Wenn wir uns die Mortalitätsstatistik anschauen, sterben in Deutschland 90 % der Menschen an und mit solchen Krankheiten. Da bleibt kaum noch ein anderes nennenswertes Krankheitsbild übrig. Was haben all diese Krankheiten miteinander zu tun, werden Sie sich vielleicht fragen. Sind dies nicht alles völlig unterschiedliche Krankheitsbilder mit jeweils individuellen Ursachen?

Als emeritierter Professor für Nuklearmedizin habe ich den ersten Teil meines Berufslebens streng nach schulmedizinischen Prinzipien gearbeitet. Doch gegen Ende meiner universitären Laufbahn wurde mir klar: Die Epidemie der Zivilisationskrankheiten, welcher heute weltweit rund 40 Millionen Menschen jährlich zum Opfer fallen, hat klar benennbare Ursachen: Es sind vielfältige Faktoren unseres modernen Lebensstil, die oft nicht den evolutionären Bedürfnissen unseres Organismus gerecht werden. Und auch die Lösung liegt damit auf der Hand: Gezielte Veränderungen dieser Faktoren des Lebensstisl, vor allem wenn sie multimodal angewendet werden, sind in der Lage, schwere Erkrankungen zu heilen, bei denen selbst Fachärzte und die mit Milliarden Euro ausgestattete Pharmaindustrie die Segel streichen.

Annett Oehlschläger beweist genau das anhand ihrer eigenen Krankheits- und Genesungsgeschichte in Bezug auf ihre Bipolare Störung. Schon in ihrem ersten Buch „Stabilität kann man essen?!" zeigte die Expertin aus Erfahrung ein besonders hohes Maß an Kompetenz. Schwerpunkt dieses Werkes ist die Frage: Wie beeinflusst die Ernährung die Psyche und was können Betroffene von psychischen Erkrankungen durch eine bewusste Ernährungsumstellung erreichen? Längst ist dieses ausführliche Fachwissen nicht nur für Betroffene einer Bipolaren Störung interessant und hilfreich. Gemeinsam mit Annett Oehlschläger führte ich dazu ein ausführliches Gespräch, welches bereits fast 100.000 Menschen erreicht hat. Dieses Gespräch finden Sie zusammen mit einer Vielzahl weiterer Videos auf dem YouTube-*Kanal der Akademie für menschliche Medizin.*

Nun also der zweite Band: „Stabilität kann man leben". Zwischen beiden Arbeiten liegt eine Weiterbildung der Autorin in Orthomolekularmedizin. Dieser Teilbereich der Medizin beschäftigt sich vor allem mit der Frage, welche Auswirkung Mikronährstoffe wie Vitamine, Spurenelemente und Mineralstoffe, aber auch Aminosäuren und Fette, auf unseren Körper, unseren Geist und unsere Gesundheit haben. Was benötigt ein gesunder Organismus und wie stellen wir die richtige Versorgung sicher?

Es ist von besonderem und unschätzbarem Wert für die Medizin, wenn Betroffene dieses Heilwissen mit ihren eigenen Erfahrungen abgleichen. Diese Arbeit können „wir" als sogenannte Experten selbst nicht leisten. Denn auch, wenn alles, was Sie in diesem Buch lesen werden, lückenlos durch wissenschaftliche Studien belegt und dokumentiert ist: Es ist eben doch ein Unterschied, ob im Labor oder im wissenschaftlichen Journal ein Ergebnis beobachtet wird, oder ob ein Mensch aus eigener Erfahrung berichtet.

Annett Oehlschläger formuliert im vorliegenden Buch – ebenfalls gespeist aus ihrer eigenen Lebenserfahrung – auch eine deutliche, aber faire Kritik am bestehenden System der Psychiatrie und unserem medizinischen Umgang mit psychischen Erkrankungen. Wie könnte die Behandlung der Bipolaren Störung und anderer psychischer Krankheiten idealerweise aussehen und wie müsste sich die bestehende Medizin verändern?

Ich kann nur allen Fachmedizinern empfehlen, sich diese konstruktive, wertvolle Kritik zu Herzen zu nehmen. Denn nicht nur der Einzelne leidet heute unter zahlreichen Krankheiten, das System selbst ist erkrankt. Wir alle sollten uns deshalb fragen, was wir für eine neue Gesundheitskultur tun können, um im harten Alltag bewährte Behandlungsprinzipien früher als bisher zum Standard zu erheben. Hierzu gehörten auch Ansätze wie die Salutogenese, worüber Sie ebenfalls einiges in diesem Buch erfahren werden. Es kann eben auch den entscheidenden Unterschied machen, gemeinsam mit dem Patienten Genesung und Gesundheit ins Zentrum der Aufmerksamkeit zu rücken, anstatt die Krankheit, über die sich viele Betroffene schlechterdings definieren.

In Australien macht die Leiterin des Mood and Food Centre an der Deakin University, Prof. Felice Jacka, bereits vor, wie eine solche neue Medizin in Bezug auf Ernährung und Psyche aussehen kann. Auch im deutschsprachigen Raum kennen wir mit Dr. Sabrina Mörkl an der Medizinischen Universität Graz Vertreter dieses Ansatzes im universitären Bereich.

Annett Oehlschläger gelingt es, mit ihrem Buch „Stabilität kann man leben" sowohl angehende und praktizierende Ärzte sowie andere Vertreter in den Heilberufen anzusprechen als auch Betroffene dazu zu bewegen, das Heft des Handelns wieder selbst in die Hand zu nehmen. Sie alle werden von der Lektüre dieses Buches stark profitieren! Zur Unterstützung dieser Ambitionen wird meine Akademie in Kürze ein virtuelles „Haus der hellen Köpfe" zur Verfügung stellen, sozusagen als Katalysator für die fällige neue Gesundheitskultur.

Prof. Dr. med. Jörg Spitz
Gründer und Leiter der Akademie für menschliche Medizin

Stabilität kann man leben

Psychische Gesundheit erlangen und behalten

Einleitung

Stabil zu werden ist für Menschen mit Stimmungsschwankungen ein großes Ziel. Stabil zu bleiben, ein noch größeres. Wenn diese Schwankungen krankheitswertig werden und sich für die Probleme keine andere Erklärung finden lässt, hat man „Psyche", ist also psychisch krank. Und wenn diese Probleme auch noch als Bipolare Störung diagnostiziert wurden, dann scheint dauerhafte Stabilität unerreichbar.

Dabei kennt doch jeder Stimmungsschwankungen. Das Leben hält viele Herausforderungen bereit, denen wir nicht immer gleich gut gewachsen sind. Mal gelingt es uns besser, mal weniger gut, sie zu bewältigen.

Manche Menschen reagieren auf solche Herausforderungen mit besonders heftigen Stimmungsschwankungen. Meist ist es nicht der Betroffene selbst, sondern sein Umfeld, das als erstes bemerkt, dass er sich anders verhält als bekannt oder gewohnt. Er wirkt dann wie ausgewechselt, die Stimmung ist entweder ungewöhnlich gehoben und der Antrieb deutlich erhöht oder vermindert. Die jeweilige Stimmungslage bestimmt das Verhalten, das unerklärlich anders und merkwürdig wird oder sogar auf zunehmend befremdliche Weise das Umfeld verstört.

So ging es auch mir. Meist bemerkte ich diese Veränderungen nicht und reagierte erstaunt, wenn ich auf sie angesprochen oder auf diese aufmerksam gemacht wurde.

Solange der Betroffene noch in der Lage ist, seinen Alltag zu bewältigen, keine sich selbst oder andere schädigenden Entscheidungen trifft und niemanden stört, behindert oder belästigt, werden diese Stimmungsschwankungen von der Umwelt, den Angehörigen oder den Arbeitskollegen im besten Falle als Persönlichkeitsmerkmal interpretiert und toleriert.

Wenn diese Schwelle überschritten wird, braucht der Betroffene jedoch Hilfe. Der erste Kontakt ins Hilfesystem ist meist der Hausarzt, später ein Psychiater. Der Übergang zur Krankheit ist fließend. Erst wenn das normale Leben nicht mehr gelingt, sich die Probleme mit der Umwelt häufen und der Betroffene selbst einen Leidensdruck entwickelt, spricht man von einer psychischen Störung mit Krankheitswert. Je nachdem, welches Symptom im Vordergrund steht, bekommt diese Krankheit verschiedene Bezeichnungen: z.B. Depression oder Angststörung. Wenn die Stimmungsschwankungen das ganze Leben bestimmen und entgegengesetzte Pole bilden, werden sie als „manisch-depressiv" bezeichnet. Um dieses Muster von körperlichen Erkrankungen abzugrenzen, spricht man heute nicht mehr von „Krankheit", sondern von „Bipolarer Störung".

Was ist eine Bipolare Störung?

Wissenschaftler beschreiben die Bipolare Störung als eine multifaktorielle, komplexe psychische Störung, zu deren Entstehung genetische und umweltbedingte Faktoren beitragen. Sie ist durch wiederkehrende Episoden von Manien und Depression gekennzeichnet. Dazu gehören extreme Stimmungsschwankungen, eine hohe Suizidrate, Schlafstörungen und Störungen des Selbstwertgefühls. Menschen mit Bipolaren Störungen haben gegenüber der Allgemeinbevölkerung ein 2-fach höheres Sterblichkeitsrisiko und ein 6-fach erhöhtes Risiko eines nicht natürlichen Todes zu sterben, weil sie zu einem riskanten bis selbstzerstörerischen Verhalten neigen. Besonders tückisch: neben den extremen Hoch- und Tiefphasen können Betroffene auch längere Etappen psychischer Ausgeglichenheit erleben. Dies macht es oft schwierig, eine Bipolare Störung frühzeitig zu diagnostizieren.

Psychiater sind sich weitestgehend einig: Eine Bipolare Störung ist nicht heilbar, man kann nur lernen, mit ihr zu leben, wozu auch die lebenslange Einnahme von Medikamenten gehört.

Mein Weg aus der Bipolaren Störung

Als ich vor mehr als 15 Jahren erkrankte und die Diagnose „Bipolare Störung" bekam, vertraute ich mich dem psychiatrischen Hilfesystem an und wurde 8 Jahre leitliniengerecht mit Psychopharmaka und Psychotherapie behandelt. Die Stimmungsschwankungen wurden geringer, aber stabil, wie ich es mir wünschte, wurde ich nicht. So suchte ich in diversen Büchern und später auch in wissenschaftlichen Studien nach anderen Möglichkeiten, nachhaltige psychische Stabilität zu erreichen.

Was ich dort las, konnte ich anfangs gar nicht glauben: Stimmungsschwankungen und Antriebsprobleme sollen etwas mit unserem modernen westlichen Lebensstil zu tun haben, mit Stress, mit Schlafstörungen, mit ungesunden Ernährungsgewohnheiten, mit Alkoholmissbrauch und mit Entzündungen?

Wie soll das gehen? Und vor allem, warum habe ich davon nichts von meinen behandelnden Ärzten gehört? Die Themen Stress und Schlaf waren immer sehr präsent während der Psychotherapie, aber dass auch Essgewohnheiten oder sogar der Lebensstil eine Rolle spielen, wurde nicht thematisiert.

Was hat das aber mit den Stimmungsschwankungen zu tun, die mein Leben so sehr beeinträchtigen? Wie können sich „schwache Entzündungen" auf meine Stimmung und mein Verhalten so stark auswirken, dass ich Manien und Depressionen entwickelte? Wie soll eine Behandlung, die sich auf die Verringerung von Stress, Stressempfindlichkeit und Entzündungen durch Änderungen des Lebensstils konzentriert, mir helfen können?

Letztendlich fand ich für all diese Fragen Antworten. Davon handelt dieses Buch. Ich bin der Überzeugung, dass diese Antworten auch Menschen helfen können, die zwar keine Bipolare Störung, sondern eine andere psychische Erkrankung haben oder unter stetiger Unruhe und Unausgeglichenheit leiden.

Ein Großteil meines heutigen Wissens habe ich mir selbst angeeignet, mühsam erarbeitet und im „Selbstversuch" ausprobiert, weil ich niemanden kannte, der diesen Weg schon gegangen war und mir hätte behilflich sein können. Denn von der schulmedizinischen Psychiatrie erfuhr ich davon nicht.

Ich stellte meine Ernährung um, fand einen Arzt, der sich mit orthomolekularer Medizin auskannte und ließ durch Blutmessungen feststellen, ob ich solche „stillen Entzündungen" hatte, füllte meine leeren Vitalstoff-Speicher auf, schaffte mir einen Hund und ein Fahrrad an, um regelmäßig in die Bewegung zu kommen und machte meinen Frieden damit, meinen stressigen Beruf nicht mehr ausüben zu können. Ich fand einen anderen, der besser zu meinem neuen Leben passte. Seitdem bin ich stabil, brauche keine Psychopharmaka, keinen Psychiater und keine Psychotherapie mehr. Ich kann wieder so arbeiten und so leben, wie ich es möchte.

Von den eigenen Erfahrungen zur Aufklärungsarbeit

Über meine Kranken- und Genesungsgeschichte können Sie in meinem Buch: „Stabilität kann man essen?!" mehr lesen oder Sie tun es bislang knapp 100.000 anderen Menschen gleich und schauen sich das „Spitzengespräch" an, das Prof. Jörg Spitz mit mir geführt und auf seinem YouTube-Kanal veröffentlicht hat.

Niemand muss das sprichwörtliche Rad neu erfinden. Aber dazu muss man als Betroffener erst einmal von dem „Rad/t" erfahren, also hören und lesen, wie man über Lebensstilveränderungen und ein anderes Essverhalten seine Stimmungsschwankungen in den Griff bekommen kann. Ich konnte ein solches Buch nirgends finden, also schrieb ich es selbst. Da ich keinen Verlag fand, der mich dabei unterstützen und meine Arbeit veröffentlichen wollte, brachte ich das Buch selbst heraus. Es hat mittlerweile mehr als sechstausend Leser in aller Welt gefunden. Inzwischen gibt es sogar eine englische Übersetzung.

In der Coronazeit konnte ich keine Vorträge vor Betroffenen halten. Also begann ich mein Wissen digital aufzubereiten und zu einem Online-Seminar zusammenzustellen. Es trägt den den Titel **„Stabilität kann man leben?!"** In diesem umfangreichen Kurs können Sie mich sehen und hören. Auf meiner Webseite www.bipolar-lotse.de finden Sie die Bezugsquelle.

In diesem, meinem zweiten Buch erweitere ich den Blickwinkel. Ich möchte beschreiben, wie Stabilität verloren gehen, wie man sie wiedererlangen und wie man sie leben kann.

Im ersten Teil beschreibe ich, wie sich die Bipolare Störung bei mir und anderen Betroffenen zeigt. Menschen, die noch ganz am Anfang des Weges stehen, möchte ich erklären, was einen in der Psychiatrie erwartet und mit wem man es zu tun bekommt. Das Thema Psychopharmaka wird immer kontrovers diskutiert. Ich möchte darauf näher eingehen, weil man als Patient nicht viele Hintergrundaspekte dieses Themas erklärt bekommt.

Wie auch schon mein erstes Buch, ist auch dieses *keine* „Abrechnung" mit den Ärzten. Ich habe wohlwollende, bemühte, zugewandte und kompetente Ärzte, Psychologen, Therapeuten und vor allem auch pflegerisches Fachpersonal erlebt. Trotzdem ist die Behandlung, die Erkrankte heutzutage erhalten, nicht der Weisheit letzter Schluss. Es gibt Gründe dafür, dass die Therapietreue geringer ist, als Ärzte es sich wünschen und dass die leitliniengerechte Therapie weniger Erfolg hat, als erhofft und versprochen. Das liegt aber nicht nur am einzelnen Akteur, es ist auch nicht die Schuld des Betroffenen, sondern es liegt am System, wie Psychiatrie heute verstanden und betrieben wird. Deshalb möchte ich in diesem

Buch auch beschreiben, wie es in der Medizin zu der Trennung von Körper und Psyche kam, die noch heute praktiziert wird und zeigen, welche anderen Ansätze es gab und gibt.

Im zweiten Teil bespreche ich, wie psychische Gesundheit im Sinne der Salutogenese wieder entstehen kann. Ich bespreche, was das Gehirn braucht, um eine gesunde Psyche zu bauen und wie man seine Moleküle der Gefühle päppeln kann. Es würde mich freuen, wenn Professionelle des psychiatrischen Systems sich von meinem Buch inspirieren lassen, die neuen wissenschaftlichen Erkenntnisse für ihre Arbeit zu nutzen. Speziell dafür gibt es ein eigenes Kapitel, in dem ich einige dieser wissenschaftlichen Studien genauer vorstelle. Als Betroffener können Sie diese Studien nutzen, um Ihre Behandler darauf aufmerksam zu machen. Weil ich diesen Wissenstransfer für enorm wichtig erachte, habe ich auf meiner Webseite eine eigene Rubrik zu diesen Studien eingerichtet. Da diese auf der textbasierten Meta-Datenbank „Pubmed" zwar frei und kostenlos zugänglich sind, aber nur in Englisch veröffentlicht werden, habe ich diese Studien übersetzt. Auf meiner Webseite finden Sie sowohl eine Zusammenfassung wie auch den kompletten Text.

Im dritten Teil stelle ich meine Vision von einer optimalen, personalisierten und langfristigen Behandlung von Menschen mit Bipolarer Störung vor und erläutere ganz konkret, was man davon heute bereits tun kann, auch als Betroffener. Ich möchte damit auch Ärzten und Therapeuten Anregungen geben, wie eine Behandlung aussehen könnte, die sich Betroffene wünschen. Weil nicht jeder Betroffene einen Arzt findet, der ihn dabei unterstützt, gehe ich genauer auf die Diagnostik ein, die ich für notwendig halte.

Ich wünsche Ihnen viele Aha-Momente beim Lesen, Inspiration und Mut, um Veränderungen anzugehen, damit Ihre Störung Sie bald nicht mehr stört.

Ihre
Annett Oehlschläger
Wustermark, im Herbst 2023

A Stabilität kann verloren gehen

Wissenschaftler beschreiben die Bipolare Störung heute so (Die Texte stammen aus internationalen Fachzeitschriften und sind zwischen 2020 und 2023 erschienen):

- Die Bipolare Störung ist eine komplexe psychische Erkrankung, die durch wiederkehrende Episoden von (Hypo-)Manie und Depression gekennzeichnet ist. Dazu gehören extreme Stimmungsschwankungen, eine hohe Suizidrate, Schlafstörungen und Störungen des Selbstwertgefühls (Minderwertigkeitsgefühle bei Depression und Überlegenheitsgefühle bei Manie)[1] Es handelt sich um eine häufige Erkrankung, von der schätzungsweise 40 bis 50 Millionen Menschen weltweit betroffen sind. Etwa 1 % der Bevölkerung erkrankt im Laufe des Lebens daran, so auch in Deutschland.

- Familien- und molekulargenetische Studien liefern überzeugende Beweise dafür, dass es sich bei der Bipolaren Störung um eine multifaktorielle Störung handelt, bei der genetische und umweltbedingte Faktoren zu ihrer Entstehung beitragen. Erst kürzlich, im Mai 2021, erschienen die Ergebnisse einer genomweiten Assoziationsstudie mit mehr als 40 000 Fällen von Bipolarer Störung.[2] Es wurden 64 Gen-Orte identifiziert, die mit der Störung zusammenhängen. Das bedeutet, dass bei der Bipolaren Störung die Genetik bzw. die Vererbung dieser Gene eine Rolle spielt.

- Bipolare Störungen sind in Bevölkerungsgruppen, die den heutigen westlichen Lebensstil nicht übernommen haben, selten, was die Hypothese stützt, dass die Bipolare Störung auf eine Fehlanpassung zwischen der evolutionären und der heutigen Umwelt des Homo sapiens zurückzuführen ist.[3]

- In einem Artikel eines Forscherteams aus Finnland, Neuseeland, Estland und Lettland, der 2021 unter dem Titel: „Bipolare Störung: Ein evolutionärer psychoneuroimmunologischer Ansatz" veröffentlich wurde, heißt es sogar: „Jüngste Studien haben die Bipolare Störung mit geringgradigen Entzündungen, der Fehlfunktion der inneren Uhr und den daraus resultierenden Schlafstörungen in Verbindung gebracht. Stress ist häufig ein auslösender Faktor für Manie und Schlafprobleme, aber Stress verursacht auch eine schwache Entzündung. Da Entzündungen die innere Uhr desynchronisieren, sind chronischer Stress und Entzündungen die primären biologischen Mechanismen der Bipolaren Störung. Chronischer Stress und Entzündungen werden durch den modernen westlichen Lebensstil, einschließlich eines stressigen sozialen Umfelds, ungesunder Ernährungsgewohnheiten, eingeschränkter körperlicher Aktivität und Fettleibigkeit, gefördert. Die Behandlung der Bipolaren Störung sollte sich auf die Verringerung von Stress, Stressempfindlichkeit und Entzündungen durch Änderungen des Lebensstils konzentrieren, anstatt nur vorübergehend die Symptome mit psychopharmakologischen Maßnahmen zu lindern."[4]

- Ihre extremen Stimmungsschwankungen verleiten Patienten mit Bipolaren Störungen häufig zu einem riskanten bis selbstzerstörerischen Verhalten. Die Folge ist ein 6-fach erhöhtes Risiko, eines unnatürlichen Todes zu sterben, wie eine Analyse aus Finnland, die im Fachjournal für psychische Gesundheit (BMJ Mental Health 2023)[5] erschienen ist, ergab. Es ist bekannt, dass Menschen mit einer Bipolaren Störung ein gegenüber der Allgemeinbevölkerung etwa 2-fach erhöhtes Mortalitätsrisiko (Sterberisiko) haben. Dies wird häufig auf eine ungesunde Lebensweise, wie etwa einen hohen Alkoholkonsum zurückgeführt, der das Risiko für chronische Erkrankungen steigert. Die Analyse ergab, dass 58 % der nichtnatürlichen Todesfälle Suizide waren, wovon fast die Hälfte mit Medikamenten begangen wurde, welche die Ärzte für andere Erkrankungen aber auch zur Behandlung der Bipolaren Störung verschrieben hatten. Die Autoren schließen aus den Ergebnissen, dass der derzeitige therapeutische Ansatz, der auf der Prävention von somatischen Erkrankungen liegt, nicht ausreicht, um die hohe Sterblichkeit von Menschen mit Bipolarer Störung zu senken. Notwendig seien gezielte präventive Interventionen zum Alkohol- und Drogenmissbrauch sowie eine bessere Suizidprävention.[6]
  Weiter heißt es in der Analyse: „Unsere Ergebnisse zeigen jedoch, dass der Beitrag externer Todesursachen unterschätzt wurde, da die meisten früheren Studien die altersspezifische Übersterblichkeit nicht berücksichtigt haben. Todesfälle aufgrund externer Ursachen sind eine wichtige Ursache für die Übersterblichkeit in der Altersgruppe der 15- bis 64-Jährigen. Dies erfordert eine Neubewertung des derzeitigen Schwerpunkts auf der Prävention der somatischen Sterblichkeit, um die Sterblichkeitslücke zwischen Bipolaren und der allgemeinen Bevölkerung zu verringern. Eine ausgewogene Abwägung zwischen therapeutischem Ansprechen, potenziellen schweren somatischen Langzeitnebenwirkungen der verschiedenen Medikamente und dem Risiko einer ursachenspezifischen vorzeitigen Sterblichkeit ist erforderlich, insbesondere bei jüngeren Menschen."[7]

Das ist die professionelle Sicht auf die Krankheit.

Soweit an dieser Stelle die wissenschaftliche Sicht. Doch zu Beginn dieses Buches soll auch näher darauf eingegangen werden, wie sich die Bipolare Störung aus Betroffenensicht anfühlt und darstellt, denn es macht einen Unterschied, ob

Ärzte und Forscher **über** die Störung reden, oder Betroffene **von** der Störung sprechen:

Die vielen Gesichter der Bipolaren Störung

Hier einige ihrer Gesichter:

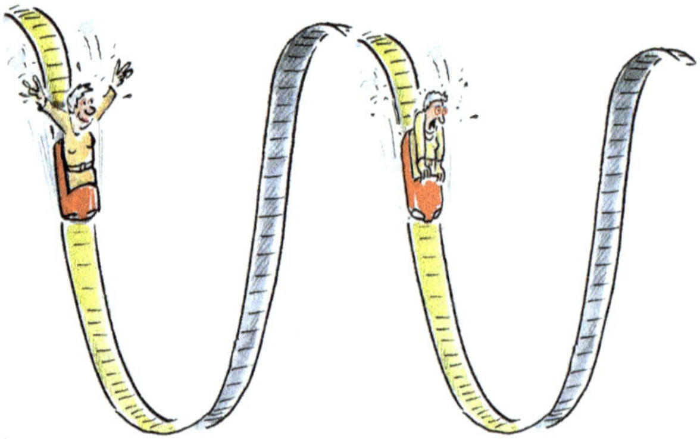

Da Bilder mehr als tausend Worte sagen, lassen Sie auch die folgenden Cartoons, die von Peter Ruge gezeichnet wurden, auf sich wirken. Dadurch erkennen Sie intuitiv, was es bedeutet, bipolar zu sein. Ich habe zum besseren Verständnis die Zeichnungen außerdem kommentiert.

Extreme Stimmungsschwankungen fühlen sich an, als ob man abwechselnd eine rosarote oder eine schwarze Brille aufhat. Die eine Seite wird verabsolutiert, die jeweils andere Seite wird völlig ausgeblendet.

Hat man gerade die rosarote Brille auf, gibt es kein „Schwarz" mehr. Es gibt keine Probleme, keine Sorgen, kein Wenn und Aber, sondern nur eitel Sonnenschein. Manchmal fühlte ich mich als „die Größte", die endlich die Weltformel gefunden hat, ein anderes Mal zu „Höherem berufen" und glaubte, ich könne jedes Problem lösen, wenn die anderen doch nur auf mich hören würden.

Das mag für manche Menschen auch verlockend klingen, nennt sich jedoch **Manie** und führt in der Regel zu schwerwiegenden negativen Konsequenzen:

Ein unaufhörlicher Drang nach Bewegung, Erleben und Taten bestimmt in der Manie das Denken. Ruhe und Alleinsein sind keine willkommenen Zustände. Aktivität wird zum Muss. Ein Gefühl von Getriebensein macht sich breit. Läuft dann etwas nicht nach den eigenen Vorstellungen, wird der Maniker schnell ungehalten und verbal aggressiv gegenüber Anderen.

Einer Manie geht oft eine sogenannte **Hypomanie** voraus. In diesen Phasen hatte ich das Gefühl, noch immer die volle Kontrolle zu haben und war oft sehr produktiv. Auch die Hypomanie zeichnet sich durch gesteigerte Aktivität aus und sollte von Betroffenen unbedingt als ernstes Warnsignal verstanden werden. Es mag verlockend sein, hypomane Phasen zu nutzen, um endlich lang geschmiedete Pläne in die Tat umzusetzen, doch gerade in diesen Etappen ist es wichtig, das Ziel der inneren Stabilität zu fokussieren und damit möglichst das Wegdriften in die Manie zu verhindern.

Hat man die schwarze Brille auf, nimmt man die Sonne nicht mehr wahr, selbst wenn sie scheint. Alles ist grau in grau. Selbst die kleinsten Alltagsprobleme, wie zum Beispiel die Frage, was man heute anzieht, wird zur unlösbaren Aufgabe. Grübelschleifen verhindern das Einschlafen, Schuldgefühle plagen und man ist überzeugt ein schlechter Mensch und Versager zu sein, der zu rein gar nichts fähig ist. Kein gegenteiliges Argument dringt durch diese Sichtweise durch. Gespräche fallen schwer, weil es an Konzentration fehlt. Man sieht in Konversationen zwar, dass jemand spricht, aber die gesagten Worte wollen einfach nicht bis ins eigene Gehirn vordringen. Nicht nur die Gefühle erstarren, auch der eigene Blick und die eigene Mimik werden ausdruckslos, der Körper fühlt sich an wie Blei. Alles ist anstrengend.

Das nennt man **Depression.**

Als Betroffener einer Bipolaren Störung kann man diese Schwankungen nicht steuern oder beeinflussen. Sie kommen, ohne dass man selbst noch die Kontrolle über die eigenen Gefühlszustände hat. Hinzu kommt, dass diese Phasen schnell wechseln können.

Manche Betroffene kennen ihre Mitte nicht, sie wissen also nicht, wie es sich anfühlt, ausgeglichen und stabil zu sein. Sie erleben sich, als ob sie auf einem Drahtseil balancieren, von dem sie jederzeit sowohl in die eine als auch in die andere Richtung herunterkippen können.

Deshalb ist **stabil zu werden** für Menschen mit Stimmungsschwankungen ein großes Ziel. **Stabil zu bleiben,** ein noch größeres.

Ich habe mich acht Jahre mit dieser Erkrankung herumgeplagt. Erst, als ich erkannt hatte, dass ich durch selbstfürsorgliches Verhalten und rechtzeitige Vorsorge auf diese Stimmungsschwankungen Einfluss nehmen kann, gewann ich allmählich die Kontrolle über mein Leben zurück. Im Folgenden gehe ich auf die Hürden ein, die ich dafür aus dem Weg räumen musste.

Ein Merkmal der Bipolaren Störung ist die **Wahrnehmungsverzerrung.**

Je nachdem, in welcher Stimmungslage ich war, bewertete ich die Begegnung mit einer anderen Person unterschiedlich.

Wenn ich manisch war, fand ich alle Menschen nett und freundlich. Ich war dann besonders vertrauensselig und gesellig, schloss mich gern anderen an und war sehr gesprächig.

In den gereizten Phasen kam es vor, dass ich mich von jedem angegriffen fühlte, auch wenn sich das Gegenüber völlig neutral verhielt.

Wenn ich depressiv war, empfand ich andere Menschen als bedrohlich und hielt mich lieber von ihnen fern. Ich konnte den Gesprächen nicht folgen und wusste nicht, was ich sagen sollte. Mir fehlten einfach die Worte. Es hat sehr lange gedauert, bis ich akzeptiert habe, dass meine Stimmungsschwankungen auch meine Wahrnehmung beeinflussten.

Wir interpretieren die Welt alle immer zuerst aus unserer eigenen Perspektive und finden unser eigenes Verhalten grundsätzlich richtig. Das ist so ähnlich wie bei dem Geisterfahrer auf der Autobahn. Er hört im Radio die Warnmeldung, dass ein Geisterfahrer unterwegs sei. Er wundert sich darüber, dass nur von **einem** Geisterfahrer die Rede ist, ihm doch aber ganz viele Autos entgegenkommen. Er sieht alles nur aus seiner Perspektive und glaubt sich im Recht. Die Fähigkeit zum Reflektieren ermöglicht uns grundsätzlich, unser Verhalten anzupassen. Das ist für Menschen, die sich in einer akuten Phase Krankheitsphase der Bipolaren Störung befinden, allerdings schwer bis unmöglich.

Diese Wahrnehmungsverzerrungen lassen den Betroffenen als uneinsichtig, rechthaberisch und unberechenbar wirken. Er kann sogar wie vollkommen ausgewechselt wirken, sodass Angehörige sich verunsichert fragen, wen sie da gerade vor sich haben.
Verlässlichkeit ist ein wichtiger Bestandteil von sozialen Beziehungen und diese kann ein bipolar Betroffener in akuten Phasen nicht garantieren. Das führt dazu, dass zwischenmenschliche Beziehungen dauerhaft beschädigt werden können und Freundschaften oder Lebensgemeinschaften zerbrechen. Ich habe das große Glück, dass meine Ehe diese Belastungen überstanden hat. Selbstverständlich ist dies nicht.

Diese Verzerrung in der Wahrnehmung bezieht sich auch auf Bereiche des menschlichen Zusammenlebens, in denen es auf die Einhaltung von Regeln ankommt, wie zum Beispiel im Straßenverkehr. Ich kann mich noch gut an Autofahrten erinnern, bei denen ich mich gewundert habe, dass die anderen alle so langsam fahren und der Verkehr so zäh ist. Erst im Nachhinein habe ich verstanden, dass mein Empfinden verzerrt war, dass es mir nur so vorkam, als ginge es langsam. So kann es dann leicht zu tollkühnem und rücksichtslosem Verhalten kommen, das schon so manchen Bipolaren den Führerschein gekostet hat.

Weitere Erscheinungsformen der Manie sind **rastlose Aktivität, Unruhe und erhöhte Schaffenskraft**.

Ich hatte manchmal das Gefühl, die sprichwörtlichen „Bäume" ausreißen zu können. Die überschießende, scheinbar unerschöpfliche Energie ließ mich Vieles gleichzeitig anfangen, aber selten etwas beenden.

Diese rastlose Aktivität und Unruhe arteten oft in hektische Betriebsamkeit aus, bei der aber meist nur wenig wirklich Produktives zustande kam. Im Nachhinein musste ich leider manchmal feststellen, dass das Arbeitsergebnis unvollständig oder fehlerhaft war. Dafür hatte ich meine ganze Umwelt enerviert. Problematisch war vor allem, wenn ich Termine oder Fristen versäumte, die einen finanziellen Schaden verursachten.
Unter den Menschen mit Bipolarer Störung gibt es überdurchschnittlich viele Kreative. Ich habe von Betroffenen gehört, dass sie gerade in solchen Phasen die besten Einfälle haben und Höchstleistungen erbringen, die ihnen sonst nicht möglich sind. Manche sehnen sich deshalb manische Zustände zurück.

Der Komponist Robert Schumann und der Maler Vincent van Gogh litten darunter, dass sie extreme Wechsel ihrer Schaffenskraft kannten. Perioden intensiven Schaffens wechselten mit Perioden, in denen gar nichts zustande kam, ab. So ist von Vincent van Gogh überliefert, dass er innerhalb eines Vierteljahres über 70 Gemälde schuf und danach zwei Jahre lang kein Bild fertig stellen konnte. Von Robert Schumann wird Ähnliches berichtet. Daher nimmt man an, dass beide Künstler an einer Bipolaren Störung litten.

Ein weiteres Merkmal der Manie ist die fehlende **Impulskontrolle.**

Erwachsenwerden bedeutet auch, dass man seine Impulse kontrollieren lernt. Planvoll handeln, abwarten, dosieren, Bedürfnisse zurückstellen, priorisieren, das eigene Verhalten an die Situation anpassen, höflich sein und sich gut benehmen, auf andere Rücksicht nehmen: das alles setzt die Fähigkeit der Impulssteuerung voraus. Menschen, die sich in einer manischen Phase befinden, haben zunehmend Schwierigkeiten, ihren Impulsen zu widerstehen.

Wenn mir in solchen Phasen z.B. irgendetwas gefallen hat, dann habe ich es gekauft, ohne darüber nachzudenken, welche finanziellen Konsequenzen das hat. Heute kaufe ich selten direkt im Geschäft, sondern lieber online. Dort kann ich spontane Wünsche im Warenkorb abspeichern und am nächsten Tag noch einmal prüfen, ob ich das Produkt wirklich kaufen möchte. Außerdem gibt es die

Rückgabemöglichkeit ohne Angabe von Gründen – wer braucht schon Bettwäsche für fast zweitauschend Euro?

Reden, ohne Punkt und Komma, pausenlos, manchmal atemlos, im Stakkato, immer lauter werdend und vom Hundertsten ins Tausende kommend und vor allem, gefühlt ewig nicht aufhörend – wenn Ihnen so jemand begegnet, könnte es ein Mensch sein, der sich in einer manischen Phase befindet. Viele Betroffene haben in akuten Phasen einen enormen Rededrang, der kaum zu stoppen ist. Das kenne ich auch von mir. Die Gesprächspartner haben keine Chance zu Wort zu kommen! Sie können gar nicht so schnell verstehen, wie der Wortschwall sie trifft. Drei-Stunden-Telefonate, die noch zwei Türen weiter zu hören sind, kamen bei mir dann schon mal vor.

Die Berliner haben dafür einen despektierlichen Spruch: „Wenn die stirbt, muss man die Klappe extra totschlagen."

Besonders belastend ist es, wenn der Rededrang so überwältigend ist, dass derjenige auch dann redet, wenn niemand dabei ist. Das fühlt sich an, als ob das Gehirn überläuft und die Gedanken wie ein unendlicher Strom aus einem herausfließen. Das wirkt auf andere sehr befremdlich. Ein solches Erscheinungsbild nannte man bis vor Kurzem „verrückt". Heutzutage begegnet man auf der Straße ständig Leuten, die scheinbar Selbstgespräche führen und dabei gestikulieren: sie telefonieren mit nicht sichtbaren Kopfhörern. Wenn alle das machen, ist es normal. Da fallen wir nicht mehr so auf.

Diese fehlende Impulskontrolle in der Manie betrifft auch den Umgang mit Essen, Alkohol, Drogen und anderen Suchtmitteln. Laut einer statistischen Erhebung unter mehr als 8.000 bipolaren Patienten am Vivantes Humboldt Klinikum in Berlin Reinickendorf war der Anteil der Patienten, die Suchtmittel konsumierten, deutlich höher als in der Normalbevölkerung. Heute wundert mich das nicht mehr. Mit Suchtmitteln werden die gleichen Gehirnregionen stimuliert, die auch bei der Bipolaren Störung eine Rolle spielen. Deshalb sind Bipolare besonders empfänglich für Suchtmittel und reagieren sensibel auf diese.

Wer außer der Störung auch noch ein Problem mit Alkohol hat, dem empfehle ich das Buch „Alkohol-ade" von Gaby Guzek und Dr. med. Bernd Guzek. Sie werden vieles von dem, um das es in diesem Buch geht, wieder entdecken. Im Übrigen ist es bei Alkohol- oder Drogenabhängigkeit günstiger, erst die Sucht zu behandeln und dann die Bipolare Störung.
Bei mir war es vor allem das Frust-Essen: Immer, wenn ich Stress hatte – und den hatte ich reichlich – musste ich erst einmal etwas essen. Das entspannte mich. Heute weiß ich, dass Essen auch eine Sucht sein kann. Seit der Umstellung meiner Ernährung brauche ich Essen nicht mehr zum Stressabbau.

Unser Alltag wird durch den Tag-Nacht-Rhythmus bestimmt. Einem Bipolaren geht das Gefühl dafür, wann welche Tätigkeiten angemessen sind und wann nicht, verloren. Ein frühes Symptom für ein beginnende akute Phase ist ein veränderter Schlaf bzw. Schlafprobleme, wie z.B. ein reduziertes Schlafbedürfnis, das sich bis zur Schlaflosigkeit ausweiten kann. Also wird die Nacht zum Tag gemacht und all das getan, wozu man am Tage nicht kam.

Das kann sich darin äußern, dass man nachts um drei seine Freundin anruft, um ihr eine Liebeserklärung zu machen.

Auch das Sortieren des Geschirrs nach Farben, Form und Größe muss dann unbedingt morgens um vier erledigt werden, was mit so einem Getöse einhergeht, dass die ganze Familie aus dem Schlaf gerissen wird. Es kann vorkommen, dass man die Ehefrau, die von der Arbeit kommt, mit einer über Nacht völlig umgeräumten Wohnung erfreut, deren Vollendung leider noch aussteht, weshalb sie auf der Erde schlafen muss, da das Bett noch in Einzelteilen zerlegt ist. Diese realen Vorkommnisse wurden mir von Betroffenen und deren Angehörigen berichtet.

Typisch für die Manie ist eine **unbegründet gehobene Stimmung.**

„Gut drauf sein" ist etwas Schönes und macht das Leben leichter, lachen tut gut. Ich fand in akuten manischen Phasen aber so vieles lustig, worüber andere nur müde lächelten, war übertrieben gesellig und leutselig und sehr unternehmungslustig. Im Laufe der Zeit veränderte sich die Stimmungslage immer mehr in Richtung einer gereizten Stimmung. Anfangs war es nur ein Überlegenheitsgefühl, später zunehmend Rechthaberei, Ungeduld, Unmut und Streitlust. Ich war sogar von mir selbst genervt, weil ich diese Zustände nicht mehr bändigen konnte.

Später habe ich gelesen, dass es verschiedene Phasen der Manie gibt. Am Anfang steht meist eine euphorische Phase und je länger die Manie dauert, kann sich die Manie in die dysphorische Phase steigern.

Diese dysphorischen Phasen mündeten bei mir in einem inneren Beben, also einer Anspannung, die nicht mehr aufhörte. Ich hatte das Gefühl, innerlich zu verbrennen. Heute weiß ich, dass die antriebssteigernden Neurotransmitter, wie z.B. Dopamin, im Übergewicht und die hemmenden Neurotransmitter, wie z.B. GABA im absoluten Mangel waren. Ich müsste daher besser schreiben: Mein Gehirn war nicht mehr in der Lage entspannende Signale zu senden.

Dann war der Punkt erreicht, wo mir nur noch die Klinik helfen konnte. Ich musste starke Medikamente nehmen, um mein völlig außer Rand und Band geratenes Gehirn zur Ruhe zu bringen. Meist schlief ich dann mehrere Tage hintereinander, nur unterbrochen durch die Mahlzeiten. Kein Wunder, denn diese Phasen sind kräftezehrend und deshalb dauern Manien in der Regel weniger lang als Depressionen.

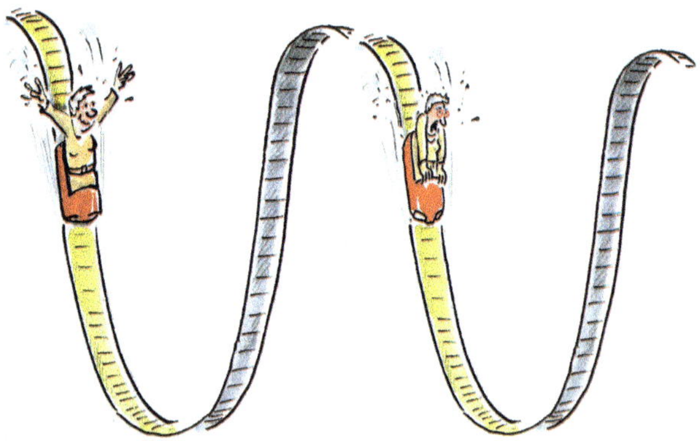

Im Zusammenhang mit der Bipolaren Störung wird oft der Begriff „himmelhoch jauchzend – zu Tode betrübt" verwendet. Damit werden die Stimmungswechsel und auch ihre jeweilige Amplitude passend beschrieben.

Im Alltag äußern sich diese extremen Stimmungswechsel zum Beispiel, wenn Entscheidungen zu treffen sind. Die Stimmung beeinflusst diese Entscheidungen. Wir wollten uns einen Hund anschaffen. Wenn ich manisch war, konnte ich es gar nicht erwarten, endlich einen Hund zu haben. Ich war im Tierheim und hatte ohne Absprache mit meinem Mann ein Tier reserviert. Wenn ich depressiv war, konnte ich es mir unter keinen Umständen vorstellen, für einen Hund die Verantwortung zu übernehmen.
Heute bin ich froh, dass wir unseren kleinen Casper, einen Zwergschnauzer, angeschafft haben, als auch mein Mann dafür Zeit hatte. Es war eine gemeinsame Entscheidung.

Die Erkenntnis, dass meine Meinung zu solchen Entscheidungen von meiner Stimmung abhängt, hat mich lange verunsichert. Ich konnte mich nicht einmal selbst darauf verlassen, längerfristig zu einer getroffenen Entscheidung zu stehen. Ich wusste nie, ob ich etwas wirklich wollte oder mir die Manie oder die Depression nur etwas vormachte. Ich fühlte mich wie fremdgesteuert.

Ich hatte oft das Gefühl, dass erst, wenn das letzte Quäntchen Energie verbraucht war, ich endlich zur Ruhe kommen konnte und die Manie abklang. Wie bei einer tiefenentladenen Batterie war ich aber so erschöpft, dass ich dann Wochen, manchmal sogar Monate brauchte, um mich wieder zu erholen.

Auf die Höhen der Manie folgen deshalb fast immer die **Tiefen der Depression.**

Der Leistungsabfall war so groß, dass ich nicht mehr meiner Arbeit nachgehen konnte und letztendlich mit 49 Jahren vorzeitig berentet wurde.

Hinzu kamen Konzentrationsprobleme, eine Verlangsamung in allem, was ich tat. Ich verbrachte viel Zeit damit zu grübeln, hatte an nichts mehr Freude oder Interesse. In dieser Zeit traten auch meine Migränekopfschmerzen wieder verstärkt auf.

Mein Schlaf veränderte sich, sodass ich Probleme beim Ein- und Durchschlafen hatte und viel zu früh am Morgen aufwachte.

Mein Denken wurde von einer Gefühllosigkeit beherrscht, so, als könnte ich gar nichts mehr fühlen.

Immer seltener konnte ich weinen.

Als Jahre später ein naher Angehöriger in hohem Alter verstarb, spürte ich deutlich den Unterschied zwischen Trauer und Depression.

Depression ist keine Trauer, auch wenn es von außen so aussieht.

Mich plagten Schuldgefühle, denn mein manisches Verhalten war mir mehr als bewusst. So etwas vergisst man nicht, das brennt sich ein.
Ich fragte mich verzweifelt, wie ich mich nur so unmöglich benehmen konnte, wie jetzt alles weiter gehen sollte und hielt mich für den schlechtesten Menschen auf der Welt.

Menschen mit Bipolarer Störung sind Meister im Katastrophisieren! Überall Probleme, schier unüberwindliche Berge von unlösbaren Aufgaben und Anforderungen und keine Lösungen in Sicht. Und das nicht nur heute, sondern ganz sicher wird auch die Zukunft nur grau und schwarz sein.

Es war mir völlig schleierhaft, wie ich alle meine Aufgaben erfüllen sollte und fühlte mich von allem überfordert. Ich glaubte, jeden Moment abzustürzen, weil ich dachte, den Boden unter den Füßen zu verlieren. Gegenargumente erreichten mich nicht mehr.

Das mündete in Gedanken, dass es der Welt doch viel besser ginge, wenn ich nicht mehr da wäre. Ich würde keine Probleme mehr machen, niemand müsste sich über mich ärgern oder mich ertragen.

Immer häufiger dachte ich darüber nach, wie ich endlich Ruhe finden könnte und merkte dabei gar nicht, dass ich suizidale Gedanken hatte.
Das ist mir erst bewusst geworden, als mich eine Psychiaterin mit der Begründung, mich schützen zu müssen, auf die geschlossene Station brachte.

Das war der Beginn einer achtjährigen Krankheitszeit, in der ich insgesamt 571 Tage in psychiatrischen Kliniken verbrachte. Nicht am Stück, sondern phasenweise. Ich wurde zu einer sogenannten „Drehtür-Patientin“ und hatte innerhalb von acht Jahren insgesamt 24 Klinikaufenthalte.
Dieses vielschichtige Erleben war der Anlass, mich intensiv mit der Bipolaren Störung zu beschäftigen. Ich wollte diese Zustände nicht mehr erleben und dieses wechselhafte Verhalten nicht mehr haben. Es sollte aufhören, einfach nur aufhören! Ich wollte wieder Kontrolle über mein Leben und suchte nach Strategien dafür. Doch zunächst begab ich mich in psychiatrische Behandlung.

Psychiatrie für Anfänger

Wenn man erkrankt, kann es nötig werden, in einem Krankenhaus behandelt zu werden. Das gilt auch für psychische Leiden. Wenn scheinbar nichts mehr geht und man nicht mehr ohne fremde Hilfe auskommt, nicht mehr ein noch aus weiß, dann ist ein Klinikaufenthalt meist unausweichlich.

Als ich erstmals mit der Psychiatrie in Verbindung kam, fühlte ich mich in eine völlig fremde Welt versetzt. Hier war alles anders als in dem Leben, das ich bisher geführt hatte. Ich kam mir vor, als befände ich mich in einem Labyrinth. Ich verstand nicht, wie es dort zugeht, wer für was zuständig ist, wo ich hinmuss und warum ich bestimmte Dinge tun soll und andere nicht darf.

Um Ihnen das Labyrinth verständlicher zu machen, möchte ich einige Fachwörter und Begriffe erklären, die für Insider selbstverständlich sind. Wenn man nämlich erstmals mit der Psychiatrie in Kontakt kommt, können die Dinge, die scheinbar alle wissen, die aber nirgends vermittelt werden oder nachzulesen sind und die auch einem Neuen nicht erklärt werden, zusätzlich verunsichern und verwirren. Das gilt ebenso für Angehörige, die ja selbst nicht eingewiesen werden, sondern Betroffene lediglich auf der Station besuchen. Ich möchte Ihnen keine Lehrbuch-Definitionen liefern, sondern aus eigener Erfahrung erläutern, was mir niemand erklärte. Aus meiner subjektiven Patientensicht möchte ich erzählen, wie ich die verschiedenen Akteure und deren Tun im Laufe meiner „Psychiatrie-Karriere" erlebt habe.

Die Psychiatrie

Eine psychiatrische Station ist heutzutage eine von vielen Stationen in einem Krankenhaus, genauso wie es Stationen für Inneres oder für Chirurgie gibt. Es sieht dort auch genauso aus: Meist gibt es einen langen Flur, von dem die Zimmer abgehen, ein Schwestertresen oder ein Pflegepersonalzimmer, Behandlungsräume und Nebenräume. Dass man sich auf einer psychiatrischen Station befindet, kann man u.a. daran feststellen, dass die Patienten nicht den ganzen Tag im Bett liegen und deshalb auch keine Schlafanzüge oder Nachthemden, sondern ihre Alltagskleidung tragen und sich mehr auf der Station bewegen als anderswo. Ein weiteres Zeichen ist, dass die Flure oft mit vielen Bildern, Grafiken, Wandzeitungen, Aushängen u.ä. geschmückt sind, die auf anderen Stationen nicht so vielfältig zu sehen sind. In modernen Krankenhäusern kann es sogar eine Stationsküche geben, das ist ein Essen- bzw. Aufenthaltsraum mit einem Küchenblock.

Wer sagt: „Ich war in der Psychiatrie" meint solche Krankenhausaufenthalte, obwohl der Begriff „Psychiatrie" genaugenommen ein ganzes Krankenhaus meint, indem ausschließlich psychisch Kranke behandelt werden.

Wie Vieles im Gesundheitswesen hat sich das Aussehen der psychiatrischen Kliniken und Stationen im Laufe der Zeit gewandelt. Sicher kennen Sie auch den weniger charmanten Begriff „Klapse" bzw. „Klapsmühle".
Laut Wikipedia ist die Redensart „einen Klaps haben" seit dem 19. Jahrhundert geläufig und bedeutet, einen Schlag auf den Kopf erhalten zu haben, wodurch das Gehirn zu Schaden gekommen sei. Der Begriff „Mühle" spielt auf die intensive Behandlung der Patienten und auf Beschreibungen wie „durchgedreht" für erkrankte Menschen an. Im Ersten Weltkrieg nannten Soldaten die psychiatrischen Abteilungen von Lazaretten „Klapsmühle". Verbreitung fand der Begriff durch Schriftsteller wie Alfred Döblin und Hans Fallada, die ihn in ihren Romanen verwendeten.

Um eine Vorstellung davon zu bekommen, wie vor dem Zweiten Weltkrieg psychiatrische Patienten behandelt wurden, empfehle ich Ihnen das Buch von Dorothea Buck: „Auf der Spur des Morgensterns". Sie beschreibt darin ihren Weg mit ihrer Psychose-Erfahrung. Die Autorin hat sich später in der Selbsthilfeorganisation der Psychiatrieerfahrenen engagiert und gegen deren Stigmatisierung gekämpft.

Obwohl es sich um einen Krimi handelt, ist das Buch „Das Alphabethaus" von Adler Olsen nicht nur spannend, sondern auch eine Milieubeschreibung eines psychiatrischen Lazaretts während des Zweiten Weltkriegs. Wenn man selbst mal auf einer geschlossenen Station war, liest man solche Beschreibung mit einer ganz anderen Betroffenheit. Vor sehr langer Zeit sperrte man Menschen mit einem ungewöhnlichen Verhalten in Gefängnisse, weil „Irrsinn" als Zustand der Sünde galt. Als Behandlung wurden Wassergüsse und Fußeisen eingesetzt. Später brachte man „die Verrückten" in Krankenhäusern unter, meist lebenslang. Lange Zeit glaubte man, Menschen mit psychischen Problemen bräuchten vor allem Ruhe und Abgeschiedenheit. Deshalb baute man „Anstalten" weit außerhalb der Städte. So verschwanden diese Menschen aus dem öffentlichen Bewusstsein. Es war peinlich, wenn man einen solchen Kranken in der Familie hatte und man sprach nicht darüber. Dieses Tabu wirkte lange fort. Ich kann mich noch gut an Sprüche aus meiner Kindheit erinnern wie: „Wenn du nicht artig bist, kommst du nach Görden". Ich hatte keine Ahnung, was und wo Görden war, aber solche Reden schüchterten mich ein. Erst Jahrzehnte später ist mir aufgefallen, dass sich die meinem Wohnort nächstgelegene psychiatrische Landesanstalt in Görden befand, einem Stadtteil einer größeren Kreisstadt. Es war also diese Klinik gemeint, in die angeblich ungezogene Kinder kommen.

Erst in den 1980er Jahren wurden psychiatrische Abteilungen in den allgemeinen Krankenhäusern eingerichtet, und damit wurden auch die Erkrankten von ihrer Sonderrolle befreit. Psychisches Kranksein wurde allmählich den anderen Krankheiten gleichgestellt. Das hieß auch, dass man genauso wie andere Kranke nach einer Genesung auch wieder aus der Klinik entlassen wurde. Einige dieser früheren Landesanstalten werden heute als psychiatrische Fachkrankenhäuser und teilweise auch als Wohnstätten für Menschen mit psychischen Beeinträchtigungen genutzt, denn es gibt immer noch Betroffene, die lebenslange Betreuung benötigen. Unartige Kinder wurden und werden dort meines Wissens nicht aufgenommen.
Die Psychiatrie ist also heute ein Teil eines normalen Krankenhauses. Das mindert die Scham, dorthin zu müssen und auch für Angehörige ist ein Krankenbesuch nicht stigmatisierend. Psychiatrische Stationen gibt es in jedem Versorgungs-Krankenhaus der Grundversorgung. Das sind solche Krankenhäuser, die die medizinische Grundversorgung der Bevölkerung in einem Landkreis oder einem Stadtbezirk gewährleisten müssen. Die öffentlichen Versorgungs-Krankenhäuser sind verpflichtet jeden Erkrankten, der medizinische Hilfe benötigt, die nicht mehr ambulant geleistet werden kann, aufzunehmen. Die Zuständigkeit ergibt sich aus dem Wohnort. Andererseits gibt es die freie Arzt- und auch Krankenhauswahl, so dass sich jeder auch außerhalb seiner Versorgungsgebietes behandeln lassen kann. In diesen Fällen dürfen Kliniken Patienten allerdings ablehnen oder „nach Hause" überweisen.

Warum ist es wichtig, diese Unterschiede zu kennen?

Bei der Bipolaren Störung kann es insbesondere bei manischen oder psychotischen Zuständen vorkommen, dass man irgendwo aufgegriffen wird und es zu einer – eher unfreiwilligen – Krankenhauseinweisung kommt. Dann wird man zunächst ins nächstgelegene Krankenhaus gebracht. Je nachdem, wie dieses Haus ausgelastet ist, kann es passieren, dass man in das Versorgungs-Krankenhaus seines Wohnortes verlegt wird. Das ist im Grunde nicht schlimm und sogar für die Angehörigen vorteilhaft, weil es sich ja in der Nähe befindet.

Leider habe ich jedoch erlebt, dass es nicht in jedem Krankenhaus der Grundversorgung Personal gibt, das sich gut mit der Bipolaren Störung auskennt. So kam ich auf eine psychiatrische Station, auf der es nicht einmal einen Psychologen gab, weil diese Personalstelle nicht vorgesehen war. Die Ärzte und Pfleger haben sich bei meinen Aufenthalten ehrlich um mich bemüht, aber mit meinen Stimmungsschwankungen kam keiner so richtig klar. Ich empfand es als verantwortungsvoll, als ein Arzt mir den Rat gab, mir doch eine Klinik zu suchen, die mich besser behandeln könne und dieser Arzt mir dann auch drei Adressen nannte, an die ich mich wenden konnte.
In der ersten dieser Kliniken ging ich beim Vorgespräch mit meinen Problemen hinein und kam mit den Problemen des Therapeuten wieder heraus. In der zweiten Klinik wurde ich bereits am zweiten Tag fixiert und nach dem Gespräch mit dem Amtsarzt am fünften Tag wieder entlassen. In der dritten Klinik fühlte ich mich gut aufgehoben, solange ich depressiv war. Nach einem Switch in die Manie und einem unfreiwilligen Aufenthalt auf der geschlossenen Station, wurde mir signalisiert, dass man nichts mehr für mich tun könne.

Ich schildere diese einschneidenden und auch sehr persönlichen Erlebnisse, weil ich weiß, dass andere Betroffene ein ähnliches „Klinik-Hopping" erlebt haben. Ich bin da kein Einzelfall. Die Bipolare Störung ist für Behandler anspruchsvoll und manchmal ist es einfacher einen solchen unangepassten, schwierigen und vielleicht sogar renitenten Patienten „abzuschieben". Dann hat jemand anders im System das Problem.

Nach diesen Erlebnissen, die sich etwa über zwei Jahre hinzogen, stand ich vor der Frage: Wo gab es jemanden, der bereit war, mich zu behandeln; der bereit war, sich meinen Stimmungsschwankungen auszusetzen; der mich nicht abschob, wenn es schwierig wurde und der mir wirklich helfen konnte?

Auf der Internetseite der Deutsche Gesellschaft für Bipolare Störungen (DGBS) wurde ich schließlich fündig. Dort gibt es eine Liste all jener Krankenhäuser, die eine besondere Expertise für die Bipolare Störung und dafür ein Gütesiegel der DGBS erhalten haben.

Wenn es also tatsächlich zu einem Krankenhausaufenthalt kommen sollte oder ein solcher von Ihnen angestrebt wird, können Sie zuerst versuchen, von einem dieser zertifizierten Krankenhäuser aufgenommen zu werden. Auch wenn sich diese Klinik nicht in Ihrer Nähe befindet, lohnt es sich nachzufragen. Jeder hat das Recht auf freie Arztwahl und kann sich auch außerhalb seines Wohnortes behandeln lassen, sofern die Klinik freie Kapazitäten hat und einen aufnimmt. Manchmal gibt es auch Wartelisten, auf die man sich setzen lassen kann.

Nach fast zwei Jahren als Drehtürpatientin (zwölfmal rein und raus), fand ich endlich eine Klinik, in der das Therapieangebot auf mich passte. Die ersten Worte des Chefarztes waren: „Ich kann Sie nicht heilen, aber ich kann Ihnen zeigen, wie man mit dieser Krankheit lebt." Das war eine Aussage, mit der ich mich angenommen fühlte. Trotz weiterer Klinikaufenthalte sah ich einen Silberstreif am Horizont und insbesondere ein tagesklinischer Aufenthalt wurde zur so lange erhofften Wende zur Besserung.

Die Geschlossene

Die geschlossene Station, von Insidern nur „die Geschlossene" genannt, ist eine Station, bei der die Eingangstür bei Bedarf abgeschlossen werden kann bzw. bei der es eine Eingangsschleuse gibt. Der Zugang und auch der Ausgang sind nur möglich, wenn jemand vom Personal öffnet. Einige geschlossene Stationen haben außerdem vergitterte oder abgeschlossene Fenster.

Zu Beginn meiner Krankheitskarriere ging ich wegen meiner stärker werdenden Migräne zu einer Neurologin und landete letztendlich auf einer solchen geschlossenen Station in der Psychiatrie. Das geschah nicht gegen meinen Willen, ich bin freiwillig dort hin gegangen, weil man mir Hilfe und Linderung versprach. Durch die ständigen Kopfschmerzen beeinträchtigt, war ich mit allem einverstanden, Hauptsache, diese Pein würde endlich aufhören. Erst später habe ich verstanden, dass ich nicht wegen der Migräne, sondern wegen suizidaler Gedanken eingewiesen wurde. Ich hatte im Arztgespräch geäußert, dass ich endlich Ruhe haben und am liebsten alle Tabletten auf einmal nehmen wollte. Mir war nicht bewusst, dass ich mich damit selbst in Gefahr brachte. Die Entscheidung der Neurologin war also gerechtfertigt.

Die Psychiatrie ist meines Wissens der einzige Bereich in der Medizin, indem unter bestimmten Voraussetzungen auch gegen den erklärten Willen des Patienten behandelt werden kann und manchmal auch muss. Solche Situationen sind für alle Beteiligten unangenehm und immer auch eine Gratwanderung. Um die Entscheidung über eine freiheitseinschränkende Maßnahme nicht allein einer Person aufzubürden und um Willkür zu vermeiden, hat der Gesetzgeber klare Regeln aufgestellt. Wenn ein Facharzt eine Person für behandlungsbedürftig hält, diese Person aber nicht einwilligt, kann der Arzt eine Unterbringung in einem psychiatrischen Krankenhaus beim zuständigen Amtsgericht beantragen. Ein Amtsrichter muss innerhalb von 24 Stunden den Betroffenen persönlich anhören (das gilt auch am Wochenende) und sich selbst einen Eindruck verschaffen. Daraufhin trifft der Richter eine Entscheidung, gegen die auch Widerspruch möglich ist. Nur weil man psychisch krank ist, verliert man nicht automatisch seine bürgerlichen Rechte. Ebenfalls kann man trotz Klinikaufenthalt einen Rechtsanwalt als Rechtsbeistand beauftragen.

Jedes Bundesland hat ein eigenes „PsychKG“. Ausgeschrieben heißt es beispielsweise für das Land Brandenburg: „Gesetz über Hilfen und Schutzmaßnahmen sowie über den Vollzug gerichtlich angeordneter Unterbringung für psychisch kranke und seelisch behinderte Menschen im Land Brandenburg (Brandenburgisches Psychisch-Kranken-Gesetz – BbgPsychKG)“.
Darin heißt es in Abschnitt 3, Paragraf 8: „(1) Eine Unterbringung im Sinne dieses Gesetzes liegt vor, wenn eine Person aufgrund ihrer psychischen Krankheit oder seelischen Behinderung gegen ihren Willen, in willenlosem Zustand oder gegen den Willen ihrer gesetzlichen Vertretungsperson oder gerichtlich bestellten Betreuungsperson nicht nur vorübergehend in eine Einrichtung der psychiatrischen Versorgung nach § 10 Abs. 1 eingewiesen und dort festgehalten wird. Psychisch kranke und seelisch behinderte Menschen dürfen nur dann untergebracht werden, wenn und solange durch ihr krankheitsbedingtes Verhalten oder die Auswirkungen ihrer Krankheit 1. ihr Leben oder ihre Gesundheit ernsthaft gefährdet sind oder 2. eine unmittelbare erhebliche Gefahr für die öffentliche Sicherheit besteht und diese Gefahren nach fachärztlichem Urteil nicht anders abgewendet werden können. (3) Eine ernsthafte Gefährdung oder unmittelbare Gefahr im Sinne von Absatz 2 Nr. 1 und 2 besteht dann, wenn infolge der Krankheitsauswirkungen ein schadenstiftendes Ereignis unmittelbar bevorsteht oder sein Eintritt zwar unvorhersehbar aber wegen der besonderen Umstände des Einzelfalles jederzeit zu erwarten ist.“
In Paragraf 9 wird zum Zweck der Unterbringung gesagt: „(1) Zweck der Unterbringung ist die Heilung, Besserung, Linderung oder Verhütung der Verschlimmerung der psychischen Krankheit oder seelischen Behinderung der untergebrachten Person, welche dazu geführt hat, dass die Voraussetzungen der Unterbringung gegeben waren. Zweck der Unterbringung ist auch die Sicherung der untergebrachten Person vor der Gefahr der Selbstschädigung und der Öffentlichkeit vor einer Gefährdung durch die untergebrachte Person.“
Da ich eingewilligt hatte, auf die geschlossene Station zu gehen, war dieses Verfahren bei mir nicht nötig. Ich hätte theoretisch auch jederzeit wieder gehen können, aber daran war gar nicht zu denken. An die ersten vierzehn Tage kann

ich mich kaum erinnern, weil ich mit einem Benzodiazepin behandelt wurde, ein Medikament welches das Kurzzeitgedächtnis beeinträchtigt, wie ich später erfuhr. Ich dämmerte auf meinem Bett liegend vor mich hin. Ich fühlte mich vollkommen leer. Meine ständigen Migräneattacken, die bis zu fünfzehn Mal im Monat auftraten, und der Dauerstress vor der Klinikeinweisung hatten meine Energiespeicher so geleert, dass ich alles über mich ergehen ließ. Es war, als hätte ich nicht mal mehr die Kraft einen eigenen Willen aufzubringen. Ich tat, was man mir sagte. Dank gutmeinender Mitpatienten, die mir beim Zurechtfinden behilflich waren, konnte ich mich etwas orientieren und machte ich einfach das mit, was die anderen auch taten.

Mein Aufenthalt auf der geschlossenen Station dauerte fünf Monate, in denen ich lernen musste, mich in dieser völlig neuen Welt zurecht zu finden. Es war, als ob man durch eine Tür tritt und plötzlich in einer anderen, unbekannten Welt ist, in der bisher Gewohntes nicht mehr gilt. In dieser Welt bestimmten andere, wann ich esse, schlafe, mich beschäftige, Besuch empfange, spazieren gehe und mit wem ich das Zimmer teile.
Auf einer solchen Station werden Menschen aufgenommen, die in einer Ausnahmesituation sind, sodass sie nicht ohne Aufsicht bleiben können, weil sie entweder für sich selbst oder für andere eine Gefahr darstellen. Ich war zu diesem Zeitpunkt eine Gefahr für mich selbst. Der Aufenthalt auf der geschlossenen Station hat verhindert, dass ich mir etwas antue. Trotz aller Unannehmlichkeiten war das letztendlich wichtiger, wer weiß, was sonst geschehen wäre.

Wenn erkrankte Menschen, die alle ihr eigenes Problem haben, 24 Stunden am Tag auf dem engen Raum einer geschlossenen Station manchmal mehrere Wochen lang leben müssen, kommt es zu Konflikten, Missverständnissen und auch Streit. So wurde ich eines Nachts wach, weil ich spürte, dass jemand ganz dicht neben meinem Bett stand. Ich erschrak heftig, verhielt mich aber ruhig. Im Dunkeln konnte ich erkennen, dass es meine Bettnachbarin war, die ganz intensiv die Gegenstände auf meinem Nachttisch betrachtete. Sie berührte sie fast mit der Nase, fasste aber nichts an, sagte auch nichts, sie schaute nur. Trotzdem war das für mich befremdlich. Am nächsten Morgen erklärte mir die Schwester, dass die Frau auch krank sei, aber anders krank als ich, sie fühle sich nur in der Dunkelheit der Nacht wohl und traut sich dann aus ihrem Bett. Die Frau sei harmlos und ich bräuchte mich nicht zu sorgen.
Die Menschen, die auf einer solchen Station aufeinandertreffen, sind also keine homogene Gruppe und leiden unter ganz verschiedenen Erkrankungen. Ich habe dort die unterschiedlichsten Menschen aller Altersgruppen kennengelernt, die mich sowohl faszinierten und beeindruckten als auch ängstigten. Der Aufenthalt entsprach so gar nicht meinen Vorurteilen, denn „Verrückte“ traf ich dort nicht.

Ich bekam durch die vielen Gespräche mit den Mitpatienten eine Vorstellung davon, was es bedeutet, wenn die eigene innere Welt aus den Fugen gerät und sich nicht mehr in Einklang mit der Außenwelt bringen lässt, und wie diese Diskrepanz einen lähmt oder wütend macht. Wenn sich der Fokus immer mehr nach innen richtet und der Alltag in der Außenwelt an Bedeutung verliert, braucht es diesen Schutzraum, um in Sicherheit wieder auftauchen zu können.

Gut erinnern kann ich mich an meine ambivalenten Gefühle auf der Station, nachdem ich mich an das Leben dort gewöhnt hatte. Ich war froh, dass ich endlich eine Behandlung bekommen sollte, die mir meine Migräne nimmt. Ich empfand es als Entlastung, dass ich mich im Krankenhaus befand und damit vorerst von allen Pflichten befreit war, niemand irgendwelche Anforderungen an mich richtete und ich einfach nur auf meinem Bett liegen konnte und zu nichts verpflichtet war. Ich fühlte mich aber auch deplatziert. Erst allmählich realisierte ich, dass ich auf einer geschlossenen Station eines psychiatrischen Krankenhauses war. Was sollte **ich** eigentlich in der Psychiatrie? Ich hatte doch nur Migräne!

Noch nie zuvor hatte ich in meinem Leben mit psychischen Erkrankungen oder mit der Psychiatrie zu tun. Für mich war das eine völlig fremde Welt, mit der ich mich bis dahin nicht beschäftigt hatte, geschweige denn dachte, dass es mich einmal dorthin verschlagen würde. Natürlich kannte ich auch einige Filme und Bücher zu diesem Thema, aber das betraf doch nicht mich! Solange man Zuschauer ist, erfährt man etwas **über** die Psychiatrie.
Ganz anders ist es, wenn man **in** der Psychiatrie ist. Erst Jahre später, als ich mich in einer Selbsthilfe-Vereinigung engagierte und wir darüber diskutierten, wie man mit der Fremd- und Selbst-Stigmatisierung von psychisch Kranken umgeht, also mit der Tatsache, dass man von Anderen mehr als Kranker und weniger als Mensch mit all seinen Ressourcen gesehen wird, ist mir klar geworden, dass ich selbst auch Vorurteile hatte, und zwar Vorurteile, die aus meiner Unwissenheit rührten. Und ich habe verstanden, warum Aufklärung so wichtig ist. Auch deshalb schreibe ich dieses Buch.

Stationsäquivalente Behandlung

Ein Vorteil eines Klinikaufenthaltes ist, dass man auch von seinen Pflichten im häuslichen Umfeld entlastet wird. Nicht für jeden ist das optimal, z.B. wenn Kinder zu versorgen sind. In mehreren europäischen Ländern sind deshalb schon seit Jahren aufsuchende Hilfen als Alternative etabliert worden, also Behandlungen von Fachpersonal, die im häuslichen Umfeld des Betroffenen stattfinden.
In Deutschland wurden dafür im Jahr 2018 endlich die gesetzlichen Grundlagen geschaffen. Das ist gerade einmal fünf Jahre her. Wahrscheinlich sind deshalb solche Angebote unter den Betroffenen noch weitestgehend unbekannt.

Es gibt sie inzwischen an 56 Standorten (Stand 31.03.2022) deutschlandweit. Hoffentlich kommen in Zukunft noch mehr dazu, denn schließlich gibt es über 400 psychiatrische Kliniken. Das Angebot ist also noch nicht flächendeckend. Diese Art der aufsuchenden Behandlung nennt sich „StäB" – Stationsäquivalente Behandlung.

Zum Beispiel schreibt das Ernst-von-Bergmann-Klinikum Potsdam auf seiner Homepage: „In StäB werden Patienten, die üblicherweise stationär aufgenommen werden, aufsuchend im häuslichen Umfeld behandelt. An sieben Tagen in der Woche erfolgen Hausbesuche. Ein multiprofessionelles Team unter der Leitung eines erfahrenen Oberarztes gewährleistet eine an den individuellen Bedürfnissen des Patienten angepasste psychiatrisch-psychotherapeutische Behandlung. Durch die Behandlung im Lebensfeld der Patienten können viele Ressourcen genutzt werden. Zudem können Patienten Therapiefortschritte unmittelbar in ihrem Lebensalltag integrieren. Wenn es gewünscht ist, können Angehörige engmaschig in die Behandlung einbezogen werden. [...] Damit wird das Spektrum psychiatrisch-psychotherapeutischer Behandlung in Potsdam um einen wichtigen Baustein erweitert. Für viele Patienten ist dieser Behandlungsansatz eine willkommene Alternative zur stationären Aufnahme. Zudem wird StäB einer auch von den Angehörigen schon seit vielen Jahren geforderten Flexibilisierung der Behandlung gerecht."

Ich halte solche Ansätze für die derzeit besten und kann nur jedem Betroffenen empfehlen, diese Angebote zu nutzen. Es gab sie noch nicht, als ich krank war. Ich hätte sie gern genutzt.

Diagnose
Noch in der ambulanten Behandlung in der Migränesprechstunde bei meiner Neurologin wurde ich gebeten, einen Verlauf meiner Krankheitsphasen als „Lifechart" zu zeichnen. Das ist eine Art „Lebenslinie", in der die Höhen und Tiefen des eigenen Lebens grafisch dargestellt werden. Meine Lebenslinie verlief nicht gleichförmig und schon gar nicht gradlinig. Es ging ständig auf und ab, mit teilweise schnellen Wechseln. Während dieser Behandlung fiel erstmals der Begriff „Bipolare Störung".
Beim späteren Aufnahmegespräch in der Klinik musste ich dann eine Reihe von Fragen beantworten, die mir sehr befremdlich vorkamen, weil ich nicht verstand, warum mich der Arzt nach dem aktuellen Datum, dem Wochentag und dem Jahr fragte, und warum ich eine Rechenaufgabe lösen sollte. Diese Fragen ließen bei mir den Verdacht aufkommen, der Arzt zweifle an meinem Verstand. Ich hatte das Gefühl nicht ernstgenommen zu werden. Ich verstand nicht, was diese Fragen mit meiner Migräne zu tun hatten. Es erklärte mir auch niemand.

Später erfuhr ich, dass solche Fragen gestellt werden, um die Orientierungsfähigkeit eines neuen Patienten einzuschätzen und um eventuelle Denkstörungen ausschließen zu können. Als der Arzt meinen Lifechart sah, folgte wissendes Kopfnicken, welches aber ohne verbalen Kommentar blieb und ich bekam einen mehrseitigen Fragebogen mit gefühlt hundert Fragen in die Hand gedrückt.
Solche Fragenbögen musste ich später immer wieder ausfüllen oder wurde von Behandlern anhand vergleichbarer Checklisten befragt. Es handelt sich dabei um standardisierte Fragen, wie sie überall in der Welt in der Psychiatrie eingesetzt werden, um durch die Selbst- oder Fremdeinschätzung des Patienten den Schweregrad der psychischen Erkrankung festzustellen. So gibt es die international als Diagnosewerkezug für Depressionen anerkannte Hamilton-Skala, die je nach Fassung bis zu 24 Fragen (sogenannte Items) enthält.
Zum Beispiel lautet eine Frage: *„Fühlten Sie sich in der letzten Woche traurig oder depressiv?"* Für jede Frage werden zwei bis vier mögliche Antworten vorgegeben und der Patient soll die für ihn zutreffendste Antwort ankreuzen bzw. der Arzt oder Therapeut beurteilt das Zutreffende anhand des Gesprächs.

Das kann zum Beispiel so aussehen:

- Wird verneint — 0 Punkte
- Wird nur auf Nachfrage berichtet — 1 Punkt
- Wird spontan berichtet — 2 Punkte
- Nicht verbale Äußerungen (Gesichtsausdruck, Stimme, Weinerlichkeit) — 3 Punkte
- Der Patient berichtet, verbal und nonverbal, dass er sich ausschließlich in diesem Zustand befunden habe — 4 Punkte

Jede Antwort hat eine andere Wertigkeit, die in Punkten ausgedrückt wird. Daraus wird eine Summe gebildet. Je höher diese ist, umso schwerer ist die Depression. Anhand dieser Punktwerte wird zwischen leichter, mittelschwerer und schwerer Depression unterschieden. Ein ähnliches Instrument ist die „Young Mania Rating Scale" für die Ausprägung der Manie.
Mithilfe dieser Fragebögen will man die Symptome des Betroffenen sowohl erfassen als auch bewerten und später daran den Behandlungsfortschritt feststellen. Die Behandlung zeigt Erfolge, wenn der Score – also der Gesamtpunktwert – sinkt.
Der Psychiater hat außer dem Gespräch mit dem Patienten oder mit dessen Angehörigen, in dem er sich ein Bild machen kann, kaum Möglichkeiten, die psychische Krankheit zu „messen". Er ist auf seine Erfahrung, sein Wissen und seine Fähigkeit, das Patientengespräch so zu führen, dass er möglichst viele relevante Informationen für die Diagnosestellung erhält, angewiesen.

Für das Feststellen von Fieber gibt es ein Fieberthermometer, für das Messen des Blutdrucks das Blutdruckgerät. Für seelische Erkrankungen gibt es solche eindeutigen Biomarker nicht, obwohl die medizinische Forschung sich sehr bemüht, solche ausfindig zu machen. Darüber möchte ich später noch im Zusammenhang mit dem Aminogramm berichten.
Jedem Betroffenen sollte klar sein: Aus den genannten Gründen ist eine psychiatrische Diagnose zuallererst einmal eine **Arbeitshypothese,** die im Laufe der Behandlung gefestigt oder verworfen werden kann. Sie besteht aus einer Sammlung von Symptomen, die zur Erkennung und zur systematischen Beschreibung einer Krankheit dienen. Im ICD-10, der internationalen statistischen Klassifikation der Krankheiten und verwandter Gesundheitsprobleme (ICD, englisch: International Statistical Classification of Diseases and Related Health Problems) wird aufgelistet, welche Symptome zu welcher Krankheit gehören. Die Bipolare Störung wird unter dem Punkt F31 beschrieben.

Leider habe ich im Verlauf meiner Krankheitskarriere erlebt, dass später niemand mehr diese Anfangshypothese in Frage stellte. Im Gegenteil, es kamen noch einige Diagnosen, wie z.B. „histrionische Persönlichkeitsakzentuierung" dazu. Nach dem Motto: „Einmal bipolar, immer bipolar" stehen diese Diagnosen noch immer auf meinen Arztberichten, obwohl ich seit fast einem Jahrzehnt ohne Symptome, ohne manische oder depressive Phasen und ohne Psychopharmaka lebe. Es erfolgt lediglich der Zusatz „z.Z. remittiert", was ausdrückt, dass ich zurzeit keine akuten Symptome habe. Dies liegt einerseits daran, dass eine Bipolare Störung nach Lehrmeinung nicht heilbar ist, also das ganze weitere Leben weiterhin besteht, und andererseits daran, dass es in der Medizin üblich ist, alle bekannten Diagnosen eines Patienten aufzulisten.
Nach dem Arztgespräch und dem Ausfüllen der Fragebögen wurde mir gesagt, ich hätte eine Bipolare Störung und müsse fortan Tabletten nehmen. Damit ich mich selbst ein wenig über die Krankheit aufklären kann, erhielt ich eine kleine Broschüre, die etwa 20 Seiten umfasste und von einem Pharmaunternehmen herausgegeben wurde. Detaillierter über das Krankheitsbild geredet hat anfangs niemand mit mir. Dies geschah erst später im Rahmen einer Psychotherapie. Was in der kleinen Broschüre beschrieben wurde, war mir so fremd, dass ich mich nach dem Lesen nicht schlauer fühlte als zuvor. Ob dies an den Tabletten lag, die ich bekam oder an meinem energielosen Zustand oder vielleicht auch daran, dass ich mit all den Begriffen nichts anfangen konnte, kann ich heute nicht mehr sagen. Ich hatte jedenfalls nicht **verstanden,** was der Text mit mir zu tun haben sollte.
Ein Mitpatient lieh mir dann ein Buch von Eberhard J. Wormer: „Bipolar – Leben mit extremen Emotionen: Depression und Manie". Das war schon umfangreicher und auch informativ, aber identifizieren konnte ich mich mit dieser Krankheit noch lange nicht.

An meinem Beispiel möchte ich Ihnen das große Dilemma der Psychiatrie veranschaulichen, denn aus meiner Sicht sind die Probleme im System enorm: Mithilfe der Fragebogendiagnostik und anderer Methoden versucht man das Denken und Fühlen eines Menschen zu erfassen und damit **messbar** zu machen. Denn: was sich messen lässt, kann mit anderen Werten vergleichen werden. Auch können so allgemeine Prinzipien aufgestellt werden. Darauf aufbauend werden therapeutische Entscheidungen getroffen, zum Beispiel ob und welche Medikation verordnet wird. Letztendlich wird mit diesem Ansatz versucht, medizinische Behandlung zu standardisieren. Nach dem Motto: „Wenn die Symptome so und so sind, nehme dieses und jenes Medikament ein."

Zusammengefasst werden solche therapeutischen Empfehlungen in Leitlinien. Für die Bipolare Störung gibt es eine „S-3-Leitlinie". Die Klassifizierung „S-3"sagt aus, dass ein repräsentatives Gremium – hier waren es über zweihundert Psychiater – eine systematische Recherche der Literatur durchgeführt hat und darüber in mehreren Konsensverhandlungen eine strukturierte Abstimmung erfolgte. Daraus entstanden mehrstufige Therapieempfehlungen.
Diese Leitlinien sind rechtlich nicht bindend, der Arzt kann also davon abweichen, wenn er meint, dass die Empfehlungen für seinen Patienten nicht geeignet sind. Er hat als Arzt die Freiheit, die nach seiner Meinung beste Behandlungsmethode zu wählen. Da aber Abweichungen jeweils begründet werden sollten, richten sich eben viele Ärzte strikt nach den Leitlinien, vor allem dann, wenn sie noch wenig Berufserfahrung haben und auch, weil dies im Falle des Falles davor schützt, Behandlungsfehler vorgeworfen zu bekommen. Die S-3-Leitlinie für die Bipolare Störung wurde maßgeblich auf Initiative der Deutschen Gesellschaft für Bipolare Störungen entwickelt und ist auch auf deren Internetseite zu finden. Dort gibt es auch eine vereinfachte Version für Laien.
Wenn man hört, dass solche Leitlinien von so vielen Fachleuten erarbeitet wurden, entsteht der Eindruck, dass das Ergebnis unabhängig und studienbasiert ermittelt wurde und damit dem Stand der Wissenschaft entspricht. Die zentrale Frage dabei lautet jedoch, welche wissenschaftliche Literatur und welche Studien in die Abstimmungen einbezogen wurden. Wie ich später noch darstellen werde, gibt es eine Vielzahl von Studien zum Zusammenhang von Lebensstil, Ernährung und Bipolarer Störung. Davon steht jedoch nichts in der offiziellen Leitlinie, denn diese Studien wurden dort schlichtweg nicht berücksichtigt.

Auch ich wurde „leitliniengerecht" behandelt, das heißt, ich bekam die Medikamente, die in der Leitlinie beschrieben waren. Als die erhoffte Wirkung nicht eintrat, wurde die nächste Stufe der Leitlinie und eine Kombination von mehreren Wirkstoffklassen probiert. Als auch das nicht half, kam der nächste Versuch. So habe ich im Laufe meiner Krankengeschichte fast jedes mögliche Medikament,

das die moderne Psychiatrie zu bieten hat, irgendwann einmal eingenommen..
Erst viele Jahre später hegte ich Zweifel an diesem Verfahren, nämlich als ich in meiner Selbsthilfearbeit feststellte, dass andere Betroffene zwar auch die Diagnose „Bipolare Störung" hatten, sich deren Probleme aber ganz anders darstellten als meine. Ich finde es richtig, dass manche Psychiater lieber vom „Bipolaren Spektrum" als von **der** Bipolaren Störung sprechen und sich trauen, mehr auf ihre Erfahrung als auf die Leitlinien zu setzen..
Des Weiteren fragte ich mich, ob man Leid tatsächlich wiegen oder messen kann. Ich verstehe das Ansinnen der Ärzte, die Schwere der Erkrankungen messbar und vergleichbar machen zu wollen, vor allem auch, um dem Patienten und auch sich selbst im Sinne eines Vorher/Nachher-Vergleichs zu zeigen, dass eine Besserung eingetreten ist. Aber bin ich die mathematische Summe von aktuellen Symptomen?
Kann man meine Stimmungsschwankungen und Antriebsprobleme vollumfänglich mit eine paar Fragen erfassen? Warum werden keine Vitalstoff-Messungen im Blut durchgeführt, die viel mehr aussagen als die subjektive Antwort auf eine Frage oder die Interpretation meines Verhaltens durch einen Fremden, der mich gar nicht kennt? Wo bleibt meine Persönlichkeit? Und wieso werden stets Symptome hervorgehoben, nicht aber die Aspekte meiner Gesundheit?

Heute denke ich, dass dieses Unbehagen auch der Grund war, warum ich anfangs die Aussage: „Ich bin bipolar" nicht für mich akzeptieren konnte, denn jeder erkrankte Mensch hat neben den kranken Anteilen auch sehr viele gesunde Anteile. Es hat mich im wörtlichen Sinne gekränkt, für lange Zeit nur auf diese kranken Anteile reduziert zu werden. Es ist schon seltsam, dass in unserer Sprache die beiden Begriffe „kränken" und „krank" so ähnlich sind. Kränkung ist „krank machend" und zwar sowohl im Sinne von „jemanden krank machen" als auch „von jemandem krank gemacht werden".
Es war mühsam und zeitaufwändig meine gesunden Anteile wieder zum Vorschein kommen zu lassen. Heute ist die Aussage „Ich bin bipolar" für mich lediglich eine Positionsbestimmung, eine Verortung meines breiteren Gefühlsspektrums, meiner Sensibilität für eigene und auch fremde Stimmungen und auch Ausdruck meiner individuellen Persönlichkeit. Und ich habe mir einen Satz von Jean-Paul Sartre (1905-1980), einem französischen Romancier, Dramatiker und Philosoph, zu eigen gemacht, der lautet: „Jeder kann aus dem, was aus ihm gemacht wurde, etwas machen."

Psychiater

Ein Psychiater ist ein Arzt mit der Facharztausbildung Psychiatrie. Nach dem Medizinstudium ist jemand zwar ein ausgebildeter Arzt, aber noch kein Facharzt. Dafür braucht es fünf weitere Jahre. Je nachdem, welchen Schwerpunkt der

Arzt in seiner Aus- und Fortbildung hatte, kann er dann Zusatzbezeichnungen erwerben, wie z.B. Facharzt für Psychiatrie, Psychotherapie und Psychosomatik oder Facharzt für Neurologie.
Der größte Unterschied zu anderem medizinischen Personal besteht darin, dass nur der Arzt Medikamente verordnen und Therapien verschreiben darf. Er trifft und verantwortet die ärztlichen Entscheidungen, z.B. auch über die Einweisung in eine Klinik oder auf die geschlossene Station. Alle anderen Fachkräfte haben sich an die Anweisungen des Arztes zu halten.
Dass jedoch psychische Erkrankungen selbst vor Ärzten nicht halt machen, beschreibt Piet C. Kuiper in seinem Buch „Seelenfinsternis". Er war nicht nur Psychiater und Psychoanalytiker, sondern auch Professor für Psychiatrie an der Universität Amsterdam. Genauso lesenswert ist das Buch von der amerikanischen Psychiaterin, Dr. Kay R. Jamison, mit dem Titel „Meine ruhelose Seele", die zu Beginn ihrer medizinischen Karriere erkannte, dass sie selbst – wie viele ihrer Patienten – an einer Bipolaren Störung litt und aus dem eigenen Erleben heraus in den USA zu einer der führenden Experten auf diesem Gebiet wurde.

Ich fand in diesen Büchern Trost, nicht allein mit meiner Erkrankung zu sein und davon zu lesen, dass auch Ärzte nur Menschen sind, denen das gleiche widerfahren kann wie mir. Eine solche Erkrankung kann jeden treffen, unabhängig von Profession, Alter oder Geschlecht.

Psychologe bzw. Psychotherapeut
Neben dem Arzt sind Psychologen und Psychotherapeuten für Betroffene die wichtigsten Anlaufstellen im Zuge einer Therapie. Auch diese haben eine lange Ausbildung hinter sich. Sie haben ein Psychologiestudium absolviert und nach einer mehrjährige Zusatzausbildung, dürfen sie sich psychologische Psychotherapeuten nennen. (Im Unterschied zu ärztlichen Psychotherapeuten) Es gibt sogar einige, die einen Doktorgrad erlangt haben.
Für mich waren die Psychologen und Psychotherapeuten in der Klinik präsenter als die Ärzte. Es gab zwar bei der Aufnahme ein langes Arztgespräch, doch während des Klinikaufenthaltes bekam ich den Arzt meist nur für ein paar Minuten bei der täglichen Visite zu sehen. Ob und was im Hintergrund lief, z.B. bei den Teamkonferenzen, bekam ich nicht mit und mir wurde davon auch nicht berichtet. Gemessen an der Zeit, hatte ich in der Klinik mit den nicht-ärztlichen Therapeuten die meisten Kontakte. Die psychologischen Gespräche erwiesen sich dann auch als Schlüssel für meine Krankheitsbewältigung und letztendlich auch für meine Genesung. Hier durfte ich all das loswerden, was in meinem Kopf vorging – all das, was mich belastete, wofür ich aber keine Erklärung fand.
Die Psychotherapie half mir zu analysieren, warum ich mich mal so und mal so verhielt, und ich fand eine für mich akzeptable Erklärung für mein Bipolarität.

Mir wurde aber auch klar: Der Therapeut kann die Probleme, die ich habe, nicht lösen. Das kann ich nur selbst, allerdings hatte ich keine Ahnung, wie ich diese Lösung finden sollte. Für mich war es anfangs so, dass ich überhaupt keine Vorstellung davon hatte, wie es zu meiner psychischen Krise gekommen war und welchen Anteil ich selbst daran hatte.
Die Therapeutinnen, die ich hatte, halfen mir, das Vergangene zu deuten und einzuordnen, eigene Stärken zu erkennen und Lösungsstrategien zu erarbeiten. Dank dieser Verhaltenstherapie habe ich erkannt, wie ich unwissentlich selbst dazu beigetragen habe, mich zu überfordern. Es waren vor allem Glaubenssätze wie „Ich werde nur geliebt, wenn ich Leistung bringe", die sich für mich als nicht hilfreich herausgestellt haben. Ich lernte, solche destruktiven Muster zu verlernen bzw. umzulernen. Es war ein langer und zeitaufwändiger Prozess, alles in allem brauchte ich mehr als hundert Therapiestunden. Dieser Therapieerfolg hat meine Einstellung zu vielen Dingen grundlegend geändert und ist heute eine Säule meiner zurückerlangten Stabilität. Zum diesem wichtigen Thema der Glaubenssätze erfahren Sie im zweiten Teil dieses mehr.

Trotz all der vorangegangenen Kritik am System der Leitlinienmedizin gilt also: Ich bin davon überzeugt, dass jeder Betroffener von einer Psychotherapie profitieren kann. Deshalb ist es für mich unverständlich, warum es vielen Bipolaren so schwer gemacht wird, einen passenden Therapieplatz zu bekommen. In meiner aktiven Zeit bei „bipolaris", der Selbsthilfeorganisation für Menschen mit Manien und Depressionen in Berlin und Brandenburg haben wir eine Umfrage unter den damals 2054 gelisteten Psychotherapeuten in Berlin durchgeführt. Wir fragten, wer bereit sei, Bipolare zu behandeln und wie viel Erfahrung der Therapeut damit habe. Letztendlich konnten wir aus den Antworten eine Datenbank mit 134 Therapeuten erstellen. Lediglich knapp 7 % aller angefragten Therapeuten waren bereit, Bipolare zu behandeln.

Es gibt sicher objektive und subjektive Gründe für dieses Ergebnis. Für uns war es damals ernüchternd und die Erhebung bestätigte die Aussagen von Betroffenen, sie fänden außerhalb der Klinik keinen Therapieplatz. Das liegt vermutlich auch daran, dass den Menschen, die mit Manien und Depression kämpfen, der Ruf vorauseilt, sie seien schwierig, unstet und renitent. Die eingangs beschriebenen sehr konträren Phasen der Erkrankung sind auch für Professionelle eine große Herausforderung. Nicht jeder Therapeut ist bereit oder fähig, sich dem zu stellen. Er kann und darf entscheiden, wen er behandeln möchte und wen nicht. Erfreulicherweise gibt es aber auch Therapeuten, die sich auf die Bipolare Störung spezialisiert haben. Ich hatte das Glück, einige davon zu treffen und von ihnen therapiert zu werden. Die Selbsthilfeorganisation „bipolaris" aktualisiert ihre Therapeutendatenbank ständig, um Betroffenen die Suche nach ambulanter

Hilfe zu erleichtern. Sie ist auf deren Webseite frei zugänglich. Das ist für mich ein Beispiel der Hilfe zur Selbsthilfe. Nach meiner Erfahrung ist es weniger wichtig, welches Therapieverfahren angewendet wird, entscheidend ist, dass der Therapeut die Therapie nach dem Patienten ausrichtet und er es schafft, eine gute tragfähige therapeutische Beziehung aufzubauen. Er sollte dem Betroffenen offen gegenübertreten, das zeigt sich schon daran, wie man empfangen wird und wie die Gesprächssituation gestaltet wird. Er sollte während des Gesprächs nicht zu oft den Blick abwenden, um Notizen zu machen oder auf einen Bildschirm zu schauen. Er sollte die richtigen Fragen stellen und nicht den Anspruch erheben, schon fertige Antworten zu haben. Vor allem aber sollte er die Selbstwirksamkeit des Patienten fördern wollen. Das alles gelingt nicht immer. Auch das macht es schwer, eine hilfreiche psychotherapeutische Behandlung zu finden.

Die Krankenkassen bezahlen immer die ersten fünf probatorischen Sitzungen, in denen sich die Beteiligten kennenlernen und das Therapieziel festlegen sollen. Danach muss der Therapeut eine Antragsbegründung verfassen und die Krankenkasse die weiteren Therapiestunden genehmigen. Ohne diese Zustimmung müsste man als Patient die Kosten selbst tragen.

Tagesklinik

Eine Tagesklinik ist ein Teilbereich eines normalen Krankenhauses, in dem Therapien nur während des Tages, also der normalen Arbeitszeit, stattfinden. In dieser Klinik gibt es keine Betten und keine Übernachtungsmöglichkeiten, aber manchmal Ruheräume. Die Patienten kommen am Vormittag zur Therapie und gehen am Nachmittag wieder nach Hause. Eine Tagesklinik bietet sich insbesondere für solche Menschen an, die nicht so schwer erkrankt sind, dass sie stationär aufgenommen werden müssen, aber noch nicht stabil genug sind, um ihren Alltag ohne Unterstützung gestalten zu können. Sie ist ein idealer Lernort für Betroffene, die über ihre Krankheit aufgeklärt werden und Strategien erlernen wollen, wie sie auch mit einer Bipolaren Störung ein erfülltes Leben führen können. Nach meiner Kenntnis gibt es nur sehr wenige Einrichtungen, die Therapiegruppen ausschließlich für Bipolare anbieten. Ein Leuchtturm auf diesem Gebiet ist die Bipolar-Tagesklinik am Vivantes Humboldt Klinikum Berlin-Reinickendorf.
Das Therapieprogramm umfasst in der Regel sechs Wochen, die Patienten kommen von Montag bis Freitag in die Einrichtung und nehmen an den unterschiedlichen Modulen teil. Da diese „TK", wie eine Tagesklinik von Insidern genannt wird, schon seit 2008 existiert, hat man dort sehr viel Erfahrung im Umgang und in der Therapie von Menschen mit Bipolarer Störung.
Fast alles, was ich über die Bipolare Störung gelernt habe, habe ich in dieser Bipolar-Tagesklinik gelernt. Nach meiner Odyssee durch sechs verschiedene Kliniken war dieser Aufenthalt die Wende in meinem Krankheitsverlauf. Es hat zwar

danach auch noch einige Zeit gedauert, bis ich dauerhaft stabil wurde, aber hier wurde der Grundstein gelegt. Ich empfand die Therapie in der Tagesklinik wie eine Art „Grundausbildung" für Betroffene und empfehle sie deshalb jedem Betroffenen, egal, woher man kommt. Ich kenne Menschen, die aus ganz Deutschland anreisen und sich für die sechs Wochen Therapiezeit auf eigene Kosten eine Bleibe in der Nähe suchen, um am Tagesklinikprogramm teilzunehmen.

Aus meiner Selbsthilfegruppe waren schon viele in der Bipolar-Tagesklinik und das prägt auch unsere Gruppengespräche. Wir brauchen nicht mehr über die „Basics" reden, sondern im Mittelpunkt unserer Gespräche steht die konkrete Ausgestaltung des Lebens mit der Störung im Alltag und der Austausch über die dabei gesammelten Erfahrungen. Was mich immer wieder fasziniert ist, dass Betroffene, die neu bei uns und oft sehr verzweifelt sind, nach einem Besuch der Tagesklinik viel selbstbewusster auftreten und ganz anderes mit ihrer Erkrankung umgehen. Sie haben jetzt konkrete Vorstellungen davon, wie ihr Leben mit der Störung weitergehen kann. Ich kenne niemanden, der von diesem Therapieangebot nicht profitiert hat.

Musik- und Ergotherapie

Zum Therapiekonzept fast jeder psychiatrischen Einrichtung, die ich kennengelernt habe, gehörte auch die Ergotherapie. Dabei handelt es sich um eine Therapieform, mit deren Hilfe körperliche Fähigkeiten, z.B. das Arbeiten mit den Händen, geistige Fähigkeiten, wie z.B. das Auswendiglernen von Gedichten, oder sozialen Fähigkeiten, wie z.B. die Zusammenarbeit in einer Gruppe, gefördert werden sollen. Je nach Ausstattung der Klinik und des Vorhandenseins von entsprechendem Fachpersonal kann das Angebot an Ergotherapie sehr vielfältig sein. Ich habe während der Ergotherapie getöpfert, Seidentücher bemalt, Körbe geflochten, Speckstein bearbeitet, Sperrholz gesägt, Mandalas ausgemalt und mit Farben experimentiert sowie Bilder gemalt.
Besonders gefallen hat mir dabei das ungezwungene Gespräch mit den Therapeuten, denn es ging dabei eher weniger um die Krankheit, sondern mehr um das Gelingen der aktuellen Arbeit. Ich war erstaunt, was ich trotz Depression so alles zustande brachte und erfreute mich am fertigen Produkt. Ich denke heute, dass das der tiefere Sinn der Ergotherapie ist:
Dem Betroffenen zeigen, was er alles noch kann. Durch diese Anregungen habe ich das Stricken wieder entdeckt und dabei festgestellt, dass das Sockenstricken mit fünf festen Nadeln bei mir meditativ wirkt und ich dabei gut entspannen kann. Meine ganze Familie hatte davon auch etwas: nämlich warme Füße.
Die Musiktherapie ist eine Form der nichtsprachlichen Therapie. Ich habe diese Stunden geliebt. Durch das Erzeugen von Tönen auf den unterschiedlichsten Klanggegenständen fand ich wieder Zugang zu meinen Gefühlen. Es hat mich

deshalb wütend gemacht, als Mitpatienten sich abfällig über das Therapiekonzept äußerten und fragtenwas sie denn in der Musiktherapie sollten. Nicht wenige waren der Meinung,sie können weder singen noch ein Instrument spielen und hätten auch nicht vor, das zu lernen. Daran ist mir bewusst geworden, wie wichtig es ist, die Patienten über die Angebote der Klinik ausreichend zu informieren. Es reicht eben nicht, nur den Therapieplan in die Hand gedrückt zu bekommen. Es geht in der Musiktherapie nicht um Vorsingen oder Vorspielen, es geht darum, sich auf Töne, auf Schwingungen und auf Harmonien wie auch Disharmonien einzulassen. Es geht darum, die eigenen Emotionen oder Erinnerungen wahrzunehmen und zuzulassen. So habe ich beim gemeinsamen Erzeugen von Tönen, (Spiel möchte ich das eigentlich nicht nennen), erlebt, wie sich die ganze Gruppe meinem Tempo angepasst und dessen Variation gefolgt war. Das war für mich eine große Erfahrung, die ich in den folgenden Psychotherapiestunden besprechen konnte. Es war mir gelungen, die Gruppe ohne Worte zu führen, nur durch meine Rhythmus- und Tempovorgaben auf der Steeldrum – und niemand fühlte sich bedrängt oder genötigt, sondern es war für alle harmonisch.
Vielleicht werden Sie sich jetzt wundern, was denn daran so außergewöhnlich war. Ich habe in meiner beruflichen Tätigkeit sehr oft erlebt, wie Vorgaben und Anweisungen, die ich als Lehrperson nun einmal geben musste, ignoriert und sogar bewusst missachtet wurden. Das hatte mich in meinem Selbstverständnis als Lehrerin und auch als Persönlichkeit gekränkt und letztendlich auch krank gemacht. In der Depression war ich davon überzeugt, dass ich die Fähigkeit zur Führung und Leitung verloren bzw. überhaupt nie besessen hätte – durch die Musiktherapie erlangte ich ein Stück meines Selbstvertrauens zurück.

Ambulante Betreuung

Ambulant behandelt zu werden, bedeutet, dass man den Psychiater in dessen Praxis aufsucht, genauso wie man zu seinem Hausarzt geht. Leider ist es nicht immer einfach, einen Termin bei einem niedergelassenen Psychiater zu bekommen. Deshalb haben einige Krankenhäuser psychiatrische Institutsambulanzen (PIA) eingerichtet, in denen die Krankenhaus Psychiater ambulante Sprechstunden abhalten. Ziel dieser Struktur ist es, eine kontinuierliche Betreuung von stationärer, zur teilstationären bis zur ambulanten Betreuung zu ermöglichen. In manchen PIA wird auch eine psycho- oder ergotherapeutische Behandlung angeboten. Es gibt auch Sozialarbeiter, die dort tätig sind und z.B. bei der Beantragung einer Reha behilflich sein können.

Selbsthilfegruppe

Eine gesundheitsbezogene Selbsthilfegruppe ist ein loser Zusammenschluss von Menschen, die die gleiche Erkrankung haben und ihre Erfahrungen austauschen wollen. Die Selbsthilfe hat sich zu einem nicht zu unterschätzenden Baustein der Gesundheitsversorgung entwickelt, denn hier wird ehrenamtlich, selbstbestimmt und selbstorganisiert Hilfe zur Selbsthilfe geleistet. Manche Betroffene erfahren erst hier, welche Behandlungsmöglichkeiten es gibt, welche Ärzte oder Kliniken sich mit der Erkrankung auskennen, welche Therapien man bei wem beantragen kann und vor allem treffen sie auf andere Betroffene, denen sie sonst nicht begegnen würden.

Ich bin immer wieder erstaunt, wie erleichtert neue Mitglieder der Gruppe sind, wenn sie uns gefunden und an den ersten Treffen teilgenommen haben. Das Gefühl, mit seiner Krankheit nicht allein zu sein, ist sehr entlastend und mobilisiert Energien, für sich selbst Verantwortung zu übernehmen und an der eigenen Genesung zu arbeiten.
Andererseits ärgert mich sehr, wenn mir Betroffene erzählen, dass ihnen der Psychiater von einem Besuch mit den Worten: „Was wollen Sie denn in dem Jammerclub?" abgeraten hätte. Gerade labile Menschen brauchen Zuspruch und sollten die Chance erhalten, jede nur erdenkliche Möglichkeit der Hilfe für sich ausprobieren zu dürfen.

Gesundheitsbezogene Selbsthilfegruppen können Unterstützung durch die Krankenkassen in Form von Zuschüssen erhalten, sodass die Teilnehmer z.B. die Miete für den Gruppenraum, Fortbildungen oder die Teilnahme an Veranstaltungen sowie Ausgaben für Gruppenflyer oder eine Webseite und ähnliches finanzieren können. Es ist ein Verdienst der Selbsthilfebewegung, die erst in den 70er- und 80er-Jahren entstand und sich entwickelte, dass diese finanzielle Unterstützung Eingang in die Pflichtaufgaben der Krankenkassen gefunden hat. Auch der Ansatz der Selbstbestimmtheit der Gruppen ist diesem Engagement zu verdanken. Die Selbsthilfegruppen dürfen durch keine Pharmafirmen oder ähnliche kommerzielle Akteure in irgendeiner Weise beeinflusst werden. Es wird auf die Selbstorganisation der betroffenen Menschen vertraut.

Deshalb steht und fällt eine Gruppe mit den Aktiven, die für ein Mindestmaß an Organisation sorgen, den Gruppenraum mieten, zu den Treffen einladen, den Kontakt mit neuen Interessenten herstellen und den Förderantrag stellen sowie die Gruppenmittel verwalten und auch oft die Moderation der Gruppentreffen übernehmen.

Ich habe mehreren Gruppen „auf die Beine geholfen" und weiß daher, dass man viel Enthusiasmus und Geduld braucht, bis eine solche Gruppe läuft. Dank einiger treuer Mitstreiter besteht die Selbsthilfegruppe, die ich gegründet habe, nun schon seit mehr als 12 Jahren. Alles läuft auf ehrenamtlicher und freiwilliger Basis, niemand kann verpflichtet werden, zu einer Selbsthilfegruppe zu gehen. Andererseits kann die Teilnahme an einer Selbsthilfegruppe auch nicht vom Arzt verordnet werden und jeder muss seine Aufwendungen, z.B. für die Fahrt zum Gruppentreffen selbst tragen.

In jedem Landkreis gibt es Selbsthilfekontaktstellen oder in größeren Städten Selbsthilfekontaktzentren (SEKIZ), die Listen der Selbsthilfegruppen führen oder den Kontakt zum Ansprechpartner vermitteln können. Die Selbsthilfekontaktzentren stellen sogar Räume für die Gruppentreffen zur Verfügung und unterstützen die Selbsthilfearbeit zum Beispiel durch Schulungen.

Dank des Engagements von Ärzten, Betroffenen und Angehörigen gibt es auf dem Gebiet der Bipolaren Störung sogar Landesverbände, wie z.B. bipolaris in Berlin und die deutschlandweit tätige „Deutsche Gesellschaft für Bipolare Störungen". Die DGBS ist trialogisch orientiert, das bedeutet, dass hier die Interessen sowohl der Betroffenen als auch der Angehörigen und die der Behandler, also der Ärzte und Therapeuten vertreten werden. Die Webseiten dieser Organisationen sind Fundgruben für Informationen rund um die Bipolare Störung, einschließlich eines Verzeichnisses aller Selbsthilfegruppen, die es derzeit gibt. Es gibt auch Beratungsangebote und Angebote für Fortbildungen und Tagungen.

Ich kann jedem Betroffenen empfehlen, sich eine Selbsthilfegruppe vor Ort zu suchen. Wenn es keine gibt, gründen Sie doch selbst eine! Unterstützung dafür gibt die DGBS aber auch NAKOS, die nationale Kontaktstelle für die Selbsthilfe.

Ich hoffe, ich konnte Ihnen eine Vorstellung davon geben, dass es kein persönlicher Makel sein muss, in einer Psychiatrie gewesen zu sein. Es kommt ganz darauf an, was man selbst aus den Angeboten macht und was man mitnimmt. Was mich betrifft kann ich sagen: Trotz der nötigen Kritik am System, die im Folgenden noch weiter konkretisiert werden soll, hätte ich ohne meine Psychiatrie-Erfahrung keine Heilung gefunden und dieses Buch wäre nie entstanden.

Psychiatrie behandelt „Psyche" – nicht „Mensch"

Mit der enormen Zunahme des medizinischen Wissens entstand eine immer stärker spezialisierte Medizin. Es gibt nicht mehr nur den Chirurgen, sondern den Herz-Chirurgen, den Hand- und Fußchirurgen und den Gefäß-Chirurgen. Ein Facharzt für Inneres kann Gastroenterologe, Kardiologe, Endokrinologe, Nephrologe, Proktologe, Hämatologe, Gynäkologe, Urologe oder Allergologe sein. Unter den Psychiatern gibt es inzwischen ebenso diverse Fachbereiche: Zu ihnen zählen die Forensische, Geronto-, Transkulturelle, Neuro- und die Sozialpsychiatrie. Dazu kommt die psychosomatische und die Suchtmedizin sowie die Kinder- und Jugendpsychiatrie, um nur einige zu nennen.
Generalisten wie der Hausarzt oder der Kinderarzt bedienen sich dieser spezialisierten Kollegen, wenn sie nicht weiterkommen. Dieses System ist grundsätzlich zu begrüßen, weil Arbeitsteilung und Spezialisierung schon immer zum Fortschritt gehörten. Insbesondere bei akuten körperlichen Erkrankungen erweist sich das Gesundheitssystem als effektiv. Seine Schwächen offenbaren sich aber immer dann, wenn ein einzelner Mensch nicht in das System passt, wenn bei den chronischen Erkrankungen mehrere Organsysteme betroffen sind oder wenn sich keine körperlichen Ursachen für die Symptome finden lassen.

Sie kennen das vielleicht von der Betrachtung eines gemalten Bildes. Je näher man herangeht, umso besser sieht man die Details, aber der Blick für das Große und Ganze geht verloren. Für mich ist der größte Nachteil der spezialisierten Facharzt-Medizin: Der Blick auf den ganzen Menschen geht verloren.
Wenn sich keine organische Ursache finden lässt, die Symptome aber andauern, bleibt als Erklärung nur übrig, dass der Betroffene „Psyche" hat. In dem Fall ist der Psychiater zuständig und man wird zu einem solchen Spezialisten überwiesen. Dem Psychiater wiederum sind die Zusammenhänge zwischen Körper und Psyche nur so lange wichtig, bis alles schulmedizinische ohne Befund „abgeklärt" ist. Dann behandelt er so, wie er es gelernt hat: mit Psychopharmaka.

Ich fände es ehrlicher, wenn Ärzte eingestehen würden, dass sie die Probleme des Betroffenen ernst nehmen, aber mit ihren derzeitigen Möglichkeiten und ihrem derzeitigen Wissen nicht helfen können.
Auch an dieser Stelle möchte ich noch einmal betonen, dass es mir nicht um eine „Ärzteschelte" geht, ich möchte Ihnen nur klarmachen, wie das System der spezialisierten Medizin Zusammenhänge aus den Augen verliert, welche das jeweilige Fachgebiet übersteigen. Zum Glück gibt immer mehr Ärzte, auch Psychiater, die das erkannt haben und ganzheitliche Therapien anbieten. Leider sind das häufig aus eigener Tasche zu bezahlende Angebote und dazu sind sie oft schwer zu finden.

Ärzte-Odyssee

Genau diesen Eindruck hatte ich in den Jahren meiner Behandlung in der Psychiatrie. Es stand nur das Psychische im Fokus. Körperliche Untersuchungen fanden nur zu Anfang meiner Behandlung statt, später nicht mehr. Diese anfänglichen Untersuchungen bezogen sich auf den Ausschluss von körperlichen Ursachen, die auch psychische Symptome verursachen können, z.B. Ausschluss eines Tumors im Kopf, von Drogenmissbrauch, Ausschluss einer Herz- oder Lebererkrankung und vergleichbaren Leiden. Dies ist wichtig, denn auch neurologische Erkrankungen wie Parkinson, Chorea Huntington oder Demenz können mit psychiatrischen Symptomen beginnen.

Den Berichten von Betroffenen und in der Psychiatrie Tätigen habe ich entnommen, dass körperliche Untersuchungen nicht überall gleich gehandhabt werden. Je nachdem, wie die Verhältnisse in der Klinik sind, wird mal mehr und mal weniger untersucht. Es gibt zwar Leitlinien für das Aufnahmeprozedere, aber es hängt sehr von den örtlichen Gegebenheiten ab, ob und welche Diagnostik gemacht wird. In Häusern, in denen es auch somatische Stationen gibt, kann man die psychiatrischen Patienten zur Untersuchung dorthin schicken. In Häusern ohne Somatik ist das mit größerem Aufwand verbunden. Es hängt auch davon ab, mit welchen Vorbefunden der Patient kommt und vor allem, welche Aufnahmeroutine der leitende Arzt angeordnet hat. Er könnte z.B. Untersuchungen auf Drogen oder auf Geschlechtskrankheiten für notwendig erachten.

Es wird nur nach körperlichen Erkrankungen, von denen man weiß, dass sie psychische Symptome machen können, gesucht, aber nicht nach den vielen anderen möglichen Ursachen für psychische Probleme, die die wissenschaftliche Forschung mittlerweile entdeckt hat und um die es in diesem Buch geht.

Bei einem Beinbruch ist jedem klar, dass der Betroffene nicht laufen kann. Es geht eben nicht. Das akzeptiert jeder, weil es offensichtlich ist. Heute bin ich davon überzeugt, dass auch das Gehirn in diesem Sinne krank werden kann. Dann geht es eben genauso nicht. Da es aber nicht offensichtlich ist, wird dies oft nicht einmal von dem Betroffenen selbst akzeptiert.

Bei einem Auto ist das Ursache-Wirkungs-Prinzip jedem klar. Das schönste und beste Auto kann nicht fahren, wenn Benzin statt Diesel getankt wird, der Reifen platt ist oder die Zündkerze kaputt ist. Dann müssen Teile ausgetauscht werden. Das nennt man Reparatur. Wenn z.B. nur die Einspritzdüse für den Kraftstoffzusatz Ad-Blue verstopft ist, sie also nur halb so gut arbeitet wie vorgesehen, wird aus einem Porsche eine „Ente", die nur mit 80 Stundenkilometern auf der Autobahn fahren kann. Das Auto erfüllt dann noch seine Aufgaben, es fährt. Es

geht bloß alles langsamer und weniger kraftvoll. Spritzige Überholmanöver sind dann nicht mehr möglich und man muss sich gefallen lassen, von einem VW up! überholt zu werden. Auch Anstiege am Berg fühlen sich an, als würde man fast stehenbleiben.
Stimmungsschwankungen sind einerseits von außen nicht sichtbar, andererseits erfüllt der Mensch noch lange seine Aufgaben. Es geht zwar alles langsamer und weniger kraftvoll, die Lebensfreude wird geringer, es geht mehr schlecht als recht, aber man funktioniert. Von Ärzten muss man sich sagen lassen, dass alles „in Ordnung" sei, weil keine organischen Ursachen für die Symptome gefunden werden konnten. Sprüche wie: „Man solle sich doch mal zusammenreißen" oder „Machen Sie mal Urlaub", kränken mehr als sie helfen.
Es wird unterstellt, dass der Betroffene doch nur sein Verhalten besser steuern bräuchte, dann wäre alles gut. Dass der Betroffene sich nicht anders verhalten kann, genauso wie jemand mit einem gebrochenen Bein nicht laufen kann, wird nicht in Erwägung gezogen. Deshalb wird auch nur das Symptom behandelt und nicht nach der Ursache gesucht. Bei Ängstlichkeit gibt es ein Beruhigungsmittel, bei Niedergeschlagenheit ein Antidepressivum, bei Schlafproblemen eine Schlaftablette, bei Anspannung ein Entspannungsmittel und bei Konzentrationsproblemen eine Stimulanz.
Diese Reaktionen beruhen auf einem Denkansatz, der mir falsch erscheint. Der Arzt kann nur das finden, von dessen Existenz er weiß. Wenn er behauptet, es lässt sich nichts finden, dann gilt das nur für die Dinge, nach denen er sucht. Das heißt aber noch lange nicht, dass der Betroffene nicht tatsächlich „etwas hat" und dass er tatsächlich leidet. Wenn er sich dann nicht ernst genommen fühlt und den Eindruck bekommt, er sei selbst schuld an seinem Problem, verschärft dies das Leid, anstatt dass es gelindert wird und der Patient sich unterstützt fühlt.

Ich habe mich dann noch mehr angestrengt, noch länger gearbeitet und noch weniger auf meine Pausen geachtet. Für Sport oder Erholung war keine Zeit mehr, selbst beim Essen gewöhnte ich mir an, eher zu schaufeln als genussvoll zu essen. Noch heute muss ich mich zwingen, langsam zu essen. Ich denke, dass dieses Verhalten dazu beigetragen hat, dass sich die Abwärtsspirale beschleunigte.
Meine Stimmungsschwankungen, die Antriebsprobleme, die Energielosigkeit und auch meine Migräne führten mich zu mehreren Ärzten verschiedener Fachrichtungen. Als erstes ging ich zum Hausarzt, der mir ein Antidepressivum verordnete. Wegen der ständigen Migräne ging ich zum Neurologen, der mir zu Triptanen riet. Der Gynäkologe empfahl synthetische Hormone und der Radiologe meinte, ich solle wiederkommen, wenn die Schilddrüse krank genug geworden sei, damit man ein Medikament einsetzen könne. Bis dahin könne man nichts machen.

Es wurde aber nicht besser, ich hatte das Gefühl, dass eine Abwärtsspirale in Gang war, die niemand aufhalten konnte. Als es nicht besser wurde, wurden meine Probleme als „psychisch" bewertet. Auch beim Psychiater bestand die Antwort zunächst aus Medikamenten.

Ich glaubte damals, dass es wohl an mir liegen müsse. Irgendetwas an mir war nicht richtig. Da mir niemand helfen konnte, war ich wohl ein hoffnungsloser Fall und da ich so viele Tabletten nehmen musste, war ich wohl „ganz schön" krank. Die Entlastung durch die Krankschreibung und die Krankenhausaufenthalte hatten tatsächlich eine vorübergehende stabilisierende Wirkung. Die Psychotherapie habe ich als sehr hilfreich erlebt. Nur mein altes Leben kam nicht zurück. Für den Psychiater stand bald fest, dass alle körperlichen Ursachen „abgeklärt", also ausgeschlossen worden waren und deshalb kümmerte man sich nicht mehr darum.

Im Folgenden möchte ich Ihnen zeigen, dass die Trennung von Körper und Psyche eine lange Tradition hat. Damit will ich verständlich machen, warum es in der Psychiatrie heute so ist, wie es ist.

Auch die Medizin ist geschichtlich betrachtet immer ein Spiegel des Standes der Wissenschaft und der Zeit, in der die Menschen lebten. Man suchte nach Erklärungen für Krankheiten und verändertes Verhalten und man versuchte diese zu behandeln. Seit der Antike gab es die 4-Säfte-Lehre. Deren bekannteste Heilmaßnahme war der Aderlass. Daraus entwickelte sich die mittelalterliche Temperamente-Lehre. Der Begriff des Melancholikers ist bis heute geläufig.

Hippokrates

Der antike griechische Arzt Hippokrates von Kos (460 – 370 v.u.Z.), der auch als „Vater der Medizin" bezeichnet wird, war überzeugt, dass alle Geisteskrankheiten vom Gehirn ausgingen. Er prägte bereits die Begriffe Manie, Melancholie oder Panik, auch wenn seine Definition von der heutigen abweicht. Hippokrates war der Meinung, dass psychisch Kranke für ihr Verhalten nicht verantwortlich seien, und sprach sich dafür aus, dass ihre Familie zu Hause für sie sorgen solle. Bei der Behandlung konzentrierte er sich auf die Ernährung, das Umfeld oder den Beruf einer Person und empfahl entsprechende Veränderungen. Des Weiteren setzte er Medikamente, Bewegung, Musik, Kunsttherapie und sogar das Beten zu den Göttern für seine Therapie ein. Diesen Therapieansatz nennen wir heute „Multimodale Behandlung". So arbeitete Hippokrates bereits vor 2.500 Jahren!

Die dunkle Zeit des Mittelalters

Als im Mittelalter der Einfluss der medizinischen Wissenschaften zurück ging und Kranke zunehmend von Mönchen gepflegt wurden, begann auch für Menschen mit psychischen Leiden eine dunkle Zeit. Geisteskrankheiten und ungewöhnliches Verhalten wurden noch bis in die Neuzeit hinein als Ausdruck dämonischer Mächte oder als Strafe Gottes für begangene Sünden angesehen. Diese „Besessenen" wurden u.a. für Naturkatastrophen und Hungersnöte verantwortlich gemacht und als Hexen gejagt, um ihnen den Teufel auszutreiben. „Etwa seit Mitte des 12. Jahrhundert kam es zu einer Renaissance der dualistischen Lehre von Gott auf der einen Seite und dem Teufel als seinem Gegenspieler auf der anderen Seite."[1] Unliebsame Menschen brauchten nur als vom Teufel besessen denunziert werden, um sie verfolgen zu lassen.

„Psychisch Kranke mit ihren manchmal absonderlichen oder bizarren Verhaltensweisen boten sich als Opfer der Hexenjagd geradezu an."[2] Obskure Praktiken wie erzwungenes Erbrechen, heiße Auflagen auf der Haut, solange bis diese Blasen schlug oder Aderlässe gehörten zur „Therapie" in den „Irrenhäusern" im 16. und 17. Jahrhundert. Man glaubte, man müsse die erkrankte Seele durch physische Gewalt erschüttern und setzte deshalb auch Dauerbäder oder Stromstöße ein oder ließ die Kranken hungern. Noch bis in die Mitte des 20. Jahrhunderts gab es Hungeranstalten, um die Betroffenen zu „behandeln".

Körper als Maschine

Der französische Philosoph Descartes (1596–1650) übernahm die Trennung von Körper und Seele in seine Werke. Für ihn war der Körper Teil der vom Geist streng getrennten Materie und folge allein den Gesetzen der Mechanik, insbesondere der Feinmechanik. Der menschliche Körper war für Descartes eine Maschine, die nach den gleichen Prinzipien wie eine gut gemachte Uhr funktionierte. Eine Maschine kann man zusammenbauen, kann kaputte Teile austauschen und damit ihre Funktionsfähigkeit immer wieder herstellen. Krankheit verglich er deshalb mit einer schlecht gemachten Uhr. Die Psyche ließ sich in dieser Denkweise nicht unterbringen, also schloss man sie einfach als nicht zum Körper gehörend aus und ordnete sie dem Geistigen zu.[3]

Descartes prägte vor allem auch den Satz „Ich denke, also bin ich". Diese Philosophie beinhaltet die Überzeugung, dass das eigene Denken die Grundlage jeglicher Identität bildet. Descartes vollzog damit einen Bruch zu traditionellen und archaischen Lehren, welche das Denken als eine von vielen Sinneswahrnehmungen betrachten.
In den vedischen Schriften ist man beispielsweise davon überzeugt, dass das Gehirn Gedanken denkt, so wie das Auge ein Bild sieht. Dort wird dem Denken längst nicht eine derart zentrale Stellung für die eigene Identität eingeräumt. Eine zu starke Selbst-Identifikation mit den eigenen Gedanken im Sinne eines „Ich bin, was ich denke", kann vor allem für psychisch Kranke hohe Hürden hin zur Heilung mit sich bringen. Es kann deshalb gewinnbringend sein, philosophische und spirituelle Schulen aus anderen Kulturkreisen vor unserer Zeit näher kennenzulernen.

Der Dualismus in der Medizin

Die strikte Trennung von Seele und Körper betrifft die gesamte westliche Medizin. Der berühmte Psychosomatiker und Begründer der Integrativen Medizin Thure von Uexküll (1908 – 2004) war der Auffassung, dass die moderne Medizin in eine „Medizin für kranke Körper ohne Seelen" und eine „Medizin für leidende Seelen ohne Körper" gespalten sei. Er nannte diese Trennung: Dualismus. Auch dies wird jedoch nicht auf der ganzen Welt so gesehen. Das beweisen die chinesische, indische und japanische Medizin, die ohne diese Trennung auskommen.

In der Zeit der Romantik gab es Mediziner, die sich auf die therapeutischen Konzepte der Antike zurückbesannen. Ihnen war es wichtig, auch die Lebensumstände des Patienten in die Behandlung einzubeziehen und so eine Balance von Licht und Luft, Essen und Trinken, Bewegung und Ruhe, Schlafen und Wachen wieder herzustellen. Ebenso wurde die Individualität des Patienten ernst genommen und der Arzt-Patienten-Beziehung eine zentrale Rolle eingeräumt.[4]

Pioniere der Psychiatrie

Interessanterweise waren es oft einzelne Persönlichkeiten, die ihre innovativen Ansichten umsetzen. Der französischen Psychiater Philippe Pinel (1745–1826) führte als erster eine ärztliche Behandlung ohne Zwang durch und ging von der Heilbarkeit der „Irren" aus. Eine große gemeinnützige Einrichtung in Berlin, die sich umfassend um Menschen mit psychischen Beeinträchtigungen kümmert, trägt heute seinen Namen.

In Deutschland gründete der Frankfurter Psychiater Heinrich Hoffmann (1809-1894) eine städtische Nervenanstalt und errichtete außerhalb der Stadt einen modernen Neubau nach seinen Vorstellungen. Für die damalige Zeit war das „Irrenschloss", wie es die Frankfurter Bürger bald nannten, nahezu revolutionär. Es gab fließendes Wasser in allen Etagen und Bäder. Neu waren die Höfe für die unterschiedlichen Bereiche, sodass die Patienten unbeaufsichtigt nach draußen gehen konnten. Die Fenster hatten keine Gitter und der Chefarzt lebte mit seiner Familie auf dem Gelände der Klinik. Es gab auch Gärten, Gemüsezucht und Feldanbau. Eines von Hoffmanns Leitbildern für dessen therapeutische Arbeit lautete: „Es muss vor allem so sein, dass der Eintritt des Arztes in eine Abteilung etwas von Sonnenaufgang an sich habe." Seine Ideen fanden in anderen Ländern Nachahmer. Das ursprüngliche Klinik-Gelände gehört heute zur Goethe-Universität Frankfurt/Main.
Heinrich Hoffmann gilt als erster Vertreter der Jugendpsychiatrie. Weltbekannt wurde er allerdings durch sein Kinderbuch Struwwelpeter, das er für seinen Sohn als Weihnachtsgeschenk geschrieben und illustriert hat.

Der Kranke als Gegenstand der Behandlung

Als Erbkrankheiten entdeckt wurden, glaubte man, dass auch psychische Krankheiten vererbt werden. Das führte in einigen Ländern zu massenhaften Zwangssterilisationen von psychisch Kranken. In den USA galten die entsprechenden Gesetze bis in die 1960-er Jahre hinein. In Deutschland führte diese Auffassung zu den nationalsozialistischen Euthanasie-Verbrechen.

Die Auffassung vom Körper als Maschine fand Eingang in die ärztliche Ausbildung und wurde bestimmend für den ärztlichen Beruf. Der Kranke wurde Gegenstand der Behandlung und damit zum Objekt. Es wurde die Krankheit behandelt und nicht der Mensch.

Eine solche Einstellung bringt auch genau den Patienten hervor, der dann „im Störungsfall" mit den entsprechenden Erwartungen zum Arzt geht. Der Arzt soll reparieren, heil machen, der Patient ist dafür nicht zuständig, obwohl es um seine eigene Gesundheit geht.

Ich habe auch lange Zeit so gedacht: Der Arzt wird schon machen! Bis dahin hatte ich doch nichts anderes erlebt. Schon als Kind lernte ich, dass „der Onkel Doktor das Bauchweh wieder wegmacht." Deshalb bin ich auch als Erwachsene mit dieser Erwartung zum Arzt gegangen.

Der Komiker Karl Valentin hat dieses Denken in einem Sketch aufs Korn genommen. „Der von Valentin gespielte Patient kommt zum Arzt und klagt: ‚Mein Magen tut weh, die Leber ist geschwollen, die Füße wollen nicht so recht, das Kopfweh hört auch nicht mehr auf, und wenn ich von mir selbst reden darf: Ich fühle mich auch nicht wohl ...".[5]

Jede Bewegung in eine bestimmte Richtung erzeugt oft eine Gegenbewegung. Mit der Psychoanalyse von **Sigmund Freud** (1986–1939) wurde das Unterbewusstsein und die unbewussten Triebe in den Mittelpunkt gestellt, denen sich der Betroffene stellen sollte. Jetzt wurden Verhaltensweisen oder psychische Probleme von Menschen mit deren Kindheitserfahrungen, Trieben und ihren Beziehungen zu Mutter und Vater erklärt. Es entstand die Psychoanalyse und der Beruf des Psychoanalytikers. Diese Therapieform wird noch heute praktiziert.

Laut einer Studie aus Großbritannien dauert es durchschnittlich 17 Jahre, bis Ergebnisse der wissenschaftlichen Forschung bei praktizierenden Ärzten ankommen, manchmal kann es aber auch viel länger dauern. So stellte „der englische Philosoph John Locke im 17.Jahrhundert die These auf, dass ein Mensch als Tabula rasa (also „unbeschriebenes Blatt") zur Welt käme. Seine Persönlichkeit und andere psychische Qualitäten würden sozusagen von seinen Lebenserfahrungen auf dieses Blatt geschrieben. Diese Vorstellung dominierte 300 Jahre die Psychiatrie. Dieses Prinzip wurde von Sigmund Freud und anderen erweitert. Depression, Schizophrenie und andere psychische Störungen wurden traumatischen Ereignissen zuordnetet, besonders jenen, die in der Kindheit erlebt werden. Dieser Glaube brachte die äußerst populären psychodynamischen Therapien hervor, die ihren Höhepunkt im 20. Jahrhundert erlebten. Um 1960 beinhaltete die damals bevorzugte Behandlung für psychische Erkrankungen das Liegen auf der Couch eines Psychiaters und die Erkundung negativer und positiver Lebenserfahrungen."[6] In den 1970er-Jahren fanden sich klare Nachweise, dass Babys nicht als unbeschriebenes Blatt geboren werden, sondern mit stark ausgeprägten Veranlagungen, welche die Persönlichkeit und Verhalten beeinflussen. Die Theorie der Tabula rasa wurde verworfen.

Biologische Psychiatrie
Dieses neue Verständnis hat zu einer Revolution auf dem Gebiet der psychischen Gesundheit geführt, nämlich zur Neuausrichtung der Aufmerksamkeit auf die

Biochemie des Gehirns. Man erinnerte sich an die Theorien von Emil Kraepelin (1856–1926), einem Zeitgenossen von Sigmund Freund, der glaubte, dass die Hauptursache für psychische Erkrankungen biologischer Natur sei und dass ihnen eine starke genetische Komponente zugrunde liege. Er betrachtete die Psychiatrie als Teil der Medizin und begann mit der Entwicklung eines Klassifikationssystems für psychische Erkrankungen. Auch beschrieb Kraepelin als erster heftige Stimmungsschwankungen als „manisch-depressives Irresein". Dieser Begriff wurde lange Zeit verwendet, bis man ihn als zu stigmatisierend in „Bipolare Störung" umbenannte.
Das zurzeit aktuelle Klassifikationssystem nennt sich „ICD-11" – „internationale statistische Klassifikation der Krankheiten und verwandter Gesundheitsprobleme". Die 11.Fassung ist seit dem 1.1.2022 in Kraft.

Reformen in der Behandlung

Die Entdeckung und Weiterentwicklung diverser Psychopharmaka seit den 1950er Jahren führten zu einem Behandlungsoptimismus unter Psychiatern, da tatsächliche eine Reihe von Patienten davon profitierten. Dieser führte in den 1970er und 1980er Jahren zu Reformen, u.a. wurden psychische Kranke nicht mehr in speziellen Kliniken, sondern in den Krankenhäusern der Regelversorgung behandelt. Der Euphorie folgte Ernüchterung, denn es traten teilweise erhebliche Nebenwirkungen auf, die immer weniger von den Patienten toleriert wurden. Auch neuere Generationen von Medikamenten konnten die großen Hoffnungen nicht erfüllen. „Leider haben sich Psychiater in der Vergangenheit von den Heilsversprechungen der Pharmaindustrie immer wieder beeindrucken lassen. Ihr naiver Fortschrittsglaube, verbunden mit der Beteiligung an einem teilweise korrupten Wissenschaftsapparat, hat mit dazu beigetragen, dass die Entwicklung alternativer Therapieansätze vernachlässigt wurde."[7]

Orthomolekulare Psychiatrie

Die Wortkombination „orthomolekulare Psychiatrie" hört sich ungewöhnlich an, vermutlich haben Sie noch nie davon gehört. Es gibt diesen Begriff aber schon seit Ende der 1970-er Jahre. Der Begriff stammt aus einem gleichnamigen Artikel, der in der Zeitschrift „Science" 1968 veröffentlicht wurde. „Orthomolekular" setzt sich zusammen aus „ortho" (griechisch für „richtig") und „Molekül", der einfachsten Struktur, die die Merkmale einer Verbindung aufweist. Es bedeutet also wörtlich übersetzt: das „richtige Molekül".
Der Autor des Artikels war der zweifache Nobelpreisträger und Molekularbiologe **Linus Pauling** (1901–1994). Darin beschrieb er diese Therapie so: „Die orthomolekulare Therapie besteht in der Vorbeugung und Behandlung von Krankheiten durch die Veränderung der Konzentrationen von Substanzen, die normalerweise im menschlichen Körper vorhanden sind".[8]

Es geht also um Substanzen, die für den Körper natürlich sind, die er kennt und ohne die der Stoffwechsel gar nicht möglich wäre. Der Grundgedanke der orthomolekularen Medizin ist, dass genetische Faktoren nicht nur für die körperlichen Merkmale des Einzelnen (Größe, Augenfarbe u.ä.), sondern auch für sein biochemisches Milieu von zentraler Bedeutung sind.
Die biochemischen Stoffwechselwege des Körpers weisen eine erhebliche genetische Variabilität auf. Krankheiten wie Arteriosklerose, Krebs, Schizophrenie oder Depressionen werden mit spezifischen biochemischen Anomalien in Verbindung gebracht, die ursächlich für die Krankheit sind oder zu ihr beitragen. Diese Auffassung wird von der modernen Genforschung und Epigenetik wissenschaftlich bestätigt.

Linus Pauling schreibt 1968: „Die heute hauptsächlich angewandten Methoden zur Behandlung von Patienten mit psychischen Erkrankungen sind die Psychotherapie (Psychoanalyse und damit verbundene Bemühungen, Einsicht zu vermitteln und Umweltbelastungen zu verringern), die Chemotherapie (hauptsächlich mit starken synthetischen Medikamenten wie Chlorpromazin oder starken pflanzlichen Naturstoffen wie Reserpin) und die Schocktherapie (Elektrokrampftherapie, Insulinkoma-Therapie, ...).
Ich bin zu dem Schluss gekommen, dass eine andere allgemeine Behandlungsmethode, die man als orthomolekulare Therapie bezeichnen könnte, von großem Wert sein könnte und sich für viele Patienten als die beste Behandlungsmethode erweisen könnte."[9]

Linus Pauling bezog sich in seinem Artikel u.a. auf das Buch von Abram Hoffer „How to Live with Schizophrenia" (zu Deutsch: „Wie man mit Schizophrenie lebt", leider nur auf Englisch erhältlich). Linus Pauling war 65 Jahre alt und wollte in Rente gehen. Zufällig sah er dieses Buch auf dem Couchtisch eines Freundes. Pauling ging in der ersten Nacht, in der er dieses Buch las, nicht schlafen. Er beschloss, sich deswegen nicht zur Ruhe zu setzen und machte dieses Thema zum Inhalt seiner weiteren Forschung.

Abram Hoffer (1917–2009) wies zusammen mit **Humphry Osmond** (1917–2004) im Jahr 1952 nach, dass Vitamin B3 Schizophrenie heilen kann. Da hatte er gerade seine Facharztausbildung abgeschlossen und führte die erste doppelblinde, Placebo kontrollierte Studien in der Geschichte der Psychiatrie durch. Seine Erkenntnisse nahm man in der Ärzteschaft nicht zur Kenntnis, da man überzeugt war, dass Vitamine keine „echten" Krankheiten heilen können. So galt der junge Leiter der psychiatrischen Forschung als Abweichler.[10] Das einzige Buch von Abram Hoffer, das ins Deutsche übersetzt wurde, heißt: „Niacin in der Behandlung". Eine Lektüre, die ich sehr empfehlen kann.

Linus Pauling schrieb über diese Forschung: „Ihre Arbeit hatte etwas Außergewöhnliches an sich. Sie gaben den schizophrenen Patienten sehr große Mengen Niacin, bis zu 17.000 Milligramm pro Tag, was dem 1.000-fachen der RDA (zu Deutsch – empfohlene tägliche Dosis) entspricht. Ich war erstaunt, dass Niacin (das ist Vitamin B3 – Anm. A. Oe.) und Ascorbat (das ist Vitamin C – Anm. A. Oe.), die die bemerkenswerte physiologische Eigenschaft haben, in sehr geringen Mengen den Tod durch Pellagra und Skorbut zu verhindern, so wenig toxisch sein sollten, dass das 1.000-fache der effektiven Tagesdosis von einer Person ohne Schaden aufgenommen werden konnte. Damit unterschieden sich diese Stoffe deutlich von Arzneimitteln, die den Patienten normalerweise in Mengen verabreicht werden, die nicht viel geringer sind als die tödlichen Dosen."[11]
Anfang der 1950er-Jahre wurde fast zeitgleich Lithiumcarbonat als wirksames Medikament gegen Manie und Depressionen entdeckt. Psychopharmaka setzten sich durch. Die Arbeiten von Hoffer und Osmond wurden nicht ernst genommen und fast vergessen.

Nährstoffe sind aber keine Medikamente und wirken im Körper anders. „Es ist ein grundlegender Irrtum, Nährstoffe unter den gleichen Kriterien wie Arzneistoffe in ihrer Wirkung auf den Körper zu bewerten", schreibt Norbert Fuchs in seinem Buch „Mit Nährstoffen heilen".[12] „Während ein reiner, chemisch definierter Arzneimittel-Wirkstoff mit dem Ziel verordnet wird, ein bestimmtes Organ oder System im Körper zu blockieren oder zu stimulieren, verschwinden Nährstoffe sozusagen in der Anonymität des Stoffwechsels. ... Nährstoffe entfalten ihre biologische Wirkung im Körper immer im Zusammenspiel mit und in Abhängigkeit von anderen Nährstoffen."[13]

Ein weiterer Unterschied zwischen Nährstoffen und Arzneimittel-Wirkstoffen besteht in ihrer Toxizität. Pharma-Medikamente können helfen, sie können aber auch schaden, sogar tödlich sein. Je nach Quelle gibt es in den USA bis zu 300.000 Tote pro Jahr, verursacht durch Tabletten. Je nach Quelle ist die Medikamentenvergiftung die dritthäufigste oder eben die häufigste Todesursache in den USA. Man nimmt an, dass das mit der Entgiftungskapazität der Menschen zusammenhängt, die nicht bei jedem gleich ist. Ein Gen namens CYP D6 spielt dabei eine entscheidende Rolle, weil es an der Entgiftung von Chemikalien mitwirkt, aber eben auch von Medikamenten. Dieses Gen ist bei manchen Menschen in mehr als drei Kopien vorhanden, also häufig. Solche Personen „entgiften" Medikamente derart schnell, dass oft keinerlei Wirkung eintritt. Bei anderen Menschen wiederum fehlt dieses Gen völlig. Dies ist der Fall bei rund 10 % der westlichen Bevölkerung. Und das hat zur Folge, dass „normale" Medikamentendosen zu einer Vergiftung führen.[14] Vielleicht ist das auch einer der Gründe, warum Psychopharmaka so unterschiedlich wirken.

Auf den Webseiten der Amerikanischen Vereinigung der Giftnotrufzentralen (www.aapcc.org) kann die Anzahl der Vergiftungsfälle der letzten 30 Tage nachgelesen werden. Hier wird auch eine Statistik der Substanzen geführt, die zu Todesfällen geführt haben. „Von 1983 bis 2005 – also in 23 Jahren – gab es in den USA lediglich 10 Todesfälle, die mit der Einnahme von Vitaminen, einschließlich aller fettlöslichen, in Zusammenhang gebracht wurden. Das sind statistisch gesehen weniger als 0,5 Tote pro Jahr."[15] Deshalb schlussfolgert Dirk Klante in seinem Buch „Vitamine – die bessere Medizin": „Vitamine gehören zu den sichersten und preiswertesten Substanzen überhaupt. Sie sind viel sicherer als Medikamente."

Der amerikanische Psychiater **Dr. Carl C.** Pfeiffer (1908–1988) arbeitete mit Abram Hoffer zusammen. Er interessierte sich für den Spurenelement- und Mineralstoffwechsel bei Schizophrenie und Bipolarer Störung und untersuchte den therapeutischen Einsatz von Aminosäuren bei verschiedenen Erkrankungen. Unter anderem beschäftigte er sich auch mit einer Stoffwechselstörung, die durch eine Färbung des Urins auffiel und deshalb von Abram Hoffer als „Malvenfaktor" bezeichnet wurde.
Pfeiffer gründete das Princeton Brain-Bio Center, eine ambulante Behandlungseinrichtung mit Spezialisierung auf orthomolekulare Psychiatrie und Medizin. Er argumentierte: „Für jedes Medikament, von dem ein Patient profitiert, gibt es einen natürlichen Stoff, der die gleiche Wirkung erzielen kann." Pfeiffer glaubte, dass biochemische Ungleichgewichte für viele psychische Probleme verantwortlich seien. In seiner Datenbank sammelte er Analyseergebnisse von mehr als 20.000 Patienten.
Er „konnte diesen Malvenfaktor als einen chemischen Komplex aus Pyrrol, Pyridoxal-5-Phosphat (die aktive Form von Vitamin B6), Zink und Mangan entschlüsseln und damit die Forschung von D.G. Irvine, der als erster 1969 diese Entdeckung machte, bestätigen. Fortan wurde diese Erkrankung „Pyrroluria" genannt, im deutschen Sprachraum hat sich der Begriff Kryptopyrrolurie KPU durchgesetzt. Krypto steht dabei für „versteckte Krankheit".

Der Malvenfaktor entsteht beim Abbau von Häm. Häme sind wichtige chemische Verbindungen, die sich z.B. im roten Blutfarbstoff Hämoglobin, in den Enzymen der mitochondrialen Atmungskette (Cytochrom C) und in den Entgiftungsenzymen der Leber (Cytochrom P450) befinden. […]

Aufgrund einer fehlerhaften Häm-Synthese werden die Abbaustoffe über den Urin ausgeschieden. Dabei haften sie sich an Vitalstoffe, wie z.B. Vitamin B6, Zink und Mangan und reißen diese mit sich. Dadurch kommt es zu einem, oft schleichend auftretenden Mangel an diesen Stoffen. Dieser Mangel verursacht diverse Beschwerden und wurde von Hoffer und Pfeiffer anfangs nur mit der Schizophrenie in Verbindung gebracht. Nach ihren Untersuchungen weisen 30 % der Schizophreniepatienten eine KPU auf, aber nur 10 % der Normalbevölkerung. In den 90-er Jahren konnte der deutsche Internist, Dr. Bodo Kuklinski (Rostock) nachweisen, dass eine KPU auch durch externe Einflüsse, wie z.B. ein Trauma der Halswirbelsäule und dem damit verbundenen nitrosativen Stress ausgelöst werden kann. [...] Trotzdem ist diese Stoffwechselstörung nach wie vor kaum bekannt oder wird oft als „Pseudokrankheit" diskreditiert."[16]

Einer seiner Mitarbeiter, **William J. Walsh,** setzte Pfeiffers Arbeit nach dessen Tod fort. Auf seiner Webseite www.walshinstitute.org kann man mehr Informationen darüber erhalten, allerdings nur auf Englisch. Sehr aufschlussreich ist sein Buch „Psychische Erkrankungen anders behandeln", das ins Deutsche übersetzt wurde. Darin stellt er sein natürliches Behandlungskonzept vor, das ohne Psychopharmaka auskommt. Darin heißt es:

„Die Psychiatrie hat in den letzten 50 Jahren beeindruckende Fortschritte gemacht, braucht aber eine neue Ausrichtung. Die heutige Betonung der medikamentösen Behandlung wird sich nicht über die Zeit halten. Medikamente haben Millionen von Menschen mit Depressionen und anderen psychischen Störungen geholfen, aber der Nutzen ist meist nur partiell und mit unangenehmen oder unerträglichen Nebenwirkungen verbunden. Die medikamentöse Therapie ist eher eine Kunst als eine Wissenschaft und erfordert ein erhebliches Maß an Versuch und Irrtum. Eine grundlegende Einschränkung besteht darin, dass Psychopharmaka fremde Moleküle sind, die zu einem anormalen Zustand führen, anstatt Normalität zu schaffen. Es ist unwahrscheinlich, dass zukünftige Psychopharmaka jemals universell wirksam oder frei von Nebenwirkungen sein werden. Ein neuer Ansatz ist erforderlich."[17]

Walshs Buch stellt ein fortschrittliches Nährstofftherapiesystem vor. Dieser Ansatz erkennt an, dass die meisten Menschen aufgrund genetischer und umweltbedingter Faktoren ein Nährstoffungleichgewicht aufweisen, das auf verschiedene Weise Unheil anrichten kann:

- Serotonin, Dopamin und andere wichtige Neurotransmitter werden im Gehirn kontinuierlich aus Nährstoffrohstoffen produziert, die möglicherweise in falschen Konzentrationen vorliegen;
- Nährstoffungleichgewichte können epigenetische Prozesse verändern, die die Neurotransmitter-Aktivität an den Synapsen steuern;
- ein Mangel an antioxidativen Nährstoffen kann den Schutz des Gehirns vor toxischen Metallen lähmen.

Dieser „Ansatz basiert auf der Erkenntnis, dass die meisten Menschen aufgrund genetischer und umweltbedingter Faktoren an Nährstoff-Ungleichgewichten leiden. […] Biochemische Therapien mit im Körper natürlicherweise vorkommenden Substanzen können die Spiegel dieser entscheidenden Nährstoffe im Gehirn ausgleichen und sich positiv auf die seelische Gesundheit auswirken."[18]

Ein aus meiner Sicht weiterer Pionier auf dem Gebiet der fortschrittlichen Psychiatrie ist **Dr. Daniel G. Amen,** ebenfalls ein amerikanischer Psychiater und Neurologe. Er hat die Amen Clinics in Los Angeles gegründet und mehrere Bestseller geschrieben. Sein Buch „Gesundes Gehirn – gesunde Psyche", das 2021 erschienen ist, hat viele meiner Gedanken bestätigt. Darin geht Daniel G. Amen über den Ansatz von William J. Walsh hinaus.

Amen schreibt: „Die Symptome sagen uns nichts über die zugrunde liegenden körperlichen, also biologischen Probleme, die unsere Patienten haben. Alle anderen Mediziner schauen direkt auf die Organe, die sie behandeln, aber Psychiater sind daran gewöhnt, einfach davon auszugehen, dass bestimmte biologische Mechanismen Krankheiten wie Depressionen, ADS/ADHS, Bipolare Störung und Sucht zugrunde liegen, ohne jemals das Gehirn zu betrachten, obwohl unsere Patienten genauso krank sind wie solche mit Herzkrankheiten, Diabetes oder Krebs."[19]

Dr. Amen hat durch tausende Gehirn-Scans festgestellt, dass sich Funktionsstörungen des Gehirns bildlich darstellen und damit auch diagnostizieren lassen. Mit der gleichen Methode können auch Therapieerfolge sichtbar gemacht werden. Weil er sich die Gehirne der Menschen, die er behandelt, ansieht, ist ihm klar geworden, dass er es in seiner Arbeit als Psychiater „nicht mit Fragen der geistigen Gesundheit zu tun [hat], sondern mit Fragen der Gesundheit des Gehirns und diese Erkenntnis hat alles verändert."[20]

Mit anderen Worten sagt Amen: Nicht die Psyche ist krank, sondern das Gehirn. Er arbeitet nach einer sehr einfachen Prämisse: **„Lassen Sie Ihr Gehirn gesund werden, und Ihre Psyche wird folgen."**[21] In seinem Buch beschreibt er seine Methode und das darauf aufbauende umfangreiche Therapieprogramm, mit dem er Menschen mit psychischen Problemen erfolgreich behandelt. Ein solches komplexes Konzept habe ich bisher in keinem anderen Buch kennengelernt. Es scheint mir geeignet, es auf deutsche Verhältnisse zu übertragen. Davon berichte ich im zweiten Teil dieses Buches.

Ich habe diese interessanten Ansätze in Büchern entdeckt und für mich genutzt. Kein Arzt, kein Therapeut, der mich behandelt hat, machte mich darauf aufmerksam. Nach einiger Suche fand ich zum Glück einen Internisten und eine Gynäkologin, die sich mit der orthomolekularen Medizin schon länger beschäftigten und mir helfen und mich beraten konnten. Deshalb kann ich bestätigen, was Dr. Amen in seinen Büchern schreibt.

Seitdem ich mich gut um Körper und Seele kümmere, geht es mir gut, ich bin symptomfrei. Ich hätte mir sehr gewünscht, davon durch meine Psychiater zu erfahren. Wahrscheinlich wäre mein Krankheitsverlauf ein anderer gewesen.

Psychosomatische Medizin

In der Geschichte gab es immer Ärzte, die sich der „Uhrmachermedizin" verweigerten, auch wenn sie in der Minderheit blieben. Philipp Pinel, Heinrich Hoffmann, Abram Hoffer, Linus Pauling, Carl Pfeiffer, William Walsh und Daniel G. Amen gehören dazu. Auch Ärzte anderer Fachrichtungen verfolgten und praktizierten einen anderen Ansatz, der in dem Begriff Psychosomatik zu Ausdruck kommt, und es waren vor allem Fachärzte für Innere Medizin, keine Psychiater. Das hatte einen praktischen Grund.

Die Patienten kamen mit ihren psychischen Symptomen nämlich zu ihnen, weil ihnen nicht das Negativimage des „Irrenarztes" anhing. Adolf Meyer, einer der Pioniere der Psychosomatik am Universitätsklinikum Hamburg-Eppendorf (UKE), skizzierte als Folge:"[...] dass sich entsprechende Kranke unter Berufung auf ihre Erschöpfung, ihr Herzrasen, ihre Schweißausbrüche etc. vorwiegend an Internisten um Hilfe wandten. Es entstand ein Verlegenheitskrankheitsbild, die sogenannte „vegetative Dystonie". Wenn es selbstkritischen und weiterdenkenden Internisten gelang, solche Patienten oft gegen deren erheblichen Widerstand zu einem Besuch beim Psychiater zu motivieren, kamen sie wie ein Bumerang und dem Vermerk „Kein Anhalt für Psychose" und der Empfehlung eines Sedativums zurück."[22]

An einigen Universitätskliniken entstanden psychosomatische Fachabteilungen oder Kliniken. Ab 1970 musste an allen medizinischen Universitäten auch das Fach Psychosomatik angeboten werden. „1988 erschien die Theorie der Humanmedizin, ein Grundlagenwerk von Thure von Uexküll und Wolfgang Wesiack. Darin legten die beiden Autoren die erkenntnistheoretischen und philosophischen Fundamente für eine Heilkunst, die dem Körper und der Seele die gleiche Aufmerksamkeit schenkt und die die optimale Passung im System Patient/Arzt/Umwelt sucht."[23]

1992 wurde mit der Schaffung des Facharztes für Psychiatrie und Psychotherapie versucht, die Trennung beider Teile aufzuheben und eine dementsprechende Ausbildung und Berufspraxis möglich zu machen. Damit waren aber die gegenseitigen Vorbehalte beider Richtungen nicht aus der Welt. Im Praktischen musste der Facharzt sich für einen der beiden Teile entscheiden, beides gleichzeitig war nicht zugelassen.

„Es klaffte nach wie vor eine große Lücke zwischen dem, was die Psychiatrie an Versorgung von Menschen mit psychischen Störungen leisten konnte, die eben nicht an einer Psychose erkrankt waren, und den zwar kompetenten, aber versorgungstechnisch begrenzten Ressourcen der psychoanalytischen Institute und niedergelassene Psychoanalytiker."[24]
Die Einführung des Facharztes für Psychosomatische Medizin und Psychotherapie im Jahr 2003 verfestigte diesen Zustand. Es war zwar nicht gelungen, eine Integrierte Psychosomatische Medizin, die Uexküll schon 1981 in seinem gleichnamigen Buch beschrieben hatte, zum „Regelfall der medizinischen Versorgung [zu] etablieren, sondern sie blieb und bleibt ein Ideal und ein Leitmotiv einer ärztlichen Handlung, die über die berufspolitischen Zuständigkeiten und Belange deutlich hinausgeht."[25]

Uexküll gründete 1992 die Akademie für Integrierte Medizin (AIM), „um den gegenwärtig vorherrschenden Dualismus in der medizinischen Versorgung überwinden zu helfen. [...] Das naturwissenschaftlich orientierte Menschenbild ist als Fundament der Ausbildung zum Arzt unzureichend: Es ist außerstande, ein Verständnis für die zahlreichen körperlich, psychisch und sozial bedingten Störungen und Wechselwirkungen zu vermitteln. Damit fehlt die Voraussetzung für deren adäquate Therapie."[26]

Die Akademie für Integrierte Medizin ist noch heute aktiv und unter der Adresse www.uexkuell-akademie.de im Internet zu finden. Dort heißt es in der Einführung: „Die Akademie lebt mit ihren Mitgliedern die Grundgedanken einer Integrierten Medizin im klinischen Alltag. Sie ist nicht auf ein Fachgebiet beschränkt, sie ist nicht speziell psychosomatisch: Vielmehr versucht sie, die verlorengegangene bio-psycho-soziale Dimension in die Spezialgebiete der Medizin zurückzubringen."[27] Übrigens findet man auf der Internetseite auch die Kontaktdaten von Ärzten, die sich der integrierten Medizin verpflichtet fühlen.

Psycho-Neuro-Immunologie (PNI)

Mit den Wechselwirkungen zwischen Psyche, Geist und Immunsystem beschäftigt sich eine junge Forschungsrichtung, welche die biologische Psychologie, die biologische Psychiatrie und die molekulare Psychosomatik zusammen denkt und die Neuroendokrinologie und die Immunologie einbezieht. Diese neue Forschungsrichtung nennt sich Psychoneuroimmunologie – kurz PNI. Ihr wird nachgesagt, sie sei im Begriff, die bisherige Schulmedizin auf den Kopf zu stellen.

Im Zentrum dieser Forschungen steht die Stressforschung. Der führende Vertreter der PNI ist Prof. Christian Schubert. Er ist Arzt, Psychologe und Psychotherapeut und Leiter des Labors für Psychoneuroimmunologie an der Klinik für Medizinische Psychologie der Medizinischen Universität Innsbruck, Österreich. Darüber hinaus ist Schubert Buchautor und Vorstandsmitglied der Thure von Uexküll-Akademie für Integrierte Medizin (AIM).
Prof. Schubert versteht die PNI als „angewandte Integrierte Medizin". In seinem Buch „Was uns krank macht, was uns heilt – Aufbruch in eine neue Medizin" beschreibt er auch für medizinische Laien gut lesbar, was PNI ist.[28]

Ich fasse die wichtigsten Punkte sinngemäß zusammen:

Noch in den 1980-er Jahren glaubte man, dass das Immunsystem autonom arbeitet, das heißt also völlig unabhängig vom restlichen Körper agiert und auch nicht mit anderen Systemen kommuniziert. Zu den bahnbrechenden Erkenntnissen der PNI gehört: das Immunsystem ist kein Einzelgänger, sondern ein Teamplayer. Ohne den Blick darauf, kann man Krankheit nicht verstehen.
Psyche, Gehirn und Immunsystem sind eng miteinander verknüpft. Sie sprechen eine gemeinsame Sprache. Sie haben ein gemeinsames Ziel: Sie versuchen unseren Organismus zu schützen und gesund zu erhalten.

Um dieses Zusammenspiel zu verstehen, muss der ganze Mensch zum Gegenstand der Untersuchung werden, sein ganzes Leben und sein Umfeld. Dafür wurde ein völlig neues Forschungsdesign entwickelt: die integrative Einzelfallstudie. Dabei wird untersucht, wie ein einzelner Mensch seinen sich ständig ändernden Alltag erlebt, welche Situationen ihn dabei belasten, welche Ereignisse ihn entlasten und wie sein Organismus, insbesondere sein Immunsystem darauf reagiert. Das ist ein völlig anderer Ansatz als bei herkömmlichen Studien, die versuchen die Wirkung einer einzigen Substanz zu erforschen. Das mag bei Medikamenten funktionieren, aber im Bereich der Ernährung kommen dabei manchmal merkwürdige Ergebnisse zustande, einfach weil sich komplexe Systeme nur schwer auf die Wirkung einer einzelnen Substanz reduzieren lassen. Auch deshalb ist das neue Forschungsdesign einer Einzelfallstudie bahnbrechend.

Stress in jeder Form, egal ob Überforderung, Einsamkeit, Liebeskummer, Trennungsschmerz, Kränkung, Demütigung, Familienstreit, Arbeitsplatzverlust oder Zukunftsangst lösen – beginnend im Gehirn – eine biochemische Kaskade aus. Diese Kaskade setzt sich bis in die kleinsten Bestandteile der Zellen fort und kann sogar den Zellkern erreichen, wo die Gene sitzen. Diese Prozesse können das Immunsystem derartig schwächen, dass es z.B. einen Virus nicht mehr abzuwehren vermag und der Mensch krank wird.

Zu den spektakulärsten, neuen Kernerkenntnissen der PNI gehört: **Unser Organismus macht in seiner Abwehrreaktion keinen Unterschied, mit welcher Kategorie von Stressor er sich konfrontiert sieht.** Er wehrt sich mit genau den gleichen Strategien ebenso gegen einen Virus, einen emotionalen Stressor oder eine körperliche Verletzung. „Das Immunsystem ortet die Bedrohung und reagiert ganzheitlich mit seinen Verteidigungsmechanismen. Die Unterteilung in physiologische und psychologische Reize und Reaktionen beruht auf einer überholten naturwissenschaftlichen Sicht, nämlich auf der Trennung zwischen Leib und Seele."[29] Wenn die Psyche leidet, kann sich der seelische Schmerz in körperlicher Erkrankung niederschlagen, genau wie ein körperlicher Schmerz eine depressive Verstimmung triggert.

Je nachdem, wie der Mensch den Trigger (Stressauslöser) bewertet, reagiert das Immunsystem anders. Bei positiv erlebtem Stress kommt es erst zu einem Abfall der zellulären Immunantwort und danach zu einem Anstieg.
Deshalb trägt Eustress langfristig zur Stärkung des Immunsystems bei. Bei negativem emotionalem Stress steigt die zelluläre Immunantwort zunächst an und danach kommt es zu einer – zeitverzögerten – Schwächung der Immunabwehr. Deshalb wird man eher im Urlaub oder am Wochenende krank und nicht dann, wenn der Stress am größten ist.

Stress ist nicht per se etwas Schlechtes. Stresshormone sind lebensnotwendig. Sie ermöglichen uns, in Gefahrensituationen schnell zu reagieren. Stress ist immer ein Ganzkörpererlebnis – der gesamte Organismus ist bis in das Zellinnere hinein beteiligt. Dies hat sich im Laufe der Evolution bewährt.

Gefährlich werden die Stresshormone allerdings, wenn wir kurzfristig unter zu starken Belastungen oder langfristig unter Dauerstress stehen. Bei einer Ausschüttungsdauer und -dosis, die den evolutionär entwickelten Abwehrmechanismus übersteigen, entstehen Krankheiten. Wird unser Abwehrsystem dauerhaft überfordert, fährt das schützende Immunsystem in seiner Aktivität dauerhaft herunter, Entzündungsprozesse bleiben erhöht, die Zellalterung ist beschleunigt und wir reagieren auch psychisch mit einer chronischen Belastungsreaktion – mit all den Folgen für die biopychosoziale Gesundheit.[30]

Stress ist eine Anpassungsreaktion. Stress auf der Arbeit, mit dem Partner oder mit dem Kind erzeugen stresshormonbedingt immer wieder Blutdruckerhöhungen und Herzfrequenzsteigerungen. Die Zucker- und Fettmobilisierungen, wie auch das Gerinnungssystem werden aktiviert. Das Blut wird dicker, um bei einer eventuellen Verletzung schnell gerinnen und die Wunde verschließen zu können.

Ein wesentlicher Grund dafür, dass Stress krank macht, ist, dass die Stresshormone Adrenalin, Noradrenalin und Cortisol nicht nur auf die Organe wie Herz, Muskulatur und Haut, sondern auch auf das Immunsystem wirken. Bei Dauerstress ist z.B. der Cortisolspiegel ständig erhöht. Das hat ein ständig heruntergefahrenes Immunsystem zur Folge. Der Schutzwall gegen Bakterien oder Viren ist infolgedessen inaktiv, was zu immer wieder neuen Entzündungen führt. Deshalb häufen sich Erkältungen, Rückenschmerzen oder Migräne, denn alle Schmerzzustände laufen nach ähnlichen Mechanismen ab und haben vergleichbare Ursachen.[31]

Entzündungen sind auch die Ursache für „Sickness Behavior" – damit ist ein typisches Krankheitsverhalten gemeint: Man zieht sich zurück, hat keinen Appetit, will nur noch seine Ruhe und schläft viel. Das ist eine physiologisch notwendige Reaktion des Immunsystems, die dafür sorgt, dass wir so lange im Bett bleiben, bis wir genesen sind. In einem Spiegel Artikel vom 23.06.2019[32] mit dem Titel „Schwelbrand im Gehirn" wurden die neusten Forschungsergebnisse über den Zusammenhang von Entzündung und Depression der Öffentlichkeit vorgestellt. Man hatte festgestellt, dass die Symptome einer Depression denen eines „Sickness Behavior" gleichen. Die Ergebnisse lassen den Schluss zu, dass Depressionen durch stille Entzündungen im Gehirn verursacht werden, die wie ein Schwelbrand unbemerkt ablaufen. Das Spektakuläre daran ist, dass man bisher glaubte, das Gehirn sei „immunprivilegiert", d.h. man ging davon aus, die Blut-Hirn-Schranke verhindere, dass Immunzellen ins Gehirn gelangen können. Nun hat man entdeckt, dass über die Mikrogliazellen – das ist bildlich gesprochen die Polizei und Müllabfuhr in einem – eine Kommunikation zwischen Gehirn und Körper stattfindet und so Entzündungen auch im Gehirn stattfinden können.

Das Besondere und Spektakuläre an der Psycho-Neuro-Immunologie ist, dass sie einen völlig neuen Therapieansatz für psychische Erkrankungen bietet. **Maßnahmen gegen stille Entzündungen sowie ein antientzündlicher Lebensstil können Depressionen oder andere Erkrankungen lindern. Eine rein symptomatische Behandlung kann nicht viel ausrichten, solange die Ursachen für diese Entzündungen bestehen bleiben.**

Jeder kann durch die Stärkung seines Immunsystems dazu beitragen, gesund zu werden oder zu bleiben. Ich bin überzeugt, dass solche Maßnahmen nicht nur Depressionen, sondern auch Manien langfristig verhindern helfen können. Es kommt darauf an, Betroffene entsprechend zu informieren und zu unterweisen.

„Der Komplexität des Menschen wird man in der Medizin nur gerecht, wenn man psychische Faktoren und biochemische Prozesse als einem gemeinsamen System zugehörig betrachtet.[33]

Für mich schloss sich hier ein Kreis: Auch Stress muss, wie Lebensmittel oder Medikamente, stofflich „entgiftet" werden, weil er eine körperliche Reaktion (s.o.) „und eine Verbrauchsantwort zur Folge hat, auch wenn der Auslöser „nur" ein emotionaler Konflikt ist. „Das bedeutet, dass Stress genauso wie ein Infekt oder eine Operation den Körper durch biochemische Folgen belasten und

eventuell sogar richtig krank machen kann, v.a. wenn der Stress chronisch ist. Dieser Stress ist im Labor mit verschiedenen Parametern messbar [...] Deswegen ist es nicht nur wichtig, die stressauslösenden Umstände zu verändern (oft geht das gar nicht), sondern es ist wichtig, sich um den Körper der Betroffenen und dessen individuelle biochemische Stoffwechselbefindlichkeit zu kümmern."[34] Mit anderen Worten: Die Mauer muss von innen aufgebaut werden.

Die Ernährungspsychiatrie

Hätte mir jemand zu Beginn meiner Psychiatriekarriere gesagt, dass eine Ernährungsumstellung und Lebensstiländerung der fehlende Baustein zu meiner Stabilität werden würde, hätte ich denjenigen nicht ernst genommen. Mehr noch, ich hätte wahrscheinlich gar nicht mehr zugehört und mich abgewendet, so wenig hatte in meinen Augen meine Psyche mit meinen Ernährungsgewohnheiten zu tun. Hinzu kam, dass während meiner vielen Psychiatrieaufenthalte niemand mit mir über dieses Thema sprach. Es ging um Medikamente, weil ein chemisches Ungleichgewicht bei den Neurotransmittern die Ursache für meine Probleme sei, es ging um meine Frühwarnzeichen und Gegenstrategien, meine Tagestruktur, meinen Zugang zu meinen Gefühlen, meinen Umgang mit Stressoren, meine Einstellungen und Verhaltensmuster, meine Glaubenssätze.

Es ging nie um die Wechselwirkungen zwischen meinem Gehirn und meinem Körper aufgrund von genetischen Anomalien, falscher Ernährung, eventuellen Kopfverletzungen oder Infektionen. Nur ein einziges Mal ermahnte mich Prof. Bräunig, ich solle abends auf die Kohlenhydrate achten, denn ich hätte ein Risiko, an Diabetes zu erkranken.
Niemand klärte mich darüber auf, dass Stimmungsschwankungen durch Entzündungen ausgelöst werden können, dass es eine wechselseitige Beziehung zwischen Darm und Gehirn gibt oder dass es Lebensmittel gibt, die auf die Stimmung stabilisierend wirken, aber auch solche die Stimmungsschwankungen triggern. So ist eine Ernährung mit einem höheren Anteil an pflanzlichen Lebensmitteln wie Gemüse, Obst, Hülsenfrüchten und Vollkornprodukten sowie mageren Proteinen, einschließlich Fisch, mit einem geringeren Depressionsrisiko assoziiert ist, während Ernährungsmuster, die mehr verarbeitete Lebensmittel und zuckerhaltige Produkte enthalten, mit einem erhöhten Depressionsrisiko verbunden sind.[35]

2019 erschien eine Metaanalyse (das ist eine Zusammenfassung von vielen Einzelstudien), in der festgestellt wurde, dass Ernährungsmaßnahmen depressive Symptome verringern.[36] Darüber hinaus ist gut dokumentiert, dass für die Produktion von Neurotransmittern ausreichende Mengen an Nährstoffen erforderlich sind.[37] Neben den biopsychosozialen, kognitiven und verhaltensbezogenen Komponenten können Ungleichgewichte in der Ernährung die Stimmung und die neurologischen Funktionen beeinflussen, wie es in einer kanadisch-amerikanischen Studie von Hoepner et al. aus dem Jahr 2021 formuliert wurde.[38]

Eine Vorreiterin auf dem Gebiet der Ernährungspsychiatrie ist Frau Professor Felice Jacka, eine australische Psychiaterin, die mit ihrem Team 2017 die SMILE-Studie[39] veröffentlichte, in der sie nachweisen konnte, dass durch eine mediterrane Ernährung depressive Symptome signifikant verringert werden konnten. Die Teilnehmer wurden in zwei Gruppen eingeteilt. Die eine Gruppe ernährte sich 12 Wochen von Vollkorngetreide, Gemüse, Obst, Hülsenfrüchten, fettarmen Milchprodukten, ungesalzenen Nüssen, Fisch, magerem rotem Fleisch, Geflügel, Eier und 3 Esslöffeln Olivenöl am Tag. Die sonst übliche Ernährung, die aus stark verarbeitetem Fleisch und Wurstprodukten, Auszugsmehlen und den Produkten daraus (Weißbrot, Brötchen, Kuchen, Kekse) sowie Frittiertem, Softdrinks, Süßigkeiten und Fast Food bestand, war für die Verumgruppe ausgeschlossen.
Die Vergleichsgruppe ernährte sich weiterhin so und erhielt in der Studie soziale Unterstützungsangebote, wie Gruppentherapieangebote. Die Ergebnisse der Studie waren eine wissenschaftliche Sensation, die aber in Deutschland kaum wahrgenommen wurde: Nur durch die veränderte Ernährung verbesserten sich bei 32,3% der Verumgruppe die depressiven Symptome, bei der Vergleichsgruppe, die soziale Unterstützung erhielten, waren es 8 %. Das hört sich auf den

ersten Blick nicht viel an. Wer selbst schon einmal depressiv war, weiß, wie lange Besserungen auf sich warten lassen. Aus diesem Blickwinkel betrachtet, sind 12 Wochen recht wenig.

Leider endete die Studie nach 3 Monaten, es wäre interessant zu wissen, wie viele der Teilnehmer die mediterrane Ernährung beibehielten und ob später weitere positive Effekte in Bezug auf die Stimmung erzielt wurden.

Prof. Jacka begründete ein neues Forschungsgebiet: **die Ernährungspsychiatrie.** Es soll erforscht werden, welche Ernährungsempfehlungen gegeben werden können, die bei psychischen Erkrankungen die Behandlung unterstützen. Sie baute dafür in Australien ein eigenes Institut auf, das auch Ernährungsberatung online anbietet. Wenn Sie der englischen Sprache mächtig sind, sollten Sie sich das Programm „Mood & Food" einmal anschauen.

„Das Interesse der Forschung an lebensstilbezogenen Faktoren, die für das psychische Wohlbefinden sowohl prophylaktisch als auch therapeutisch wertvoll zu sein scheinen, hat zugenommen. Die Rolle von körperlicher Bewegung, Schlaf, Achtsamkeit, sozialer Verbundenheit, Umweltbewältigung usw. ist hinreichend erforscht und nimmt zu. Unter diesen Faktoren hat die Ernährung in letzter Zeit viel Aufmerksamkeit von Forschern auf sich gezogen," heißt es in einer indischen Studie aus dem Jahr 2022. „Eine wachsende Zahl von Forschungsergebnissen deutet darauf hin, dass die Ernährung nicht nur bei der Förderung eines positiven psychischen Wohlbefindens, sondern auch bei der Behandlung psychischer Erkrankungen eine wichtige Rolle spielt."[40]

Diese Erkenntnisse und Einsichten haben die psychiatrische Praxis offensichtlich noch nicht erreicht, was folgende Studie zeigt:

Was wissen Psychiater über Ernährung

Mich wundert immer wieder, warum solche Erkenntnisse nicht von Psychiatern genutzt werden. Wenn Sie ein Haus bauen wollen, legen Sie als erstes ein Fundament. Niemand fängt beim Dach an und wundert sich im Anschluss, dass es ins Haus regnet. Man sollte meinen, dass Psychiater, die Medizin studiert haben und Ärzte sind, viel über das Thema Ernährung und über den Zusammenhang von Ernährung und Psyche wissen. Eine Umfrage unter Psychiatern und Psychotherapeuten aus dem Jahr 2021 ergab allerdings ein anderes Bild. Das Team um Dr. Sabrina Mörkl von der Medizinischen Universität Graz (Österreich), Klinik für Psychiatrie und psychotherapeutische Medizin, hat dazu eine Umfrage unter Psychiatern, Psychotherapeuten und psychiatrischen Fachkräften in Ausbildung durchgeführt.

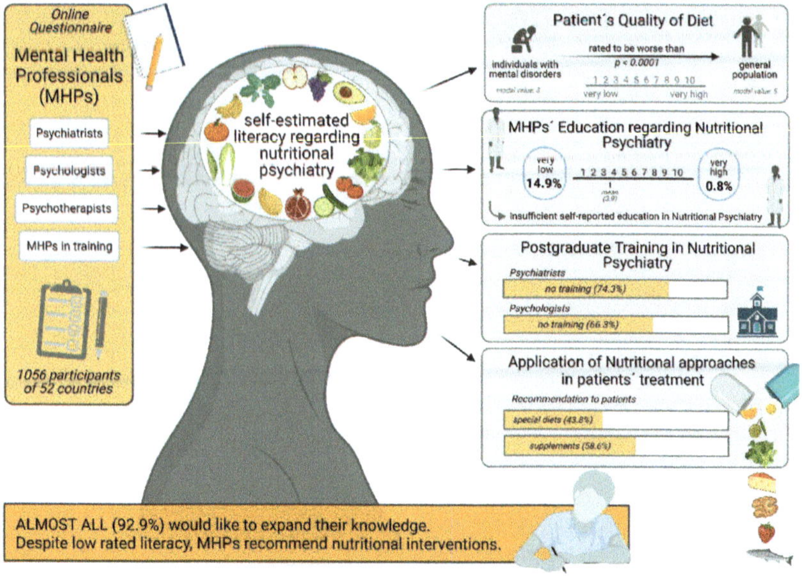

1056 Teilnehmer aus 52 Ländern haben per Online-Fragebogen teilgenommen. Es beteiligten sich 354 Psychiater, 44 Psychotherapeuten und 147 psychiatrische Fachkräfte in Ausbildung. Die Umfrage ergab, dass die Mehrheit der Psychiater (74,2 %) und Psychologen (66,3 %) keine Ausbildung im Bereich Ernährung hat. Dennoch verwendeten viele von ihnen Ernährungsansätze, wobei 58,6 % ihren Patienten Nahrungsergänzungsmittel und 43,8 % spezifische Ernährungsstrategien empfahlen.[41]

Weiter heißt es in der Studie: „Da eine psychopharmakologische Medikation schwerwiegende Folgen für den Stoffwechsel haben kann, könnten ernährungsmedizinische Ansätze eine ideale Zusatzbehandlung darstellen. Allerdings gaben nur 6,2 % der Psychiater in unserer Umfrage an, bei der Verschreibung einer psychopharmakologischen Therapie immer den Ernährungszustand der Patienten zu berücksichtigen, und die Hälfte der Teilnehmer wusste nichts von einem regelmäßigen Screening auf Stoffwechselstörungen bei psychiatrischen Patienten in ihrem Land. Dies spiegelt sich auch in Studien zu diesem Thema wider: Obwohl das metabolische Syndrom bei Patienten, die psychopharmakologische Medikamente einnehmen, häufig vorkommt, gibt es bei kaum einem Patienten ein regelmäßiges metabolisches Screening. [...] Die Effekte von Ernährungsinterventionen sind vergleichbar mit einer Verhaltenstherapie und einer „sozialen Selbsthilfegruppe" bei Patienten mit Depressionen überlegen. Angesichts der Unzulänglichkeiten traditioneller Präventions-, Behandlungs- und Managementstrategien in der Psychiatrie, wenn sie allein angewendet werden, sollte ergänzenden Strategien wie der Ernährungspsychiatrie größere Bedeutung beigemessen werden. Darüber hinaus haben Menschen mit psychischen Problemen häufig einen ungesunden Lebensstil, einschließlich schlechter Ernährungsgewohnheiten, gestörtem Essverhalten und Ernährungsmängeln. Dies ist zum Teil der Grund für die hohen Raten an chronischen Krankheiten und die reduzierte Lebenserwartung. Daher sollte eine Änderung des Lebensstils (einschließlich der Ernährung) als Best-Practice-Maßnahme zur Behandlung körperlicher Komorbiditäten bei Menschen mit psychiatrischen Störungen einbezogen werden."[42]

Die am häufigsten empfohlene Lebensstilintervention war: körperliche Aktivität (n = 935), Ernährungsberatung (n = 558) und Kochkurse (n = 112), während 102 Teilnehmer angaben, kaum jemals eine Lebensstilintervention zu empfehlen. Auf Nahrungsmittelallergien, Glutensensitivität oder Nahrungsmittelunverträglichkeiten zu testen, gaben 47,2 % (n = 498) an, dies nie zu tun und 29 % führten solche Tests fast nie durch.

Die mediterrane Diät wurde den Patienten am häufigsten empfohlen, danach kamen Diäten nach den nationalen Richtlinien und eine kohlenhydratarme Diät. 58,6 % gaben, an ihren Patienten Nahrungsergänzungsmittel zu empfehlen. Die am häufigsten empfohlenen Ergänzungen waren Vitamin D, Vitamin B12, Omega-3, Folsäure und Vitamin B6.

„Patienten mit psychiatrischen Störungen nehmen häufig Nahrungsergänzungsmittel ein, da etwa 40 % der Patienten nicht zufriedenstellend auf antidepressive Medikamente ansprechen und etwa 50 % der psychiatrischen Patienten ihre psychopharmakologische Behandlung aufgrund von Nebenwirkungen vorzeitig abbrechen," heißt es wörtlich in der Studie.

Die Studienautoren gehen davon aus, „dass Ärzte und Therapeuten Nahrungsergänzungsmittel in dem Bemühen empfehlen, ein möglicherweise unbefriedigendes Ansprechen ihrer Patienten auf die Behandlung zu verbessern, oder aufgrund der häufigen Forderung von Patienten, eine geeignete, „natürliche", „komplementäre" oder „alternative" Behandlung mit einer geschätzten geringeren Inzidenz von Nebenwirkungen zu finden. Daher besteht ein dringender Bedarf, das derzeitige Behandlungsparadigma durch sichere und nachhaltige Interventionen zu ergänzen. Ohne Frage sind Mikronährstoffe lebenswichtig für die Neurotransmittersynthese und die korrekte Funktion des Nerven- und Immunsystems. Für mehrere Mikronährstoffe wie Selen, Zink, Eisen, Magnesium, Vitamin B12 und Folsäure wurde ein inverser Zusammenhang mit einem erhöhten Depressionsrisiko festgestellt, und einige Nutrazeutika wie 5-Hydroxytryptophan, Omega-3-Fettsäuren oder Folsäure werden in der Psychiatrie als ergänzende Behandlungsmethoden eingesetzt."

Die Zusammenfassung der Studien-Autoren lautet: „In einem ersten Schritt zielte diese internationale Umfrage darauf ab, ein Bewusstsein für den alarmierenden

Mangel an Wissen über Ernährungsmedizin in MHPs (Anmerkung A.Oe.: MHP – psychiatrische Fachkräfte) zu schaffen, trotz der sich schnell entwickelnden Evidenzbasis für den Einsatz von ergänzenden Ernährungstherapien in der Routineversorgung psychiatrischer Patienten. Die Verbesserung der aktuellen Ausbildungscurricula und die Einbindung geeigneter Module zur Ernährungspsychiatrie erscheint angesichts der steigenden Kosten für die psychiatrische Versorgung von entscheidender Bedeutung.
In der Folge sollten Patienten eine angemessene, evidenzbasierte Basisberatung zu Beginn der Behandlung erwarten, mit der Option, bei Bedarf an Ernährungsspezialisten (Ärzte mit ernährungsmedizinischer Ausbildung, Ernährungsberater, Diätologen, Diätassistenten) zu überweisen. [...] Die nächste Generation von MHPs (Anmerkung A.O.: psychiatrischen Fachkräften) von MHPs sollte nicht nur in der Lage sein, Patienten mit modernster Psychotherapie und Psychopharmakologie zu behandeln, sondern ihre Patienten auch für die Pflege von Körper und Gehirn, für Ernährung und die multifaktorielle Ursache und Prävention psychiatrischer Störungen interessieren."[43]
Seit 2018 gibt es an der Medizinischen Universität Graz ein Freies Wahlfach mit dem Titel „Nutritional Psychiatry" (Ernährungspsychiatrie) unter der Leitung von Frau Dr. Sabrina Mörkl, der federführenden Studienautorin. Das ist die erste Universität in Europa, die Medizin Studierenden dieses Wissen anbietet. Das Angebot ist für die Studierenden fakultativ, sie müssen es nicht belegen, es ist auch nicht prüfungsrelevant. Trotzdem stößt es auf großes Interesse bei den angehenden Psychiatern und Medizinern, was hoffen lässt, dass dieses Wissen auch an den Hochschulen und in akademischen Kreisen zunehmend Verbreitung findet.
Schon der legendäre Physik-Nobelpreisträger Max Planck wusste: „Eine neue wissenschaftliche Wahrheit pflegt sich nicht in der Weise durchzusetzen, dass ihre Gegner überzeugt werden und sich als belehrt erklären, sondern dadurch, dass die Gegner allmählich aussterben und dass die heranwachsende Generation von vornherein mit der Wahrheit vertraut gemacht ist."
Das stimmt mich zukunftsfroh, auch für Deutschland. Ich konnte nicht in Erfahrung bringen, ob es solche neuen Ansätze wie ich Sie Ihnen in diesem Kapitel vorgestellt habe, auch schon bei uns gibt. Wie Sie sicher bemerkt haben, kommen die zitierten Autoren aus den USA, Australien und Österreich. Wenn Sie davon erfahren, dass Psychiater auf diese Art arbeiten, lassen Sie es mich bitte wissen.

Ich wünsche mir, mehr Psychiater zu finden, die mit der Art und Weise, wie heute Psychiatrie betrieben wird, nicht zufrieden sind und mehr für ihre Patienten tun wollen, als bloß Medikamente und Psychotherapie zu verschreiben. Ich gebe gern und uneigennützig mein Wissen und meine Erfahrungen an sie weiter und freue mich über jeden Austausch.

Zum Umgang mit Psychopharmaka

Ärzte und Medikamente gehören heute in der Psychiatrie untrennbar zusammen. Das war nicht immer so. Als in den frühen 1950er-Jahren das Lithiumcarbonat als wirksames Medikament entdeckt wurde, kam das einer Sensation gleich, da es bis dahin außer der Krampf- und Insulintherapie oder Drogen wie Opium kaum Möglichkeiten einer Behandlung psychischer Erkrankungen gab. Fast zeitgleich wurde Chlorpromazin als rein chemische Substanz entwickelt. Damit begann die Ära der Neuroleptika, die bei psychotischen Störungen zu erstaunlich positiven Effekten führten.[1] Man war sich zwar bewusst, dass Patienten mit Schizophrenie und anderen psychischen Erkrankungen nicht geheilt werden konnten, es wurde jedoch möglich, sie auch außerhalb geschlossener Anstalten zu betreuen, sodass sich ihre Lebensqualität deutlich erhöhte.[2]

Laut S3-Leitlinie für die Behandlung der Bipolaren Störung gilt Lithium nach wie vor als Mittel der ersten Wahl. Lithiumcarbonat und Chlorpromazin stehen auf der „Liste der unentbehrlichen Arzneimittel" der Weltgesundheitsorganisation WHO.

Heute steht dem Psychiater mit ca.120 Wirkstoffen eine breite Palette von Medikamenten zur Verfügung, die als Psychopharmaka bezeichnet werden.[3] Alle Psychopharmaka zusammen gehören zu den am häufigsten angewendeten Arzneistoffen in Deutschland.[4]

Die wichtigste Wirkstoffklasse für die Behandlung der Bipolaren Störung sind die Phasenprophylaktika, auch Phasen- oder Stimmungsstabilisierer genannt, zu denen Lithium, Valproinsäure, Carbamazepin und Lamotrigin gehören. Sie werden je nach Symptombild ausgewählt und meist nach Blutspiegel eingestellt.

Die Neuroleptika, eine andere Bezeichnung dafür ist „Antipsychotika", wurden weiterentwickelt, sodass es mittlerweile mehrere Generationen davon gibt. Diese werden auch als typische bzw. atypische Neuroleptika bezeichnet. „Übersehen wurde dabei, dass nur ein Teil der psychotisch erkrankten Menschen von diesen Neuroleptika profitierte."[5]

Bald kamen die Antidepressiva, die Z-Substanzen (Schlafmittel) und Benzodiazepine (Beruhigungsmittel) sowie die Psychostimulanzien (Aufputschmittel) als Wirkstoffe hinzu.[6] Auch diese werden bei der Bipolaren Störung je nach Symptomlage eingesetzt.

Es geht nicht ohne!?
In den acht Jahren, in denen ich Psychopharmaka genommen habe, fühlte ich mich wie jemand, dem die Zügel seines Lebens aus der Hand genommen wurden.

Jemand anderes sagt, wo es langgeht. Ich hatte das Gefühl, ohne einen Arzt käme ich nicht mehr klar, als sei ich von ihm abhängig. Er bestimme. Mir bleibe nichts anderes übrig, als den Anweisungen zu folgen. Es gäbe keine andere Möglichkeit.

In Bezug auf die Bipolare Störung lautet das Paradigma der Psychiatrie: „Es geht nicht ohne"– womit der Einsatz von Medikamenten gemeint ist. Unter den Betroffenen wird manchmal heftig und kontrovers über die Psychopharmaka diskutiert. Anfangs, naiv wie ich war, hat mich das sehr gewundert. Denn ich dachte, dass diese Tabletten doch helfen sollen, was gibt es denn da zu diskutieren? Wer ein Mittel gegen zu hohen Blutdruck braucht, nimmt Blutdrucksenker ein und sie tun, was sie sollen. Der Blutdruck sinkt. Da diskutiert keiner!

Schnell habe ich gemerkt, woher die Ambivalenz kommt: Die erhoffte Wirkung tritt nicht bei jedem ein. In den Selbsthilfegruppen werden Erfahrungen darüber ausgetauscht, welches Medikament man verordnet bekommen hat, wann die Wirkung eingetreten sei und welche Wirkstärke diese hatte und ob es sinnvoll ist, an der Medikation etwas zu ändern. Aber vor allem wird über die Nebenwirkungen gesprochen. Solange die gewünschte Wirkung eintritt, also sich die Stimmung stabilisiert und es insgesamt besser wird, machen sich die meisten Menschen keine weiteren Gedanken über die Medikation und nehmen auch Nebenwirkungen in Kauf.

Das Fatale ist, dass die Wirkung der Psychopharmaka trotz der allgemeinen Studienlage bei einzelnen Betroffenen sehr unterschiedlich sein kann. Von denjenigen, die diese Behandlungen erhielten, berichteten nur 60 % von einer Verbesserung der Symptome. Das wurde bereits 2005 in einer Studie festgestellt.[7]

Erwartungen werden nicht erfüllt

Viele Betroffene erleben die Einnahme ihrer Medikamente auch deshalb als enttäuschend, weil ihnen mehr versprochen wurde. Als ein Arzt zum Beispiel zu mir sagte: „Das kann man gut behandeln" kam bei mir an: Der Arzt macht das weg. Diese Erwartung wurde nicht erfüllt. Man nimmt ein Medikament, das ein Arzt verordnet hat, der doch wissen sollte, was richtig ist. Aber die gewünschte bzw. versprochene Wirkung tritt nicht ein. Die Stimmung bleibt labil und es wird eben nicht oder nicht deutlich besser. Trotz Medikation kommt es zu neuen Phasen der Instabilität, die doch verhindert werden sollten. Dann fragt man sich, ob die Medikation noch stimmt, ob es nicht besser wäre, die Dosis zu erhöhen oder zu reduzieren oder sogar das Präparat zu wechseln.

Zu Beginn der Therapie wird durch verschiedene Untersuchungen ausgeschlossen, dass andere Krankheiten oder Drogen die Ursache für die Symptome sind. Wenn das feststeht, wird verordnet. Auf die Idee, dass man die aus dem Gleichgewicht geratenen Neurotransmitter auch über bestimmte Nahrungsbestandteile beeinflussen könnte, kommt man nicht. Auch die Tatsache, dass das Gehirn ganz bestimmte Ausgangsstoffe braucht, um Neurotransmitter überhaupt erst zu bilden, wird nicht beachtet.
Genauso wenig, dass die „Moleküle der Gefühle" eine ganze Reihe an Co-Faktoren brauchen, deren Fehlen sich ebenso auf die Stimmung und den Antrieb auswirkt. Manchmal kann die Ursache für Stimmungsprobleme am anderen Ende des Körpers liegen, denn die Neurotransmitter im Gehirn fallen ja nicht vom Himmel, sondern werden aus den Stoffen gebaut, die über den Darm in den Körper gelangen. Läuft hier etwas schief, kommt zu wenig im Gehirn an. Das alles findet keine Beachtung und wird gar nicht erst untersucht. Details dazu erfahren Sie im dritten Teil dieses Buches.

In der Wahrnehmung des Betroffenen gehen Ärzte so vor: Wenn die Schwankungen zunehmen, wird erst einmal aufdosiert – nach dem Motto: „Mehr vom Gleichen". Als nächstes wird ein zweites Medikament „zur Unterstützung" dazu gegeben – nach dem Motto: „Viel hilft viel". Ist dann z.B. der Schlaf gestört, gibt es dafür auch noch etwas – nach dem Motto: „Für jedes Symptom gibt es eine passende Pille". Wenn man dann noch wegen körperlicher Erkrankungen weitere Tabletten einnehmen muss, kommt man schnell zur sogenannten Polypharmazie.

Verhindern Psychopharmaka akute Phasen?

Ich habe immer wieder gelesen, dass der Einsatz von Psychopharmaka bei psychiatrischen Störungen zu einer erheblichen Verringerung der Krankheitshäufigkeit und der damit verbundenen Sterblichkeit geführt habe.[8] Damit scheint aber nicht gemeint zu sein, dass damit akute Phasen verhindert werden. Die Phasen sind weniger heftig, die Ausschläge der Stimmungsschwankungen weniger groß, aber auch das ist nicht bei jedem so. Ich kenne Betroffene, die heftigste Manien trotz jahrelanger 3-facher Medikation erlebten und deshalb sogar gerichtlich angeordnet in eine Psychiatrie untergebracht werden mussten. Oder andere, die regelmäßig ihre Depressionen bekommen, obwohl sie ihre Medikamente peinlichst genau einnehmen. Es kommt immer auf die Perspektive an. Selbstverständlich sind geringe Stimmungsschwankungen besser als heftige. Selbstverständlich sind weniger instabile Phasen insgesamt besser als häufigere. Ich hätte aber gerne gar keine und will gesund sein!

Dr. Volkmar Aderhold vom Institut für Sozialpsychiatrie an der Uni Greifswald erklärt diesen Sachverhalt in seinem Aufsatz, den ich weiter unten genauer bespreche, so: „Dopaminrezeptoren verändern sich unter Neuroleptika, sie vermehren sich und werden sensibler. Das führt im Behandlungsverlauf zur Steigerung der erforderlichen Dosis für die gleiche Wirkung. Dadurch nehmen die Nebenwirkungen zu. Der Anteil der Patienten mit Restsymptomen nimmt zu. Das kann zur erhöhten Anfälligkeit für akute Phase führen oder dazu, dass die Abstände kürzer werden. Gleichzeitig erhöht sich die Stresssensibilität, d.h. bereits geringe psychosoziale Belastungen können einen Rückfall auslösen." […] Das kann durch Niedrigdosierungen und verzögerter Einnahme nur an jedem 2. oder 3. Tag ohne Wirkverlust vermieden werden."

Mir wurden bei diesbezüglichen Nachfragen ganz andere „Erklärungen" angeboten:

- Dass doch wieder Symptome auftreten, wurde als Ausdruck der Unberechenbarkeit „der Krankheit" interpretiert. Meist wurden daraufhin die Medikamente umgestellt, weil die alten nicht ausreichend gut gewirkt hätten. Auf diese Weise bin ich innerhalb von acht Jahren auf 24 Klinikaufenthalte gekommen und habe fast alle Medikamente eingenommen, die das psychiatrische Portfolio so hergibt.

  Es ist allerdings richtig, dass Menschen unterschiedlich auf die Wirkstoffe reagieren und es tatsächlich manchmal mehrerer Versuche bedarf, bevor ein wirksames Medikament gefunden wird. Diesem Dilemma sind sich Psychiater bewusst, es wird nur nicht immer klar kommuniziert.

- Es wurde behauptet, dass die Medikamente trotz der akuten Phase Schlimmeres verhindert hätten. Eine solche Aussage nenne ich „Totschlag-Argument", denn niemand kann eine solche Aussage beweisen oder widerlegen. Die Zeit kennt nämlich nur eine Richtung: nach vorne. Wir können die „Uhr unseres Lebens" nicht zurückdrehen und das gleiche Leben noch einmal leben, einmal mit Tabletten und einmal ohne – diesen direkten Vergleich gibt es nicht. Bisher geht das nur im Film.

- Manchmal wurde auch angezweifelt, dass ich meine Medikamente regelmäßig eingenommen hätte und deshalb den Ausbruch „mitverschuldet" habe. Das empfand ich als Unverschämtheit, weil damit unterstellt wurde, es läge an meinem Versagen.

  Es gibt aber tatsächlich Fälle, bei denen das plötzliche Absetzen von Psychopharmaka Krankheits-Phasen ausgelöst hat. Dafür ist ein biochemischer Mechanismus bei der Verarbeitung von körperfremden Wirkstoffen im Gehirn verantwortlich. Deshalb ist es richtig, dass vor dem plötzlichen Absetzen gewarnt wird. Solche Mechanismen gibt es auch bei anderen Medikamenten, das hat nichts mit der Psyche zu tun.

  Deshalb hat aber nicht jeder, bei dem eine akute Phase ausbricht, seine Medikamente nicht genommen!

Die Gretchenfrage im Umgang mit Psychopharmaka?

Ich habe die Erfahrung gemacht, dass meine Einstellung zu den Psychopharmaka zu einer Art „Gretchenfrage" für die Arzt-Patienten-Beziehung wurde. Gretchen fragt Faust im gleichnamigen Drama von Johann Wolfgang Goethe: „Wie hältst du's mit der Religion?" Seine Antwort war für Gretchen entscheidend, ob sie sich Faust hingibt.

Wer sich als Patient skeptisch gegenüber Psychopharmaka zeigt oder diese sogar eigenständig reduziert oder absetzt, wird schnell als renitent bewertet oder es wird behauptet, man habe keine Krankheitseinsicht. Und das würde erst recht beweisen, dass man therapiebedürftig sei. Wer die Medikamente sogar verweigert, dem wird manchmal auch mit Behandlungsabbruch gedroht, was in meinen Augen unterlassener Hilfeleistung gleichkommt. Es gibt Ärzte und Psychotherapeuten, die nur behandeln, wenn Medikamente genommen werden. Betroffene fühlen sich dadurch zur Tabletteneinnahme genötigt, unter Druck gesetzt, verängstigt und erpresst. So kommt es vor, dass einige Betroffene dem Arzt nicht mehr alles berichten oder ihm das erzählen, was er hören will, damit man z.B. eine andere Therapie, die man gern machen möchte, verschrieben bekommt.

Andererseits habe ich Betroffene kennengelernt, deren größte Angst darin bestand, irgendetwas an der Medikation zu ändern, auch wenn ihnen die Nebenwirkungen ein normales Leben fast verunmöglichten. Eine Betroffene konnte wegen der Medikamente nie vor Mittag aufstehen, war aber gegen 21 Uhr schon wieder sehr müde. Ihr Leben, auch ihre Aktivitäten musste sie in die Zeit zwischen 14 und 20 Uhr legen. Statt in den 16 Stunden, die wir normalerweise wach sind, musste sie ihr Leben in 9 Stunden am Tag „schaffen". Aus ihrer Depression ist sie trotzdem nicht herausgekommen.

Sehr selten höre ich von einem Betroffenen, dass der Arzt angeraten habe, es vorerst ohne Psychopharmaka zu probieren. Man solle doch erst einmal in die Bipolar-Tagesklinik gehen und am Therapieprogramm teilnehmen, um möglichst viel über die Krankheit und mögliche Gegenstrategien zu lernen. Nach den sechs Wochen könne man immer noch entscheiden, ob Medikamente nötig seien. Ja, solche Ärzte gibt es auch. Und es soll insbesondere jüngere Ärzte geben, die dem Betroffenen die Entscheidung über die Einnahme von Medikamenten überlassen. Das stimmt mich zukunftsfroh.

Die Regel aber ist, dass jeder Bipolare mindestens ein Medikament verordnet bekommt. Das habe ich auch so erlebt und in den acht Jahren meiner Krankheit meist zwei oder drei verschiedene Präparate gleichzeitig genommen. Eine Umfrage in meiner Selbsthilfegruppe, die nicht repräsentativ ist, ergab, dass alle

Teilnehmer Erfahrungen mit Psychopharmaka haben, insbesondere durch Klinikaufenthalte. Zurzeit nimmt die Hälfte keine Medikamente. Bei der anderen Hälfte nimmt ein Betroffener drei verschiedene gleichzeitig, während einer sich nur einer Monotherapie unterzieht. Die anderen haben eine Kombitherapie mit zwei Medikamenten, am häufigsten wird Lithium und Quetiapin genommen.

Wenn Psychopharmaka sparsam, gezielt und befristet nach dem Motto eingesetzt werden: „So viel wie nötig und so wenig wie möglich", habe ich nichts dagegen. Mir haben diese Medikamente in einer schwierigen Situation wahrscheinlich das Leben gerettet. Heute brauche ich sie nicht mehr. Würde ich in eine Krise geraten und hätte das Gefühl, nur die Psychopharmaka können mir helfen, würde ich sie auch wieder nehmen. Wenn es für eine gewisse Zeit nicht ohne geht, dann ist das eben so. Je mehr ich allerdings über die biochemischen Zusammenhänge erfuhr, desto unwahrscheinlicher ist es, dass ich noch einmal solche Medikamente nehme. Aber man sollte nie „nie" sagen und deshalb kann ich es auch nicht ausschließen. Ich kann genauso wenig die Zukunft voraussagen wie ein Psychiater.

Einmal Tablette – immer Tablette?

Mich stört, dass immer wieder behauptet wird, man müsse die Medikamente lebenslang einnehmen, um Schlimmeres zu verhindern. Das degradiert den Betroffenen zum Objekt der Behandlung und suggeriert, er könne selbst gar nichts tun. Manchmal beschleicht mich das Gefühl, als ob die verordnenden Ärzte sich an den „Strohhalm" Medikamente klammern, weil sie den Patienten nicht zutrauen, dass diese ihr Leben so ändern, dass die Störung nicht mehr auftritt. Oder sie haben eine andere Auffassung davon, wie viel „Krankheit" tolerierbar ist. Vielleicht ist auch ein Stück weit Resignation dabei, denn Rückschläge auszuhalten ist nicht einfach und nicht jeder Betroffene ist in der Lage, Lebensstiländerungen konsequent umzusetzen.

So hat ein Forscherteam aus den USA, Italien und Kanada im Jahr 2018 festgestellt, dass die pharmakologische Behandlung der Bipolaren Störung bei Erwachsenen „nach wie vor unbefriedigend" ist. Eine wirksame Prophylaxe (Vorbeugung) der Bipolaren Störung werde durch die Wirksamkeit der verfügbaren Behandlungen und die unvollständige Therapietreue der Patienten aufgrund von unerwünschten Wirkungen eingeschränkt. Das Streben nach verbesserten, rational konzipierten pharmakologischen Behandlungen für die Bipolare Störung ist, wie bei den meisten psychiatrischen Störungen, grundsätzlich durch das Fehlen einer eindeutigen, stimmigen Erklärung der Krankheitsentstehung eingeschränkt.[9]

In einer indischen Studie[10] wurde festgestellt, dass der Einsatz von Psychopharmaka bei psychiatrischen Störungen zu einer erheblichen Verringerung der Krankheitshäufigkeit und der damit verbundenen Sterblichkeit geführt habe, es aber im Laufe der Jahre offensichtlich geworden sei, dass der Nutzen dieser Medikamente für die psychische Gesundheit von vielen erheblichen Nebenwirkungen, der Notwendigkeit einer unangenehm langen Medikamenteneinnahme und einer unzureichenden Compliance überschattet wird. Dieser Umstand erfordere erhebliche Anstrengungen seitens der Psychiater zur Verbesserung der Therapietreue der Patienten.
Mit meinen Worten: Die Psychiater müssen sich mehr anstrengen, um die Patienten davon zu überzeugen, dass sie die Psychopharmaka nehmen sollen, weil immer mehr Patienten nach einer Alternative suchen und sich nicht an die verordnete Therapie halten.
Man wisse nicht genau, wie die Krankheit entsteht. Man könne nicht genau erklären, wie die Psychopharmaka wirken, ist sich aber sicher, dass sie wirken. Für mich hört sich das eher wie eine Glaubenslehre an, aber nicht wie Naturwissenschaft. Auch wenn es umfangreiche Medikamentenstudien gibt, welche die Wirksamkeit belegen. Auch muss die Frage erlaubt sein, wer diese Studien durchgeführt und wer sie bezahlt hat. Es gibt immer wieder Berichte darüber, dass Pharmafirmen nur die Studien veröffentlichen, die positiv sind und negative in der Schublade verschwinden. Aber ich als Betroffener soll diese Medikamente mein ganzes Leben lang einnehmen, ohne dies kritisch zu hinterfragen?
Nach allem, was ich hier zusammengetragen habe, kann ich mich des Eindrucks nicht erwehren, dass die Ärzte die Krankheit, die sie versuchen zu behandeln, im Grunde nicht verstehen.

Es geht auch anders

Zum Glück gibt Ärzte und Ärztevereinigungen, die das Behandlungsparadigma, psychische Probleme nur mit Medikamenten zu behandeln, kritisch sehen und sogar in Frage stellen. Im Jahr 2009 fand in Berlin eine Tagung der Deutschen Gesellschaft für Soziale Psychiatrie e.V. (DGSP) statt, die den Titel trug „Richtig eingestellt? Gratwanderung Neuroleptika!"

Im Memorandum des Vorstandes der DGSP wird u.a. Folgendes festgestellt: „Seit über 50 Jahren werden zur Behandlung der Schizophrenie und anderer psychischer Erkrankungen Antipsychotika (Neuroleptika) eingesetzt. Sie sind jedoch keineswegs ideale Medikamente, wie sie etwa für die Therapie wichtiger internistischer Erkrankungen heute zur Verfügung stehen. Neue Forschungsergebnisse legen nahe, dass das Nutzen-/Risikoprofil von Antipsychotika ungünstiger ist als bisher angenommen wurde, so dass ihre gegenwärtige Anwendungspraxis hinterfragt werden muss. Der Umgang mit Antipsychotika in der psychiatrischen

Therapie stellt quasi eine Gratwanderung zwischen Teil-Wirksamkeit und Patientenschädigung dar. Daher sollten dringend Alternativen erforscht werden und zur Anwendung kommen. Ein internationaler wissenschaftlicher Diskurs ist dazu in Gang gekommen."

In seinem Aufsatz mit dem Titel „Zur Notwendigkeit und Möglichkeit minimaler Anwendung von Neuroleptika" aus dem Jahr 2014 setzt sich Dr. med. Volkmar Aderhold mit dieser Frage auseinander. Er bezieht sich in seiner Darstellung zwar vor allem auf die Diagnose Schizophrenie. Da Bipolare die gleichen Medikamente bekommen, wie z.B. Aripripazol, Quetiapin, Clozapin, Olanzapin oder Risperidon, kann man seine Erkenntnisse aus meiner Sicht durchaus auch auf die Bipolare Störung übertragen, denn es gibt bei den Symptomen beider Erkrankungen Überlappungen und Ähnlichkeiten.

Dr. Aderhold widmet sich vor allem den biochemischen Auswirkungen der Medikamente auf den Gehirnstoffwechsel. Diese Wirkungen „fragen" nicht danach, für welche Krankheit sie gelten sollen. Die Medikamente haben ihre Wirkung, unabhängig davon, welche Diagnose gestellt wurde.

Im Folgenden gebe ich einige seiner Thesen sinngemäß wieder und kommentiere diese mit meinen Worten. Den kompletten Aufsatz können Sie hier kostenlos herunterladen: www.dgsp-ev.de/psychopharmaka/neuroleptikadebatte.html

Aussagen aus dem Aufsatz von Dr. Aderhold	**Mein Kommentar**
„Neuroleptika blockieren einen postsynaptischen Dopaminrezeptor."	Dieser Rezeptor gehört zu einer Gruppe von Rezeptoren, die nur auf Dopamin reagieren. Es gibt außer Dopamin noch andere Neurotransmitter, die ebenfalls für die Stimmung und den Antrieb verantwortlich sind. Es wird also nur „auf ein Pferd gesetzt."
„Für diese Blockade ist nur eine erstaunlich geringe Dosis nötig."	Blockiert ist blockiert, das kann man nicht steigern, indem man eine höhere Wirkstoffmenge zuführt. Auf eine Flasche Wein passt auch nur genau ein Korken und nicht zwei oder drei.

Aussagen aus dem Aufsatz von Dr. Aderhold	Mein Kommentar
„Nebenwirkungen sind dosisabhängig, es gibt eine individuelle Schwelle."	Eine geringe Dosis kann deshalb Nebenwirkungen vermeiden oder mindern, ohne dass es zu Wirkverlusten kommt.
„Akutbehandlungen mit hohen Dosen zu beginnen, ist aus neurobiologischer Sicht falsch."	Viel hilft eben nicht viel!
„Bei Therapieresistenz ist eine Dosiserhöhung sinnlos."	Trotzdem ist das oft die erste Option, wenn sich die Lage verschlechtert.
„Menschen reagieren sehr unterschiedlich auf Neuroleptika: • Ca. 30 % profitieren und erleben eine Symptomreduktion • Ca. 10 % benötigen nur eine kurzfristige Intervallbehandlung • Ca. 15 – 20 % sprechen nicht an, sogenannte Non-Responder • Ca. 40 % – 60 % benötigen keine Neuroleptika – Spontanremission"	Mehr als die Hälfte aller Betroffenen profitieren nicht, aber alle sollen diese Medikamente nehmen. Woher weiß der Arzt, zu welcher Gruppe ich gehöre?
Es sollten die Prinzipien gelten: • „So wenig wie möglich". • Monotherapie vor Kombinationstherapie. • Kombinationstherapien schnell auf Monotherapien zurückführen.	Ich habe genau das Gegenteil davon erlebt.
„Neuroleptika haben auch blockierende Effekte auf andere Rezeptoren. Abhängig vom Rezeptortyp treten unterschiedliche Nebenwirkungen auf, wie z.B. Schläfrigkeit, Gewichtszunahme, Sehstörungen, Herzrasen, Verstopfung, Unruhe, Ängstlichkeit, Kopfschmerzen, Übelkeit u.a.m."	Nach meiner Erfahrung werden die diesbezüglichen Klagen der Betroffenen zwar zur Kenntnis genommen, aber meist als „unvermeidbar" dargestellt. Man müsse das „kleinere Übel" eben in Kauf nehmen.

Aussagen aus dem Aufsatz von Dr. Aderhold	Mein Kommentar
„Frühzeitige begleitete Reduktions- und Absetzversuche sind sinnvoll, um die niedrigst mögliche Dosierung im Alltag zu ermitteln und wiederholt anzupassen."	Ich hatte das große Glück eine Ärztin zu haben, die meinen Reduktionswunsch ernst nahm und meinen Versuch begleitete. Mir ist das Absetzen geglückt. Im Buch „Psychopharmaka absetzen" und im Buch „Genug geschluckt" berichten Betroffene von ihren unterschiedlichen Erfahrungen, Psychopharmaka wieder loszuwerden. Lesenswert!
„Neuroleptika erhöhen das Risiko für das Auftreten und die Verschlechterung körperlicher Erkrankungen: 15 – 72 % entwickeln Übergewicht, 40 – 50 % entwickeln ein metabolisches Syndrom (vor allem unter Clozapin, Olanzapin, Quetiapin und Risperidon in absteigender Bedeutung sowie unter Polypharmazie.) Das wird durch mangelnde Bewegung, Rauchen und falsche Ernährung verstärkt. Das Risiko für Diabetes steigt, da die Neuroleptika direkt auf den Insulinstoffwechsel wirken."	Ich bin meinem damaligen Arzt noch heute dankbar, dass er mir geraten hatte, abends auf die Kohlenhydrate zu verzichten. Das war der einzige Hinweis zum Thema Ernährung, den ich in acht Jahren Krankheit bekommen habe. Das hat mich neugierig gemacht und mein Interesse an der Thematik geweckt. Mehr dazu können Sie in meinem Buch „Stabilität kann man essen?!" lesen.
„Regelmäßige Untersuchungen der Marker für Übergewicht, Blutfett- und Blutzuckerwerte sind angeraten." „Wer potenziell schädigende Medikamente verordnet, muss auch den Ausschluss oder die Kontrolle dieser Schädigungen sicherstellen und Patienten darüber informieren."	Ich habe solche Untersuchungen nicht angeboten bekommen. Labormessungen werden nur gemacht, um den Medikamentenspiegel zu messen oder auszuschließen, dass es Gegenanzeigen für die Verordnung der Psychopharmaka gibt. Die Krankenkassen würden diese Laborkosten nicht bezahlen. Ich sollte zum Hausarzt gehen, aber dieser hatte dafür kein Budget.
„Das Fundament einer guten Behandlung ist ein komplexes und fokussiertes psychosoziales Behandlungsmodell. Neuroleptika ergänzen die psychosoziale Behandlung nur dann, wenn diese allein nicht ausreicht."	In den ersten fünf Kliniken, in denen ich war, hatte ich den Eindruck, dass es genau andersherum war: die Medikation wurde durch die psychosoziale Behandlung begleitet, gab es für letztes keine Ressourcen, dann gab es außer Medikamenten keine weitere Behandlung.

Aussagen aus dem Aufsatz von Dr. Aderhold	Mein Kommentar
„Integration von Experten aus Erfahrung in die Behandlungsteams"	Auch das ist an einigen Kliniken schon Realität. Dort können Betroffene als Genesungsbegleiter tätig werden. Allerdings fallen solche Stellen als erstes weg, wenn der Kostendruck steigt.

Weiter heißt es im Aufsatz:
„Bei Menschen über 40 Jahren sind Nebenwirkungen besonders ausgeprägt. Es wurden in einer zwei Jahre laufenden Studie 332 Patienten einbezogen, die mit Aripripazol, Olanzapin, Risperidon und Quetiapin behandelt wurden. Die Autoren (Jin et al., 2011)[11] kommen zum Ergebnis: „Vorsicht ist geboten bei einer längerfristigen Behandlung mit diesen Substanzen ab dem 40. Lebensjahr. Diese Substanzen sollten in niedrigen Dosierungen und nur für kurze Zeit unter enger Kontrolle der Nebenwirkungen gegeben werden. Eine gemeinsame Entscheidungsfindung mit dem Patienten und seinen Angehörigen wird empfohlen, die eine Diskussion der Vor- und Nachteile [...] und die der verfügbaren Alternativen einschließt".

Meine Ärztin hat von sich aus proaktiv die Dosis schrittweise immer weiter reduziert, sodass ich zum Schluss nur noch eine „Minidosis" hatte. Von anderen Betroffenen habe ich Gegenteiliges erzählt bekommen. Am Status quo wird meist nicht gerüttelt. Man sei doch so gut eingestellt. Ich habe den Eindruck, dass manche Behandler im ambulanten Bereich und auch manche Angehörige glauben, dass Bipolare am besten im subdepressiven Zustand „händelbar" sind. Dann stören wir nämlich nicht, wir stellen nichts an, wir verhalten uns angepasst und schaffen es meist auch noch, den Alltag zu bewältigen. Aber richtig wohl fühlen sich die Wenigsten damit. Für mich war dieses Unwohlgefühl der Antrieb nach anderen Möglichkeiten zu suchen, Stabilität zu erlangen. Die Antwort auf die Frage, wie viel „Störung" tolerierbar und wie viele Medikamente ertragbar sind, sollte der Betroffene entscheiden und nicht jemand anderes, auch wenn derjenige es noch so gut meint. Mir wurde immer wieder gesagt, dass ich das nicht einschätzen könne, weil ich ja bipolar sei. In der Folge habe ich lange Zeit meinem Gefühl und meinen Empfindungen misstraut.

Mich haben die Aussagen von Dr. Aderhold sehr beeindruckt, denn ich fühlte mich in meinen Beobachtungen an mir selbst bestätigt. Er mahnt an, dass die S-3-Leitlinien geändert werden müssten. Bei der Leitlinie für die Schizophrenie ist das tatsächlich 2019 geschehen, 10 Jahre nach dem Erscheinen des Memorandums. Dort hat es einen Paradigmenwechsel gegeben. In der Überarbeitung der S3-Leitlinie für die Bipolare Störung habe ich gelesen, dass lediglich eine regelmäßige Gewichtskontrolle angeraten wird. Zu den anderen oben aufgeführten Grundsätzen konnte ich im letzten Update aus dem Jahr 2020 nichts finden.

Auch unerwünschte Wirkungen sind individuell

Genauso wie Medikamente nicht bei jedem die gleiche Wirkung haben, gilt das auch für das Auftreten von unerwünschten Wirkungen, die umgangssprachlich als Nebenwirkungen bezeichnet werden. Deshalb ähnelt die medikamentöse Therapie „mehr einer Kunst als einer Wissenschaft, denn ihr Erfolg beruht in hohem Maße auf Versuch und Irrtum. Eine grundlegende Einschränkung besteht in der Tatsache, dass psychiatrische Medikamente **körperfremde Moleküle** darstellen, die einen unnormalen Zustand herbei führen anstatt Normalität. Es ist außerdem unwahrscheinlich, dass diese Medikamente jemals universell effektiv oder von Nebenwirkungen frei sein werden."[12]

Der einzelne Betroffene ist nun mal ein individueller Mensch mit seinem eigenen Stoffwechsel und kein statistischer Mittelwert. In Studien, die Ärzte zum Maßstab ihres Handels machen, geht es um das **Kollektiv,** also um die Gruppe der Erkrankten. Mithilfe von statistischen Methoden wird versucht, Gemeinsamkeiten und Übereinstimmungen zu finden, um daraus Empfehlungen für das ärztliche Handeln abzuleiten.

Dem Arzt sitzt aber in seiner Praxis nicht ein ganzes Kollektiv gegenüber, sondern ein einzelner Mensch mit seinen individuellen Besonderheiten. Ein Produzent von Schuhen käme auch nicht auf die Idee, nur noch Schuhe in Größe 39 herzustellen, nur weil die durchschnittliche Schuhgröße der Bevölkerung 39 beträgt.
Einigen würden diese Schule mit Sicherheit passen, aber eben nicht allen. Ich habe manchmal den Eindruck, dass die Aussagekraft von Studien überbewertet wird und der Unterschied zwischen einem Patientenkollektiv und einem Individuum nicht jedem bewusst ist.

Zu den individuellen Besonderheiten gehören neben der psychischen Symptomatik, weshalb der Betroffene ja vor allem zum Psychiater geht, auch Bereiche, die aus meiner Sicht viel zu wenig bei der Entscheidung über die Therapie berücksichtigt werden. Deshalb sollten zum Anamnesegespräch nicht nur Fragen nach Alter, Geschlecht, sozialem Status, Körpergewicht, Ethnizität, Allergien, Vorerkrankungen und Medikamenteneinnahme gehören, sondern auch Fragen nach dem Lebensstil, die über die Fragen, ob man raucht oder ob und wie viel Alkohol man trinkt, hinausgehen.

Aus meiner Sicht wird zu selten beachtet, dass Lebensstilfaktoren wie regelmäßige Bewegung und die Ernährung Auswirkungen sowohl auf die Wirkungen als auch auf die unerwünschten Nebenwirkungen von Medikamenten haben können.

Appetitsteigerung

Zu den unerwünschten Wirkungen von Psychopharmaka gehört auch die Steigerung des Appetits, auf die ich nicht vorbereitet war. Ich wunderte mich nur, dass ich ständig Hunger hatte, eine ganze Tafel Schokolade auf einmal essen konnte und irgendwie das Gefühl hatte, nie richtig satt zu werden. Da ich aufgrund meiner familiären Vorbelastung eine Neigung zu Übergewicht habe, ließen die Kilos nicht lange auf sich warten. Innerhalb eines Jahres hatte ich 25 kg zugenommen. Diese Gewichtsprobleme verstärkten meine psychischen Probleme und verringerten mein Selbstwertgefühl zusätzlich.

Eine direkte Appetitsteigerung kann u.a. durch tri- und tetrazyklische Antidepressiva oder Cannabinoide ausgelöst werden, der durch einen pharmakologisch eigentlich erwünschten Effekt auf den Noradrenalin-, Serotonin und/oder Dopamin-Stoffwechsel zustande kommt.[13]

Psychopharmaka wie Clozapin oder Olanzapin verursachen durch die Kombination von Appetitsteigerung und verzögertem Sättigungsgefühl eine Gewichtszunahme. Ebenso kann der psychovegetative Entspannungseffekt z.B. durch Benzodiazepine zu einer indirekten Appetitsteigerung führen.[14]

Auch in diesem Zusammenhang habe ich mich im Nachhinein gefragt, warum niemand mich auf solche unerwünschten Nebenwirkungen hinwies.

Ob Nebenwirkungen erträglich sind, kann nur der Betroffene entscheiden

Während der Einnahme der Psychopharmaka störte mich am meisten das Gefühl, nicht mehr „ich selbst" zu sein. Ich war ständig müde, wenig bis kaum belastbar, alles war sehr anstrengend und manchmal bekam ich Angst, dass ich verrückt werde oder sich mein Gehirn auflöse, weil ich mir nicht einmal mehr eine sechsstellige Telefonnummer merken konnte oder einen fachlichen Text nicht verstand. Ich war auf die Hilfe meines Mannes angewiesen und traute mir selbst nicht mehr über den Weg. Es wurde zwar ärztlicherseits eingeräumt, dass das auch mit den Medikamenten zu tun haben könnte, aber es sei eben unvermeidlich, es sei das „kleinere Übel".

Ich wollte diesen Zustand überwinden, um wieder besser denken zu können, mir besser etwas merken zu können und vor allem wollte ich die ständige bleierne Müdigkeit loswerden. Mir wurde immer wieder gesagt, dass ich nicht ohne Psychopharmaka auskäme, weil die Krankheit chronisch sei und sich Rückfälle nur mit Medikamenten verhindern ließen. Trotzdem hatte ich 24 Phasen, also Manien und Depressionen, innerhalb von 8 Jahren.

Erst viele Jahre später, als ich die Psychopharmaka nicht mehr brauchte, ist mir klar geworden, dass ich während der Einnahme gar nicht unterscheiden konnte, ob meine Gedrücktheit, meine Konzentrationsschwäche und Antriebslosigkeit von der Krankheit oder von den Medikamenten kamen. Wenn ich das nicht unterscheiden konnte, kann der Arzt es dann? Man ließ mich im Glauben, dass die Krankheit diese Symptome verursacht. Was, wenn es vielleicht die Nebenwirkungen der Medikamente waren, die mich so störten? Ich habe das große Glück, dass sich all diese Probleme nicht chronifizierten und ich heute meine Schaffenskraft und geistige Klarheit wieder zurückerlangt habe.

Zur Notwendigkeit von begleitenden Untersuchungen

Ich habe die Erfahrung gemacht, dass körperliche Untersuchungen oder sogar Blutmessungen äußerst selten und nur auf Nachfrage gemacht werden. Meist wird an den Hausarzt verwiesen, dieser sei dafür „zuständig". Der Hausarzt kennt sich allerdings noch weniger mit Psychopharmaka aus. Die DGBS hat deshalb eine „Hausarztbroschüre" entwickelt, die man sich kostenlos im Internet herunterladen kann:
https://dgbs.de/bipolare-stoerung/fuer-behandler/dgbs-hausarztbroschuere

Ich würde Ihnen empfehlen, diese an Ihren Hausarzt weiterzugeben. Das ist hilfreich, damit dieser die Problematik der Bipolaren Störung besser versteht. Das ändert aber nichts an dem Dilemma, in dem sich Betroffene befinden. Als Patient fühlt man sich wie ein Ping-Pong-Ball. Der Psychiater fühlt sich für das Körperliche nicht zuständig und der Hausarzt hat keine Ressourcen für die teuren Blutmessungen – der Betroffene steht dazwischen und fühlt sich vom System im Stich gelassen. Das Argument, man sei nicht zuständig, empfinde ich wie ein Abschieben von Verantwortung. Wer, wenn nicht der Arzt, welche die Medikamente verschreibt, sollte dafür zuständig sein, zu prüfen, dass diese keinen Schaden anrichten? Deshalb sollten regelmäßige Kontrollen des Ernährungsstatus, des Gewichts (BMI und Hüftumfang), der Nüchternblutzucker- und Blutfettwerte, des EKG und des Zahnstatus zu Beginn, nach drei, sechs und zwölf Monaten durchgeführt werden.[15]

Falls diese Untersuchungen bei Ihnen noch nie gemacht worden, dann fragen Sie Ihren Arzt danach und lassen Sie sich nicht vertrösten. Es geht um Ihre Gesundheit.

Psychopharmaka sind Mikronährstoffräuber

Der Begriff Psychopharmaka ist ein Oberbegriff für eine ganze Reihe von Präparaten. Diese unterscheiden sich teilweise erheblich in ihren gewünschten und unerwünschten Wirkungen. Gemeinsam ist allen psychiatrischen Medikamenten, dass sie in verschiedene Systeme des Gehirnstoffwechsels, insbesondere der Neurotransmitter, eingreifen. Dafür sind sie schließlich gemacht.

Nun muss man als „Nutzer" dieser Medikamente allerdings wissen, dass diese noch eine weitere Wirkung auf ganz anderer Ebene haben: **Psychopharmaka sind Mikronährstoffräuber.** Das bedeutet, dass der Körper zum Abbau des Medikamentes Mikronährstoffe verbraucht, die dann nicht mehr für andere Prozesse zur Verfügung stehen. Das ist so ähnlich wie beim Geld. Das können Sie auch nur einmal ausgeben. Was weg ist, ist weg.

Dieser erhöhte Nährstoffverbrauch ist aber keine „Nebenwirkung", die auf einem Beipackzettel erwähnt werden muss. Das ist ein Mechanismus, der bei jedem Medikament auftritt. Dies ist auch einer der Gründe, warum die Nährstoffbedarfe der Deutschen Gesellschaft für Ernährung (DGE) explizit nicht für Menschen gelten, die Medikamente einnehmen, denn diese haben einen deutlich höheren Bedarf an Nährstoffen. Dort heißt es: „Die Referenzwerte gelten für Gesunde. Sie beziehen sich nicht auf die Versorgung von Kranken und Rekonvaleszenten. Sie sind auch, mit Ausnahme von Jod, nicht ausreichend, um bei Personen mit einem Nährstoffmangel entleerte Speicher wiederaufzufüllen. Sie gelten auch nicht für durch Genussmittel (z. B. chronisch erhöhter Alkoholkonsum) oder eine regelmäßige Medikamenteneinnahme belastete Personen. Diese Personenkreise bedürfen der individuellen ernährungsmedizinischen Beratung und Betreuung."[16]

Medikamente sind künstlich hergestellte Substanzen, die für unseren Körper fremd sind. Unser Organismus behandelt sie genauso wie andere Schadstoffe. Auch Lebensmittel müssen verstoffwechselt werden und Schadstoffe, die wir durch die Luft, durch das Essen oder auch durch Medikamente aufnehmen, werden von der Leber entgiftet und über die Niere, den Darm, die Lunge und manchmal auch über den Schweiß aus dem Körper ausgeschieden. Auch hier gibt es individuelle Unterschiede. Menschen, die eine geringe Entgiftungskapazität haben, reagieren sehr empfindlich auf verschiedene Stoffe. So kenne ich Betroffene, die nach 25 mg Quetiapin „wie ein Stein ins Bett fallen und 8–10 Stunden schlafen" und andere, die diese Dosis gar nicht wahrnehmen. Diese Entgiftungskapazität kann man messen. Sie kann (mit)erklären, warum Menschen so unterschiedlich reagieren.

Für diese Entgiftung werden eine Reihe von Mikronährstoffen gebraucht und vor allem **ver**braucht. Das ist Teil des normalen Stoffwechsels. Das Fatale bei Medikamenten ist, dass diese von unserem Körper wie ein Schadstoff behandelt werden und er zusätzlich Kraft und Energie aufwenden muss, um diese Schadstoffe wieder abzubauen. Das heißt nichts anderes, als dass jemand, der Medikamente nimmt, einen höheren Bedarf an Vitalstoffen hat. Aus meiner Erfahrung wird dieser Umstand in der Psychiatrie weder beachtet noch gewürdigt. Auch darum soll es vor allem im zweiten Teil des Buches gehen.

Wechselwirkungen zwischen Psychopharmaka und Lebensmitteln

Es ist allgemein bekannt, dass verschiedene Arzneistoffe miteinander wechselwirken können. Weniger bekannt ist, dass Psychopharmaka auch mit Lebensmitteln wechselwirken können. Wenn man Psychopharmaka nimmt, dann sollte man folgende Hinweise kennen und beachten. Denn wenn ein Psychopharmakon nicht die erwünschte Wirkung hat, kann die Ursache auch an einer Wechselwirkung mit Lebensmitteln liegen. Dann ist eben nicht die Dosis zu gering oder das Medikament unwirksam. So kann es vorkommen, dass die erhoffte Wirkung nicht oder nur abgeschwächt eintritt oder viel zu stark ausfällt, weil der Patient nicht über die Wechselwirkungen zwischen Psychopharmaka und Lebensmitteln aufgeklärt wurde. In meiner Krankheitskarriere habe ich nie erlebt, dass jemand mir gesagt hat, welche Lebensmittel ggf. die Wirkung der Medikamente beeinflussen können. Ich habe lediglich einmal von einer Mitpatientin auf Station gehört, dass sie eine lange Liste von Lebensmitteln erhalten habe, die sie auf keinen Fall essen dürfe. Sie hatte einen MAO-Hemmer verordnet bekommen und musste sich konsequent tyraminarm ernähren. (Tyramin reichert sich in Lebensmitteln an, die lange gelagert werden oder durch Pökeln, Trocknen und Fermentieren haltbar gemacht wurden). Wegen dieser schwierigen Einnahmebedingungen werden MAO-Hemmer nur noch selten verordnet.

Durch die Beachtung von recht einfachen Verhaltensregeln können unerwünschte Wirkungen gemildert oder sogar vermieden werden. Man könnte denken, dass folgende Empfehlungen allgemein bekannt sein müssten, denn jeder Arzt und vor allem der Apotheker sollte darüber aufklären.
Was heißt „nüchtern"? Damit ist der Zustand nach einer vollständigen Magenentleerung gemeint. In der Regel wird dieser nur vor dem Frühstück erreicht, wenn man über Nacht nicht den Kühlschrank geplündert hat. Die Magenentleerung braucht meist mehr als 6 Stunden, manchmal auch 12 Stunden. Die Geschwindigkeit hängt davon ab, was man gegessen hat und wie voll der Magen dadurch ist.
Psychopharmaka, wie auch viele andere Medikamente, sollte man nur in aufrechter Lage und mit ausreichend Leitungswasser und nicht mit Mineralwasser, Milch

und Fruchtsäften einnehmen. Besonders problematisch sind Kaffee, schwarzer, gruner oder weißer Tee sowie Grapefruitsaft.

Kaffee und Tee: Die in Kaffee und Tee enthalten Gerbstoffe bilden mit verschiedenen stickstoffhaltigen, basischen Neuroleptika und Antidepressiva schwerlösliche Komplexe. Dazu gehören z.B. Medikamente wie Citalopram, Sertralin, Amisulprid, Aripriprazol, Clozapin, Olanzapin, Quetiapin und Risperidon. Diese Komplexbildung bewirkt, dass die Arzneistoffe nicht mehr gelöst vorliegen, deshalb auch nicht mehr vom Darm aufgenommen werden können und als Komplex wieder ausgeschieden werden, ohne ihren Wirkort erreicht zu haben. Deshalb gilt: **Psychopharmaka NIE zusammen mit Kaffee oder Tee einnehmen.** (Das gilt nicht für Früchte- und Kräutertees)[17]

Grapefruit: Die zu den Citrusfrüchten gehörende Grapefruit hemmt das Enzym CYP3A4, das an der Verstoffwechselung von Arzneistoffen im Darm beteiligt ist. Je nach Arzneistoff kann dieses zu einer Wirkungsverstärkung oder eine Wirkungshemmung führen, abhängig davon, wie der Arzneistoff mit dem Enzym interagiert. Die Enzym-Blockade tritt bereits kurze Zeit nach dem Verzehr einer üblichen Menge von z.B. 200 ml Grapefruitsaft auf und **hält bis zu drei Tagen an!** Davon sind z.B. Carbamazepin, Diazepam, Quetiapin und Ziprasidon betroffen.[18]

Deshalb gilt: Solange Sie solche Medikamente nehmen, **verzichten Sie völlig auf den Verzehr von Grapefruit und Pomelo!**

Levothyroxin, abgekürzt **L-Thyroxin** wird häufig Patienten verschrieben, die mit Lithium behandelt werden oder die eine Schilddrüsenunterfunktion haben. Es enthält das Schilddrüsenhormon T 4, das auch als Speicherhormon bezeichnet wird. L-Thyroxin sollte immer nüchtern und mit ausreichendem Abstand zu Lebensmitteln eingenommen werden. Kaffee, Sojaproteine oder auch Ballaststoffe (Müsli, Haferflocken) reduzieren seine Bioverfügbarkeit erheblich. Auch mineralstoffhaltige Arznei- und Nahrungsergänzungsmittel sowie Milchprodukte reduzieren die Wirksamkeit von L-Thyroxin. Deshalb wird empfohlen, es mindestens 30 Minuten vor dem Frühstück einzunehmen.[19]

Und wenn alles nicht hilft ...

Ich habe mich acht Jahre lang von Medikament zu Medikament gehangelt, immer wieder mit der neuen Hoffnung, dass es mir dadurch besser gehen würde. Irgendwann ist dann der Punkt erreicht, an dem das große Repertoire der Psychopharmaka erschöpft ist. Alles ist probiert worden und trotzdem hat sich die erhoffte Stabilität nicht eingestellt. Die Möglichkeiten der Psychiatrie sind ausgeschöpft. Was dann?

Als ich diesen Punkt erreicht hatte, signalisierte man mir, dass man nichts mehr für mich tun könne. Ich fühlte mich austherapiert. Hat man eine solche Stufe der Therapie erreicht, wird die Krankheit nur noch „verwaltet". Im Arztgespräch geht es vorrangig darum, ob dieser „relativ stabile" Zustand hält und ob man ein neues Rezept bräuchte. Da hilft es dann kaum, den Arzt zu wechseln, schließlich gibt es eine dicke Krankenakte und das Label „bipolar" klebt an einem fest, als wäre es in die Stirn eingebrannt. Aus diesem Grund kommen Betroffene häufig in eine Selbsthilfegruppe. Sie sind mit dem professionellen Angebot genauso unzufrieden, wie ich es war. Sie erlangen ihre Stabilität nicht zurück, sie fühlen sich allein gelassen. Sie fragen nach Alternativen oder ergänzenden Möglichkeiten und wollen sich mit anderen Betroffenen austauschen.

Meine Kritik richtet sich gegen das **System,** aber nicht gegen den einzelnen Arzt oder Therapeuten. Ich hatte fast immer mit wohlwollenden, sich bemühenden und emphatischen Ärzten und Therapeuten zu tun. Meine Therapie war nicht zwecklos, sie hat mir in der Krise vermutlich das Leben gerettet. Aber um damit ein Leben zu führen, wie ich es mir vorstellte, waren die Angebote der Psychiatrie, wie ich sie erlebt habe, nicht ausreichend.

Als Schlusswort noch einige Worte aus dem Memorandum des Vorstandes der DGSP in der aktualisierten Fassung aus 2018: Aus den Erfolgen der ersten Jahre bei der Anwendung von Neuroleptika „entwickelte sich ein Behandlungsoptimismus, der auch in der Psychiatriereform der 1970er- und 1980er-Jahre seinen Niederschlag fand. Übersehen wurde dabei, dass nur ein Teil der psychotisch erkrankten Menschen von diesen Neuroleptika profitierte. Außerdem war ihr Einsatz mit oft erheblichen Nebenwirkungen verbunden, besonders bei der geforderten lebenslangen Einnahme. Die Skepsis der Patienten hoffte man später durch so genannte Depotpräparate (intramuskuläre Injektionen mit langanhaltender Wirkung) zu überwinden. Der Euphorie folgte die Ernüchterung.

Auch eine „neue Generation" von Neuroleptika konnte die großen Hoffnungen auf diese Medikamente nicht erfüllen. Wegen ihrer angeblich geringeren Nebenwirkungen wurden sie „atypisch" genannt. Doch bald zeigten sie neue, andere, aber nicht weniger ernste Nebenwirkungen. Leider haben sich Psychiater in der Vergangenheit von den Heilsversprechungen der Pharmaindustrie immer wieder beeindrucken lassen. Ihr naiver Fortschrittsglaube, verbunden mit der Beteiligung an einem teilweise korrupten Wissenschaftsapparat, hat mit dazu beigetragen, dass die Entwicklung alternativer Therapieansätze vernachlässigt wurde. Ergebnisse der Recovery-Forschung belegen ein breites Spektrum individueller therapeutischer Möglichkeiten, um längerfristig auch ohne Neuroleptika auszukommen. Mittlerweile gehören Neuroleptika zu den umsatzstärksten Medikamenten.

In Deutschland steht zum Beispiel Quetiapin im Jahr 2010 als Einzelpräparat an fünfter Stelle, mit einer Umsatzsteigerung zum Vorjahr um 25% (nach Barmer GEK Arzneimittelreport vom Juni 2011). Erreicht wurde dieses Niveau insbesondere durch eine stetige Ausweitung der Anwendungsgebiete.

Die DGSP beobachtet diese Tendenz mit großer Sorge. „Wir wollen Neuroleptika als Medikamente nicht grundsätzlich verteufeln. Wir wissen, dass sie, kritisch eingesetzt, eine wesentliche Hilfe bei schweren psychischen Störungen sein können. Wir plädieren für einen zurückhaltenden und vorsichtigen Umgang. Wir warnen vor der inflationären Ausweitung ihrer Anwendung, vor der Vernachlässigung von Alternativen und der Verharmlosung von Nebenwirkungen. Wir ermutigen zur selbstbewussten Güterabwägung von Vor- und Nachteilen. Besonders fordern wir eine von ökonomischen Interessen unabhängige Pharmaforschung.

Wir wünschen uns eine Psychiatrie, die dem leidenden Menschen unter Achtung der Würde und der „Freiheit zur Krankheit" auf der Grundlage von Vertrauen und Respekt dabei hilft, den ihm gemäßen Weg eines selbstbestimmten Lebens wiederzugewinnen." Dieses Zitat sollte man einmal auf sich wirken lassen.

Das wünsche ich mir auch.

Den vollständigen Text und viele weitere Informationen finden Sie auf der Webseite der DGSP www.dgsp-ev.de

B Stabilität kann man wieder erlangen

Im zweiten Teil des Buches soll es um Möglichkeiten gehen, die eigene Stabilität wieder zu erlangen. In der Tat steht uns dazu ein breites Set an Maßnahmen zur Verfügung. Wahrscheinlich werden Sie sogar überrascht sein, was im Hier und Jetzt bereits alles möglich ist. Meine Bitte lautet daher: Betrachten Sie das Folgende wie einen großen bunten Blumenstrauß diverser Maßnahmen. Nehmen Sie sich die eine oder andere „Blume" heraus und probieren Sie, ob sie zu Ihnen passt. Wenn es Ihnen dadurch besser geht, übernehmen Sie die neue Gewohnheit in Ihren Alltag. Schauen Sie sich dann die nächste Maßnahme an und fahren Sie nach demselben Muster fort, bis Ihre Stabilität wieder das Maß erlangt hat, das Sie sich wünschen. Es kommt darauf an, Prioritäten zu setzen und nicht, alles auf einmal zu machen.

Salutogenese und psychische Gesundheit

Für den großen Philosophen Friedrich Nietzsche war Gesundheit „dasjenige Maß an Krankheit, das es mir noch erlaubt, meinen wesentlichen Beschäftigungen nachzugehen".

Die Weltgesundheitsorganisation definiert den Begriff Gesundheit seit 1948 hingegen so: „Gesundheit ist ein Zustand des vollständigen körperlichen, geistigen und sozialen Wohlergehens und nicht nur das Fehlen von Krankheiten oder Gebrechen." Diese Definition wurde im Jahr 1986 durch die Ottawa-Charta der WHO zur Gesundheitsförderung erweitert.
Darin heißt es: „Gesundheitsförderung zielt auf einen Prozess, allen Menschen ein höheres Maß an Selbstbestimmung über ihre Gesundheit zu ermöglichen und sie damit zur Stärkung ihrer Gesundheit zu befähigen. Um ein umfassendes körperliches, seelisches und soziales Wohlbefinden zu erlangen, ist es notwendig, dass sowohl einzelne als auch Gruppen ihre Bedürfnisse befriedigen, ihre Wünsche und Hoffnungen wahrnehmen und verwirklichen sowie ihre Umwelt meistern bzw. verändern können.
In diesem Sinne ist die Gesundheit als ein wesentlicher Bestandteil des alltäglichen Lebens zu verstehen und nicht als vorrangiges Lebensziel. Gesundheit steht für ein positives Konzept, das in gleicher Weise die Bedeutung sozialer und individueller Ressourcen für die Gesundheit betont wie die körperlichen Fähigkeiten. Die Verantwortung für Gesundheitsförderung liegt deshalb nicht nur bei dem Gesundheitssektor, sondern bei allen Politikbereichen und zielt über die Entwicklung gesünderer Lebensweisen hinaus auf die Förderung von umfassendem Wohlbefinden hin. [...]

Gesundheitsförderung unterstützt die Entwicklung von Persönlichkeit und sozialen Fähigkeiten durch Information, gesundheitsbezogene Bildung sowie die Verbesserung sozialer Kompetenzen und lebenspraktischer Fertigkeiten. Sie will dadurch den Menschen helfen, mehr Einfluss auf ihre eigene Gesundheit und ihre Lebenswelt auszuüben, und will ihnen zugleich ermöglichen, Veränderungen in ihrem Lebensalltag zu treffen, die ihrer Gesundheit zugutekommen."[1]

Das sind hehre Ziele, aber wie kann man diese als einzelner Betroffener einer Krankheit für sich umsetzen? Mit dieser Frage hat sich der israelisch-amerikanische Medizinsoziologe Aaron Antonovsky (1923–1994) auseinandergesetzt und die Frage nach der Entstehung von Gesundheit in die Wissenschaft eingebracht – im Gegensatz, aber auch in Ergänzung, zur pathogenetischen Fragestellung der traditionellen Medizin.

Salutogenese

Jeder Mensch lässt sich auf einem Kontinuum zwischen absoluter Krankheit und absoluter Gesundheit einordnen. Selbst jemand, der sehr krank ist, hat immer noch gesunde Anteile. Selbst jemand, der tief in einer psychischen Krise steckt oder gerade eine manische Phase erlebt, verfügt noch über solche gesunden Aspekte. Man ist **sowohl** krank **als auch** gesund.[2]

Für die psychische Genesung und die psychische Gesundheit kommt es auf den Fokus an. Genesung bedeutet für mich, den Fokus von der Krankheit weg auf die Gesundheit und die Gesundung zu richten.

Die Energie folgt der Aufmerksamkeit:

- Genesung stellt sich ein, wenn ich viel über die Krankheit und ihre Mechanismen weiß, diese Kenntnisse in mein Leben integriere und vielfältige Strategien anwende, die es mir ermöglichen mit der Krankheit selbstbestimmt zu leben.
- Genesung stellt sich ein, wenn ich das Gefühl habe, wieder die Kontrolle über meine Leben zu haben und die Zuversicht, den kommenden Herausforderungen gewachsen zu sein.
- Genesung stellt sich ein, wenn ich einen Sinn in dem sehe, was ich tue und wenn ich froh in die Zukunft blicke.

Was mich am heutigen System der Psychiatrie stört, ist die oft zu einseitige Fokussierung auf die Krankheit. Mit allen zur Verfügung stehenden Mitteln wird versucht, die Symptome der Krankheit zu unterdrücken. Der Umgang mit pharmazeutischen Medikamenten war bereits Thema des vorhergehenden Kapitels. Es gibt Einrichtungen, wie die schon erwähnte Bipolar-Tagesklinik, in der versucht wird, die gesunden Anteile der Patienten zu finden und zu stärken, über die Krankheit aufzuklären und ein multimodales Therapieangebot zu machen. Solche Angebote sind viel zu selten. Jeder Bipolare müsste die Chance haben, eine solche Klinik zu besuchen. Darüber möchte ich im dritten Teil des Buches schreiben.

Somit ergibt sich die grundsätzliche Frage: Wie kann Gesundheit (wieder) entstehen?

Salutogenese heißt wörtlich übersetzt „Gesundheitsentstehung". Aaron Antonovsky verwendete den Begriff als Gegenwort zum Begriff Pathogenese, was „Krankheitsentstehung" bedeutet. Es war ihm wichtig, nicht den Gegensatz zu betonen, sondern **sowohl** die Krankheitsentstehung **als auch** die Gesundheitsentstehung im Blick zu haben.

Antonovsky beschäftigte sich 1970 mit einer Erhebung über den Gesundheitszustand von Frauen, die während des Zweiten Weltkrieges im Jahr 1939 in einem nationalsozialistischen Konzentrationslager waren.
Damals waren die Frauen zwischen 16 und 25 Jahre alt. Es wurde untersucht, wie sich ihr psychischer und körperlicher Gesundheitszustand 30 Jahre später bei der Anpassung an die Menopause entwickelte. Der Anteil der in ihrer Gesundheit nicht beeinträchtigten Frauen betrug in der Kontrollgruppe 51 % im Vergleich zu 29 % der KZ-Überlebenden. Nicht der Unterschied an sich, sondern die Tatsache, dass in der Gruppe der KZ-Überlebenden 29 % der Frauen trotz der

unvorstellbaren Qualen einer Lagerinhaftierung mit anschließendem Flüchtlingsdasein als körperlich und psychisch „gesund" beurteilt wurden, war für ihn ein unerwartetes Ergebnis.[3]

Diese Beobachtung führte ihn zu der Frage, welche Eigenschaften und Ressourcen diesen Frauen geholfen hatten, unter den Bedingungen der KZ-Haft sowie in den Jahren danach ihre körperliche und psychische Gesundheit wiederherzustellen oder allgemeiner gefasst: Wie entsteht Gesundheit? „Antonovsky entnahm den Interviews mit den Frauen, dass es drei Komponenten waren, die den Betroffenen halfen, gesund zu bleiben:

- Sie hatten eine Erklärung, eine eigene Theorie über die Zusammenhänge, die dazu führten, dass sie ins KZ gekommen waren. [...]
- Selbst in der höchst reglementierten und fremdbestimmten Welt des KZ hatten die Frauen noch das Gefühl, aktiv sein zu können. [...]
- Obwohl sie von der Außenwelt abgeschnitten waren und keine Zeitung über ihre Aktivitäten berichtete, hatten die Frauen das Gefühl, dass ihr Leben und vieles, was sie im KZ taten, sinnvoll war."[4]

Antonovsky entwickelte die Salutogenese als ein Konzept der Entstehung von Gesundheit.[5] Zentraler Begriff seiner Erkenntnisse ist das **Kohärenzgefühl.** Darunter ist eine optimistische, zuversichtliche Lebenseinstellung zu verstehen, die auf der Gewissheit beruht, dass man mit den Herausforderungen des Lebens zurechtkommt, auch wenn es schwierig wird. Diese Gewissheit drückt sich in Redewendungen aus wie z.B.: „Es wird schon alles gut werden" oder „Wird schon schief gehen". Auch wenn diese Redewendungen häufig gebraucht werden, sind diese keine leeren Floskeln. Sie drücken das Vertrauen in die Zukunft und Zuversicht aus. Dieses Vertrauen geht über die individuellen oder nationalen Grenzen hinaus. Man könnte es auch als „Urvertrauen" bezeichnen, das es schon Kindern ermöglicht, fröhlich und unbeschwert in den Tag hineinzuleben. Antonovsky nannte dieses Urvertrauen „Sense of coherence" (SOC) – Kohärenzgefühl. Auch der Begriff „Stimmigkeit" drückt dieses Gefühl aus und wird manchmal als Synonym für Kohärenz verwendet. Wenn etwas stimmt, weiß ich, dass es richtig ist. Etwas ist „stimmig", wenn es für mich stimmt, auch wenn ich nicht immer erklären kann, warum. Ich finde es spannend, dass die Stimmung, die neben dem Antrieb für Menschen mit Bipolarer Störung derart im Fokus steht, mit dem Begriff „Stimmigkeit" semantisch verwandt ist.

Antonovsky erklärt, dass das Gefühl der Stimmigkeit oder der Kohärenz sich einstellt, wenn folgende drei Gefühlsbereiche stimmen, also zueinander passen:

- das Gefühl der Verstehbarkeit: Ich verstehe, was und warum ich etwas tue.
- das Gefühl der Handhabbarkeit: Ich kann das tun und umsetzen, was ich für richtig halte.
- und das Gefühl der Sinnhaftigkeit: Mein Tun hat für mich einen Sinn.

Die drei Bereiche vereinen die kognitive, die körperliche und die emotionale Ebene oder anders gesagt: das Denken, das Handeln und das Fühlen. Jede Ebene beeinflusst die andere und nur, wenn alle Ebenen Berücksichtigung finden und im Einklang zueinanderstehen, kann Gesundheit wieder entstehen.
Antonovsky stellt die drei Gesundheitsbereiche in Beziehung zueinander, wie folgende Grafik ausdrückt.

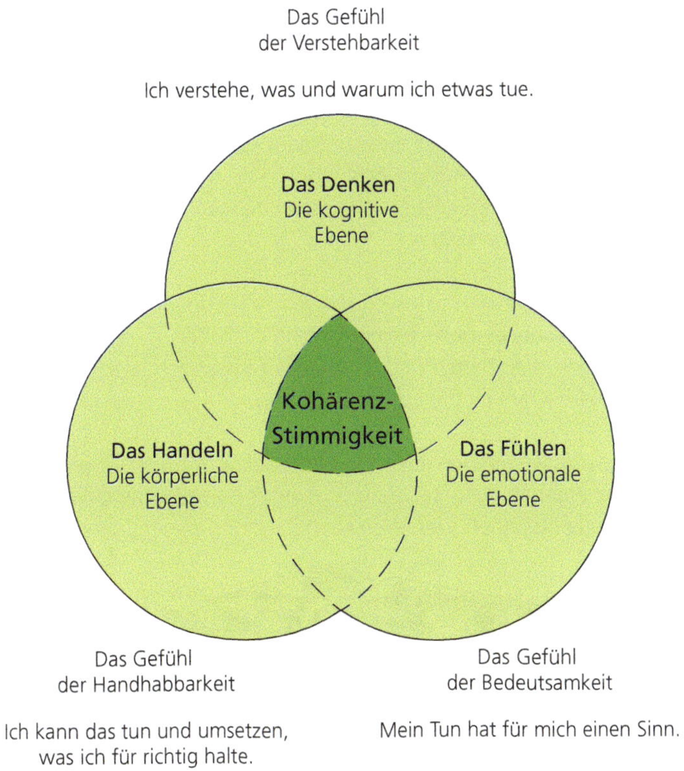

Ich war überrascht, dass ich mich in diesem Dreiklang wiederfand, denn diese drei Begriffe haben mich während meiner gesamten Psychotherapie begleitet. Das Denken über die Dinge beeinflusst meine Gefühle und diese lösen wiederum bestimmte Handlungen aus. Wenn ich mich nicht akzeptiert und verstanden fühle, verursacht das eine schlechte Stimmung und ich ziehe mich zurück. Fühle ich mich hingegen wertgeschätzt, dann hebt sich meine Stimmung, ich fühle mich wohler und verhalte mich dann auch anders. Kein Teil ist ohne die anderen denkbar. Ich nutze diesen Dreiklang oft zum Reflektieren meiner Stimmung und kann damit vielen Triggern ihre frühere Sprengkraft nehmen. Das habe ich allerdings erst in der Psychotherapie gelernt. Bevor ich krank wurde, konnte ich das nicht. Das Gedanken-Karussell hatte freie Fahrt.

Auch gibt es immer ein „Sowohl-als-auch". Nur wenn alle Teile berücksichtigt werden, kann Stabilität gelingen.

In den nächsten Kapiteln möchte ich die Aspekte dieses Dreiklangs weiter vertiefen. Sie sollen allen Beteiligten am Genesungsprozess, also sowohl den Behandlern als auch den Behandelten, Impulse geben, ihr Tun kritisch zu hinterfragen und sich nicht auf dem bisher Praktizierten auszuruhen. Es gibt so viel Wissen, welches heute schon eingesetzt werden kann, wenn man es denn entdecken und nutzen will. Es gibt Ärzte, die dies schon viele Jahre tun, oft für die breite Öffentlichkeit scheinbar verborgen. Auf deren Erfahrungen kann man aufbauen, wenn man bereit ist, zu lernen.

So, wie derzeit Menschen mit psychischen Erkrankungen standardmäßig behandelt werden, kann es nicht bleiben, wenn man den Anspruch hat, diesen Menschen langfristig zu helfen und sie vielleicht sogar zu heilen. Es reicht nicht (mehr), psychische Krankheit nur zu verwalten.

In diesem Sinne lassen Sie sich auf Neues und vielleicht bisher Unbekanntes ein, um Ihren ganz eigenen Weg aus dem „Labyrinth" Psychiatrie bzw. der psychischen Erkrankung zu finden. Den Weg kann ich Ihnen zeigen, gehen müssen Sie selbst.

Über Gefühle und Emotionen

Wenn man „Psyche" hat, wird zuerst an die Denkmuster, die Glaubenssätze und die Einstellungen des Betroffenen gedacht, denn die Psyche hat doch mit dem „Denken" und dem Kopf zu tun. Im Folgenden widme ich mich trotzdem zuerst der emotionalen Ebene, dem Fühlen. Hört man genau zu, wenn Menschen von ihrem Befinden reden, hört man bereits bei der Wortwahl heraus, dass Gefühle etwas sehr Individuelles sind. Niemand sagt: „Ich bin schlecht", im Sinne einer persönlichen Zuschreibung, sondern es heißt: „Mir ist schlecht". Ungutes Befinden wird im Sinne einer subjektiven Bewertung ausgedrückt. Die Verwendung des rückbezüglichen Personalpronomens macht bereits grammatikalisch deutlich, dass hier eine persönliche Sicht auf das **Gefühl,** und eine Bewertung des Zustandes, in dem sich jemand befindet, ausgedrückt wird.

Das Fühlen gehört zu unseren fünf Sinnen: sehen, hören, riechen, schmecken und fühlen. Diese Sinne machen es möglich, die Welt um uns herum und auch in uns wahrzunehmen. Die Fähigkeit etwas wahrzunehmen, macht uns zu einem lebendigen Wesen. Das Fühlen war zuerst da, erst viel später kam das Denken dazu. Beides beeinflusst unser Verhalten sowie unsere Sicht auf die Welt. Wir können nicht denken, ohne zu fühlen und wir können nicht fühlen, ohne zu denken.[1]

Wenn Menschen sagen: „Ich habe ein erfülltes Leben", geben sie wieder, wie sie ihr Tun bewerten und dass sie einen Sinn in ihrem Tun sehen. Menschen mit einer Bipolaren Störung geht diese Einschätzung schnell verloren, sie fühlen sich in der Depression nicht wertvoll und in der Manie ist ihr Ego größer als sie selbst.

Barometer der Stimmung – der Stimmungskalender

Spricht man mit Menschen, die Stimmungsschwankungen kennen, über ihre Gefühle, hört man schnell heraus, ob man es mit einem Erfahrenen zu tun hat. Sagt derjenige zum Beispiel: „Ich bin etwas über dem Strich" meint er, dass seine Stimmung nach oben, in den manischen Bereich ausgelenkt ist. Wer so redet, kennt als diagnostisches Werkzeug den **Stimmungskalender.** Mithilfe einer 10er-Skala, die von minus Fünf bis plus Fünf reicht, schätzt der Betroffene aus seinem subjektiven Empfinden heraus ein, „wo" sich seine Stimmung und sein Antrieb befindet.

Das ist so ähnlich wie bei einem Barometer, das man für die Einschätzung der derzeitigen Wetterlage nutzt, um nicht unvorbereitet von Regen überrascht zu werden. Man verspricht sich davon, rechtzeitig eine ungewöhnliche Stimmungsauslenkung zu erkennen.

Die Skala hat einen Minusbereich, der von minus Fünf bis Null geht, (der Bereich steht für gedrückte Stimmung) und einen Plusbereich, der von Null bis plus Fünf geht, (dieser Bereich steht für eher euphorische Stimmungslagen). Für Unerfahrene ist es meist verwirrend, wenn die Null-Linie, die in der Medizin für den ausbleibenden Puls steht, für Bipolare das erstrebenswerte Ziel ist. Wenn man eine Erkrankung hat, die sowohl heftige Ausschläge nach oben (in die Manie) und nach unten (in die Depression) kennt, ist es gar nicht so schwer zu verstehen, dass für Bipolare die Null-Linie Ausgeglichenheit bedeutet.

Das Stimmungstagebuch ist ein nützliches Instrument, denn genauso, wie man nach ein paar Tagen nicht mehr genau weiß, was man gegessen hat, kann man sich auch wenig an seine Stimmungslage von vor einer Woche oder einem Monat erinnern. Anhand der täglichen Eintragungen kann man erkennen, wie der Verlauf war. Kombiniert man den Stimmungsverlauf mit Ereignissen oder mit der Einnahme von Medikamenten, kann man unter Umständen Zusammenhänge erkennen, die wieder hilfreich für die Therapie sein können. Dieses Werkzeug ist auch für Behandler sehr hilfreich, weil sie den Patienten in der Sprechstunde nur kurz persönlich sehen und nicht wissen können, was sich in den Tagen oder Wochen davor ereignet hat. Auf diese Weise konnte ich identifizieren, welche Ereignisse, Personen oder Situationen mich triggern.

Mithilfe des Stimmungstagebuches fand ich für das anfangs Unaussprechliche, das in mir tobte, allmählich einen Ausdruck, wenn auch nicht verbal. Das Tagebuch ist hilfreich, um sich selbst kennenzulernen und seine Stimmungslagen besser einzuschätzen. Das Problem der Bipolaren ist, dass sie ihre Stimmungsauslenkungen selbst nicht bemerken. Das Tagebuch kann helfen, sich selbst besser zu verorten.

Wie für fast alles, gibt es auch dafür schon Apps auf dem Smartphone, mit denen man ein solches Stimmungstagebuch führen kann. Selbstverständlich ist die analoge Methode mit Papier und Bleistift genauso nützlich. Falls Sie dieses Instrument noch nicht nutzen, empfehle ich Ihnen, es auszuprobieren.

Gefühle, die Stimmung und den Antrieb kann man also in gewisser Weise erfassen und einordnen. Genauso wenig aber, wie ein Schwein nur vom Wiegen fett wird, ändern sich Stimmungsschwankungen noch nicht durch meine Eintragungen in ein Stimmungstagebuch. Dort hat das Tagebuch seine Grenzen.

Woher Gefühle kommen

Fragt man Betroffene, fällt auf, dass die meisten für ihre Krisen und Stimmungsschwankungen äußere Ereignisse verantwortlich machen. Es werden der Leistungsdruck auf der Arbeit, in der Schule oder beim Studium; Probleme mit dem Partner, den Kindern oder den Eltern; ungünstige Wohnsituationen; aber auch Unfälle oder Todesfälle in der Familie als Ursache benannt.

Ich habe das auch lange so gesehen und geglaubt, dass diese Trigger die Ursache für meine Stimmungsschwankungen sind. Dabei waren es nur die Auslöser, das ist ein bedeutender Unterschied. Irgendwann habe ich mich nämlich gefragt, warum andere Menschen, die sich in ähnlichen Situationen befinden, nicht psychisch krank werden wie ich und auch nicht mit so heftigen Stimmungsschwankungen, wie sie bei mir auftraten, reagieren. Auch fiel mir auf, dass ich in früheren Jahren offensichtlich besser mit Stress umgehen konnte. Es können doch nicht nur äußere Ursachen für meine Probleme verantwortlich sein? Dass meine Stressresistenz immer geringer wurde, habe ich zwar bemerkt, wäre aber nie auf die Idee gekommen, dass das auch mit meiner körperlichen Verfassung, einschließlich meiner Ernährung, zu tun haben könnte.

Irgendwie hatte ich das Gefühl, ich werde zunehmend dünnhäutiger, anfälliger, sensibler, reizbarer und immer weniger belastbar. War das nur eine Einbildung oder lag dem etwas anderes zugrunde? Die Behauptungen, es liege am Älterwerden oder den Wechseljahren und dass dies ganz normal sei, schienen mir nicht plausibel. Wenn das zuträfe, müsste es jeden betreffen. Dem ist aber nicht so. Außerdem geht es mir heute, obwohl ich inzwischen 15 Jahre älter bin als bei meinem Zusammenbruch, wesentlich besser. Wie ist das erklärbar?

Woher also kommen Gefühle? Der portugiesisch-amerikanische Neurowissenschaftler Antonio Damasio ist einer der führenden Protagonisten der Bewusstseinsforschung. Er ist David Dornsife Professor für Neurowissenschaften, Psychologie und Philosophie und Direktor des Instituts für Gehirn und Kreativität an der Universität von Südkalifornien. Er hält Gefühle für die Basis jedweder Kultur. In seinem Buch mit dem Titel: „Im Anfang war das Gefühl" [2] erzählt Damasio von seinem Patienten Elliot Smith, der lange ein gutes Leben führte. Er war ein guter Ehemann und Vater, hatte einen guten Job und war das Vorbild für jüngere Geschwister und Kollegen. Dann bekam Elliot Kopfschmerzen und Konzentrationsschwierigkeiten. Es wurde ein mandarinengroßer Gehirntumor direkt hinter der Stirn entdeckt. Der Tumor wurde entfernt, dabei musste auch ein Teil des Stirnlappens, des vorderen Teils der Großhirnrinde, entfernt werden. Danach war Elliot nicht mehr der Alte. Er konnte zwar noch klar denken, doch er verhielt sich seltsam.

Er musste gedrängt werden, aufzustehen. Am Arbeitsplatz war er unfähig, sich seine Zeit einzuteilen. Er verlor übergeordnete Prioritäten aus den Augen und drohte, in Details zu ertrinken. Nahm er sich vor, seinen Schreibtisch aufzuräumen, konnte er stundenlang darüber grübeln, nach welchem Prinzip er seine Papiere sortieren sollte. Irgendwann schließlich fing er damit an, nur um sich kurz darauf in eines der Dokumente zu vertiefen und dabei ganz das Aufräumen zu vergessen. Schließlich wurde ihm gekündigt. Er wurde entlassen, immer wieder. Dann kamen die Scheidung und eine erneute Heirat, die niemand verstand. Daraufhin erfolgte bald eine weitere Scheidung und schließlich der finanzielle Bankrott. Am Ende irrte Elliot ratlos durchs Leben und landete schließlich in der Obhut seiner Geschwister. Niemand verstand, was mit Elliot passiert war.

Zu dieser Zeit lernte Professor Damasio den Patienten kennen. Elliot Smith hatte keinerlei Gedächtnisprobleme, stellte er fest, und seine Intelligenz lag im oberen Bereich. Erst nach vielen Gesprächen und Untersuchungen wurde dem Neurologen klar, dass es Smith nicht an Intelligenz oder Wissen mangelte, sondern an etwas anderem, und dass dies die Ursache für sein unvernünftiges Verhalten sein könnte: Dem Mann fehlte es an Gefühl.

Ein kluger Mann und zugleich ein hoffnungsloser Fall. Elliot konnte keine Entscheidungen mehr treffen. Er konnte Dinge nicht gewichten, alles war gleich wichtig oder unwichtig. Es war ihm nicht mehr möglich, Schlussfolgerungen zu ziehen. An ein eigenständiges Leben war damit nicht mehr zu denken.

Sein Patient brachte Antonio Damasio zu der fundamentalen Erkenntnis, die er in dem Satz „Ich fühle, also bin ich" zusammenfasste. Elliot konnte durch die Gehirnoperation nicht mehr fühlen. Das entdeckte Damasio bei einem Test, in dem er Elliot bewegende Bilder zeigte – Erdbeben, Brände, Verkehrsunfälle. Elliot empfand nichts. Diese Bilder ließ er wie sein gesamtes Leben in der gleichen neutralen Stimmung an sich vorüberziehen. Keine Trauer, keine Wut, nichts. Selbst von sich selbst erzählte er, als sei es eine Nachricht aus der Zeitung.

Damasio folgerte: Die Fähigkeiten, Emotionen zu empfinden und die Fähigkeit, Entscheidungen zu fällen, sind miteinander verknüpft. Keine Emotionen, keine Entscheidungen. Wer entscheiden will, der muss fühlen. Rein rationale Entscheidungen sind ein Mythos.
Damals, in den 90er-Jahren des letzten Jahrhunderts, war das eine starke Aussage, denn in der westlichen Kultur hatten Gefühle nicht den besten Ruf. Wer Gefühle zeigte, galt als „Loser", als schwach und verweichlicht. Diese Einordnung hat seitdem einen radikalen Wandel erfahren. Gefühle sind nicht etwa dumm und primitiv, sondern besitzen ihre eigene Form von Intelligenz. Gefühle machen

uns auch nicht zu unvollkommenen Wesen, sondern umgekehrt, unvollkommen wären wir ohne sie. Kurz: Ohne Emotionen wäre der Mensch kein Mensch.[3]

Als ich die Geschichte von Elliot las, hatte ich ein mulmiges Gefühl. Mir kam dessen verändertes Verhalten so bekannt vor. Während meiner Manien und Depressionen hatte ich nämlich ähnliche Probleme. Ich fing mehrere Dinge gleichzeitig an, bekam aber nichts zu Ende, manchmal verlor ich mich richtiggehend in irgendeinem Detail und hielt mich stundenlang daran fest.

So kann ich mich gut an eine solche Situation erinnern. Ich arbeitete noch als Lehrerin und hatte für den nächsten Tag sechs Unterrichtsstunden vorzubereiten. In der Regel waren diese Vorbereitungen in zwei Stunden zu schaffen. Bereits beim ersten Thema fiel mir ein, dass ich anstelle des Lehrbuchtextes ein Arbeitsblatt entwerfen wollte. Das war im Grunde gar nicht nötig, aber mir gefiel die Gestaltung im Lehrbuch nicht. Der Text war schnell verfasst, aber ich wollte die Aufgaben noch mit Illustrationen versehen, einfach weil ich es schöner fand. Die Illustrationen wollte ich als nächstes noch farbig gestalten, weil es mir dann noch besser gefiel. Dann suchte ich eine passendere Schrift, die ich originell fand und so ging es immer weiter.

Ohne, dass ich es merkte, war es Mitternacht geworden. Meine Energie war erschöpft. Als mir bewusst wurde, wie viel Arbeit noch vor mir lag, war ich erschrocken. Ich konnte mir nicht erklären, warum ich mich derart ablenken ließ. Wie konnte ich nur in diesen Nebensächlichkeiten versinken? Ich war zu müde, um noch weiterzumachen. Ich schlief schlecht, stand früher auf als gewöhnlich und suchte morgens in Windeseile meine Aufzeichnungen zusammen. Zum Glück hatte ich genug Routine und schriftliche Vorbereitungen aus Vorjahren, um die anderen Stunden trotzdem gut gestalten zu können. Damals wusste ich noch nicht, dass dieses sonderbare Verhalten zu meinen Frühwarnzeichen für eine beginnende Manie gehört. Ich verliere allmählich den Blick fürs Wesentliche bzw. kann Wichtiges von Unwichtigem nicht mehr gut unterscheiden und gebe meinen Impulsen nach, weil diese mir in diesem Augenblick als wichtiger erscheinen. Die eigentliche Aufgabe verliere ich dabei aus dem Auge und am Ende reicht meine Kraft nicht mehr, diese vollumfänglich zu erfüllen.

Es gab auch Tage, an denen mich eine rastlose Aktivität trieb. Ich wollte vieles gleichzeitig erledigen, brachte aber letztendlich kein Ergebnis zustande. Das machte mich wütend und setzte mich unter weiteren Druck. Wenn mich jemand ansprach, reagierte ich genervt und unsachlich. ‚Immer wollen alle etwas von mir und keiner lässt mich in Ruhe meine Arbeit machen', beklagte ich in Gedanken. Ich habe nicht gemerkt, dass dieses Wuseln von mir aus ging, weil ich keine Prioritäten setzen konnte und mir selbst nicht die Zeit nahm, mich auf eine Sache zu konzentrieren. In meiner Psychotherapie habe ich lange daran gearbeitet, herauszufinden, woran das lag. Es waren vor allem meine Glaubenssätze, die mich in die Überforderung trieben, u.a. der Glaube, ich müsse es allen recht machen. Um solche Glaubenssätze soll es im nächsten Kapitel gehen.

Ich habe gelernt, ein für mich erträgliches Maß von Arbeit und Entspannung zu finden. Vor allem eine stringente Tagesstruktur schützt mich heute davor, mich selbst zu überfordern. Außerdem nutze ich Tools aus dem Selbst- und Zeitmanagement. So bilden sich keine „Berge von Arbeit", die mich triggern könnten.

Für mich lässt die Geschichte von Elliot Smith zwei Schlussfolgerungen zu:

- Eine Funktionsstörung im Frontalgehirn durch einen Tumor kann ähnliche Symptome hervorrufen wie eine psychische Erkrankung. Das bedeutet, dass das gleiche Symptom (Anzeichen) ganz unterschiedliche Ursachen (Gründe) haben kann. Wird nicht nach den Ursachen gesucht, sondern werden nur die Symptome behandelt, kann insbesondere eine medikamentöse Behandlung nutzlos sein.

- Gefühle haben offensichtlich eine Bedeutung für das Verhalten eines Menschen und wer von seinen Gefühlen abgeschnitten ist, ist mehr oder weniger vom selbstbestimmten Leben abgeschnitten.
  - Depressive beschreiben oft, dass sie sich von ihren Gefühlen abgeschnitten fühlen. Wahrscheinlich fällt es ihnen deshalb so schwer, selbst einfache Alltagsentscheidungen zu treffen. Mir ging es unter der Ein-

nahme von Lithium so. Das habe ich allerdings erst nach dem Absetzen bemerkt. Ohne Lithium fühlte es sich an, als ob ein Deckel abgenommen wurde und ich meine Gefühle wieder als „echt" empfand.

- Maniker empfinden ihre Gefühle als omnipräsent. Die Gefühle steuern das Verhalten. Das Denken ist vorrangig emotionsgesteuert und der rationale Verstand wird ausgeblendet. Deshalb fällt es ihnen schwer, den spontan einschießenden Impulsen zu widerstehen und das sowohl in euphorischer Weise (überhöht fröhlich) als auch in dysphorischer Weise (überhöht gereizt). Die Zustände können schnell wechseln. Das macht Maniker so unberechenbar.

Gefühle sind Hybride

Damit ist die Frage aber noch nicht vollständig beantwortet, woher die Gefühle kommen. In seinem 2021 erschienen Buch „Wie wir denken, wie wir fühlen" fasst Antonio Damasio seine Forschungsergebnisse in kurzen Sequenzen zusammen. Er stellt fest, dass Gefühle Hybride sind, weil sie sowohl im Körper als auch im Gehirn angesiedelt sind. Der Begriff „Hybrid" mag im Zusammenhang mit Gefühlen merkwürdig klingen, geläufiger ist er bei Kraftfahrzeugen. Dort wird von einem Hybrid gesprochen, wenn das Auto zwei verschiedene Antriebe hat. Um seine Aussage in Bezug auf Gefühle zu verstehen, richtet Damasio seinen Blick in die Anfänge der Entwicklungsgeschichte:

„Am Anfang war nicht das Wort. [...] Das Universum der Lebewesen war nie einfach, ganz im Gegenteil. Es war komplex, und das seit den Anfängen vor vier Milliarden Jahren. Das Lebendige kam ohne Worte oder Gedanken voran, ohne Gefühle oder Überlegungen, ohne Geist oder Bewusstsein. Und doch spürten die lebenden Organismen andere, die ihnen glichen, und sie spürten ihre Umgebung."[4] Er bezeichnet *das Spüren* als die elementarste Variante der Kognition. Dieses Spüren hatte nur ein Ziel: das eigene Leben aufrechtzuerhalten. Damasio nennt diese Fähigkeit die „nichtexplizite Intelligenz", die dafür zuständig war „das Leben zu betreuen, es in Übereinstimmung mit den Regeln und Bestimmungen der Homöostase zu managen."[5] Er definiert Homöostase als eine Ansammlung von „Anweisungen", die dafür sorgen, „dass die Parameter, von denen das Leben abhing – beispielsweise die Gegenwart von Nährstoffen oder ein bestimmtes Niveau von Temperatur oder der pH-Wert, im optimalen Bereich gehalten wurde."[6]

Erst im Laufe der folgenden dreieinhalb Milliarden Jahren entwickelten sich Einzeller und dann vielzellige Lebewesen mit Organen. Für die Koordinierung aller Organsysteme bildete sich ein Nervensystem aus, das die Signale des Körpers erfasst und an das Gehirn weiterleitet. Der Körper beherbergt das Nervensystem und seinen natürlichen Kern: das Gehirn innerhalb seiner Grenzen. Deshalb können Körper und Nervensystem direkt und in großem Umfang interagieren. „Gefühle sind keine gewöhnliche Körperwahrnehmung, **sondern Hybride, die sowohl im Körper als auch im Gehirn angesiedelt sind.** Die Hybridstellung ist vielleicht eine Erklärung dafür, warum es einen tiefgreifenden Unterschied, aber keinen Gegensatz zwischen Gefühl und Vernunft gibt, warum wir fühlende Wesen sind, die denken, und denkende Wesen, die fühlen. Wir gehen durchs Leben, wobei wir fühlen und/oder denken, je nachdem, wie die Umstände es erfordern. Das Wesen des Menschen profitiert von einer Fülle expliziter und nichtexpliziter Formen der Intelligenz sowie von Gefühl und Vernunft, die wir jeweils entweder allein oder in Kombination nutzen."[7]

Im Unterschied zu den einzelligen Lebensformen stehen dem Menschen sowohl die nichtexplizite, nichtbewusste Intelligenz als auch die bewusste Intelligenz zur Verfügung. „Menschen benutzen beide Formen. [...] Am grundlegendsten ist das Spüren, das nach meiner Überzeugung bei allen Lebensformen vorhanden ist. Als nächstes folgt das Beachten. Es setzt ein Nervensystem sowie die Schaffung von Repräsentationen und Bildern voraus, den entscheidenden Bestandteil des Geistes. [...] Das Beachten eröffnet den Weg zu Fühlen und Bewusstsein."[8]

Gefühle lassen sich weder vom Körper noch vom Gehirn trennen. Sie entstehen sowohl im Körper als auch im Gehirn. Nehmen wir das simple Beispiel des Hungergefühls: Eine gewisse Zeit nach der letzten Mahlzeit spüren wir in der Magengegend ein mulmiges Gefühl, manchmal gibt es auch Geräusche, die als „Magenknurren" bezeichnet werden. Dauert dieses Gefühl lange genug an, wird es uns bewusst: Das Signal ist im Gehirn angekommen und lenkt unsere Aufmerksamkeit auf sich. Aufgrund der Lebenserfahrung wissen wir, welche Bedeutung dieses Gefühl hat: So fühlt sich Hunger an. Wir wissen, unsere Energie schwindet und „wir etwas essen sollten". Als nächstes löst dieses Gefühl Gedanken darüber aus, wie und wo an Nahrung zu kommen ist. Da wir aus dem Tierreich stammen und nicht wie Pflanzen im Boden festgewachsen sind, können und müssen wir uns zu unserer Nahrung hinbewegen und uns diese aktiv einverleiben. Das Gefühl hat erst Gedanken und dann eine Handlung entstehen lassen.

Dabei spielt es keine Rolle, ob die Bewegung zur Nahrung bedeutet, mehrere Stunden hinter einer Antilope herzurennen, wie vor mehreren Tausenden Jahren oder zum Supermarkt fahren zu müssen oder zehn Schritte vom Schreibtisch zum Kühlschrank zu gehen. Das Prinzip ist dasselbe.

Je größer die Energienot unseres Gehirns, desto stärker werden die Gedanken dadurch dominiert. Vermutlich kennen Sie auch solche Situationen.

Arbeitet man gerade konzentriert, kann man diese sich aufdrängenden Gedanken an etwas zu essen noch unterdrücken. Das ist in etwa so, als ob auf der Schulter ein Engelchen sitzt, das sagt: „Hör nicht darauf!" Irgendwann aber kommt der Punkt, an dem die Ratio an die Muskulatur abgibt. Das Teufelchen auf der anderen Schulter hat die Oberhand gewonnen. Man muss handeln: Entweder, indem man zum Telefon greift und eine Pizza bestellt oder indem man aufsteht und dahin geht, wo Nahrung verkauft oder aufbewahrt wird. Ich denke, jeder kann mit dem Begriff „Heißhunger-Attacken" etwas anfangen. Je länger der Hunger andauert, umso weniger haben unsere guten Vorsätze zur gesunden Ernährung etwas zu melden. Das ist der Grund, warum wir dann alles in uns hineinstopfen, was uns in die Finger gerät und schnelle Energie verspricht: der vergessene Schokoriegel, das süße Teilchen oder der Pudding im Kühlschrank. Diese Nahrungsmittel enthalten nämlich eine Kombination von Fett und Kohlenhydraten im Verhältnis von ca.1:1, die unser Gehirn liebt. Diese Zusammensetzung verspricht schnell verfügbare Energie. Forschungsergebnisse deuten darauf hin, dass genau diese Zusammensetzung suchtähnliches Verhalten verursachen kann. Geht man in diesem Zustand einkaufen, landet meist viel zu viel im Einkaufswagen. Dann haben es die bunten und großen Verpackungen leicht, auf das Kassenförderband zu kommen, weil wir in diesem Zustand besonders anfällig für diese Reize sind.

Verhindern kann man Heißhungerattacken nur durch eine kluge Auswahl der Lebensmittel, die man vorrätig hat, die das Gehirn mit gleichbleibender Energie versorgen, sowie durch vorausschauende Planung und gutes Timing, sodass man gar nicht erst in die Unterzuckerung, die Heißhungerattacken auslöst, gerät. Des Weiteren helfen auch Aminosäuren und ein Vitamin B-Komplex, allerdings nicht kurzfristig. Dazu später mehr.

Wenn Gefühle also sowohl im Gehirn als auch im Körper entstehen, macht es dann Sinn, nur das Gehirn zu behandeln und mit Psychopharmaka in den Botenstoffwechsel einzugreifen? Aus meiner Sicht ist das zu kurz gedacht. Der Fokus sollte darauf liegen, sowohl das Gehirn als auch den Körper zu ermächtigen, gute Gefühle „bauen" zu können. Beides lässt sich nicht voneinander trennen, denn wir sind fühlende Wesen, die denken, und denkende Wesen, die fühlen.

Katastrophisieren

Bipolare sind Weltmeister im Katastrophisieren, insbesondere in depressiven Phasen. Wir zermartern uns das Gehirn mit all den möglichen Katastrophen der Zukunft. Vieles davon ist unwahrscheinlich, aber die Gedanken daran lassen einen nicht los. Die Gedankenschleifen laufen ähnlich ab, wie in der folgenden Geschichte.

In seinem Buch „Anleitung zum Unglücklichsein" erzählt Paul Watzlawick die „Geschichte mit dem Hammer". Ein Musterbeispiel für das Katastrophisieren und das Kreieren von negativen Gefühlen:

„Ein Mann will ein Bild aufhängen. Den Nagel hat er, nicht aber den Hammer. Der Nachbar hat einen. Also beschließt unser Mann, hinüberzugehen und ihn auszuborgen. Doch da kommen ihm Zweifel: Was, wenn der Nachbar mir den Hammer nicht leihen will? Gestern schon grüßte er mich nur so flüchtig. Vielleicht war er in Eile. Aber vielleicht war die Eile nur vorgeschützt, und er hat etwas gegen mich. Und was? Ich habe ihm nichts angetan; der bildet sich da etwas ein. Wenn jemand von mir ein Werkzeug borgen wollte, ich gäbe es ihm sofort. Und warum er nicht? Wie kann man einem Mitmenschen einen so einfachen Gefallen abschlagen? Leute wie dieser Kerl vergiften einem das Leben. Und dann bildet er sich noch ein, ich sei auf ihn angewiesen. Bloß weil er einen Hammer hat. Jetzt reicht's mir wirklich. – Und so stürmt er hinüber, läutet, der Nachbar öffnet, doch noch bevor er „Guten Tag" sagen kann, schreit ihn unser Mann an: „Behalten Sie Ihren Hammer, Sie Rüpel!"[9]

Als Katastrophisieren[10] (auch Magnifizieren des Negativen, von engl. Magnification) wird eine kognitive Verzerrung bezeichnet, die darin besteht, dass jemand überzeugt ist, dass 1.ein bestimmtes unglückliches Ereignis mit großer Sicherheit tatsächlich eintreten wird und dass dieses Ereignis für den Betreffenden 2. vernichtend sein wird, wobei die meisten anderen Menschen dasselbe Ereignis entweder als sehr unwahrscheinlich oder zwar als schmerzhaft bzw. unangenehm, aber als erträglich und überwindbar einstufen würden.

Ich glaube, dass Annahmen über die Beweggründe des Gegenübers häufig zu Missverständnissen führen. Mir begegnet ein solches Nicht-Verstehen sowohl bei

Betroffenen als auch bei Angehörigen. Betroffene beschweren sich, dass ihre Angehörigen nicht so reagieren, wie sie es erwarten und Angehörige beschweren sich, weil der Betroffene sich nicht so verhält, wie es der Angehörige erwartet. Es scheint leicht, in einem solchen Fall ein Gespräch über die Erwartungen des anderen zu empfehlen. Leider habe ich mehrfach erlebt, dass die Fronten oft so verhärtet sind, dass nicht über die Erwartungen gesprochen wird, sondern über die gegenseitigen Verletzungen aus der Vergangenheit.

Gefühle kontrollieren

Wer manische Gefühlsausbrüche und die Gefühlslosigkeit der Depression kennt, fragt sich oft, ob es nicht irgendeine Möglichkeit gibt, seine Gefühle zu kontrollieren. Es scheint doch schließlich so, als ob sie urplötzlich, von irgendwoher einschießen und wir ihnen machtlos ausgeliefert sind.

Prof. Dr. Kölsch[11] beschäftigt sich in seinem Buch „Die dunkle Seite des Gehirns" mit der Frage, wie man dem unterbewussten Autopiloten des Gehirns etwas entgegensetzen kann, der immer wieder Impulse des Ärgers im Gehirn erzeugt, negative Emotionsspiralen ankurbelt und damit letztendlich eine schlechte Stimmung erzeugt. Kölsch ist Professor für Biologische Psychologie und Musikpsychologie an der Universität Bergen in Norwegen. In seinem Buch geht es vor allem um die Wirkung des Unterbewussten auf unser Denken und Fühlen.

Besonders bemerkenswert fand ich seine Aussage, dass entgegen der landläufigen Meinung, die Ursache eines Gefühls nie einfach in einem Ereignis oder bei einem Objekt liegt, sondern in unserem Gehirn.

Deswegen sind es im Alltagsleben meist unsere eigenen negativen Emotionen, die uns unglücklich und krank machen, und nicht die Umstände, die uns gerade nicht passen. Ich weiß, das hört sich an, als sei der Betroffene selbst schuld, aber es geht nicht um Schuldzuweisungen, sondern um die Frage, wie man solchen Automatismen, die uns unser Steinzeitgehirn schenkt, etwas entgegensetzen kann. Deshalb hat Kölschs Ansatz großen Nutzen für Menschen, deren Gefühle und Gedanken ins Manische oder Depressive ausgelenkt sind.

Prof. Kölsch beschreibt in dem zitierten Artikel diese Zusammenhänge an einem Beispiel, das jeder bestimmt schon einmal erlebt hat: Man steht auf dem Bahnsteig und wartet auf einen Zug. Dann kommt die Ansage, dass der Zug eine Verspätung hat. Noch bevor wir überhaupt angefangen haben, bewusst die möglichen Folgen abzusehen und einzuschätzen, bewertet unser Unterbewusstes blitzschnell (und ungefragt) die Situation und stuft die Verspätung als Katastrophe ein. Sofort erzeugt es eine emotionale Höllenspirale: als erstes „fragt" unser Unterbewusstes, wer denn Schuld an dem Ärgernis hat, selbstverständlich ist das jemand anderes, in dem Fall „die blöde Bahn". Damit haben wir den Ärger schon mal verdoppelt: wir ärgern uns über das Ereignis und über die Bahn. Ärger plus Ärger ergibt psychologisch gesehen immer noch Ärger, das heißt, das Ärgern bereitet neues Ärgern vor und wird für weiteres Ärgern wiederverwendet. Nun ärgere ich mich darüber, dass das ja nicht das erste Mal war, sondern „schon wieder!" passiert, dann fällt mir ein, dass dahinter bestimmt die Unfähigkeit eines anderen steckt und dass das früher nicht vorgekommen ist und dass es mal jemanden geben müsste, der der „Bahn" mal zeigt, wo es lang geht.

Der Fantasie des Unterbewussten sind keine Grenzen gesetzt, unsere Emotionen drehen sich nun in einer Höllenspirale, in der das Unterbewusste unser Ärgern fortwährend recycelt.
Dieser Mechanismus lässt sich auf jede negative Emotion des Unterbewussten übertragen: auf Trauer, Sorgen, Feindseligkeit, Hass und auch auf Depressionen.

Die emotionalen Höllenspiralen gehen mit Sogwirkungen einher: Das Unterbewusste zieht alle Vorgänge im Gehirn in seinen Bann. Wir denken nur noch Gedanken, die zum negativen Gefühl passen, und fühlen uns zu Handlungen motiviert, die unserer negativen Gefühlslage entsprechen. Auch negative Bewertungen werden davon angezogen, selbst wenn diese irrational und irrtümlich sind. Dann sind die anderen „Spinner", „Idioten" oder „Armleuchter".

Aus Studien an Testpersonen weiß man, dass das Unterbewusste einen starken Einfluss auf die Aufmerksamkeit und das Gedächtnis hat. Solche Situationen prägen sich ein und können immer wieder – zusammen mit den gleichen Gefühlen – wieder erlebt werden, auch wenn das Ereignis jahrelang zurück liegt.

In einer unterbewussten Höllenspirale erwarten wir, dass das, was wir für die Ursache der gerade vorliegenden Emotionen halten, gefälligst aufzuhören hat, anstatt dafür zu sorgen, dass unsere negativen Emotionen aufhören.

Wir erwarten zudem, dass jeder andere diese Ursache genauso wichtig nimmt wie wir. Es ist dann nur noch ein kleiner Schritt, sich zu wünschen, dass die Person, über die man sich ärgert, aus der Welt verschwindet – anstatt dass wir die eigenen negativen Emotionen aus der Welt schaffen. Wie ein kleines Kind hält unser Unterbewusstes die Höllenspirale so lange auf Touren, bis es bekommt, was es will. Oder bis es abgelenkt wird.

Die Strategie des Gegensteuerns
Prof. Kölsch nennt vier Schritte, die man – mit ein wenig Training – anwenden kann, um nicht seinem Steinzeitgehirn auf den Leim zu gehen und letztendlich gesünder zu denken und zu fühlen:

Erster Schritt: sich der negativen Emotion bewusstwerden, z.B. indem man sich selbst sagt: „Oh, ich merke, dass ich mich gerade ärgere, jetzt ist es aber Zeit sich wieder abzuregen." Damit schalten wir der unterbewussten Situation des Ärgers bewusst geistige Aktivität hinzu.

Zweiter Schritt: cool bleiben, durchatmen und entspannen. Zum Beispiel so: tief einatmen, Schultern fallenlassen und ganz langsam ausatmen und das leichte Quäntchen Luft herauslassen. In diesem Moment ist Geduld ein Zeichen der inneren Stärke und Zorn ein Zeichen innerer Schwäche.
Allein die Tatsache Ärger zu empfinden, bedeutet längst nicht, dass etwas auch in Wahrheit ärgerlich ist. Es ist stets gesünder, seinen Ärger zu beseitigen und nicht die Person, die den Ärger hervorgerufen hat.

Dritter Schritt: einen positiven Aspekt der Situation finden. Zum Beispiel hätte es auch schlimmer kommen können oder Sie hätten Ihren alten Schulfreund bestimmt nicht getroffen, wenn er nicht auch zufällig auch auf dem Bahnhof gestanden hätte, allerdings einen anderen Zug nehmen wollte.
Dann wenden Sie sich wieder eine Sache zu, die Sie tatsächlich tun wollten – und konzentrieren Sie sich darauf. Ein spannendes Buch kann man auch auf dem Bahnsteig lesen.

Vierter Schritt: Sache abhaken und nicht mehr daran denken – wahrscheinlich die größte Herausforderung. Das bedeutet, der Angelegenheit keine Aufmerksamkeit mehr schenken und die unterbewusste Höllenspirale abschalten. Was passiert ist, ist geschehen und lässt sich nicht mehr ändern. Die Energie folgt der Aufmerksamkeit, richten Sie Ihre Energie wieder auf die Zukunft. Wenn Sie sich über eine Person geärgert haben, wünschen Sie ihr Glück und Wohlbefinden wie anderen Menschen auch – denn dies ist gesünder für Sie!

Diese vier Schritte können auf die meisten anderen ungesunden Gefühle und Stimmungen übertragen werden – Feindseligkeit, Mutlosigkeit, depressive Verstimmungen usw. Es bedarf einiger Übung und Geduld, aber es lohnt sich!

Mit diesen Schritten kann man in allen Lebenslagen eine unerschütterliche Gemütsruhe bewahren – ein Baustein für dauerhafte Stabilität.

Das Modell vom „Inneren Team"

Als ich mich in meiner Psychotherapie mit meinen nicht hilfreichen Mustern beschäftigte, ist mir aufgefallen, dass ich mich häufig von anderen kritisiert fühlte und dadurch das Gefühl der Kränkung in mir aufkam. Erst als ich in der Therapie über solche Situationen sprach, wurde mir bewusst, dass ich das Gesagte auch anders hätte auffassen können. Das war ein besonderer Aha-Moment. Gelernt habe ich dabei:

- Ich kann eine Aussage auch anders verstehen.
- Ich habe auf „dem falschen Ohr" gehört.
- Ich habe in gewisser Weise Macht darüber, ob mich eine Aussage kränkt oder nicht!

Es wurde für mich wichtig und interessant mehr darüber zu erfahren, wie gelingende Kommunikation entsteht und so stieß ich auf das o.g. Buch von Paul Watzlawick und auf die Bücher „Miteinander reden – Teil 1 bis 3" von Friedemann Schultz von Thun, die mich sehr inspirierten.

Insbesondere das Modell vom „Inneren Team" von Friedemann Schulz von Thun hat dazu beigetragen, dass ich ein Verständnis für meine Krankheit entwickelte, mich mit ihr aussöhnen und sie letztendlich bewältigen konnte. (Mehr dazu im nächsten Kapitel.)

Hier stelle ich Ihnen mein „Inneres Team" vor: Jeder Mensch hat die verschiedensten Rollen im Leben auszufüllen, in einige wird man hineingeboren, einige sucht man sich selbst aus, einige werden einem aufgenötigt oder aufgedrängt und einige ergeben sich einfach so aus der Situation heraus.
So bin ich

- das Kind meiner Eltern,
- die Ehefrau meines Mannes,
- die Mutter meiner Kinder und
- die Oma meiner Enkel,
- Hausfrau,
- Nachbarin,
- Hundeliebhaberin,
- Fahrradfahrerin,
- Schreibtischarbeiterin,
- Autorin,
- Ratgeberin,
- Referentin,
- Moderatorin einer Selbsthilfegruppe

In jeder Rolle hat man bestimmte Aufgaben oder Erwartungen zu erfüllen, eigene oder fremde.

Alle Lebensbereiche, alle Rollen wurden von meiner Stimmungslage beeinflusst – ausnahmslos alle! Wie Monster, die im Hintergrund heimlich das Geschehen überwachen und die Strippen ziehen, überschatteten meine akuten manischen und depressiven Phasen mein Leben – solange, wie ich keine Kontrolle über diese „Monster" hatte.

Aber nicht nur meine Rollen im Außen waren davon beeinflusst. Nach dem Modell vom „Inneren Team" kann man diese verschiedenen Anteile auch wie Figuren auf einer Bühne sehen. Es gibt einige Anteile, die sich häufiger nach vorn drängten und andere, die zu oft im Hintergrund blieben. Auch die vielen Facetten meiner Persönlichkeit litten, mehr oder weniger unter akuten Phasen. So geriet die Überschäumende mit der Korrekten in Konflikt, die Liebebedürftige mit der Autonomen, die Starke mit der Schwachen, die Autoritäre mit der Angepassten.

Das Modell vom „Inneren Team" gab mir die Chance, alle Facetten meiner Persönlichkeit wertzuschätzen. Erst als ich begriff, dass jeder Persönlichkeitsanteil seine Berechtigung hat und auch mal im Vordergrund stehen darf, konnte ich mich mit mir versöhnen. Ich verstand, dass ich allen Facetten meiner Persönlichkeit Raum geben muss – und zwar in meinem Alltag und nicht während einer Manie. Wenn das gelingt, brauche ich nicht mehr manisch zu werden. Ich hätte nie geglaubt, was für eine Entlastung diese Erkenntnis war und welche Chance für eine dauerhafte Stabilität in dieser Erkenntnis steckte.

Wenn Kommunikation misslingt

Laut dem Gabler Wirtschaftslexikon ist Kommunikation der „Prozess der Übertragung von Nachrichten zwischen einem Sender und einem oder mehreren Empfängern". Paul Watzlawick hat das so formuliert: „Ich weiß nicht, was ich gesagt habe, bevor ich die Antwort meines Gegenübers gehört habe." Der Empfänger meiner Nachricht muss diese aufnehmen, verstehen und im Idealfall auch annehmen. Laut Friedemann Schulz von Thun bestimmt der Empfänger den Inhalt einer Nachricht und nicht der Sender. Zwischenmenschliche Kommunikation hat neben der sachlichen Information auch immer einen Beziehungsaspekt, enthält eine Selbstoffenbarung und hat auch oft einen Appell-Charakter.

Bis dahin war ich immer der Meinung, dass das, was ich sage, auch genauso beim anderen ankommt und dass der andere „schuld" sei, wenn er mich nicht so versteht, wie ich es gemeint habe. Später erkannte ich, dass ich unbewusst einen gehörigen Anteil an nicht gelingender Kommunikation hatte.

Seitdem ich von den vier Seiten der Kommunikation weiß, versuche ich es besser zu machen. Für mich ist die Verwendung von Ich-Botschaften besonders hilfreich, wenn ich meine Gefühle kundtuen möchte. Da ich als Empfänger einer Nachricht ebenfalls auf vier Ebenen „höre", gelingt es mir besser, die richtigen Botschaften zu verstehen. Wie vieles im Leben, ist das ein Übungsprozess, es gelingt mal besser und mal schlechter.

Wie entsteht die Wirkung der Kommunikation und welchen Teil davon habe ich unter Kontrolle? Albert Mehrabian, ein US-amerikanischer Psychologe und Professor emeritus an der University of California in Los Angeles, untersuchte, wie Aussagen durch nonverbale Elemente in ihrer Wirkung beeinflusst werden. Wir kommunizieren nicht nur über die Sprache, sondern auch über die Stimme sowie die Mimik und Gestik. Nur so ist es möglich, z.B. Ironie zu verstehen, denn die Aussage, meine Satzmelodie und meine Mimik sind nicht kongruent. Deshalb verstehen Kinder Sarkasmus und Ironie erst, wenn sie eine gewisse Reife erlangt haben.

Die sogenannte 7-38-55-Regel gibt an, wie eine Mitteilung über das eigene emotionale Empfinden wirkt, wenn die Nachricht in Bezug auf Inhalt, stimmlichen oder mimischen Ausdruck widersprüchlich ist: Nur 7 % werden durch den verbalen Inhalt bestimmt, 38 % durch die Klangfarbe der Stimme und 55 % durch die Körpersprache.

Auch beim Arzt wird geredet, insbesondere beim Psychiater. Bei diesem gibt es keine andere „Untersuchungsform", in der Regel keine Blutwerte oder gar Röntgenbilder, die ihm sagen können, wie es mir geht. Der Psychiater ist auf das Gespräch angewiesen. Es geht um sehr persönliche Symptome, Gefühle und Gedanken und deshalb dauert eine Konsultation meist länger als beim Hausarzt. Eine Situation ist mir noch im Gedächtnis geblieben, weil ich den Eindruck hatte, dass hier der Arzt das Gespräch fehlinterpretierte. Seine Körpersprache gab mir das Gefühl, er höre nur „mit einem halben Ohr" zu: Ich sollte bei einem turnusmäßigen Arztbesuch über meine derzeitige Stimmungslage berichten. Ich fing an zu reden. Kurz danach wandte sich der Arzt von mir ab und schrieb etwas in meine Akte. Der Arzt hatte sich halb von mir abgewendet und deshalb hatte ich den Eindruck, dass er gar nicht zuhörte. Er sah mich weder an, noch zeigte er eine erkennbare Reaktion. Ich wurde immer leiser und hörte schließlich ganz auf zu sprechen. Ich dachte, wenn er nicht zuhört, brauche ich auch nichts sagen. Am Ende diagnostizierte er eine depressive Schwankung, die ich aus meiner Sicht gar nicht hatte. Ich fühle mich nur nicht ernst genommen und habe das Verhalten des Arztes als Unaufmerksamkeit bewertet. Erst viel später, als ich mich mit dem Thema Kommunikation beschäftigte, ist mir bewusst geworden, dass hier die Kommunikation schief gegangen war. Ich habe situativ auf das Verhalten des Psychiaters reagiert und er interpretiert mein Verhalten als depressive Schwankung, weil er offensichtlich gar nicht bemerkt hat, dass und wie mich sein Verhalten irritierte.

Über Gefühle reden

Ich weiß aus eigener Erfahrung, dass man in akuten Phasen keine Kapazitäten zum Streiten hat. In manischen Phasen hatte ich sowieso immer Recht und in depressiven Phasen fielen mir die Worte für eine Auseinandersetzung nicht ein. Solche zwischenmenschlichen Klärungen gelingen am besten in stabileren Phasen und manchmal auch unter Hinzuziehung eines Mediators, z.B. eines Therapeuten.

Ich hatte das Glück, dass eine Ärztin, die mich psychotherapeutisch eine Zeit lang betreute, eine gemeinsame Therapiestunde mit meinem Mann vorschlug. Sie bat jeden, sich in die Rolle des anderen hineinzuversetzen und aus seiner Sicht zu beschreiben, was ihn an einem selbst stört. Wir sollten also darüber nachdenken, was den Partner an uns ärgern könnte. Das war sehr ungewohnt, aber es brachte einen Prozess in Gang. Zum einen stellten wir fest, dass jeder die wunden Punkte des anderen ganz gut kannte, aber andererseits waren wir überrascht, dass die Gründe für die Verärgerung andere waren, als wir vermuteten. Letztendlich fingen wir an, darüber zu reden, wie jeder von uns meine akuten Phasen erlebt hatte und welche Gründe es für die eine oder andere Entscheidung gab. Auch unsere gegenseitigen Erwartungen an die Therapie und das gegenwärtige und zukünftige gemeinsame Leben kamen zur Sprache.

Es hat uns beiden gutgetan, ohne gegenseitige Vorwürfe und ohne Streit über diese Dinge zu reden. Wir haben unsere verschiedenen Befindlichkeiten ausgetauscht und auch unsere Wünsche an den anderen, auch in Bezug auf die Kommunikation miteinander, ausgesprochen. Im Ergebnis haben wir z.B. häusliche Aufgaben anders verteilt und konkrete Absprachen für eventuell auftretende neue Krisen, aber auch für unser zukünftiges Zusammenleben getroffen. So habe ich mir zum Beispiel von meinem Mann gewünscht, dass er den Satz: „Bist du schon wieder manisch?" nicht mehr verwendet. Es ist für mich hilfreicher, wenn er mein konkretes Verhalten, das ihn stört, beschreibt und seine Befürchtungen genau benennt. Mein Mann hat sich von mir gewünscht, dass ich auf seine Signale besser achte. So ist es zu einem Ritual geworden, dass mein Mann mich allabendlich gegen 22 Uhr daran erinnert, dass wir schlafen gehen wollen. Früher habe ich solche Aussagen oft ignoriert und bis weit nach Mitternacht gearbeitet. Ich habe ihm das Erinnern an die Uhrzeit ausdrücklich erlaubt, um nicht versehentlich vor lauter Enthusiasmus aus meinem Tagesrhythmus zu geraten, zu dem ausreichende Pausen und ausreichender Nachtschlaf gehören. Auch wenn es mir manchmal nicht passt, ich habe versprochen mich an die Verabredung zu halten und mich an diese Regelmäßigkeit gewöhnt.

Aus diesen Erfahrungen heraus denke ich heute, dass Menschen mit psychischen Erkrankungen und deren Angehörige auch von einer Psychotherapie zum Thema „Gelingende Kommunikation" profitieren können.

Stimmungen und Gefühle sind für den Betroffenen kaum voneinander zu trennen. In diesem Kapitel wollte ich Ihnen zeigen, dass es erlernbare Strategien gibt, sich diesen nicht immer so ausgeliefert zu fühlen. Für eine andauernde Stabilität braucht es aber noch mehr.

Gedanken über (m)ein krankes Gehirn

Die Gedanken über meine Krankheit haben mich in den acht Jahren des Krankseins schwer beschäftigt. Ich dachte, ich sei unheilbar krank, würde nie wieder so leben können wie zuvor, würde für immer abhängig von anderen sein und vor allem, mein Gehirn löse sich auf und ich würde verrückt werden. Was für mich am schwersten zu akzeptieren war, war die Erkenntnis, dass ich in akuten Phasen meinem Gehirn nicht trauen kann. Da dachte ich Gedanken, die sich hinterher als unrealistisch, überzogen, eingebildet und irre herausstellten. Das hat mich nach diesen Phasen so stark verunsichert, dass ich mein Selbstvertrauen fast verlor, mir nichts mehr zutraute und mich schon als jemand sah, der wichtige Entscheidungen nie mehr allein würde treffen können.

Nichts davon ist eingetreten. Diese Gedanken waren nur in meinem Kopf.

Nie im Leben hätte ich geglaubt, dass eine „ver-rückte", also aus dem Gleichgewicht gekommene Hirnchemie, dafür die Ursache sein konnte. Es war mein krankes Gehirn, welches dies mit mir anstellte. Es produzierte Gedanken, die für mich echt schienen, aber es nicht waren. Das ist etwa so, als wenn in einem Computer viele Einstellungen verstellt werden und dann nichts mehr richtig funktioniert. Das Gerät geht zwar an, aber weil die Uhr falsch geht, fährt er zur Unzeit herunter. Die Programme stürzen immer wieder ab und Daten werden nicht gespeichert. Das Textprogramm hat sämtliche Vokale verbummelt und produziert plötzlich Sätze wie: „Hte st n gtr Tg fr Bchrschrbn."
(Ich wollte schreiben: „Heute ist ein guter Tag zum Bücherschreiben.") Wie soll jemand dieses Kauderwelsch verstehen? Bei einem Computer hilft oft ein Neustart, die Neuinstallation von Programmen oder ein Austausch von Bauteilen, aber bei einem Gehirn?

Heute weiß ich, dass ein krankes Gehirn wieder heilen kann, wenn es alle Stoffe bekommt, die es braucht, und wenn die Ursachen für die Fehlfunktionen beseitigt werden.

Heute bin ich mir sicher, dass diese Ursachen nicht an einem Mangel an Psychopharmaka lagen. Es gab viele andere Gründe.

Erst als ich meine Gehirnchemie so weit in Ordnung gebracht hatte, dass ich stabil war, verstand ich, dass in den akuten Phasen mein Gehirn „gesponnen" hatte, aber ich selbst nicht verrückt war. Es war mein kaputtes Gehirn, das nur noch Ausschuss produzierte, weil es ihm an fast allem für ein ordentlichen Funktionieren fehlte.

Meine Erklärung für mein Krankwerden

Mit dem ganzheitlichen Ansatz der Psycho-Neuro-Immunologie hatte ich endlich eine plausible Erklärung für meine Krankengeschichte gefunden und mit der orthomolekularen Medizin einen gangbaren Ausweg. Plötzlich waren die Einzelereignisse Teil eines jahrelangen Prozesses. Jetzt ergab das Geschehen für mich einen Sinn und einen Zusammenhang. Ich war inmitten einer Abwärtsspirale, die niemand als solche erkannte.

Nicht nur das: Die Psycho-Neuro-Immunologie (PNI) und die orthomolekulare Medizin (OM) zeigen auf, welche Auswege es aus dieser scheinbaren Einbahnstraße gibt, denn diese Abwärtsspirale lässt sich aufhalten. Gesundheit und Stabilität können wieder kommen. Weder die PNI noch die OM sind Verjüngungsstrategien. Aber ich kann mit vielen Einzelmaßnahmen, meine Psyche, mein Immunsystem und meinen Organismus so stärken, dass mein System wieder ins Gleichgewicht kommt. Je mehr ich über diese einzelnen Maßnahmen etwas erfuhr, je stärker ich die Synergieeffekte der einzelnen Elemente nutzte, um so stabiler wurde ich und bin es bis heute. Ich habe das Gefühl, dass es mir heute besser geht als jemals zuvor, außer vielleicht in meiner Kindheit und Jugend.

25 Jahre Abwärtsspirale

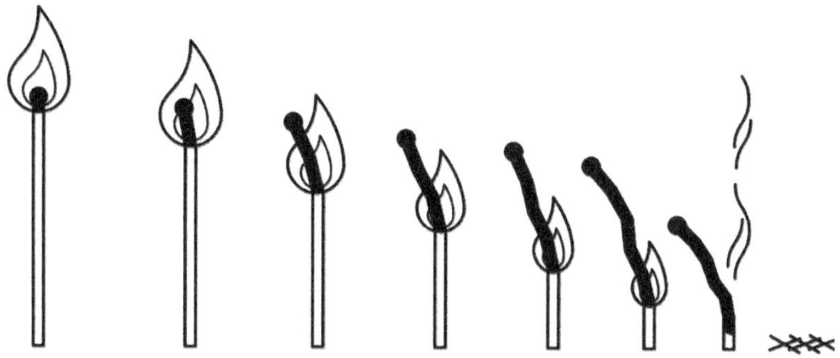

Deshalb möchte ich Ihnen von meiner 25 Jahre dauernden Abwärtsspirale berichten und erläutern, wie diese vielen Einzelereignisse letztendlich zu meinem Zusammenbruch führten, der vom Psychiater als Bipolare Störung diagnostiziert wurde. Das Bild vom herunterbrennenden Streichholz soll veranschaulichen, dass dieser Prozess sich oft über Jahre hinzieht, bei mir war es ein Viertel Jahrhundert.

Als ich **22 Jahre** alt war, wurde meine Ehe, die gerade mal drei Jahre bestand, geschieden. Das war psychosozialer Stress pur. Ich war plötzlich alleinstehend mit zwei kleinen Kindern und noch nicht mal mit dem Studium fertig. Das war das erste Mal in meinem Leben, dass ich dachte, gleich würde ich in ein schwarzes Loch stürzen und ich wusste nicht, wie es weitergehen sollte. Den Begriff Depression kannte ich damals noch nicht. Dieser Zustand verschwand jedoch von allein wieder, ohne eine Intervention von außen. Ich war noch jung, mitten im Studium und nach einiger Zeit lernte ich meinen Mann kennen, mit dem ich inzwischen schon mehr 38 Jahre verheiratet bin.

- Dennoch hatte meine Stabilität ihren ersten Dämpfer bekommen.

In dieser Zeit fing ich auch an zu rauchen, immer nur abends, so ca. 10 Zigaretten, während ich die Vorbereitungen für den nächsten Tag machte. Irgendwie hatte ich das Gefühl, mich damit besser konzentrieren zu können. Nach sechs Jahren hörte ich wieder auf, weil mich die morgendlichen Hustenanfälle nervten und ich gegen den kalten Rauch im Zimmer eine Aversion entwickelte. Ich habe damals nicht gewusst, dass mein „innerer Arzt" fünfzehn Jahre brauchen würde, bis alle Schäden, die das Nikotin verursachte, wieder repariert waren. Ich habe auch nicht gewusst, dass Nikotin die Andockstellen für Dopamin kapert und mir damit vorgaukelt, Rauchen würde mir guttun. Zum Glück konnte ich einfach so aufhören. Meiner Mutter ist das nicht gelungen. Sie hat ihr ganzes Erwachsenenleben geraucht und ist mit 62 Jahren an Lungenkrebs gestorben.

Später hatte ich einen Kollegen, der stark rauchte und immer seine Bürotür offenließ. Ich saß direkt nebenan und war mehrere Stunden am Tag dem Qualm ausgesetzt. Damals hat es mich zwar gestört, aber erst heute weiß ich, dass Passivrauchen fast genauso schädlich ist.

- Mein Gehirn hatte sich mit Schadstoffen auseinanderzusetzen und würde viele Jahre brauchen, um die Schäden zu reparieren. Meine Dopamin- und Acetylcholin-Rezeptoren lernten einen Stoff kennen, der viel stärker war als die körpereigenen Neurotransmitter. Damit stieg meine Anfälligkeit für suchtähnliches Verhalten, das sich später zum Glück „nur" in einer Kohlenhydrat-Sucht manifestierte.

Mit 28 Jahren wurde ich von einer Zecke gestochen. Dank einer klugen Allgemeinärztin, die die grippeähnlichen Symptome richtig als Borreliose deutete, bekam ich vier Wochen lang Antibiotika. Damals wusste noch niemand vom Darm-Mikrobiom und dass dieses durch Antibiotika empfindlich gestört wird. Heute empfiehlt man, wenn eine Antibiotikagabe notwendig ist, im Anschluss eine Kur mit Darmbakterien, damit die Schäden gering bleiben. Es war auch noch nicht bekannt, dass es über den Vagus-Nerv eine Art Standleitung zwischen Darm und Gehirn gibt und beide intensiv miteinander kommunizieren. Geht es dem Darm nicht gut, wirkt sich das auch auf das Gehirn aus, weil ein Teil der Botenstoffe für die Stimmung und den Antrieb im Darm gebildet werden. Diese Botenstoffe bzw. deren Ausgangsstoffe werden von den im Darm lebenden Bakterien produziert. Mit Antibiotika tötet man leider auch die guten Bakterien ab, sie können die notwendigen Botenstoffe nicht mehr oder in zu geringer Zahl produzieren. Es kann bis zu 24 Monate dauern, bis sich ein neues Gleichgewicht einstellt.

- Meine Stabilität hatte ihren nächsten Dämpfer bekommen.

Übrigens ist jede Infektion auch ein Problem für das Gehirn. Lange dachte man, es sei durch die Blut-Hirn-Schranke privilegiert, Infektionen könnten also gar nicht bis ins Gehirn dringen. Erst als man entdeckte, dass die Mikroglia (kleine Gehirnzellen, die sowohl „Polizei" als auch „Müllabfuhr" sind) mit den Immunzellen des Körpers kommunizieren, verstand man, dass es auch im Gehirn stille Entzündungen geben kann. Diese Entzündungen werden heute als eine wesentliche Ursache für psychische Störungen angesehen.

Kürzlich habe ich meine Borreliose-Last nachmessen lassen, sie ist immer noch da, auch nach 34 Jahren noch. Aufgrund der modernen Testmethoden wurde festgestellt, dass ich außerdem auch Toxoplasmen, einen Parasiten, beherberge. Eine weitere Antibiotikabehandlung hat daran nichts ändern können.

Außerdem bin ich, wie fast 99 % der Bevölkerung, auch mit dem Eppstein-Barr-Virus infiziert und gebe auch dem Herpes-Virus, das diese schmerzhaften Lippenbläschen produziert, ein Zuhause.

Dankeswerterweise lassen mich alle vier Erreger seit meiner Ernährungsumstellung vor neun Jahren in Ruhe. Offensichtlich hält mein Immunsystem, auf dessen Stärkung ich heute sehr achte, diese ungebetenen Eindringlinge gut in Schach, denn sie sind gekommen, um zu bleiben. Vielleicht ist das auch der Grund, warum das Corona-Virus mich (bisher) verschont hat.

- Mir war nicht bewusst, dass es eine ganze Reihe von Erregern gibt, die alle eine Gemeinsamkeit haben: Infektionen können eine Ursache für psychische und kognitive Probleme sein.

- Diese Vierfach-Belastung muss mein Immunsystem sehr beschäftigt haben, deshalb hatte es keine Ressourcen mehr, um sich um andere stille Entzündungen zu kümmern. So konnten diese weiter schwelen. Im Kapitel über die Psycho-Neuro-Immunologie hatte ich bereits über diese fachübergreifende Forschung berichtet, die genau diese Zusammenhänge aufdeckt. Auch wunderte ich mich, dass ich ständig irgendeine Erkältung oder Nasennebenhöhlen-Entzündung hatte. Heute verstehe ich die Zusammenhänge.

Mit 32 Jahren musste meine Gallenblase entfernt werden, weil ein großer Gallenstein den Gallenausgang blockierte und heftige Oberbauchschmerzen verursachte. Noch im Krankenhaus hatte ich das erste Mal einen Migräneanfall. Heute weiß ich, dass beide Ereignisse zusammenhingen. Durch eine Diät hatte ich meinen Gallefluss fast zum Erliegen gebracht und damit einer Eindickung der Gallenflüssigkeit Vorschub geleistet. Das passiert, wenn man, eine gewisse Anfälligkeit dafür vorausgesetzt, zu lange nichts isst und/oder wenn man zu wenig Fett aufnimmt. Beides tat ich, weil ich unbedingt abnehmen wollte. Gleichzeitig kam es zu einem Taurinmangel. Fett (Cholesterin), Taurin und Glycin (die kleinste Aminosäure) sind an der Bildung der Gallenflüssigkeit beteiligt. Taurin, eine Aminosulfonsäure, ist außerdem u.a. auch für den optimalen pH-Wert innerhalb der Mitochondrien, den Energiekraftwerken der Zellen, zuständig. Fehlfunktionen oder Minderleistungen der Mitochondrien können Migräne auslösen. Da die Mitochondrien immer nur von der Mutter vererbt werden, hatte ich diese Anfälligkeit geerbt, denn meine Mutter litt ihr ganzes Leben unter Migräne und Gallenproblemen.

- Damit hatte ich unwissentlich wieder ein Stück meiner Stabilität aufs Spiel gesetzt und meinem Körper sehr zugesetzt. Die Migräne zeigt an, dass sich entzündliche Prozesse im Gehirn abspielen und die energieproduzierenden Mitochondrien es nicht mehr schaffen, genug Energie für deren Bekämpfung herzustellen. Die Blutgefäße schwellen an und reiben sich an der Hirnhaut. Das verursacht die typischen Schmerzen.

Mit 36 Jahren erfolgte die nächste Operation. Ich litt seit frühester Jugend an heftigen Menstruationsschmerzen. Dass alle Schmerzen, die aus Verspannungen herrühren, gut auf Magnesium, Arginin bzw. Citrullin und manchmal auch auf Kalium ansprechen, wusste ich damals nicht. Erst Jahrzehnte später stellte ein Arzt fest, dass ich einen massiven Magnesiummangel hatte. Den hatte ich damals bestimmt auch schon. Nachdem ich davon wusste, hat es trotzdem fünf Monate gedauert und hoher Dosen bedurft, um diesen Mangel auszugleichen. Ich sorge seit dem täglich dafür, dass meinem Gehirn ausreichend Magnesium zur Verfügung steht.

- Magnesium ist an über 600 Stoffwechselprozesses beteiligt und auch einer der Stoffe, die bei Migräne hilfreich sind. Ein weiterer Baustein, der für Stabilität sorgt und der bei mir im Mangel war.

Bei der OP wurde meine Gebärmutter entfernt. Danach stellte sich heraus, dass eine Endometriose die Ursache für meine Schmerzen war. Weil sich danach Wechseljahr-beschwerden einstellten, wurde ich mit synthetischen Hormonen behandelt. Was ich damals nicht wusste: auch die Gebärmutter produziert Hormone, die zur Stimmungsstabilität beitragen. Fehlt das Organ, fehlen auch die Hormone. Das führt zu Ungleichgewichten zwischen Progesteron und Östrogen, die bei mir in einer Östrogendominanz mündeten. Das äußerlich sichtbare Zeichen war ein aufgeblähter Oberbauch, der mich an meine Schwangerschaften erinnerte. Die synthetischen Hormone sind den körpereigenen Hormonen ähnlich, aber nicht identisch, sodass zwar einige Symptome der Wechseljahrbeschwerden gelindert wurden, aber nicht alle. Progesteron, das körpereigene Gelbkörperhormon, blieb im relativen Mangel. Übrigens ist Magnesium auch am Steroidhormonhaushalt beteiligt, da es zwei wesentliche Enzyme reguliert, die diesen steuern. Zur Gruppe der Steroidhormone gehören die Geschlechtshormone Progesteron, Testosteron und Östrogen. Deren Ausgangsstoff ist das Cholesterin – so greift bildlich gesprochen ein Rad in das andere.

- Ein Ungleichgewicht der Hormone, eine sogenannte Östrogendominanz, verstärkte meine Probleme weiter.

Nun ist Progesteron nicht nur während einer Schwangerschaft von großer Bedeutung. Heute weiß man, dass Progesteron dafür sorgt, dass sich viele Frauen in der Schwangerschaft besonders gut fühlen. Von der österreichischen Kaiserin Maria Theresia (1717 – 1780) wird erzählt, dass sie während ihrer sechszehn Schwangerschaften sichtbar aufblühte und die klügsten und weisesten Entscheidungen getroffen habe. „Progesteron steht für Aufbau, es stärkt die Abwehrkraft, macht den Organismus resistent gegen Feinde und ist auch sonst unermüdlich schützend tätig. […] Es gibt außer ihm kein körpereigenes Kommunikationsmittel, das in gleichzeitig viele und derart komplexe Vorgänge des menschlichen Körpers involviert ist und dabei in den ineinandergreifenden Systemen mühelos seine optimale Wirkung entfaltet. Das Progesteron ist das mit Abstand weiseste aller Hormone; mit Sicherheit aber eines der wichtigsten, denn es schützt das werdende Leben und die Frau, die durch ihren Körper dieses Leben beschützt."[1], schreibt Universitätsprofessor Dr. Johannes Huber auf seiner Webseite.

Das gilt auch dann, wenn keine Schwangerschaft vorliegt. Es verwundert deshalb nicht, dass auch das Gehirn von Progesteron profitiert. Das Hormon schützt und regeneriert die Myelinschicht der Nervenzellen und trägt in den Mitochondrien zu deren Regeneration bei. Es fördert den gesunden Schlaf und es löst Ängste, weil es gut an den GABA-Rezeptor andocken kann. Es macht gelassen, es wirkt entwässernd, senkt den Blutdruck und baut den Knochen auf.[2]

Hinzu kommt, dass Progesteron natürlicherweise ab dem 40. Lebensjahr einer Frau immer weniger gebildet wird. Es ist das erste der Hormone, das uns allmählich verlässt. Das weiß kaum jemand. Das ist wahrscheinlich einer der Gründe, warum es eine despektierliche Lebensweisheit gibt, die meine Tante als Erklärung für ihre Unfähigkeit verwendete, nicht abnehmen zu können: Sie sagte: „Ab 40 entscheidet sich – Kuh oder Zicke!", womit sie sagen wollte, dass Frauen ab dem 40. Lebensjahr entweder dick und gemütlich werden oder dünn bleiben und dafür aber ständig gereizt und empfindsam sind.

Männer produzieren ebenfalls Progesteron, nur in niedriger Konzentration. Aber auch sie haben es, brauchen es und nutzen es. Bei ihnen spielen insgesamt jedoch andere Hormone, wie Testostern und DHEA, die größere Rolle.

Aus heutiger Sicht wundert es mich daher nicht, dass meine Östrogendominanz langfristig negative Folgen für meine psychische Gesundheit hatte. Hormone haben einen großen Einfluss auf die Stimmung und den Antrieb, auch dieser Aspekt wird kaum in der Psychiatrie beachtet. Ich hatte allerdings das Glück, auf eine Psychiaterin zu treffen, die mir die „Pille" verschrieb. Sie erklärte mir, dass die Stimmungsschwankungen, die durch Hormonschwankungen ausgelöst werden, sich mit den Stimmungsschwankungen durch die Bipolare Störung überlagern und damit gegenseitig hochschaukeln. Allerdings hat die „Pille" selbst wieder einige ungünstigen Nebenwirkungen auf das Gehirn, sodass ich von den künstlichen auf bioidentische Hormone wechselte, als ich von ihnen erfuhr.

Seit nunmehr acht Jahren nehme ich bioidentische Hormone. Das sind im Labor angefertigte Hormone, die in ihrer molekularen Struktur den vom Körper gebildeten Hormonen entsprechen. Deshalb ist ihre Wirkung auch dieselbe. Der Körper kann nicht zwischen körpereignen und im Labor hergestellten Hormonen unterscheiden, denn sie sind biochemisch vollkommen gleich. Die Hormone gaben mir einen deutlichen Vitalitätsschub, den ich nicht mehr missen möchte. Daher wunderte es mich nicht, als ich bei einem Vortrag eines Hormonspezialisten hörte, dass er Depressionen vorrangig mit Progesteron behandle.

- Hormone sind sehr mächtig. Das Gehirn ist auf sie angewiesen. Es ist fatal, dass die Psychiatrie dieses Feld kaum beachtet und man erst bei Gynäkologen Abhilfe findet.

Zwischen dem 36. und 38. Lebensjahr hatte ich zwei Stürze, bei denen ich mir den Kopf verletzt habe. Der erste Sturz passierte beim Eislaufen, ich rutschte weg und fiel auf den Hinterkopf. Der Arzt diagnostizierte eine leichte Gehirnerschütterung. Ich sollte mich 24 Stunden ausruhen und die Sache beobachten, mehr könne man nicht tun. Beim zweiten Sturz fiel ich vom Pferd und knallte mit dem Kopf gegen die Bande. Auch hier ist bis auf einen leichten Schock nichts passiert, bloß der Schirm meiner Reitkappe war verbogen. Ich maß diesen Ereignissen keinerlei Bedeutung bei, bis ich im Buch von Dr. Daniel Amen „Gesundes Gehirn – gesunde Psyche" las, dass Kopfverletzungen bzw. Schädel-Hirn-Traumata, auch wenn sie Jahre her sind, das Risiko für diverse psychische Erkrankungen erhöhen können.

- Vermutlich trugen diese Kopfverletzungen dazu bei, dass meine Stabilität weiteren Schaden nahm und dadurch geringer wurde. Denn etwa seit dieser Zeit häuften sich kleinere und größere Probleme.

Mit 38 Jahren ließ ich das Siebbein (eine Stirnhöhle über der Nase) ausschälen, weil ein dort sitzender Entzündungsherd nicht mehr wegging. Eine Sinusitis folgte der anderen. Das zeigte, dass mein Immunsystem zu schwach war, um diese Entzündung erfolgreich selbst zu bekämpfen. Eigentlich war das ein weiteres Alarmsignal, aber in der Schulmedizin wird eben nur das einzelne Symptom behandelt. Mit der Frage, warum sich mein Körper nicht gegen diese Entzündung wehren konnte, beschäftigte sich niemand. Als ich danach fragte, war Achselzucken die Antwort.

- Jede Vollnarkose lässt Gehirnzellen absterben. Ich hatte insgesamt fünf solcher Operationen. Zum Glück weiß ich heute, dass der Hippocampus in der Lage ist, neue Gehirnzellen wachsen zu lassen, vorausgesetzt, er hat alle Stoffe, die er dafür benötigt. Deshalb „dünge" ich heute mein Gehirn, um alle diese Schäden wieder auszugleichen.

Ab dem 41. Lebensjahr nahmen unspezifische Symptome in Häufigkeit und Heftigkeit zu. Ich bekam eine Grippe, zu der sich eine Bronchitis gesellte, deshalb wurde ich mit Antibiotika behandelt.

Zu etwa der gleichen Zeit gingen die Ergebnisse der sogenannten Krankenschwesterstudie durch die Presse. Es wurde eine Zunahme von Krebserkrankungen durch die Behandlung mit synthetischen Hormonen festgestellt und die Studie deshalb vorzeitig abgebrochen. Mein Gynäkologe setzte die Hormontherapie auch bei mir sofort ab. Aus heutiger Sicht denke ich, dass dieser „kalte Entzug" mit dazu beitrug, dass meine Probleme zunahmen.

Zu diesen gehörten:

- Ständige Müdigkeit, sodass ich mich auch wochentags oft mittags hinlegen musste,

- Energieverlust, ich hatte das Gefühl, mich immer mehr anstrengen zu müssen,
- Unerklärliche Stimmungsschwankungen mit Wechseln von großer Aktivität, Gereiztheit und Erschöpfung,
- Verlust der Freude am Beruf,
- Häufige Erkältungen und Entzündungen (Sinusitis, Laryngitis, Gastritis),
- Häufung der Migräneattacken,
- Schweißausbrüche,
- Plötzliches Weinen ohne Grund,
- Permanentes Gefühl der Überforderung.

Wie ich bereits erwähnte, lief ich von Arzt zu Arzt. Ich hatte das Gefühl, dass keine Behandlung dauerhaften Erfolg brachte. Letztendlich war es die Migräne, die so heftig wurde, dass ich in die Kopfschmerzsprechstunde der Berliner Charité ging und von dort wegen Suizidgedanken in die geschlossene Psychiatrie eingewiesen wurde.

Mit 47 Jahren kam der Zusammenbruch. Darauf folgten acht Jahre psychiatrische Behandlung, die ich bereits im vorhergehenden Kapitel beschrieben habe.

Niemand erkannte, dass alle Erscheinungen miteinander zusammenhingen. Es machte sich auch niemand die Mühe, über das singuläre Symptom, das ich vortrug, hinauszuschauen. Ich habe mein System permanent auf Verschleiß gefahren, weil ich glaubte, so ginge das im Leben. Mein Körper hat bisher funktioniert, wieso sollte er das nicht auch in Zukunft tun. Ich verschwendete keine Gedanken, dass ich meinen eigenen Organismus permanent immer weiter schwächte. Ich habe mich mehrfach operieren lassen, weil ich glaubte, dass die Reparaturmedizin keine negativen Folgen in anderen Bereichen hätte. Dass jede Vollnarkose Gehirnzellen absterben lässt, war mir nicht klar. Dass Narben noch Jahrzehnte später als Störfelder Probleme bereiten können, habe ich nicht gewusst. Dass Progesteron auch für das Gehirn eine wichtige Rolle spielt, erklärte mir niemand. Eine Hormontherapie wurde von jetzt auf gleich abgebrochen. Wie ich mit meiner Ernährung zu diesem Dilemma beigetragen habe, hat mir ebenfalls nie jemand erklärt. Ich dachte immer, ich ernähre mich gesund.

Am Ende ist man immer schlauer. Deshalb hadere ich nicht mit meiner Vergangenheit. Es war eben so und Punkt. Jeder agiert mit seinem aktuellen Wissen. Bei keinem Arzt hatte ich das Gefühl, dass er sich nicht ehrlich um mich bemühte. Was vergangen ist, kann ich nicht mehr ändern.
Ich kann aber sehr wohl etwas dafür tun, dass es mir heute – im Hier und Jetzt – gut geht. Und ich tue alles dafür, dass es mir auch in der Zukunft weiterhin gut gehen kann.

Ich denke, dass sich in meiner Geschichte viele Betroffene, insbesondere Frauen, wiedererkennen. Vielleicht war meine achtjährige Krankheitsphase deshalb so schwer und es waren so viele Krankenhausaufenthalte notwendig, weil sich bei mir so viele Dinge häuften. Man muss nicht erst so abstürzen wie ich, um die Umkehr zu schaffen.

Glaubenssätze sind änderbar

Wie meine nicht hilfreichen Gedanken, Glaubenssätze und Wertvorstellungen zu meinem Krankheitsverlauf beigetragen haben, hätte ich nicht für möglich gehalten. Einmal Gelerntes ist nicht in Stein gemeißelt, man kann in jedem Alter etwas Neues lernen und alte, nicht mehr hilfreiche Glaubenssätze ablegen bzw. „umlernen".

Sie kennen sicher Sätze, die mit *„Ich dachte …"* anfangen. Wir nutzen sie alle tagtäglich dutzende Male. Oft erklärt man mit dieser Einleitung, dass man sich geirrt hat, zum Beispiel wenn man verdutzt an einer verschlossenen Ladentür rüttelt und sagt: „Ich dachte, es wäre schon auf."

Diese Formulierung beschreibt aber auch Glaubenssätze, also innere Überzeugungen, Meinungen und Annahmen über die Welt, unseren Platz darin, über die Art und Weise, wie *„man"* sich verhalten sollte, wie *„man"* denken und auch wie *„man"* fühlen sollte. Das unpersönliche Pronomen drückt genau das aus, was es soll: es ist nicht an eine bestimmte Person gebunden, sondern gilt für jeden. Solche Ansichten erlernen wir in der Kindheit und Jugend von unseren Vorbildern, meist von den Eltern.

Ich dachte, dass ich nur wahrgenommen werde, wenn ich etwas vorzuweisen habe. Mein Vater arbeitete viel an seinem Schreibtisch. Er wandte sich mir zu, wenn ich eine gute Schulnote vorweisen konnte, ansonsten hatte er nicht viel Zeit. Glaubenssatz: Etwas Vorzeigbares bringt Zuwendung.

Ich glaubte, dass ich nur dann etwas wert bin, wenn ich etwas leiste. Also definierte ich mich über Leistung. Zum Glück brauchte ich mich in der Schule nicht allzu sehr anzustrengen, um gute Noten zu bekommen. Während der Berufsausbildung bekam ich mein erstes Kind und machte am Wochenende noch eine Ausbildung zur Tanzpädagogin. Trotzdem schloss ich die Ausbildung zum Wirtschaftskaufmann pünktlich ab. Das fand ich damals vollkommen in Ordnung. Im Studium musste ich mich mehr anstrengen, aber auch das war mit Disziplin und Durchhaltevermögen machbar. Schule, Ausbildung und Studium hatten bei mir oberste Priorität. *Ich dachte,* das ist richtig und müsse so sein. Ich habe darüber meine erste Ehe vernachlässigt und das hat zur Scheidung beigetragen.

Ein weiterer Glaubenssatz war: **Ich darf nicht** schwach sein und vor allem darf ich keine Schwäche zeigen, sonst wird *man* nicht akzeptiert. So nahm ich meine Erschöpfung und Schmerzen so lange nicht ernst, wie sie mich mein Leben leben ließen. Trotz Migräne schleppte ich mich zur Arbeit. Ich wollte nicht, dass meine Kollegen mich vertreten mussten und ich jemandem irgendwelche Umstände machte. So passierte es, dass ich auf der Arbeit eines Tages kraftlos zusammensackte.

In Bezug auf meiner Ernährung lautet einer meiner damaligen Glaubenssätze: „Wenn *man* zu viel isst, wird *man* dick. Dicke sind zu schwach, ihren Gelüsten zu widerstehen" Deshalb habe ich immer wieder irgendwelche „Diäten" gemacht. Auf lange Sicht gesehen führten diese aber zu keiner dauerhaften Reduzierung des Körpergewichts. Besonders dramatisch war die Gewichtszunahme, während ich Lithium einnehmen musste. Innerhalb eines Jahres hatte ich 25 kg zugenommen. Ich wusste nicht, dass Psychopharmaka derart in den Stoffwechsel eingreifen können. Durch eine Ernährungsumstellung konnte ich mein Gewicht zwar wieder reduzieren, blieb aber weiterhin übergewichtig. Unser Stoffwechsel ist sehr komplex, jeder trägt Polymorphismen mit sich herum und deshalb hilft nicht jeder Ratschlag jedem. Vor allem wenn:

- man eine familiäre Veranlagung für Übergewicht hat, (Die Gene sind zwar kein Schicksal, aber sie prägen die Disposition)

- man durch falsche Ernährung über Jahrzehnte den Stoffwechsel in die fettspeichernde Richtung trainiert hat. Ich hatte immer das Gefühl, Kalorien springen mich förmlich an. Heute weiß ist, dass die Zusammensetzung des Darm-Mikrobioms einen großen Anteil daran hat, wie der Körper mit dem Energieangebot umgeht.

- durch jahrelange Psychopharmaka-Einnahme Stoffwechselstörungen verursacht wurden. So wird u.a. der Energieverbrauch im Ruhezustand (die Thermogenese) verringert, also verbraucht der Körper, um eine konstante Körpertemperatur aufrechtzuerhalten, weniger Energie als vorher.

- stimmungsstabilisierende Hormone nimmt, die einer Gewichtsreduktion entgegenwirken.

In seinem Aufsatz mit dem Titel „Zur Notwendigkeit und Möglichkeit minimaler Anwendung von Neuroleptika" aus dem Jahr 2014 setzt sich Dr. med. Volkmar Aderhold vom Institut für Sozialpsychiatrie an der Uni Greifswald auch mit diesem Thema auseinander. Ich habe daraus schon im Kapitel „Umgang mit Psychopharmaka" zitiert. Den vollständigen Text des Aufsatzes und weitere Informationen finden Sie auf der Webseite der DGSP www.dgsp-ev.de

Dr. Aderhold schreibt: „Grundsätzlich erhöht sich das Risiko für das Auftreten oder die Verschlechterung dieser somatischen Erkrankungen unter der Anwendung von Neuroleptika (de Hert et al., 2011a). So findet sich je nach Studie Übergewicht als Nebenwirkung bei 15 % bis 72 % der Patienten (de Hert et al., 2011a). 40 % bis 50 % der Menschen unter einer langfristigen neuroleptischen Medikation leiden unter einem metabolischen Syndrom (Correll et al., 2006). Dieses Risiko betrifft vor allem Clozapin, Olanzapin, Quetiapin und Risperidon in absteigender Bedeutung, sowie unter Polypharmazie. Weitere Entstehungsfaktoren sind Rauchen, Inaktivität, Ernährung."

Ich habe acht Jahre lang Quetiapin genommen und noch andere Psychopharmaka mit wechselnden Wirkstoffen, meist zwei oder drei gleichzeitig. Das versteht Dr. Aderhold unter Polypharmazie. Je mehr unterschiedliche Psychopharmaka verschrieben werden und je länger diese eingenommen werden, umso schwerer und langwieriger ist es, Stoffwechselstörungen nach dem Absetzen rückgängig zu machen.

Ich habe in meiner Psychotherapie gelernt, dass negative Glaubenssätze nicht in Stein gemeißelt sind. Glaubenssätze lassen sich ändern! Kürzlich las ich einen Kalenderspruch, der lautete: „Das Leben kann Spuren von Müssen enthalten." Ich finde das sehr treffend. Ja, es gibt Verpflichtungen, denen man sich nicht entziehen kann, z.B. wenn man die Verantwortung für Kinder trägt. Aber ist es wirklich so, dass das Leben nur aus Pflichten besteht? Wo bleibt mein Wollen?

Haben Sie sich schon einmal bewusst gemacht, wie oft Sie am Tag den Satzanfang: *„Ich muss …"* verwenden? Meist kombiniert mit „Ich muss nur noch schnell …"

In meiner Psychotherapie war ich erschrocken, wie sehr dieses MUSS mein Leben bestimmte. Ich habe daraufhin beschlossen, das Wort „muss" so wenig wie möglich zu nutzen und war erstaunt, welche Wirkung diese kleine Änderung hatte: Aus *„Ich muss diese Arbeit noch schnell fertig stellen.",* wurde: *„Ich möchte diese Arbeit noch schnell fertig stellen."* – und schon war der selbstgemachte Druck verschwunden. Ich lernte selbst zu bestimmen, wann ich etwas tat, anstatt mir Aufgaben durch ein imaginäres „Außen" auferlegen zu lassen.

So habe ich bewusst auch an meiner Wortwahl und Kommunikation gearbeitet. Sprache ist Ausdruck der Gedanken. Klare Sprache macht klare Gedanken, genauso wie andersherum klare Gedanken eine klare Sprache ermöglichen. Habe ich etwas wirklich verstanden, kann ich es auch mit eigenen Worten wiedergeben. Mit einer bestimmten Wortwahl kann ich eine Aussage „färben", ihr also gleichzeitig eine Wertung geben. Insbesondere die Modalverben haben eine subtile, aber enorme Wirkung. Die Wörter *dürfen, können, mögen, müssen, sol len und wollen* ändern den verbalen Inhalt einer Aussage, nicht die Handlung an sich, deshalb werden sie meist zusammen mit einem anderen Vollverb genutzt. Mit ihrer Hilfe drückt man den *Willen,* den *Wunsch,* die *Verpflichtung,* die *Fähigkeit,* die *Möglichkeit* oder die *Erlaubnis* aus, die das Subjekt des Satzes, also die handelnde Person hat. Falls Sie auch ein *„Muss*-Verwender" sind, versuchen Sie mal, ein anderes Modalverb zu nutzen. Sie werden über den Effekt erstaunt sein.

Zu den negativen Glaubenssätzen, von denen ich mich mühsam getrennt habe, gehörte auch das Hintenanstellen der eigenen Bedürfnisse. In meiner Kindheit wurde ich oft zurechtgewiesen, weil ich mich in der Schule häufig zu Wort gemeldet habe und oft drankommen wollte. Und wenn ich einmal dran war, hörte ich nicht auf zu reden, weil ich so viel zu sagen hatte. Deswegen gewöhnte ich mir an, schnell zu sprechen. Bald galt ich als vorlaut und altklug und musste mir anhören, dass ich auf die anderen Kinder mehr Rücksicht nehmen sollte. Das verfestigte sich zu dem Glaubenssatz, dass *„man"* nur dann von anderen akzeptiert wird, wenn *„man"* sich zurücknimmt und dass die Bedürfnisse der Anderen Vorrang haben. Es hat funktioniert: Immer dann, wenn ich für andere da war, mich also selbstlos verhielt, bekam ich Anerkennung. In meinem Gehirn verknüpfte sich „Anerkennung" mit dem guten Gefühl des Gebrauchtwerdens. Was einem gut tut, versucht man immer wieder zu bekommen. Das haben wir unserem (evolutionär sehr alten) Belohnungssystem und dessen wichtigstem Botenstoff, dem Dopamin, zu verdanken. Ich entwickelte ein Helfer-Syndrom und wählte einen Helfer-Beruf. Ich verhielt mich viele Jahre „altruistisch", so wird selbstloses Verhalten im Gegensatz zum egoistischen Verhalten bezeichnet. Später habe ich erstaunt festgestellt, wie viele Bipolare auch das „Helfer-Syndrom" kennen und aus Helfer-Berufen kommen.

Erst in der Therapie ist mir klargeworden, dass ich mit dem Unterdrücken eigener Bedürfnisse indirekt und unwissentlich meine Manien getriggert habe. Das ist wie bei einem Dampfkessel. Wird der Innendruck zu groß, explodiert das ganze System. Meine Manien waren für mich wie diese Explosionen. Hier konnte ich den ganzen Druck rauslassen und so sein, wie es mir gefiel. Wie bei jeder Explosion, kann man jedoch auch diese Ausbrüche nicht gut kanalisieren, geschweige denn kontrollieren. (Das können nur unsere Mitochondrien, dazu später mehr). Problematisch waren die Schäden, insbesondere im zwischenmenschlichen Bereich, die diese Ausbrüche verursachten. Jeder hat bestimmte Erwartungen an sein Gegenüber. Werden diese enttäuscht, ist es schwer, das Geschehene und Gesagte wieder gut zu machen. Denn Verhalten wird immer mit Bewusstheit verknüpft. Es ist sehr schwer zu verstehen, dass Fehlverhalten aus Fehlsteuerungen des Gehirns entstehen kann und es nicht die fehlende Erziehung ist.

Gute Selbstfürsorge

Eine Lehre aus dem Prozess, meine eigenen Glaubenssätze zu hinterfragen war, dass ich gut für mich sorgen muss, damit sich gar nicht erst etwas an- oder aufstaut. Als erstes musste ich herausfinden, welche Bedürfnisse ich hatte, die nicht durch irgendjemand oder irgendetwas im Außen fremdbestimmt waren. Das war gar nicht so leicht.

Mir wurde dadurch klar, dass ich ein enormes Autonomiebedürfnis hatte und habe. Schon das Gefühl von Fremdbestimmung löst Anspannungen aus. Aufgaben erledigen und Anweisungen umsetzen zu müssen, deren Sinn sich mir nicht erschloss, machte mich einerseits hilflos und andererseits immer wütender. Weder das eine noch das andere durfte ich wegen meiner Pflichten aufgrund des Abhängigkeitsverhältnisses zeigen. Hilflosigkeit und Wut triggern Manien, unterdrückte Wut erst recht.

Ich habe erkannt, dass ich kein Mensch bin, der acht Stunden hintereinander am Stück, nur von kurzen Pausen unterbrochen, arbeiten kann. Nach drei bis vier Stunden Arbeit brauche eine längere Pause. Kann ich diese nicht nehmen, entleerten sich meine Energiespeicher zu schnell. Die Folgen waren Erschöpfung, Müdigkeit, Konzentrationsschwierigkeiten, Migräne, schlechte Laune, Gereiztheit – alles Trigger für Manien und Depressionen.

Heute weiß ich, dass unser Biorhythmus in einem 90-Minuten-Takt „tickt" und es deshalb ganz natürlich ist, regelmäßige Pausen zu brauchen. Ich habe dies auch daran gemerkt, dass ich etwa in diesen Rhythmus Hunger bekam und deshalb alle paar Stunden etwas essen musste. So kam ich auf fünf bis sechs Mahlzeiten am Tag. Seitdem ich bewusst auf meinen Körper achte, weiß ich, dass der Verzehr von Kohlenhydraten bei mir das Leistungstief beschleunigt, vertieft und Heißhunger hervorruft. Vor allem wenn ich Brot oder Kuchen gegessen habe, reagiert mein Blutzuckerspiegel mit stärkeren Ausschlägen. Nach einem Anstieg folgt die Unterzuckerung, welche die beschriebenen Folgen hatte. Anfangs wollte ich meinem eigenen Körpergefühl nicht trauen, deshalb habe ich meine Blutzuckerreaktion auf verschiedene Lebensmittel mit Hilfe eines Langzeit-Blutzucker-Messgerätes getestet, das man sich auf den Oberarm klebt, und konnte dadurch mein Gefühl verifizieren. Rückblickend bin ich heute der Meinung, dass die ständigen, jahrzehntelangen Blutzuckerschwankungen, die ich meinem

Stoffwechsel zugemutet habe, ihren Anteil daran hatten, dass meine Veranlagung für die Bipolare Störung zutage trat und ich depressiv und manisch wurde. Mein Verzicht auf diese Lebensmittel ist heute ein Baustein meiner Stabilität, aber nicht der einzige allein!

Des Weiteren stellte ich fest, dass ich gern spazieren gehe, um mich dabei mit jemanden zu unterhalten. So habe ich die eine oder andere Therapiestunde im Rahmen meiner Psychotherapie verbracht. Das war zwar unüblich, aber ich glaube, meine Therapeuten fanden diese Abwechslung auch ganz nett. Das war einer der Gründe, warum mein Mann und ich uns später einen Hund anschafften und seit dem jede Möglichkeit nutzen, gemeinsam mit ihm spazieren zu gehen. Dabei führen wir die besten Gespräche und sind immer wieder erstaunt, was wir uns alles zu erzählen haben, obwohl wir doch nun schon so lange verheiratet sind.

So habe ich in der Psychotherapie noch weitere nicht hilfreiche Glaubenssätze erkannt und versucht, diese zu ändern. Ich möchte Ihnen Mut machen, sich mit Ihren Mustern auseinanderzusetzen. Das hat nichts mit Selbstzerfleischung zu tun. Solche Muster und Glaubenssätze sind entstanden, weil wir sie irgendwann einmal für das Zurechtkommen brauchten. Im Leben kann es allerdings vorkommen, dass diese Ansichten und Verhaltensmuster uns im Hier und Jetzt im Wege stehen. Dann ist es Zeit, sich ihrer bewusst zu werden und zu ändern, was man ändern kann.

Der entscheidende Schritt aber war, dass ich mir **selbst die Erlaubnis** erteilt habe, gut für mich zu sorgen zu dürfen. Nur so konnte ich den Glaubenssatz, dass „man" seine Interessen nicht vor andere stellt, überwinden. **Gute Selbstfürsorge bedeutet, erst einmal gut für sich selbst zu sorgen. Erst dann kann ich für andere sorgen.** Ich hätte nie gedacht, welche Entlastung dieser Satz mir brachte.

Mit solch geänderten Glaubenssätzen kann ich ein Leben führen, das mir entspricht und das nach meinen Bedürfnissen ausgerichtet ist. Ich will damit nicht dem Egoismus das Wort reden. Auch hier geht es um ein „Sowohl als auch". Es gehört zum Zusammenleben dazu, dass man aufeinander Rücksicht nimmt. Das ist ein Geben und Nehmen, aber keine Einbahnstraße, weder in die eine noch in die andere Richtung. Ein gerechter Ausgleich der unterschiedlichen Interessen ist die Basis für eine dauerhafte Beziehung und eine funktionierende Gesellschaft. Ich musste erst lernen, beides in einem vernünftigen Maß zuzulassen.

Jetzt braucht meine Psyche die Manie nicht mehr, weil ich im Alltag dafür sorge, dass alle meine Persönlichkeitsanteile zu ihrem Recht kommen. Ich brauche die Depression nicht mehr, weil ich mit meiner Kraft gut haushalte und deshalb Überforderungen vermeide. Meine bipolaren „Monster" sind damit beherrschbar, sie sind entschärft, ich kann diese Anteile in mir kontrollieren. Sie sind aber nicht verschwunden. Ich bin achtsam und passe auf, dass nichts aus dem Ruder läuft.

Fremde Glaubenssätze

Es gibt auch Glaubenssätze, die wir von anderen übernehmen, ohne darüber großartig nachzudenken. Meist sind es Autoritäten wie Eltern, Lehrer oder Ärzte, die ihre Weisheiten wie einen kategorischen Imperativ formulieren. Eltern sagen: *„Das macht man nicht"*. Lehrer sagen: *„Das schreibt man so"* und Ärzte sagen manchmal Dinge, die tief ins Unterbewusstsein dringen und Einstellungen prägen.

Die Aussage: *„Die Bipolare Störung ist nicht heilbar"*, ist richtig und falsch zugleich. Diese Aussage ist die Begründung für eine angeblich lebenslang notwendige Medikamenteneinnahme. Sie impliziert: Man hat keine andere Chance. Richtig ist, dass die Störung die Anfälligkeit für Stimmungsschwankungen erhöht. Diese Vulnerabilität bleibt zeitlebens. Deshalb muss ich aber nicht das ganze Leben lang Tabletten nehmen. Wenn eine Störung keine Symptome mehr verursacht, ist sie dann noch eine Störung? Mich jedenfalls stört die Störung nicht mehr. Ich fühle mich wie genesen. Trotzdem ist die Empfindlichkeit für Stimmungsschwankungen nicht weg.

Die Aussage: *„Da kann man nichts machen“,* ist falsch. Sie zeigt nur, dass jemand nicht weiterweiß. Dann muss man die Antwort woanders suchen. Man kann **immer** „was machen“, um die eigene Lebensqualität zu verbessern.

Die Aussage: *„Man muss seine Krankheit annehmen und akzeptieren“,* ist für mich deshalb eine Kapitulationserklärung. Eine Zeit lang habe ich versucht so zu denken. Es war allerdings wider meine Natur, mich mit einem Status quo zufrieden zu geben, der meine Lebensqualität dermaßen einschränkt. Lassen Sie sich durch übernommene Glaubenssätze nicht entmutigen. Bleiben Sie neugierig! Haben Sie den Mut, zu hinterfragen und sich Neuem zu öffnen!

In einigen alten Religionen gibt es Anleitungen für die Sicht auf die Welt. Ich staunte, wie allgemeingültig die sieben heiligen Sätze der Huna-Religion[3] heute noch sind.

„The world is what you think it is“ – übersetzt: „Die Welt ist so, wie man sie sich vorstellt.“ Wenn ich glaube, dass nichts zu machen ist, dann werde ich auch nichts tun, um diesen Zustand zu verändern. Damit schwäche ich meine Selbstheilungskräfte.

„There are no limits“ – übersetzt: „Es gibt keine Grenzen.“ Nur dann, wenn ich mir diese selbst setze.

„All power comes from within“ – übersetzt: „Alle Macht kommt von innen.“ Schon Vera Birkenbihl, die berühmte Visionärin und Management-Trainerin, hat ausführlich über die Macht des Unterbewusstseins referiert. Diese Macht nicht zu nutzen wäre fatal. Auf YouTube können Sie einige Videos von Frau Birkenbihl finden. Es lohnt sich, diese anzuschauen.

„Ernergy flows where attention goes“ – übersetzt: „Die Energie folgt der Aufmerksamkeit.“ Das ist einer meiner Lieblingssätze. Wenn ich mich auf meine Genesung konzentriere, dann fließt alle Energie in die Gesundung und die Krankheit tritt in den Hintergrund. So kann Gesundheit im salutogenetischen Sinne entstehen. Dr. Ulrich Strunz hat dafür einen anderen Spruch: „Manchmal muss man daneben zielen, um ins Schwarze zu treffen,“ nachzulesen auf seiner Webseite www.strunz.com unter den News.[4]

„Now is the moment of power" – übersetzt: „Jetzt ist der Moment der Macht." Wie lange wollen Sie noch warten, um an Ihrer eigenen Gesundheit zu arbeiten? Morgen, übermorgen, warum nicht jetzt?

„Effectivness is the power of truth" – übersetzt: „Effektivität ist die Macht der Wahrheit." Also klotzen und nicht kleckern. Entzündungshemmende Maßnahmen brauchen eine bestimmte Menge, Beharrlichkeit und Vehemenz, um Effekte zu erzielen.

„To love is to be happy with" – übersetzt: „Lieben heißt, glücklich zu sein." Und Glück ist ein Moment, den man sich immer wieder neu schaffen kann, auch und gerade, wenn man eine Bipolare Störung hat.

Prof. Spitz, Begründer der Akademie für menschliche Medizin, erklärt es so:

Der Mensch ist ein sich selbst entfaltender,
sich selbst erhaltender,
sich selbst reparierender,
sich selbst regulierender,
sich selbst optimierender,
und sich selbst vermehrender
Super-Organismus – ein technisch unerreichtes Meisterwerk der Natur.[5]

Sich auf den Weg machen

Was nun?

Was kann man als Betroffener, als Nicht-Mediziner, als Laie tun, um seine Stabilität zurückzuerlangen, wenn man zu wenig hilfreiche Unterstützung von Fachleuten bekommt? So vielfältig, wie die gegenwärtigen Probleme bei der Behandlung von psychischen Erkrankungen sind, so breit ist auch das Spektrum möglicher Handlungsoptionen. Ich möchte Ihnen deshalb viele kleinere und größere Einzelmaßnahmen vorstellen. Wahrscheinlich wird keine von diesen allein den durchschlagenden Erfolg bringen. Doch eine Strategie hat sich bewährt: ausprobieren, testen und das, was funktioniert intensivieren. So schaffen Sie es, Ihren eigenen Weg hin zur Stabilität zu finden; ein Weg, der zu Ihnen und Ihren Bedürfnissen passt und mit dem Sie sich identifizieren können.

Das hört sich nicht nur langwierig an, ein langer Atem ist durchaus von Nöten! Manchmal steht man vor einem Berg von Problemen und hat das Gefühl, diesen niemals bewältigen zu können bzw. man fühlt sich von dem Berg an Aufgaben fast erschlagen.

Die Kunst besteht darin, den großen Berg in viele kleine Berge zu zerlegen, und jedes Problem für sich abzuarbeiten. So kann es gelingen.
Gerade, wenn viele Probleme auf einem lasten, kommt die Frage auf, mit welchem man beginnen soll. Meine Empfehlung ist: Nehmen Sie sich das Problem, welches für Sie aus aktueller Sicht am leichtesten zu bewältigen oder zu verändern ist.

Es ist wie bei einem Mobile, bei dem mehrere Figuren im Gleichgewicht schweben. Wenn Sie an einer Figur leicht ziehen, kommt das ganze System in Bewegung. So ähnlich verhält es sich auch mit Veränderungen im eigenen Leben.

In Gesprächen mit Betroffenen stelle ich immer wieder fest, dass viele – genauso wie ich – anfangs nicht für möglich hielten, dass etwa die eigene Ernährung starken Einfluss auf die Stimmung und den Antrieb haben kann. Auch treffe ich immer wieder auf die Erwartung, dass sich eine Bipolare Störung irgendwann von selbst erübrigt und man nur eine gewisse Zeit „aushalten" muss.

Bei einem Beinbruch mag das stimmen. Man wartet ab, bis der Knochen verheilt ist und alles ist wie früher. Nach meiner Erfahrung funktioniert dies bei psychischen Problemen jedoch nicht, schon gar nicht bei der Bipolaren Störung. Diese wird man nicht so einfach los. Doch dieser Wahrheit ins Gesicht zu blicken, verhalf mir zu einer wichtigen Erkenntnis: **Ich musste einsehen, dass ich nur über die Änderung meines Lebensstils die Chance bekommen würde, stabil zu werden und auch zu bleiben.**

Für mich lautete das Fazit nach acht Jahren Krankheit: Ich muss mein Leben nach der Störung ausrichten, also alles tun, damit ich stabil bleiben kann und alles lassen, was mich belastet oder triggert. Ich weiß, dass sich das leicht dahin schreibt und wie schwer es ist, einen solchen Weg dann wirklich konsequent umzusetzen.

Ich musste also eine Art Grundsatzentscheidung fällen: Will ich so leben, wie bisher und immer wieder Stimmungsschwankungen und Antriebsprobleme haben oder will ich dauerhaft stabil bleiben? Wenn ich das eine nicht will, bleibt mir nichts anderes übrig, als das andere zu tun.

Die ersten Schritte der Genesung

Der Weg zu diesem Ziel ist nicht einfach. Wenn Sie noch keine Erfahrung mit der Erkrankung haben, werden Sie vielleicht denken: „Irgendetwas ist da, ich weiß nicht recht, was", weil Sie noch nicht einschätzen können, wie lange es dauern wird, bis Sie Ihr altes Leben wiederhaben. Es entsteht vages Unbehagen und ein Bedürfnis nach **Klärung.** Viele Betroffene suchen bei einem Arzt Hilfe und bekommen Medikamente verschrieben. Je nachdem, ob sich Ihr Zustand verbessert oder nicht, kehren Sie in Ihr altes Leben zurück. Da Sie dieses Buch in die Hand genommen haben, vermute ich, dass Sie bislang noch nicht zufrieden sind.

Doch bleiben wir positiv: Der Wunsch nach Genesung manifestiert sich als ein **Motiv.**

Gehen Sie einen Schritt auf diesem Weg weiter, weil Sie sagen: „Ich will jetzt endlich etwas machen", haben Sie ein handlungswirksames **Ziel** für sich ins Auge gefasst. Auch das ist ein Teil des Weges.

Nun überschreiten Sie – bildlich gesprochen – den „Rubikon",[1] Sie verlassen den Bereich, indem Sie noch überlegen, passiv sind und sich noch nicht entschieden haben.

Das Ergebnis: Sie tun **etwas Konkretes** für sich: Sie nehmen vielleicht an einem Psychoedukations-Seminar teil, Sie machen eine Psychotherapie, Sie suchen sich eine Selbsthilfegruppe oder gründen selbst eine, Sie stellen Ihre Ernährung um, machen mehr Sport. Damit versetzen Sie sich selbst in die Lage, zielorientiert zu handeln. „Ich will und ich kann!" Sie nehmen das Heft wieder selbst in die Hand und das kann niemand anderes für Sie übernehmen.

Im fünften Schritt dieser Entwicklung **handeln** Sie so, dass Sie Ihrem Ziel immer näherkommen. Sie selbst ermächtigen sich und trauen sich zu, die lokalisierten Probleme zu überwinden. „Ich pack's!" wird dabei zum Mantra, auch wenn es vielleicht den einen oder anderen Rückschlag geben kann und wird. Der Glaube an die eigenen Stärken kann hier, im Sinne einer sich selbst erfüllenden Prophezeiung bereits sehr viel bewirken.

Diese fünf Motivationsschritte durchläuft jeder, bevor er wichtige Dinge in seinem Leben ändert. Dieses „Rubikon"-Modell geht auf Heinz Heckhausen und Peter M. Gollwitzer zurück. Die beiden Psychologen haben es entwickelt, um Menschen therapeutisch dabei zu unterstützen, ins **Handeln** zu kommen.

Es gibt also Unterstützer und Unterstützung auf dem Weg der Genesung. Prüfen Sie – nur für sich selbst- wo Sie auf diesem Weg im Moment stehen. Dann machen Sie den nächsten Schritt: Sie brauchen die Blumen, wie im Bild oben, nur noch zu pflücken.

In den nächsten Kapiteln wird es nun konkreter. Ich möchte Ihnen zeigen, warum und wie man seine „Moleküle der Gefühle" hegen und pflegen kann, um stabil zu werden.

Ein Mangel an Neurotransmittern hat viele Ursachen

Mir wurde von Psychiatern gesagt, es gäbe ein gestörtes Gleichgewicht der Neurotransmitter in meinem Gehirn, insbesondere einen Serotoninmangel. Deshalb müsse ich von nun an Tabletten nehmen.
Im folgenden Kapitel möchte ich Ihnen zeigen, dass es auch bei den Neurotransmittern verschiedene Gründe geben kann, wenn diese nicht so arbeiten, wie sie sollen. Ärzte verschreiben Psychopharmaka, die für bessere Gefühle und eine gute Stimmung sorgen sollen. Sie sollen einen Serotoninmangel oder einen Dopaminüberschuss ausgleichen, denn das Ungleichgewicht dieser Neurotransmitter wird für die Probleme verantwortlich gemacht. Mit den Medikamenten sollen die Botenstoffe, die Neurotransmitter, beeinflusst werden, z.B. in dem sie länger im synaptischen Spalt verbleiben, also länger wirken können, und nicht so schnell wieder in die Zelle zurück transportiert werden. Oder es sollen Dopaminrezeptoren geblockt werden, um den Patienten zu beruhigen. Die Benzodiazepine, ein Ersatzstoff für das körpereigene GABA, sollen an dessen Stelle das Entspannen, das Abstandgewinnen und zur Ruhe kommen ermöglichen.

Ich verstehe den Ansatz, er klingt logisch. Was ich aber nicht verstehe:

- Warum richtet sich die Therapie nicht darauf, dem Gehirn die Möglichkeit zu geben, die fehlenden körpereigenen Botenstoffe wieder herzustellen, ohne die vielen anderen möglichen Ursachen für das Ungleichgewicht der Neurotransmitter zu untersuchen und zu beheben?

- Wenn die Ursache für das Ungleichgewicht an einer anderen Stelle des Stoffwechsels liegt, was nützt dann ein Medikament, das auf Prozesse wirkt, die lediglich Folge diese Ursache sind?

Neurotransmitter sind chemische Botenstoffe

Das Gehirn ist wie ein leistungsstarker Hybridmotor und der größte Energieverbraucher unseres Körpers. Es nutzt Elektrizität und chemische Botenstoffe (Neurotransmitter), um uns denken, fühlen und handeln zu lassen. Die Energie kommt über die Nahrung oder aus den Speichern des Körpers und wird in elektrische Signale, sogenanntes Aktionspotential, vergleichbar mit winzigsten Blitzschlägen umgewandelt. Wenn Neuronen feuern, stimulieren sie auch andere Nervenzellen und so setzt sich das Signal fort. Es entstehen koordinierte Netzwerke, die jeweils eine bestimmte Gehirnfunktion ausführen.

Der Funke springt aber nicht einfach so von Zelle zu Zelle über, dann wäre er nicht steuerbar und alles ginge heillos durcheinander. Geordnetes Denken wäre gar nicht möglich. Das Aktionspotential rast mit ca. 95 km/h an den Nervenfortsetzen (Axonen) entlang. Bei sehr dringlichen Signalen können auch 432 km/h[1] erreicht werden. Solche Geschwindigkeiten sind nur möglich, weil die Axone von aus Fett bestehenden Myelinscheiden ummantelt sind.

Am Endstück, der Synapse, warten Moleküle darauf, aktiviert zu werden. Durch den Ministrom, der in der Synapse ankommt, wird eine Pumpe angeschaltet, die Calcium in die Nervenzelle hineinströmen lässt. Das Calcium aktiviert diese Moleküle, die in kleinen Blasen (Vesikel) ruhen.

Diese im Vesikel ruhenden Moleküle werden Botenstoffe oder Neurotransmitter genannt, weil sie wie ein Bote das Signal von einer Nervenzelle zur anderen tragen. Die Nervenzellen sind nämlich nicht fest miteinander verbunden, sondern durch einen schmalen Spalt getrennt.
Der Spalt wird Synapse genannt und ist in der Regel 20 nm breit. Das sind 0,00002 mm. Um diesen zu überwinden, sind die Botenstoffe nötig, die auf biochemischem Weg das Signal weiterleiten. Der Transport dauert manchmal nur Sekunden, u.a. damit wir auf eine bedrohliche Situation schnell reagieren können. Manchmal dauert er Minuten, zum Beispiel, wenn wir eine schwierige Mathematikaufgaben lösen müssen.

Je nach Aufgabe gibt es unterschiedliche Neurotransmitter. Die Botenstoffe bestimmen, ob das Signal die nachfolgende Zelle stimuliert und aktiviert oder beruhigt und hemmt. Nachdem die Neurotransmitter ausgeschüttet und ihre Aufgabe der Reizweiterleitung erfüllt haben, inaktivieren spezifische Enzyme den Transmitter, sodass er abgebaut werden kann.[2]

Jede Nervenzelle produziert nur einen einzigen Typ von Neurotransmittern. Candace B. Pert, Medizin-Professorin an der Georgetown-Universität Washington, schrieb darüber 1999 ein vielbeachtetes Buch mit dem Titel „Die Moleküle der Gefühle. Körper, Geist und Emotionen".

Wir haben immer ein bestimmtes Grundlevel an Neurotransmittern im Gehirn. Wenn aber eine Notsituation eintritt, z.B. wenn in alter Zeit der Säbelzahntiger um die Ecke kam oder in der heutigen Zeit plötzlich jemand uns die Vorfahrt nimmt, müssen in wenigen Millisekunden ausreichend Adrenalin und Noradrenalin hergestellt werden, um entweder schnell wegzulaufen oder kräftig auf die Bremse treten zu können.

In unserem Gehirn läuft dabei eine Entscheidungskaskade ab. Der äußere Reiz, z.B. der Anblick eines Säbelzahntiger wird über Nervenbahnen und Neurotransmitter an das Gehirn geleitet. Dort wird entschieden, ob der Säbelzahntiger ein niedliches Schmusekätzchen ist oder doch eher furchterregend und gefährlich. Wurde entschieden, dass Gefahr droht, wird der Neurotransmitter Adrenalin über den Sympathikus aktiviert. Gleichzeitig wird über die Stressachse in Windeseile der Blutdruck erhöht, die Konzentration auf das Ereignis gelenkt und über einen Anstieg des Blutzuckers schnelle Energie bereitgestellt.

Andere Stoffwechselvorgänge werden dafür heruntergefahren, damit sie nicht auch noch Energie abzapfen. Das sind z.B. das Immunsystem oder die Verdauung, die blitzschnell in den „Stand-Bye-Modus" versetzt werden. Ist der akute Stress vorbei, geht alles wieder in den Normalzustand zurück. Dieses uralte Muster sicherte uns das Überleben.

Daran wird auch verständlich, warum Dauerstress so schädlich ist. Tritt dieser auf, bleiben die heruntergefahrenen Systeme über lange Zeit im „Stand-Bye-Modus". Dringt dann beispielsweise ein Virus in den Körper ein, trifft es auf ein geschwächtes Immunsystem und hat leichtes Spiel.

Besonders interessant finde ich den Zusammenhang zwischen Stress, Cortisol und Progesteron. Ist der Progesteronspiegel z.B. durch die Einnahme der „Pille" oder eine Eileiter-Sterilisation schon niedrig und tritt dann eine Stressbelastung, egal welcher Art, auf, muss der Körper mehr Cortisol bereitstellen, um sich vor den negativen Folgen des Stresses zu schützen. Dafür wird Progesteron in Cortisol umgebaut. Das Progesteron fehlt dann für andere Abläufe und es kommt zu einem Progesteronmangel, der wiederum zu einer Östrogendominaz führt. Diese Dominanz führt zu Wechseljahresbeschwerden, zu denen auch Stimmungsschwankungen, Reizbarkeit und depressive Verstimmungen gehören. Hier stimmt die These von einem Ungleichgewicht tatsächlich, allergings handelt es sich um ein hormonelles Ungleichgewicht.

Ist die Gefahr vorbei, verschwinden diese Botenstoffe nicht einfach irgendwo im Nirvana, sondern werden aus dem synaptischen Spalt in die Zelle zurück transportiert und dort für ihren nächsten Einsatz aufbewahrt. Der Teil, der über das gerade benötigte Level hinausgeht, wird abgebaut, also in seine Bestandteile zerlegt. Manchmal werden die Ausgangsstoffe für andere Strukturen recycelt oder ausgeschieden.

Was aus meiner Erfahrung in der Psychiatrie nur sehr selten berücksichtigt wird, ist, dass einige Neurotransmitter auch wie **Hormone** wirken und dass sich Neurotransmitter und Hormone gegenseitig beeinflussen. Neurotransmitter wirken in einem neurochemischen Prozess zwischen zwei Nervenzellen und werden durch Gehirnaktivitäten aktiviert. Hormone hingegen entfalten ihre Wirkung im Blut und beeinflussen wiederum die Ausschüttung von Botenstoffen. Die Funktionen von Hormonen und Neurotransmittern greifen ineinander und beeinflussen sich gegenseitig.[3]

Wie gerade beschrieben steht der Neurotransmitter-Stoffwechsel in engem Zusammenhang mit den Hormonen Progesteron und Östradiol und verändert sich zyklisch – und das sowohl bei der Frau als auch beim Mann. Damit hat dieses Zusammenspiel nicht nur Einfluss auf das Hormondrüsensystem, sondern auch auf das vegetative Nervensystem, die Psyche und das zentrale Nervensystem. Wie ich bereits im Kapitel „Über mein Kranksein" schrieb, sind das richtige Verhältnis dieser Hormone ein Teil meiner Stabilität.

Zu den hemmenden Neurotransmittern gehören Serotonin und GABA (siehe unten)
Zu den aktivierenden, beschleunigenden Neurotransmittern bzw. Hormonen gehören Cortisol (Hormon), Glutamat (Neurotransmitter), Dopamin, Histamin, Adrenalin und Noradrenalin (jeweils Neurotransmitter und Hormon).[4]

Die wichtigsten Neurotransmitter
Im Folgenden möchte ich die für Stimmung und Antrieb wichtigsten Neurotransmitter vorstellen:

Dopamin: ist der Antreiber, der uns Vorhaben umsetzen lässt. Es macht Vorfreude und weckt den Entdeckerdrang. Ohne Dopamin gibt es keine Weiterentwicklung. Es ist der wichtigste Neurotransmitter des Belohnungssystems, welches uns glücklich macht. Dank Dopamin merken wir uns, wo wir gutes Essen „gefunden" haben und welche Nahrung uns gutgetan hat, denn das bringt seit jeher einen Überlebensvorteil mit sich. Diese Stellen suchen wir immer wieder auf und diese Nahrung wollen wir bevorzugt wieder haben. Haben Sie sich auch schon einmal geärgert, weil in Ihrem Supermarkt die Regale umgeräumt wurden und Sie jetzt nichts mehr finden? Ihr Gehirn muss sich neu orientieren und das kostet Energie. Dopamin sorgt dafür, dass wir neugierig auf den nächsten Tag sind und morgens aus dem Bett kommen. Im Stress lässt es uns den Überblick wahren und wir können mehrere Dinge gleichzeitig tun.

Wenn Dopamin fehlt, ist man lust- und antriebslos. Tägliche Aufgaben fallen schwer. Es stellen sich unerklärliche Ängste ein.

Noradrenalin: ist der Motivator, der hilft bei der Sache zu bleiben, sich zu konzentrieren. Dieser Botenstoff hilft, das geistige Durchhaltevermögen aufzubringen, um unsere Ideen auch längerfristig in die Tat umzusetzen. Etwas despektierlich gesagt, lässt sich Noradrenalin als der körpereigene „Tritt in den Hintern" bezeichnen. Es wird in nur einem Stoffwechselschritt aus Dopamin gebaut und erst beide Neurotransmitter zusammen lassen uns unsere Ziele und Ideen umsetzen. Wir strotzen vor Optimismus, Zufriedenheit, Motivation und verfügen auch über ein besseres Gedächtnis und gesteigerte Konzentration.

Wenn Noradrenalin fehlt, bekommen wir nichts mehr auf die Reihe, trotz vieler Ideen. Diesen Zustand kenne ich aus meinem Manien.

Adrenalin: ist die „Schwester" des Noradrenalins. Es ist der Stoff, der uns in einem Bruchteil von Sekunden in den Flucht- oder Kampf-Modus versetzt. Es ist für die schnelle Reaktionsfähigkeit und Auffassungsgabe verantwortlich.

Serotonin: ist das „Chefhormon". Es sorgt für eine Grundzufriedenheit mit dem Leben, für Gelassenheit und Optimismus. Es verschafft uns Ruhe, Ausgeglichenheit, Überblick und Zufriedenheit und das Glücksgefühl, nach dem wir uns alle sehnen. Menschen mit guten Serotoninspiegeln wirken, als ob sie über den Dingen stehen und sie lassen sich von nichts so einfach erschüttern.

Wenn dieser Botenstoff fehlt, ist man schnell erschöpft, hat Probleme beim Ein- und Durchschlafen, ist lustlos und müde, man kann sich nicht mehr richtig freuen und hat ans nichts mehr Spaß. Man findet jedoch keinen Grund für die schlechte Stimmung und grübelt häufig, besonders nachts.

Gamma-Aminobuttersäure (GABA): ist der wichtigste hemmende (inhibitorische) Neurotransmitter, den wir haben. „Kein Neurotransmitter kommt so häufig in unserem Nervensystem vor – etwa 1000-fach häufiger als Noradrenalin und Dopamin."[5] Er wird von ungefähr 20 % aller Neuronen freigesetzt. Ohne ihn könnten wir nicht zur Ruhe kommen.

Wer schon einmal Diazepam, besser bekannt als Valium®, oder Lorazepam, besser bekannt als Tavor®, bekommen hat, weiß, wie GABA wirkt. Die Benzodiazepine, zu denen diese Wirkstoffe gehören, imitieren nämlich den Wirkmechanismus von GABA. Meist sind sie aber so dosiert, dass ihre Wirkung stärker ist und schneller eintritt. Deshalb haben diese Wirkstoffe auch das Potential, abhängig zu machen. „Benzos" sind für viele Bipolare ein Notfallmedikament, weil es als Schmelztablette unter die Zunge gelegt, in wenigen Sekunden wirkt.
GABA bremst die Reizweiterleitung ab und wirkt damit wie ein Filter gegen Reizüberflutung. Man kann es vielleicht mit einer Milchglasscheibe vergleichen. Sie lässt zwar Licht hindurch, aber es wirkt abgedämpft.

Ohne GABA könnten wir nicht schlafen. Melatonin, das Dunkel- und Schlafhormon, das aus Serotonin gebildet wird, ist vor allem für das Einschlafen zuständig. „GABA ist für das Durchschlafen ab morgens zwei Uhr verantwortlich. Wenn GABA fehlt, liegen wir oft ab zwei oder drei Uhr wieder wach und können nur schwer wieder einschlafen."[6] Es sorgt auch für die Muskelentspannung in der Nacht.

Fehlt GABA wird uns alles schnell zu viel, zu laut, zu hektisch, zu grell. Man fährt schnell aus der Haut und der kleinste Anlass wird zum großen Drama. Aber auch Symptome, wie sie bei gemischten bipolaren Zuständen auftreten, wie z.B. innere Unruhe und Zappeligkeit, weisen auf einen GABA-Mangel hin. Ich halte es daher für wahrscheinlich, dass bei einer Manie nicht nur das Dopamin zu hoch, sondern dass vor allem die Gamma-Amino-Buttersäure im Mangel ist. Da nützt ein Dopaminblocker allein dann nicht viel. Besser wäre es, diesen mit einem Benzodiazepin zu ergänzen.

Wenn eine Manie erst im Entstehen ist, könnte man mit den Stoffen gegensteuern, die dem Gehirn helfen, ausreichend GABA zu produzieren. Dafür braucht es als Ausgangsstoff Glutamin, Vitamin B3, B6, Zink und Mangan. Die Aminosäure Glycin, von der später noch die Rede ist, kann hier ebenfalls helfen. Außerdem ist eine strikte Reizabschirmung und eine reizarme Umgebung wichtig.

Glutamat: ist der wichtigste erregende (exzitatorische) Neurotransmitter im Gehirn. Es stimuliert außerdem die Bildung von Dornenfortsätzen auf den Nervenzellen, was die Kommunikation zwischen den Nervenzellen verbessert. Deshalb ist es an der Lern- und Gedächtnisleistung beteiligt. Es wird aus Glutamin mit Hilfe von Vitamin B3 in nur einem Schritt zu GABA umgebaut. So hängen erregende und hemmende Neurotransmitter eng zusammen. Sie brauchen sich gegenseitig und ihr Verhältnis zueinander muss stimmen.

„Wird unter Dauerstress zu viel davon produziert, führt es zu Unruhe und Angststörungen."[7] Die Überstimulation von Glutamat führt zu einer Überproduktion von GABA. Das ist der Grund, warum Menschen mit entsprechender Sensibilität für diese Stoffe eine Bipolare Störung mit schnellen Phasenwechsel entwickeln können. Auch die Depression zeigt häufig Symptome, die eigentlich gar nicht zueinander passen, nämlich sowohl Antriebsschwäche als auch innere Unruhe. Davon hatte ich bereits im letzten Kapitel ausführlicher berichtet.

Im Kapitel zur Geschichte der Psychiatrie hatte ich berichtet, dass Abram Hoffer dem Thema Vitamin B3 ein ganzes Buch gewidmet hat. Es trägt den Titel „Niacin in der Behandlung". Hoffers Erfolge bei der Behandlung von Menschen mit psychischen Beeinträchtigungen, die er vor allem mit Vitamin C und B3 erreichte, beruhen vielleicht auf den oben beschriebenen Mechanismen.

Es gibt noch viele weitere Neurotransmitter, wie z.B. Oxytocin und Histamin. Sie alle zusammen bestimmen das Konzert im Gehirn. Die individuelle Mischung der „Moleküle der Gefühle" macht jeden Menschen einzigartig.

Wenn Sie noch mehr über die körpereigenen Glückshormone erfahren möchten, empfehle ich Ihnen das Buch „Natürlich high"[8] von Kyra und Sascha Kauffmann, aus dem ich einige der obenstehenden Zusammenhänge entnommen habe.

Gründe für ein Ungleichgewicht

Als Erklärung für psychiatrische Störungen wird ein chemisches Ungleichgewicht bei den Neurotransmittern im Gehirn verantwortlich gemacht.[9] Woher dieses Ungleichgewicht aber kommt und was das eigentlich genau heißt, wird meist nicht erklärt.

Es ist eben nicht nur der Serotoninmangel oder der Dopaminüberschuss, der zu einem Ungleichgewicht führt, es gibt eine Reihe von weiteren möglichen Ursachen:

- Es fehlt an den nötigen **Ausgangsstoffen,** den Aminosäuren, mit der Folge, dass die nötige Menge an Botenstoffen nicht ausreichend gebaut werden kann.[10]

  Mit anderen Worten: *„Wenig Zutaten – kleiner Kuchen"*

- Es fehlt an den nötigen **Cofaktoren,** mit der Folge, dass die nötige Menge an Botenstoffen nicht ausreichend zusammengebaut werden kann. So benötigt z.B. die Tryptophanhydroxylase 2 (TPH2) – das Enzym, das Tryptophan zu Serotonin umwandelt – als einen der Cofaktoren Vitamin D.[11] Deshalb ist ein guter Vitamin-D-Spiegel für jeden Menschen mit psychischen Problemen wichtig.

  Mit anderen Worten: *„Fehlt eine Zutat, schmeckt der Kuchen nicht"*

- Es gibt kleine **genetische Abwandlungen,** sogenannte Polymorphismen, die den Kanal, durch den das Calcium in die Zelle strömt, um die Vesikel zu aktivieren, leicht verändern und dadurch die intrazelluläre Calcium-Signalübertragung, aber auch die Arbeit der Mitochondrien oder des endoplasmatischen Retikulums verändern.[12]

  Mit anderen Worten: *„Die Backtemperatur ist für diesen Kuchen nicht optimal"*

- Die **Mitochondrien** im Gehirn arbeiten nicht korrekt, sie sind dysfunktional. Das liegt u.a. an einem verringerten pH-Wert und erhöhter Laktatwerte, die dazu führen, dass sich der Energiestoffwechsel zur anaeroben Glykolyse (Glukoseabbau) verschiebt, wodurch die Effizienz und der Gesamtenergieausstoß sinken. Für die Einstellung eines optimalen pH-Wertes in den Mitochondrien wird Taurin benötigt. (mehr zu Taurin weiter unten). „Forscher haben vorgeschlagen, dass manische und depressive Zustände zumindest teilweise durch die Versuche des Gehirns verursacht werden können, dieses pH-Ungleichgewicht durch eine Überaktivierung monoaminerger Systeme zu korrigieren, was bekanntermaßen den intrazellulären pH-Wert zumindest in den Neuronen des Hippocampus erhöht."[13] Zu den Monoaminen gehören Dopamin, Serotonin, Noradrenalin, Adrenalin und Histamin. Die Überaktivierung führt zur Manie, diese verbraucht die letzten Energiereserven und löst häufig eine Depression aus.

  Mit anderen Worten: *„Es steht zu wenig Energie zur Verfügung, um den Kuchen zu backen."*

- Es gibt kleine genetische Abwandlungen, sogenannte Polymorphismen, die den **Auf- und Abbau der Neurotransmitter beschleunigen oder verlangsamen.**

  Mit anderen Worten: *„Entweder der Kuchen geht zu schnell oder er geht zu langsam oder gar nicht"*

- Es gibt Polymorphismen, welche die **Transporter,** die die Botenstoffe zum Rücktransport in die Zelle wiederaufnehmen, so verändern, dass diese nicht mehr korrekt an ihren Rezeptoren andocken. Das ist ungefähr so, als ob der Schlüssel nicht mehr richtig ins Schloss passt und deshalb mehr Kraft erforderlich ist, um die Tür zu öffnen. Dann braucht es mehr Energie oder mehr Stoff, um den Transport in die Zelle zu bewerkstelligen. Es kann sogar passieren, dass einiges draußen bleibt.

  Mit anderen Worten: *„Die Kuchenform passt nicht."*

- Es gibt Störungen im Darm, wie zum Beispiel das Reizdarmsyndrom, das die Aufnahme von Neurotransmitter-Vorstufen wie Tryptophan und Tyrosin behindern.[14] Funktioniert die Anlieferung von Ausgangsstoffen nicht mehr, hat das Gehirn zu wenig von diesen.

  Mit anderen Worten: *„Was nicht geliefert wird, kann nicht verwendet werden."*

- Werden zu wenige **Ballaststoffe** gegessen, können die Darmbakterien nicht genug Neurotransmitter bzw. deren Vorstufen herstellen. Die meisten unserer Neurotransmitter werden von Darmbakterien produziert. So produzieren beispielsweise Lactobacillus-Arten Acetylcholin und GABA; Bifidobacterium-Arten synthetisieren ebenfalls GABA; Escherichia produziert Noradrenalin, 5-HT und Dopamin; Streptococcus und Enterococcus synthetisieren 5-HT; und Bacillus-Arten produzieren Dopamin und Noradrenalin.[15] Die Darmbakterien ernähren sich von den unverdaulichen Bestandteilen unserer Nahrung.

Mit anderen Worten: *„Wenn unsere Darmbakterien Ausgangsstoffe liefern, die wir nicht selbst herstellen können, müssen wir uns um deren Wohlergehen genauso kümmern, wie um uns selbst."*

- Neuere Studien weisen darauf hin, dass die Bipolare Störung möglicherweise nur deshalb zu einer Fehlregulierung von Serotonin, Dopamin, Adrenalin und Noradrenalin führt, weil eine **Dysfunktion der Darm-Hirn-Achse** vorliegt.[16] Die eigentliche Ursache für die Bipolare Störung liegt also gar nicht im Gehirn, sondern im Darm bzw. auf dem Weg vom Darm ins Gehirn.

  Mit anderen Worten: *„Der Kuchen kann nicht gelingen, weil die Zutaten gar nicht die Inhaltsstoffe enthalten, die nötig wären."*

Höchstwahrscheinlich gibt es noch weitere Mechanismen, die noch gar nicht erforscht sind. All diese möglichen Ursachen werden nicht in Betracht gezogen, geschweige denn durch Messungen untersucht und festgestellt.

Und schon gar nicht werden genetische Untersuchungen gemacht, um herauszufinden, ob vielleicht Enzyme zu schnell oder zu langsam arbeiten, die ebenfalls zu einem Ungleichgewicht der Neurotransmitter führen können.

Aus meiner Sicht ist das einer der Gründe, warum Psychopharmaka nicht bei jedem gleich wirken. Es kann für ein Symptom eben sehr unterschiedliche Ursachen geben.

Neurotransmitter bestehen aus Aminosäuren

Die „Moleküle der Gefühle" bestehen aus Aminosäuren. Einen großen Teil davon müssen wir über die Nahrung aufnehmen, denn diese sind essenziell. Der Körper giert täglich förmlich danach.

Aminosäuren sind die kleinsten Bauteile von all dem, was wir umgangssprachlich als „Eiweiße" oder „Proteine" bezeichnen. Es gibt 21 verschiedene. Die Aminosäuren liefern die Bausteine für alle Körperstrukturen: Gehirn, Haut, Organe. Auch alle Botenstoffe für das Gehirn sowie das Immunsystem bestehen aus Aminosäuren.

In einem YouTube-Video der Plattform „Dinge erklärt – kurz gesagt" fand ich eine schöne Metapher, mit der *„die komplexeste Sprache der Welt"*, nämlich die der Aminosäuren erklärt wird. Hier ein kleiner paraphrasierter Auszug:

Aminosäuren sind winzige organische Moleküle, die man sich wie Buchstaben vorstellen kann. Das Aminosäuren-Alphabet hat 21 Buchstaben. Setzt man mindestens 50 von ihnen zusammen, entsteht ein Protein, was in der Sprache des Lebens einem Wort entspricht. Das Wort könnte zum Beispiel die Bedeutung: „aufspalten" haben. Setzt man viele dieser Proteinwörter zusammen, ergibt das einen Satz, auch „Pathway" (Pfad oder Weg) genannt. Dieser Satz könnte zum Beispiel lauten: „Aufspalten, was im Magen liegt"

Deutsche Muttersprachler haben in etwa einen aktiven Wortschatz von 12.000 bis 15.000 Wörtern und einen passiven Wortschatz von 50.000 Wörter. Johann Wolfgang Goethe verwendete nachweislich ca. 92.000 verschiedene Wörter in seinen Werken. Die Sprache des Lebens hat geschätzte 20.000 Proteinwörter mit unterschiedlicher Länge.

Die durchschnittliche Länge eines deutschen Wortes beträgt je nach Zählweise zwischen 5 und 14 Buchstaben, da wir Meister der Zusammensetzungen sind. Eines der längsten Wörter mit 44 Buchstaben ist ein solches zusammengesetztes Wort: „Aufmerksamkeitsdefizit-Hyperaktivitätsstörung", meist verwendet mit der Abkürzung ADHS.

Menschliche Proteine (Wörter) bestehen aus durchschnittlich 375 Aminosäuren (Buchstaben), das entspräche einem Wort, das vier bis fünf Zeilen umfasst. Das längste Protein hat sogar 30.000 Aminosäuren-Buchstaben. Solche langen Wörter kann kein Mensch mehr verstehen, denn ein Wort, das aus dreißigtausend Buchstaben besteht, ist ca. fünfzehn A4-Seiten lang.

Diese langen Proteine (Wörter) bestehen aber trotzdem nur aus 21 verschiedenen Aminosäuren (Buchstaben). Man kann sich gut vorstellen, dass die konkrete Abfolge dieser 21 Aminosäuren (Buchstaben) sehr unterschiedlich und variabel sein kann. Um das zu veranschaulichen, lesen Sie mal das Wort „Lagerregal" von hinten. Ja, es ist richtig. Dieses Wort kann man von vorn und von hinten lesen. In der Sprache der Aminosäuren wäre dieses Protein-Wort an beiden Enden gleich einsetzbar. Anders bei dem Wort „Liebe". Wird hier nur ein Buchstabe getauscht, entsteht z.B. das Wort „Liege" oder „Diebe" oder „Siebe". Jedes neue Wort hat eine andere Bedeutung.

Da in den langen Proteinwörtern durchschnittlich 375 Aminosäuren wie bunte Perlen aneinanderhängen, könnten theoretisch $6{,}8 \times 10^{495}$ verschiedene Proteinwörter gebildet werden. So unvorstellbar ist die komplexeste Sprache des Lebens. Deshalb geht man davon aus, dass jedes Protein eine einzigartige Abfolge von Aminosäuren hat.

Wir essen Proteine wegen der Aminosäuren

Die essenziellen Aminosäuren müssen wir essen. Es gibt sie in der Natur aber nicht einzeln, sondern als komplexe Gebilde, die wir Fleisch, Fisch, Eier oder Hülsenfrüchte und Nüsse nennen. Wir müssen Proteine nicht wegen der Proteine essen, sondern **wegen der Aminosäuren,** um Gehirnmasse, Organe, Muskelmasse usw. aufzubauen.

Diese kann der Darm nicht als Ganzes aufnehmen, sondern muss die langen Ketten bis auf die einzelne Aminosäure zerlegen. Wie neuste Forschungen zeigen, passiert das nicht bei allen Proteinen, sondern es bleiben auch bioaktive Peptide erhalten, das sind kurze Ketten von bis zu 20 Aminosäuren. Diesen Peptiden schreibt man eine wahrscheinlich stärkere Auswirkung auf den Stoffwechsel zu, als man bisher dachte, da sie wie Signalmoleküle wirken. Das beruhe vor allem darauf, dass jedes Protein eine einzigartige Abfolge an Aminosäuren mitbringt, die der Körper erkennen könne. Tierisches Protein ist am leichtesten biologisch verfügbar, weil die Muskeln von Tieren in Funktion und Aufbau den menschlichen Muskeln entsprechen und daher den richtigen Mix an Aminosäuren liefern. Anders als Fett und Kohlenhydrate können die Aminosäuren direkt zum Aufbau der Muskelmasse genutzt werden[1]. Diese Erkenntnis ist unabhängig davon, ob ich das persönlich gut finde oder nicht oder ob gerade die eine oder andere Ernährungsform in Mode ist. Missachte ich solche grundlegenden Funktionsweisen, brauche ich mich über Konsequenzen nicht wundern, auch in Bezug auf die Psyche.

So kann das richtige oder falsche Essen tatsächlich direkt auf die Stimmung und den Antrieb wirken. Aus meiner Sicht sollte jeder, der mit psychischen Problemen kämpft, gut über seine Aminosäuren informiert sein. Das kann man durch eine Messung des Aminogramms erreichen. Eine andere Möglichkeit wenigstens seine Aufnahme festzustellen, ist das Führen eines Ernährungstagebuchs. Hier wird eine Woche lang alles aufgeschrieben, was man gegessen und getrunken hat. Mit Hilfe der frei zugänglichen und kostenlosen Datenbank www.fddb.info oder Apps wie z.B. „Yadzio" kann man die aufgenommene Menge an Eiweiß ermitteln. Es sollten mindestens 0,8 g pro Kilogramm Körpergewicht sein, besser wäre sogar 1 Gramm/kg täglich.

In einer Studie aus dem Jahr 2021 wollten Forscher herausfinden, ob eine Supplementierung mit essenziellen Aminosäuren das Gehirn älterer Menschen vor Demenz schützen könne. Sie konnten nachweisen, dass „eine eiweißarme Ernährung zu einer herunterregulierten Expression synaptischer Komponenten"[2] führt. Das heißt nichts anderes, als dass auch die Synapsen auf eine ausreichende Eiweißzufuhr angewiesen sind.

Durch die Behandlung mit einer spezifischen Aminosäuren-Mischung, welche die Forscher LP7 nannten, wurde nicht nur das Hochregulieren der entzündungsassoziierten Genexpression unterdrückt, sondern „darüber hinaus wurden die Kynureninwerte, ein Initiator eines Weges, der neuroinflammatorische Gliose und Neurotoxizität im Gehirn auslöst, durch die Behandlung gesenkt, indem die Aufnahme von Kynurenin im Gehirn gehemmt wurde".[3]
Auch wenn psychische Erkrankungen und die neurodegenerative Demenz unterschiedliche Erkrankungen sind, gibt es gemeinsame Wirkmechanismen. So ist auch die Depression ursächlich eine stille Entzündung des Gehirns. Im Tryptophanstoffwechsel, den ich weiter unten noch genauer beschreibe, spielt das Kynurenin eine wichtige Rolle. Es ist ein Entzündungsförderer.

Die Forscher bewiesen, dass auf molekularer Ebene die Aminosäuren Entzündungen im Gehirn hemmten. Auf diese Weise konnten sie das Absterben von Nervenzellen reduzieren, die neuronale Vernetzung steigern und die Gehirnfunktion verbessern. „Unsere Ergebnisse unterstreichen die Bedeutung spezifischer Aminosäuren als systemische Mediatoren der Gehirnhomöostase gegen neurodegenerative Prozesse."[4] Diese LP7-Aminosäuren bestehen aus Leucin, Phenylalanin, Lysin, Isoleucin, Histidin, Valin und Tryptophan. Sie unterscheiden sich von der bekannten Aminosäuren-Zusammensetzung MAP® (Master Amino Acid Pattern) in den mengenmäßigen Anteilen. Außerdem sind nur sieben statt acht Aminosäuren enthalten.

Wer besonders für die Gesundheit seines Gehirns sorgen will, kann sich an diese Aminosäuren-Mischung halten. Diese Mischung stimmt mit den Verhältnissen der Einstromrate der verschiedenen essenziellen Aminosäuren in das Gehirn überein und liefert damit eine für das Gehirn ideale Zusammensetzung. Am Tag werden 1,55 g Leucin, 1,41 g Lysin, 1,1 g Phenylalanin, 430 g Isoleucin, 270 mg Valin, 195 mg Histidin und 35 mg Tryptophan benötigt.

Auch für die Regeneration über Nacht sind Aminosäuren notwendig. Damit wir in der Nacht regenerieren können, schüttet die Hypophyse große Mengen des Wachstumshormons Somatropin (Human Growth Hormone, kurz: HGH) aus. Der Begriff „Wachstum" ist in diesem Zusammenhang bei Erwachsenen eher als „Regeneration" zu verstehen. Deshalb wird es manchmal auch als „Jungbrunnen-Hormon" bezeichnet. Bei Kindern bewirken die gleichen Mechanismen tatsächlich das Wachstum.

HGH wirkt geweberegenerierend – aber seine Hauptaufgabe besteht darin, in der Leber die Bildung von IGF1 (Insulin-like Growth Factor) zu stimulieren. IGF1 ist ein weiteres Wachstumshormon. Es regt die Zellteilung und das Zellwachstum an. Es hilft Zellen zu überleben und sich zu differenzieren, mit anderen Worten „erwachsen" zu werden. Deshalb braucht auch das Gehirn IGF1. „Wachstumshormone, sowohl HGH, als auch IGF, wirken wie Balsam auf Ihre Körperzellen. HGH ist der Grund, warum Sie morgens ausgeruht und frisch aufwachen. Dieses Hormon flickt Sie wieder zusammen."[5]

IGF1 kann man selbst beispielsweise durch den Gehalt an Nahrungsprotein stimulieren. Zu wenig Protein in der Nahrung ist ein Auslöser für einen IGF1-Abfall. Der Gute-Nacht-Tiefschlaf, bei guter Tryptophan-Versorgung, hilft über HGH, IGF1 zu stimulieren. Noch besser funktioniert Sport: Tierstudien zeigen, dass Sport die IGF1-Level in sämtlichen Bereichen des Gehirns erhöht und möglicherweise dauerhaft sowohl den Blutspiegel von IGF1 erhöht als auch seine Wirkung verbessert. Das dürfte ein wichtiger Grund sein, warum Sport vor kognitivem Verfall schützt.[6]

Zusammenfassend kann man feststellen, dass ohne Aminosäuren das Leben nicht funktioniert. Ist man nicht optimal versorgt, funktioniert das Leben nicht optimal. Man fällt nicht gleich tot um, wenn man zu wenig Aminosäuren hat, aber es stellen sich zunehmend Malaisen ein, auch psychischer Art wie Stimmungsschwankungen und Antriebsprobleme. Das veranschaulicht, warum wir auf eine ausreichende Zufuhr angewiesen sind.

Wichtige Aminosäuren für die Stimmung

Hier ein kurzer Steckbrief der wichtigsten Aminosäuren, die für eine stabile Stimmung und einen guten Antrieb wichtig sind. Wir nehmen diese in der Regel über die Nahrung auf, deshalb nenne ich hier einige ausgewählte Lebensmittel, die besonders viel davon enthalten. Ob Sie optimal versorgt sind, können Sie nur durch eine Messung feststellen. Auf der Webseite vitalstoff-lexikon.de können Sie weitere Lebensmittel nachlesen, die diese Aminosäuren enthalten.

Methionin ist die wichtigste Aminosäure, weil sie die Ausgangsstoffe für Methylierungen liefert. Mithilfe von Methylgruppen werden Gene an- bzw. abgeschaltet. Im Buch von Kyra und Sascha Kauffmann mit dem Titel „Klar im Kopf statt Nebel im Gehirn" habe ich zu dieser Thematik eine anschauliche Metapher gelesen: Methylierungen sind wie „Wassereimerketten"[7], also Stoffwechselvorgänge, bei denen Methylgruppen von einem Molekül auf das andere übertragen werden. Die einzelnen Stationen, an denen die Enzyme aktiv werden, kann man sich wie eine Menschenkette vorstellen, bei der Wassereimer von einem zum anderen weitergereicht werden. Das Wasser ist dabei die Methylgruppe. Wenn einer in der Kette (bzw. das Enzym) zu langsam ist, wird das Wasser in zu geringer Menge weitergereicht und der ganze Prozess verlangsamt sich und kommt ins Stocken. Wir haben zu wenig Wasser und sind „untermethyliert". Solche Methylierungen haben vielfältige Folgen, u.a. ist der Aufbau aller oben genannter Neurotransmitter davon abhängig, dass genug Methylgruppen zur Verfügung stehen. Deshalb brauchen wir ausreichend Methionin.

Die Hälfte der täglichen Aufnahme von L-Methionin wird für die Bildung seiner stoffwechselaktiven Form, des S-Adenosylmethionin (SAMe) verwendet. Die Bildung von Neurotransmittern wird durch verschiedene Methylgruppendonatoren (Methylgruppen-Spender) gefördert. Der wichtigste ist SAMe, aber auch Betain und Cholin, dienen als Cofaktoren für die Tryptophan-Hydrolase und die Tyrosin-Hydrolase. Das sind zwei Enzyme, ohne die kein Serotonin bzw. Dopamin gebildet werden kann.

Ausgewählte Lebensmittel, die viel davon enthalten sind: Fisch, Fleisch und Geflügel, Edamer-Käse, Ei, Bohnen, Speisekleie.

Für die Ausdauer sind vor allem die BCAA zuständig. Das ist das englische Wort für verzweigtkettige Aminosäuren. Dazu gehören **Leucin, Isoleucin** und **Valin.** Der Muskel besteht zum Großteil aus BCAA, er ist wichtig für die Bildung von Mitochondrien. Sie senken Cortisol, das bei vielen Betroffenen dauerhaft zu hoch ist und steigern Testosteron, das bei gestressten Menschen oder psychisch Kranken oft zu niedrig ist. Von den drei Stoffen ist Leucin besonders wichtig. Glutaminsäure (Glutamat) wird im Gehirn direkt u. a. aus Leucin synthetisiert, es liefert bis zu 50 % der Aminogruppen, aus denen Glutamat und Glutamin im Gehirn bestehen. Deshalb brauchen wir BCAA.

Ausgewählte Lebensmittel, die Leucin enthalten sind: Bohnen, Parmesan, Linsen, Fisch, Fleisch und Geflügel, Nüsse.

Lysin ist für die Virusabwehr zuständig. Ein starkes, aber nicht überreagierendes Immunsystem ist wichtig für eine stabile Psyche. Darüber hatte ich bereits im Kapitel zur Psycho-Neuro-Immunologie geschrieben. In der Studie aus dem Jahr 2021[8], die ich bereits oben erwähnt habe, fanden die Forscher heraus, dass für die Absättigung der Aminosäurentransporter ein bestimmtes Mischungsverhältnis der Aminosäuren erforderlich ist, damit weniger toxische Substanzen über den gleichen Transporter ins Gehirn gelangen, die dort Entzündungen auslösen können. Dazu gehören neben Leucin auch Lysin und Phenylalanin.

Ausgewählte Lebensmittel, die Lysin enthalten sind: Fleisch und Geflügel, Fisch, Käse und Quark, Hülsenfrüchte, Nüsse, Bäckerhefe, Ei, Speisekleie.

Für den Antrieb ist **Phenylalanin** die wichtigste Aminosäure. Aus ihr wird **Tyrosin**[9] gebaut. In weiteren Schritten entsteht Dopamin, Noradrenalin und Adrenalin. Hat man zu wenig Phenylalanin, kann das Gehirn nicht für ausreichend Antrieb sorgen. Das ist wie beim Kuchenbacken: zu wenige Zutaten, kleiner Kuchen – so einfach ist das. Tyrosin ist außerdem der Ausgangsstoff für die Schilddrüsenhormone. Wenn Sie eine Unterfunktion der Schilddrüse haben, sollten Sie Ihren Tyrosin-, Jod- und Selen-Haushalt prüfen lassen und ggf. auffüllen.

Ausgewählte Lebensmittel, die Phenylalanin enthalten sind: Sojabohnen, Linsen, Fleisch und Geflügel, Fisch, Käse und Quark, Nüsse, Ei, Haferflocken.

Tryptophan ist für die gute Stimmung unerlässlich, weil aus diesem Ausgangsstoff Serotonin und Melatonin gebaut werden. Tryptophan ist die einzige Vorstufe für Serotonin, eine andere gibt es nicht! Die gute Stimmung ist aus Sicht des Körpers aber nur ein Nebenschauplatz, die wir zum nackten Überleben nicht unbedingt brauchten. Leben kann man auch mit gedrückter Stimmung, in früherer Zeit war das sogar ein Schutzmechanismus. Denn, wer sich schwach und unwohl fühlte, hatte keine Kraft außerhalb der Höhle nach Nahrung zu suchen und setze sich damit auch nicht unnötigen Gefahren aus, die dort lauerten.

Tryptophan kann in verschiedenen Stoffwechselwegen zu unterschiedlichen Produkten (Metaboliten) umgebaut werden. Bis zu 90 % des im Darm vorhandenen Tryptophans wird über das Enzym IDO (Indolamin-2,3-Dioygenase) zu L-Kynurenin und in weitere das Immun- und Nervensystem beeinflussende Moleküle umgewandelt. Es spielt eine wichtige Rolle bei der Entzündungsbekämpfung. In mehreren Schritten werden entzündungsfördernde, aber auch entzündungshemmende Stoffe gebaut. Im Kapitel für die Psycho-Neuro-Immunologie hatte ich bereits darüber berichtet, dass Entzündungen nicht immer etwas Schlechtes sind. Der Körper und das Gehirn müssen nur in der Lage sein, Entzündungen auch wieder aufzulösen und daran ist Tryptophan beteiligt.

Der verbleibende Rest dieser Aminosäure wird für die Proteinsynthese verwendet oder über das Enzym Tryptophan-Hydrolase unter Mitwirkung von Folsäure (Vitamin B9) zu 5-HPT (5-Hydroxytryptophan) umgebaut und im nächsten Schritt mit Hilfe von Vitamin B 6 zu Serotonin.
Das **Serotonin** im Darm hat dort vielfältige Aufgaben, z.B. ist es am Zusammenziehen und Entspannen von Blutgefäßen beteiligt, es hat Auswirkungen auf die Blutgerinnung und ist damit an der Wundheilung beteiligt, beeinflusst die Darmperistaltik und sendet über den Vagusnerv Signale für Übelkeit und Erbrechen ans Gehirn. Im Auge reguliert es den Augeninnendruck und im Gehirn ist es nicht nur für die Stimmung zuständig, sondern auch an der Steuerung oder Beeinflussung der Wahrnehmung, des Schlafs, der Temperaturregulation, der Sensorik, der Schmerzempfindung und Schmerzverarbeitung, des Appetits, des Sexualverhaltens und der Hormonsekretion. Serotonin fungiert dabei einerseits als Neurotransmitter im synaptischen Spalt, andererseits wird es diffus über freie Nervenendungen ausgeschüttet und wirkt als Neuromodulator.[10] Serotonin kann die Blut-Hirn-Schranke nicht überwinden, deshalb muss es im Gehirn erst zusammengebaut werden. Weiter unten in „Die lange Reise des Typtophans" beschreibe ich diesen Prozess.

Wenn es „ganz dicke" kommt, wenn also viel Entzündung zu bekämpfen ist, gelangen gerade mal ein Prozent des über die Nahrung aufgenommenen Tryptophans ins Gehirn. Daraus muss sowohl Serotonin als auch **Melatonin** gebaut werden. So lässt sich erklären, warum die ersten Symptome für psychische Probleme meist Schlafstörungen sind. Denn „den Letzten beißen die Hunde": Es bleibt einfach zu wenig Ausgangsmaterial für Melatonin übrig. Das steht nämlich ganz am Ende der Stoffwechselkette. Aus Tryptophan wird Serotonin und aus Serotonin wird Melatonin, das Schlafhormon.

Tryptophan ist auch der Ausgangsstoff für **Niacin,** das auch als Vitamin B3 bezeichnet wird. Im amerikanischen Sprachraum wird synonym der Begriff PP-Factor (Pellagra Schutzfaktor) verwendet. Über Pellagra hatte ich Ihnen bereits im Kapitel „Orthomolekulare Psychiatrie" berichtet. Mithilfe von hohen Dosen Niacin und Vitamin C heilten zwei Psychiater Menschen mit Schizophrenie. Die Eigensynthese von Niacin ist sehr ineffizient. Es braucht 60 mg Tryptophan, um 1 mg Vitamin Niacin herzustellen.[11] Das Niacin wird zu NAD und NADH umgebaut, die unverzichtbar für die Energieproduktion in den Mitochondrien sind.

Wird zu wenig Tryptophan über die Nahrung zugeführt und/oder wird zu viel für die Bekämpfung von Entzündungen verbraucht, steht nicht genug Tryptophan fürs Gehirn zur Verfügung. Das ist der Grund, warum man während einer akuten Erkrankung meist auch eine gedrückte Stimmung hat. Der Begriff „Sickness Behavior" welcher beschriebt, dass man sich schwach, lustlos und unwohl fühlt, bringt dies auf den Punkt. Erst kürzlich stellten Psychiater fest, dass diese Symptome, denen einer Depression ähneln und begannen zu untersuchen, ob entzündungshemmende Mittel auch bei Depressionen helfen. Vielleicht ergibt sich daraus ein völlig neuer Therapieansatz.

Um mein wertvolles Tryptophan nicht für andere Prozesse zu verbrauchen, achte ich auf eine ausreichende Zufuhr von Niacin, dann muss mein Körper dieses nicht selbst zusammenbauen. Um Entzündungen zu verringern, kann ich außerdem anti-entzündlich essen. Es sind vor allem Zucker, Weizen und Milch, die Entzündungen fördern. Diese wegzulassen – wenigstens für einige Zeit – kann dem Körper helfen, Entzündungen wieder aufzulösen und abzubauen.

Ausgewählte Lebensmittel, die Tryptophan enthalten sind: Hülsenfrüchte, Erdnusspaste, Fleisch und Geflügel, Fisch, Käse und Quark, Nüsse, Speisekleie, Ei, Haferflocken.

Threonin als wichtiges Strukturprotein von Kollagen sorgt mit dafür, dass die Gefäßinnenwand glatt wie Teflon bleibt. Zu wenig davon macht anfällig für Ablagerungen in den Gefäßen, was wiederum die Durchblutung behindert. Das Gehirn braucht 20 % der gesamten Energie für sich allein. Es braucht eine gute Sauerstoffzufuhr, die gute Gefäße voraussetzt. Kommt zu wenig an, weil die Gefäße verengt sind, friert man nicht nur an Händen und Füßen, sondern kann auch nicht mehr richtig denken. Man fühlt sich schlapp. Ich bin immer wieder erstaunt, wie viele Menschen mit psychischen Erkrankungen das Thema „Durchblutung" unterschätzen. Der Blutkreislauf ist der Hauptversorger des Körpers, er bringt Nährstoffe und Sauerstoff dahin, wo sie benötigt werden. Ohne diese verhungert und erstickt das Gehirn. Dafür braucht es glatte Gefäße. Genauso ist auch ein gut eingestellter Blutdruck wichtig für die Sauerstoffversorgung des Gehirns.

Ausgewählte Lebensmittel, die Threonin enthalten sind: Sojabohnen, Fisch, Fleisch und Geflügel, Fisch, Käse, Bäckerhefe, Nüsse, Speisekleie, Erdnusspaste, Ei, Haferflocken.

Die Aminosäure **Arginin** gehört zwar zu den semi-essenziellen Aminosäuren, weil wir sie zu einem gewissen Teil selbst herstellen können, man geht aber davon aus, dass die Eigensynthese nicht ausreicht. Auch wenn das Aminogramm ausreichende Werte anzeigt, profitieren die meisten von einer zusätzlichen Gabe. Forscher nennen das Phänomen „das Arginin-Paradox". Arginin ist für den Blutdruck und die Durchblutung wichtig. Zusammen mit Magnesium beeinflusst es die Ausdehnung bzw. Erschlaffung der Gefäßmuskulatur. Arginin macht dies auf aktive Weise, indem es im Endothel zu Stickstoff-Monoxid umgebaut wird und die Gefäße „aufsprengt". (Für die Erforschung des Stickstoff-Monoxids im menschlichen Körper erhielten die drei Forscher Ignarro, Furchgott und Murad 1998 einen Nobelpreis.) Magnesium wirkt in diesem Zusammenhang auf passive Weise, in dem es in der Gefäßwand zur Entspannung der Gefäßmuskulatur beiträgt.

Gerade für die vielen kleinen Gefäße im Gehirn ist die Verbesserung der Mikrozirkulation ein Segen. Arginin ist essenziell für das Immunsystem, die Mitochondrien-Neubildung und die Energiegewinnung in den Mitochondrien, es hemmt oxidativen und nitrosativen Stress, hilft beim Ammoniakabbau zu Harnstoff und stärkt die Integrität der Darmbarriere – alles in allem sorgt es für ein verbessertes Lebensgefühl.

Das liegt daran, dass Arginin die Bildung von Stickstoffmonoxid (NO) verbessert. In Tierstudien wurde gezeigt, dass „L-Arginin hervorragend gegen stressbedingte verkürzte Lebensspanne, kognitiven Verfall und Depressionen" wirke.[12]

Das eng verwandte **Citrullin** kann die Arginin-Spiegel im Blut stärker anheben als Arginin selbst – dies legen jedenfalls Studien nahe, denn Arginin wird schnell von Darmzellen „geschluckt". Citrullin wird im Körper im Harnstoffzyklus zu Arginin umgesetzt – dieses wiederum speist die NO-Synthase. NO steigt an und weitet die Gefäße. Citrullin wurde erstmals im Fruchtfleisch der Wassermelone entdeckt, dort ist es in relativ großen Mengen, ca. 1–5g pro kg, enthalten. Wenn Sie es schaffen, täglich eine 4 kg schwere Melone zu essen, nehmen Sie ca. 5–10g Citrullin auf. Das ist die empfohlene Tagesdosis. Wenn Sie das nicht schaffen, gibt es Nahrungsergänzungsmittel, die diesen Stoff in der nötigen Menge enthalten.

Eine Aminosäuren-Mischung mit dem Namen „Citrullin plus" von der Firma edubily, die vor allem Citrullin, aber auch Taurin und Glycin enthält, kann bei Menschen, die es nicht schaffen, aus ihrem Stimmungstief herauszukommen, Erstaunliches bewirken. Kombiniert mit Vitamin D, Vitamin B12 und Magnesium bewirkt es nämlich eine Stimmungsaufhellung durch die verbesserte Sauerstoffversorgung des Gehirns und durch die zusätzliche Zufuhr der synergistisch wirkenden Aminosäuren Taurin und Glycin. Deshalb nenne ich dieses Produkt scherzhaft den „Zaubertrank".

Ich kann allerdings keine wissenschaftliche Studie als Beweis für diese Behauptung vorweisen, mir reicht, dass es den Menschen, denen ich es empfohlen habe, besser geht. (Nein, ich bekomme keine Provision von edubily, wenn ich das schreibe. Ich berichte nur über meine Erfahrungen.)

Dass diese einfachen Mittel so wirkungsvoll waren, bestärkt mich in der Meinung, dass eine gute Durchblutung und Nährstoffversorgung des Gehirns sehr wichtig sind und dass zusätzliche Gaben von Aminosäuren manchmal genau die Lücken füllen, welche die Stimmungsaufhellung sonst verhindern.

Ausgewählte Lebensmittel, die Arginin enthalten sind: Nüsse, Sojabohnen, Linsen, Fleisch und Geflügel, Fisch.

Histidin ist ebenfalls eine semi-essenzielle Aminosäure. Sie ist am Aufbau eisenhaltiger Moleküle, wie dem Eisenspeicher Ferritin beteiligt und Bestandteil des Hormons Histamin. Histidin bindet das Eisen an den roten Blutfarbstoff, das für den Sauerstofftransport und für die Pufferung des pH-Wertes wichtig ist. Wie bereits oben ausgeführt: Ohne eine gute Sauerstoffversorgung kann das Gehirn nicht arbeiten.

Ausgewählte Lebensmittel, die Histidin enthalten sind: Thunfisch, Fleisch und Geflügel, Käse, Nüsse, Hülsenfrüchte.

Taurin ist eine für Bipolare besonders interessante Aminosäure. Der Körper kann sie aus Methionin und Cystein selbst herstellen, aber auch hier reicht die Eigensynthese nicht aus. Ripps & Shen nennen sie „eine sehr essenzielle Amino(sulfon) säure“[13].

Vielleicht kommt Ihnen Taurin bekannt vor. Es ist nämlich ein Zusatz in einem stark beworbenen Energie-Getränk, das angeblich Flügel verleihen soll. Dort hat es die Aufgabe, die stressinduzierenden Effekte der hohen Dosen an Koffein zu hemmen.

Taurin ist zusammen mit Glycin an der Bildung der Gallensäuren aus Cholesterin beteiligt. Taurin sorgt in den Mitochondrien dafür, dass sich im wässrigen Milieu ein optimaler pH-Wert einstellt, der die Voraussetzung dafür ist, dass die Enzyme des Citratzyklus richtig arbeiten können. Für mich ist Taurin deshalb Teil meiner Migräneprophylaxe.

Jedes Enzym braucht ein bestimmtes Milieu, um seine Wirkung zu entfalten. Stimmt der pH-Wert nicht, arbeiten die Enzyme schlecht oder gar nicht. So ist z.B. im Magen ein pH-Wert von 2–3, also „sauer“ nötig, damit Nahrungseiweiß überhaupt aufgespalten werden kann. Wird der pH-Wert durch Magensäureblocker ins Basische verschoben, können die gegessenen Eiweiße nicht aufgespalten werden. Sie werden unverdaut wieder ausgeschieden. Man hat sie zwar gegessen, konnte sie aber nicht aufnehmen.

Taurin sorgt in den Mitochondrien, den Energiezentralen der Zellen, für diesen optimalen pH-Wert. Ohne gut funktionierende Mitochondrien fehlt die nötige Energie für den Antrieb und die gute Stimmung.

Die Aminosulfonsäure Taurin nimmt eine Sonderstellung im Stoffwechsel ein. „Taurin ist enorm wichtig für das Gehirn, fungiert als Neurotransmitter, ist ein potentes Antioxidans (hemmt oxidativen Stress), unterstützt die Entgiftung (Schwermetalle), moduliert den Lipid-Stoffwechsel, schützt die Zellen (zytoprotektiv), reguliert die Gesundheit der Retina, die Entwicklung des Nervensystems und die Bildung von Galle.
Taurin, das weiß man heute, ist essenziell für die mitochondriale Funktion (insbesondere den oxidativen Stoffwechsel). Ein Mangel induziert mitochondriale Dysfunktion. Daher wundert es nicht, dass Taurin vor allem in solchen Geweben vorkommt, wo der oxidative Stoffwechsel sehr dominant ist (z. B. im Herz, im oxidativen Skelettmuskel, in der Leber etc.)“[14]

Der Körper ist aus genetischen Gründen limitiert darin, Taurin selbst zu bilden. Nötig dafür sind auch die Nährstoffe Methionin bzw. Cystein, Vitamin B6 und Zink. Taurin kommt **nur** in Tierprodukten, speziell in Meeresfrüchten, vor, weshalb Veganer eine durchweg schlechtere Versorgung zeigen. Das ist einer der Gründe, warum ich die vegane Ernährungsweise ungeeignet für Menschen mit der Disposition für Stimmungsschwankungen halte.

Taurin wird aus der Aminosäure Cystein synthetisiert. Dies geschieht mit Hilfe eines Enzyms namens Cysteinsulfinsäuredecarboxylase (CSD). Bei Carnivoren (Fleischfressern), die auf exogene Taurin-Zufuhr angewiesen sind, finden wir nur sehr, sehr geringe Mengen dieses Enzyms. Tatsächlich ist die Enzym-Menge bei uns Menschen sogar geringer als bei Katzen. Im Gegenzug ist die CSD-Menge bei Ratten sehr viel höher. Das bedeutet, dass diese Tiere ihren Taurin-Bedarf selbst decken können, Taurin also selbst synthetisieren. Beim Menschen scheint dies nicht der Fall zu sein. Das, was akute Mangel-induzierte Schäden verhindert, ist die Fähigkeit des Körpers, Taurin gut zu konservieren. Falls der Mensch also auf exogene Taurin-Zufuhr angewiesen ist, liegt der Schluss nahe, dass wir auf tierische Proteinquellen nicht nur möglicherweise angewiesen sind, sondern dieser sogar zum Überleben brauchen![16]

In einer Studie aus dem Jahr 2023 stellten die Forscher der Columbia Universität fest, dass der Tauringehalt bei Mäusen, Rhesusaffen und Menschen im Alter abnimmt. Wurde den Tieren Taurin gegeben, verbesserten sich diverse Parameter, u.a. auch depressive und ängstliche Verhaltensweisen. Zusammenfassend stellten die Autoren fest: Die Tiere lebten nicht nur länger, sie waren auch gesünder. [17]

Ausgewählte Lebensmittel, die Taurin enthalten sind: Jakobsmuscheln, Fleisch und Geflügel, Käse.

Glycin ist die kleinste und einfachste Aminosäure. Sie wird immer da eingebaut, wo es eng wird, denn durch ihre geringe Größe kann sie das Drehen, Knicken und Falten von Aminosäurenketten-Strukturen ermöglichen. Sie ist Bestandteil des Kollagens und deshalb wichtig für das Bindegewebe und die Knochen.

Glycin ist aber auch einer von drei Bestandteilen des Radikalfängers Glutathion und hilft das Immunsystem und die Infektabwehr zu aktivieren. Im Gehirn hilft sie als Regulator der Glutamat-GABA-Balance und gilt deshalb als eigener Neurotransmitter. Sie wirkt ähnlich wie GABA und ist deshalb auch an der Stressregulation beteiligt. Das macht sie für Bipolare, aber auch für jeden Stressgeplagten interessant.

Chris Michalk von edubily.de nennt Glycin „die Aminosäure der Zukunft". Da sie aus Threonin und Serin gebildet werden kann, wird sie als nicht-essenzielle Aminosäure bezeichnet. Neuere Studien haben ergeben, dass wir ca. 5 g am Tag davon aufnehmen, aber 10 g bräuchten, insbesondere in Zeiten, die das Immunsystem herausfordern.

Das Originelle an Glycin ist, dass sie wie Zucker aussieht und süß schmeckt. Sie eignet sich deshalb hervorragend als Süßungsmittel in Tee und Kaffee. So kann man sie sehr leicht zu sich nehmen und damit gleichzeitig seinen GABA-Haushalt verbessern.

Ausgewählte Lebensmittel, die Glycin enthalten sind: Fisch, Fleisch und Geflügel, Sojabohnen, Linsen, Haferflocken.

Je mehr ich mich mit diesen Fragen beschäftige, um so öfter frage ich mich, warum die Aminosäuren nicht im Mittelpunkt des ärztlichen Interesses stehen, wo sie doch so grundlegend für alle Prozesse im Körper sind. Es kommt mir vor, als wenn man den Wald vor Bäumen nicht sieht. Im Medizinstudium spielen die Aminosäuren nur im Zusammenhang mit angeborenen Stoffwechselkrankheiten, z.B. der Phenylketonurie eine Rolle. Aufgrund eines Mangels an einem Enzym, kann aus

Phenylalanin kein Tyrosin umgebaut werden. Ihre grundlegenden Aufgaben und ihre enorme Bedeutung für die Gesundheit stehen aber nicht im Mittelpunkt.

Neurotransmitter brauchen funktionierende Enzyme

Alles im Körper funktioniert auf der Grundlage von Enzymen und Proteinen. Enzyme sind Eiweißverbindungen, die an praktisch allen Stoffwechselvorgängen beteiligt sind. Wer schon einmal einen Hefekuchen gebacken hat, weiß, wie Enzyme wirken. Ohne die Hefe wird der Kuchen nicht luftig. Die Hefe ist sehr anspruchsvoll und verhält sich ein bisschen wie eine Diva. Sie braucht mindestens 30 Minuten bei einer Temperatur zwischen 30 und 40 Grad, um den zugesetzten Zucker oder Honig abzubauen, d.h. so lange dauert der enzymatische Umbauprozess. Erst dann kann sie weiterverarbeitet werden. Beachtet man diese „Wünsche" nicht, gelingt der Kuchen nicht. Genauso hat auch unser Gehirn Ansprüche.

Nur in Anwesenheit von Enzymen können Stoffwechselvorgänge im lebenden Organismus unter Körpertemperatur, Normaldruck und bei vorgegebenen pH-Bedingungen ablaufen. Fehlen solche Enzyme ist hohe Temperatur, hoher Druck sowie saure oder alkalische Bedingungen erforderlich. Vielleicht können Sie sich noch an Ihren Chemieunterricht erinnern, in dem die Knallgas-Reaktion vorgeführt wurde.
Diese Knallgas-Reaktion läuft, allerdings nicht explosionsartig, im Inneren unserer Mitochondrien ab. In biochemischen Einzelschritten, die durch Enzymkomplexe wohldosiert gesteuert werden, läuft die Umwandlung von Nahrungsenergie zur Zellenergie (ATP) bei Körpertemperatur ab. Diese Reaktionskette wird als Atmungskette bezeichnet. Bei diesen Stoffwechselschritten wird Wasserstoff und Sauerstoff unter Energiefreisetzung ATP zu Wasser verbunden. Der dazu benötigte Wasserstoff wird aus dem Abbau von Aminosäuren, Festsäuren und Glukose gewonnen.[18]

Enzyme werden für alle biochemischen Reaktionen in unserem Organismus benötigt; beim Menschen sind heute 2.700 Enzyme bekannt. Fachleute schätzen, dass es im Körper sogar bis zu 50.000 geben könnte.[19] Sie sind vielseitige Werkzeuge des Stoffwechsels. Sie bauen große Moleküle ab, sie verbinden kleinere Moleküle untereinander, sie bauen Eiweiß (mit Hilfe von Proteinasen), Stärke (mit Hilfe von Amylasen) und Fette (mit Hilfe von Lipasen) um, sie bauen chemische Gruppen innerhalb des Moleküls um, sie übertragen funktionelle Gruppen von einem Substrat auf das andere, sie bilden oder öffnen Doppelbindungen zwischen Atomen und steuern den Abbau, die Verdauung und die Gärung verschiedener Stoffe.[20]

Enzyme sind kugelförmige Eiweißmoleküle, die in der Regel aus Ketten von einhundert bis fünfhundert Aminosäuren bestehen. Sie können für sich allein wirksam sein oder nur zusammen mit einem Coenzym, das meist ein Nicht-Eiweiß ist.

Etwa 50 % der Enzyme benötigen Coenzyme. Diese Coenzyme sind organische Verbindungen, die aus Vitaminen, Mineralstoffen und Spurenelementen bestehen. Diese erleichtern die Wirkung von Enzymen und binden sich vorübergehend oder dauerhaft an ein Enzym. Daraus erklärt sich, warum Vitamine, Mineralstoffe und Spurenelemente lebensnotwendig sind und welche Folgen eine Mangelversorgung haben kann. Sie haben direkten und unmittelbaren Einfluss auf die Enzymleistung. Im Gegensatz zu Enzymen werden Vitamine, Mineralstoffe und Spurenelemente verbraucht und müssen ständig regeneriert bzw. über die Nahrung zugeführt werden.[21] Deshalb ist es auch für das Gehirn fatal, wenn zu wenig von ihnen im Körper ankommt.

Wenn man Enzyme blockiert, z. B. mit zu viel aufgenommenen Schwermetallen oder Umweltschadstoffen, mit zu wenig essenziellen Vitaminen und Mineralstoffen oder einer Überfrachtung mit Fruchtzucker, dann kann der Organismus nicht mehr richtig funktionieren. Zugespitzt kann man sagen: Funktionieren die Enzyme nicht richtig, kann der Organismus als Ganzes nicht funktionieren und das Gehirn schon gar nicht. Im Gegensatz zu Einzelstoffen, wie z.B. Medikamenten, wirken Vitamine, Mineralstoffe und Spurenelemente oft nur zusammen richtig und sie wirken unspezifisch auf vielfältige Stoffwechselprozesse.

Hier einige Beispiele:

- **Vitamin D** ist an über 1.000 Stoffwechselprozessen beteiligt, mit anderen Worten: Fehlt Vitamin D oder ist die Versorgung nicht ausreichend, können mehr als 1.000 Prozesse nicht korrekt ablaufen. Einer davon ist eine stabile Stimmungslage.

- **Magnesium** ist an über 600 Prozessen beteiligt. Ohne Magnesium kann Vitamin D nicht richtig wirken, außerdem braucht es auch noch Vitamin A, da beide Stoffe den gleichen Rezeptor verwenden. Andererseits kann Vitamin D nicht richtig aus dem Darm aufgenommen werden, wenn Magnesium fehlt, weil die dafür zuständigen Transporter magnesiumabhängig sind. Magnesium, das „Salz der inneren Ruhe" mischt überall mit. Deshalb spielt es auch bei der Stimmungsregulation eine große Rolle. Was innere Ruhe bedeutet, habe ich erst verstanden, als mein Magnesiumspiegel gestiegen war. Ohne ausreichend Magnesium gibt es keine stabile Stimmung.

- **Zink** ist an über 300 verschiedenen Stoffwechselprozessen beteiligt und ist ein Alleskönner. Es ist entscheidend für die Eiweiß-Synthese. Selbst wenn man viele Proteine, also Aminosäuren aufnimmt, reicht das allein nicht aus. Es braucht Zink sowie Vitamin B3, B6 und Magnesium, damit z.B. aus der Aminosäure Tryptophan das natürliche Antidepressivum Serotonin gebildet werden kann. Auch Angst und Panikattacken verstärken sich bei Zinkmangel. Genauso ist das Immunsystem auf Zink angewiesen, denn es ist Cofaktor vieler antioxidativer Enzyme, darunter die Superoxid Dismutase (SOD). Fehlt Zink kann die Psyche nicht richtig funktionieren.

- Ohne **Selen** und **Jod** kann die Schilddrüse nicht ausreichend Hormone herstellen. Ausgangsstoff ist die Aminosäure **Tyrosin.** Arbeitet die Schilddrüse zu träge, fährt der Stoffwechsel auf Sparflamme und der Mensch kämpft mit Müdigkeit, schneller Erschöpfung und Antriebslosigkeit (mehr dazu im nächsten Kapitel). Übrigens ähneln die Symptome einer Schilddrüsenunterfunktion denen einer Depression, deshalb sollte man immer prüfen, ob die Schilddrüse korrekt arbeitet. Selen und das Transportprotein Selenoprotein P sind Cofaktoren der Glutathion-Peroxidase, die für die Bekämpfung von oxidativem Stress benötigt wird.

- Ohne **Eisen** kann kein Sauerstoff im Blut transportiert werden, denn es bindet den Sauerstoff an sich. Eisen- und Sauerstoffmangel machen müde.

- Ohne **Chrom** arbeiten die Insulinrezeptoren nicht richtig und der Stoffwechsel läuft nicht rund. Der angeschwemmte Blutzucker gelangt nicht ausreichend in die Zellen, die Glukose „stapelt" sich vor der Tür und fehlt innen. Daraufhin wird mehr Insulin produziert, das letztendlich zum Abstumpfen der Zellen führt. Ein Teufelskreis, der zu Heißhungerattacken beiträgt und im Diabetes enden kann. Das Gehirn kann auch insulinresistent werden und hungert, obwohl draußen (im Blut) genug Zucker-Energie herumschwimmt.

- Ohne **das Zusammenspiel** von Tryptophan, Vitamin B9, Vitamin B6, Zink, Magnesium, Omega-3 Fettsäuren und Vitamin D, kann das Gehirn keine gute Stimmung hervorbringen. All diese Cofaktoren sind notwendig, damit aus Tryptophan Serotonin und Melatonin gebaut werden kann.

- Ohne Phenylalanin, Eisen, Vitamin B9, Vitamin C, Vitamin B6, Magnesium und Kupfer, kann das Gehirn nicht für ausreichend Antrieb sorgen. Alle diese Stoffe sind nötig, um Dopamin herzustellen.

- Ohne Vitamin B3, B6, Zink und Mangan kann kein GABA gebildet werden. Wir brauchen es, um zur Ruhe zu kommen und zu entspannen.

Neurotransmitter müssen wieder abgebaut werden

Das Gehirn koordiniert auch alle Organfunktionen, ohne dass wir davon viel mitbekommen. Es empfängt von den einzelnen Organen und Organsystemen des Körpers Signale und sendet seine Antworten und Aufträge wieder zurück. Sie kennen sicher den Sketch des Komikers Otto Waalkes „Großhirn an Kleinhirn", in dem er das amüsant beschreibt. Das Gehirn ist im wahrsten Sinne des Wortes die „Schaltzentrale". Im Grunde genommen schläft das Gehirn nie. Für alle diese Aufgaben braucht es diverse Ausgangsstoffe und Unmengen an Energie. Diese schöpft es nicht aus sich selbst, sondern diese müssen von außen kommen, vor allem sind das Wasser, Luft und Nahrung.

Wenn wir geboren werden, ist das Gehirn zwar schon da und verfügt über alle nötigen Komponenten, aber es ist noch viel zu klein, um alle späteren Aufgaben zu erfüllen. Deshalb sind wir als Kleinkinder so hilflos. In dieser Phase verbraucht das Hirn die Hälfte der gesamten Energie, die der Körper zur Verfügung hat, um schnell zu wachsen. Es ist etwa um das 25. Lebensjahr voll ausgebildet, dann werden ca. 20 % der gesamten Energie vom Gehirn beansprucht, obwohl es nur ca. 2 % der Körpermasse ausmacht.

Das ist auch der Grund, warum das Gehirn nicht wartet, bis sein Besitzer liefert, sondern vehement Nahrung bzw. Energie anfordert. Wenn Hunger aufkommt, fokussieren sich die Gedanken immer stärker auf die Frage der Nahrungsbeschaffung und der eigene Wille hat keine Chance mehr.

Lange Zeit glaubte man, dass man mit einer bestimmten Anzahl von Gehirnnervenzellen zur Welt kommt und diese nicht mehr nachwachsen können. So erklärte man sich den geistlichen Verfall im Alter. Heute weiß man, dass im Hippocampus, der für das Gedächtnis, die Stimmung und das Lernen wichtig ist, neue Neuronen gebildet werden können und damit ein lebenslanges Lernen möglich ist. Deshalb ist es auch mithilfe dieses Hippocampus möglich, seine Stimmung zu stabilisieren und stabil zu halten.

Die Neurogenese, also die Bildung neuer Neuronen, ist kein Selbstläufer, sondern wird davon bestimmt, ob das Gehirn mit allem versorgt wird, was es dafür braucht. Damit aber wirklich nur die Stoffe ins Gehirn gelangen, die gebraucht werden und alles, was schaden könnte, draußen bleibt, gibt es eine dünne Membran, die Blut-Hirn-Schranke, die wie eine Zollstation nur das Gewünschte durchlässt.

Das Feuern der Neuronen findet im Kopf in nur wenigen Millisekunden statt. Diese Aktivität muss sehr präzise ablaufen, damit das Gehirn optimal funktioniert und wir psychisch gesund bleiben. Nun kann es allerdings vorkommen, dass diese „Verkabelungen" beschädigt werden oder die Fähigkeit die richtige Menge an Elektrizität zu erzeugen, beeinträchtigt wird.[22] Das kann zur Folge haben, dass zu wenige Synapsen oder zu wenige neue Gehirnnervenzellen gebildet werden, dass Aktionspotentiale z.B. durch den Konsum von Alkohol oder Drogen nicht mehr aufgebaut werden können oder dass die Geschwindigkeit der Aktionspotentiale z.B. durch Kopfverletzungen verlangsamt wird.

Auch beim Abbau von Neurotransmittern kann es Störfälle geben, die sich auf die Stimmung und den Antrieb auswirken. Wurden z.B. in einer Stresssituation viele Neurotransmitter gebildet, müssen diese auch wieder abgebaut werden. Dieser Vorgang wird vor allem von zwei Enzymen, nämlich **COMT** (Catechol-O-Methyltransferase) und **MAO** (Monoaminoxidase) gesteuert. Diese Enzyme arbeiten nicht bei allen Menschen gleich. Beide Enzyme können schneller (engl. FAST), normal oder langsamer (engl. SLOW) arbeiten.

Bei COMT weisen „etwa 30 % der europäischen Bevölkerung […] eine genetische Variante mit stark reduzierter Aktivität dieser Enzyme auf (SLOW-COMT-Variante). Bei etwa 20 % der Bevölkerung liegt ein FAST-COMT vor."[23]

Das heißt, dass etwa die Hälfte der Bevölkerung einen normal funktionierenden COMT hat, die andere Hälfte aber nicht!

Menschen mit SLOW-COMT haben das Gefühl, ständig unter Strom zu stehen und nur schwer abschalten zu können. Stresssituationen belasten diese Menschen sowohl körperlich als auch geistig deutlich mehr und Erholungsphasen dauern deutlich länger.[24]

„Eine erhöhte COMT-Aktivität (FAST-COMT) sorgt für einen übermäßig schnellen Abbau von Dopamin und Noradrenalin und kann so zu einem komplexen Symptombild führen, das einer depressiven Erkrankung ähnelt: Antriebslosigkeit, Konzentrationsstörungen, Gedächtnisstörungen, Verlust des Interesses an Neuem."[25]

Das MAO-Gen hat vor allem „die Aufgabe, den Neurotransmitter Serotonin abzubauen. Eine Balance von Aufbau und Abbau von Serotonin ist entscheidend für die regelrechte Funktion des zentralen Nervensystems"[26]. Das sagen auch Psychiater. Allerdings muss als Ursache für eine Depression und als Begründung für die Verordnung eines Antidepressivums ein Serotoninmangel herhalten, einfach so, ohne jegliche Messung oder Gen-Analyse.

Beim MAO-A-Gen haben etwa 30 % das schnelle FAST-MAO-A, das vor allem zu einem stark beschleunigten Abbau von Serotonin sowohl im Gehirn als auch im Darm führt, deshalb kann es sein, dass Menschen sowohl unter Depression als auch Darmbeschwerden, z.B. dem Reizdarmsyndrom leiden.[27]

Wenn Sie sich für diese Zusammenhänge interessieren, kann ich Ihnen empfehlen, das Buch „Klar im Kopf statt Nebel im Gehirn" von Kyra und Sascha Kaufmann zu lesen.

Es gibt noch weitere Gründe, warum die Enzyme COMT und MAO nicht richtig arbeiten können und deshalb der Stressabbau nicht gelingt. Es sind nicht immer die Gene und deren Polymorphismen schuld, sondern manchmal auch einfach nur unser Ess- und Trinkverhalten. So kann unser Verhalten die Auswirkungen der genetischen Polymorphismen bei den Menschen verstärken, die diese veränderten Gene tragen, aber auch Nichtträger können die gleichen Probleme beim Stressabbau bekommen.

Hier einige Beispiele [28]:

- **Sekundäre Pflanzenstoffe:** Zum natürlichen Schutz vor Fressfeinden gehören eine Reihe von sekundären Pflanzenstoffen. In niedrigen Dosen wirken diese stimmungsaufhellend, weil der Abbau von COMT und MAO gehemmt und damit teilweise massiv verlangsamt wird. In höheren Dosen bzw. je nach Art der Enzymhemmung können sie aber mitunter Gefühle von Panik auslösen. Bekannt dafür sind z.B. die Isoflavone aus Soja, aber auch Phenole aus Kaffee und Tee und ähnliche Verbindungen aus Zitrusfrüchten und Gemüse. Auch hier ist das richtige Maß entscheidend.

- **Hohe Aluminiumbelastung:** Aluminium reichert sich in z.B. stark in Kakao an, wird aber auch in einer Vielzahl anderer Produkte verwendet, z.B. in Deo-Rollern. Aluminium gilt als MAO-Hemmer.

- **Schwermetall Quecksilber:** Insbesondere Methylquecksilber hemmt den Abbau von Stresshormonen über die Hemmung von COMT. Wie viele Menschen haben wohl noch Amalgamfüllungen?

- **Synergistische Effekte bei Koffein:** Koffein hat eine stimulierende Wirkung, es wirkt auch durch eine Erhöhung von Adrenalin und Noradrenalin. Der Koffeinabbau erfolgt über das Enzym CYP1A2 und wird verlangsamt, wenn man Currygewürze, Zitrusfrüchte oder die Antibabypille (mit Ethinylestradiol) aufnimmt. Führt man nun höhere Mengen an Koffein, z.B.

durch Kaffee zu, verlangsamt sich der Abbau noch weiter und ein hohes Stresslevel bleibt erhalten.

- **Carnitin wird kurzzeitig aus der Zelle gedrückt:** In Studien aus 2018 wurde gezeigt, dass Carnitin angstlösende, stressmildernde und stark antidepressive Wirkungen hat, die laut dieser Meta-Analyse sogar vergleichbar mit herkömmlichen Antidepressiva sind.[29] Koffein drückt Carnitin kurzzeitig aus den Zellen und hebt damit die stressmildernden Wirkungen auf. Dadurch kann insbesondere bei Personen mit niedrigen Carnitinspeichern (also alle diejenigen, die wenig oder kein Fleisch essen) das Stressempfinden erhöht bzw. die Stresstoleranz geschwächt werden.

- **Magnesium:** Eine Vielzahl von Mikronährstoffen ist essenziell für die Funktionsweise von stressabbauenden Enzymen. MAO braucht zum Funktionieren z.B. Vitamin B2 (Riboflavin – mein Anti-Kopfschmerzmittel). COMT ist auf eine gute Methylierung angewiesen (Folat, Methionin, B6 und B12). Magnesium kann die Ausschüttung und Wirkung von Adrenalin und Noradrenalin direkt hemmen – deshalb wird es häufig als „Salz der inneren Ruhe" oder „Anti-Stress-Mineral" bezeichnet. Ein hoher Magnesiumspiegel schützt vor zu großem Stressempfinden und einer zu starken Reizbarkeit.[30]

Zusammenfassend lässt sich sagen: Mit Curry, Kakao, Soja in Kombination mit zu wenig Fleisch, zu viel Kaffee, zu vielen toxischen Stoffen, kann es auch bei Menschen, die keine Polymorphismen tragen, zu Problemen bei Stressabbau oder zu Reizbarkeit kommen.

Im folgenden Comic möchte ich Ihnen von einer weiteren Fehlerquelle beim Weg der Nahrung vom Darm ins Gehirn erzählen.

Die lange Reise des Tryptophans

Hallo, da draußen. Hier die Geschichte der Chefin, die ihrem Heißhunger unterlag: Die Chefin hat wieder mal Hunger. Sie sitzt schon seit einigen Stunden am Schreibtisch, aber kann sich immer weniger konzentrieren, weil ihr Magen knurrt. Also sucht sie sich das nächstbeste Essbare. Der Kühlschrank ist nicht weit und da liegen ja auch noch Schokoriegel und Chips herum.

Prima, immer rein! – Erst einmal ist Ruhe.

Aber nach kurzer Zeit wird sie immer antriebsloser und ihre Stimmung fährt Achterbahn. Ihr Gehirn muss sich nun kümmern, und mal wieder alles selber machen, weil die Chefin es nicht schafft. Da es Energie braucht, wartet es nicht, bis irgendwann mal etwas geliefert wird, sondern fordert seine Nährstoffe vehement an. Es schaltet alle anderen Gedanken ab und veranlasst die Chefin nun mal ordentlich zu laden – und sie stopft.

Ob es dieses Mal das Gehirn zufrieden stellt?

Kurze Zeit später:

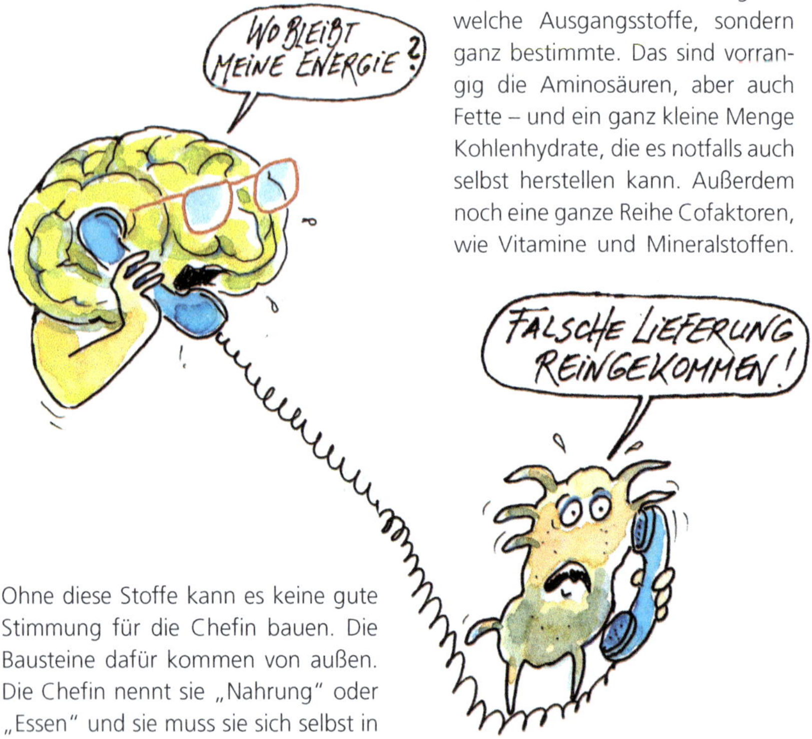

Das Gehirn braucht nicht irgendwelche Ausgangsstoffe, sondern ganz bestimmte. Das sind vorrangig die Aminosäuren, aber auch Fette – und ein ganz kleine Menge Kohlenhydrate, die es notfalls auch selbst herstellen kann. Außerdem noch eine ganze Reihe Cofaktoren, wie Vitamine und Mineralstoffen.

Ohne diese Stoffe kann es keine gute Stimmung für die Chefin bauen. Die Bausteine dafür kommen von außen. Die Chefin nennt sie „Nahrung" oder „Essen" und sie muss sie sich selbst in den Mund stecken.

Der Darm würde die Energiebaustoffe gerne liefern, kann aber nicht, weil die Chefin sich irgendwas in den Mund steckt, was sich zwar „Essen" nennt, aber gar keine oder zu wenig echte Nährstoffe enthält.

Von der Nahrung, die oben reinkommt, kann nicht alles einfach so durch die Darmwand geschickt werden. Erst einmal muss geprüft werden, ob eine Gefahr davon ausgeht. Was nichts im Körper zu suchen hat, wird gleich zum Ausgang weiterbefördert. Manche guten Nährstoffe sind so sensibel, dass sie erst umgeladen und neu verpackt werden müssen.

Andere sind so sperrig, dass sie spezielle Transporter brauchen, welche die Darmpassage und den Weitertransport in Richtung Gehirn erst ermöglichen. Insbesondere die **Aminosäuren** brauchen auf ihrem Weg vom Darm ins Gehirn ein solches Taxi.

Es gibt verschiedene Aminosäuren, große und kleine, süße, saure oder geschmacklose. Einige ziehen sich an, andere können sich nicht leiden und stoßen sich ab. Alle wollen einen Platz in diesem Taxi, deshalb gibt es beim Einsteigen oft Gedränge um die besten Plätze.

Tryptophan ist für die gute Stimmung der Chefin die wichtigste Aminosäure, aber leider ist es nur in geringer Menge in der Nahrung enthalten. Die anderen essenziellen Aminosäuren sind immer in der Überzahl. Wie so oft im Leben, werden die Minderheiten schnell übersehen und deshalb wird Trypto oft zu Seite geschubst und hat es schwer sich seinen Platz im Taxi zu erobern.

Aber er ist klug. So schafft er es meist, sich zwischen die großen zu drängen. Aber ob er auch ins Gehirn gelangt, entscheidet sich an der Blut-Hirn-Schranke – einer weiteren Kontrollstation. Bis dahin muss er sich etwas einfallen lassen.

Zum Glück findet Trypto in seiner Tasche noch einen Honigdrops. Das bringt ihn auf eine Idee: Von seiner Oma weiß er, dass eine warme Milch mit Honig am Abend beim Einschlafen hilft. Er weiß auch warum. Die Milch hat viele seiner Aminosäuren-Kollegen im Gepäck, auch Tryptophan ist dabei. Der Honig in der Milch bewirkt, dass der Insulinspiegel ein kleines bisschen ansteigt und die großen BCCA, Valin, Leucin und Icoleucin in die Muskulatur aufgenommen werden.

So ist der Weg ins Gehirn für Tryptophan frei. Dort wird Tryptophan über einige Zwischenschritte erst in Serotonin, das Chefhormon für den Überblick und die Gelassenheit umgebaut und daraus entsteht letztendlich Melatonin, das Dunkelhormon, das dem Menschen den Schlaf ermöglicht.

Trypto muss also seine Mitreisenden überzeugen, aus dem Taxi auszusteigen. Er schenkt ihnen den Honigdrops und verspricht ihnen in der Muskel-Bude noch mehr davon. Kurz vor der Blut-Hirn-Schranke kann er die großen BCAAs überreden, der Muskel-Bude einen Besuch abzustatten. Gelockt von der Aussicht auf ein kleines bisschen Zucker, finden die Großen das Angebot so verführerisch, dass sie das Taxi verlassen und im Muskel verschwinden.

Nun hat Trypto das Taxi für sich und kann allein ins Gehirn weiterreisen.

Dort macht er es sich gemütlich und labt sich an den vielen guten Nährstoffen, die sich im Kofferraum des Taxis befinden und nun ihm ganz allein gehören.

Daran kann er sich so richtig satt essen, er wird groß und stark und kann seine Glücksbotschaften im ganzen Gehirn verbreiten und der Chefin eine schöne stabile Stimmung bauen.

Da er nun viel mehr Power hat, als er für sich allein nutzen kann, wird sogar sein kleiner Bruder, **Melatonin,** satt und sorgt für einen erholsamen Schlaf. Die Zeiten, in denen die Chefin mit vollem Bauch schlaflos wach lag, werden nun immer seltener.

Während sie gut und lange schläft, ist endlich mal weniger los im Gehirn und es kann gründlich aufgeräumt und ausgemistet werden. Das Wichtige kommt ins Langzeitgedächtnis, das Immunsystem hat Zeit, unliebsame blinde Passagiere aufzuspüren und unschädlich zu machen und alle Zellen können mal so richtig durchatmen. Jetzt endlich kann auch das Gehirn durchgespült werden, um Müll zu entsorgen. Zum Glück ist genug Melatonin da, denn das Spülen dauert sechs bis sieben Stunden. Wird es vorzeitig abgebrochen, bleiben Reste zurück, die nach 20 oder 30 Jahren Alzheimer verursachen können. Außerdem unterstützt

Melatonin das Immunsystem und mindert so oxidativen Stress. Der ist für stille Entzündungen im Gehirn mitverantwortlich und verkürzt die Telomere und das Leben. So greift ein Rädchen ins andere – davon merkt die Chefin aber nichts.

Am nächsten Morgen wacht sie frohgestimmt und energiegeladen auf, springt aus dem Bett und freut sich auf die tollen Dinge des Tages. Das Gehirn hört auf zu meckern. Es schreit nicht mehr ständig herum und bringt das ganze System in Aufruhr. Nun hat jeder, was er braucht. Das Gehirn kann nun störungsfrei und in Ruhe seine Arbeit machen.

… und sogar die Chefin merkt den Unterschied, freut sich an ihrer großen Energie und gleichbleibend guten Stimmung und sorgt in Zukunft dafür, dass keine künstliche Industrienahrung, kaum noch Zucker und Brot, sondern nur noch hochwertiges, natürliches Essen hineinkommt.

Danke Tryptophan

Intakte Zellmembranen und funktionierende Mitochondrien

Ohne Fett können wir nicht leben. Fettsäuren werden zum Aufbau von Zellmembranen, Isolierschichten der Nervenzelle, zur Herstellung von Hormonen, zur Bildung von Gallensäuren und vielem mehr benötigt. Gute Fette sind gesund, der Körper braucht sie. Heute weiß man, dass die These „Fett macht fett" nicht stimmt. Trotzdem ist Fett negativ konnotiert. Für Menschen mit psychischen Problemen spielen insbesondere die Fettsäuren, die am häufigsten im Gehirn vorkommen, das sind DHA und Arachidonsäure, sowie die EPA eine besondere Rolle.

Schauen wir uns deshalb die Zellmembran, die die Zelle umschließt und damit von den anderen Zellen abgrenzt, etwas genauer an. In der Abbildung sehen Sie das Modell einer Körperzelle. Diese wird von einer Doppel-Lipid-Schicht umschlossen, also einer Membran, die nur aus Fett besteht. Das ist ein dünnes Häutchen, vergleichbar mit der Hülle eines Luftballons.

Diese biologische Membran funktioniert immer noch genauso, wie zu Anfang des Lebens auf der Erde. Sie ermöglicht den Stoffaustausch vom Zellinneren ins Zelläußere und umgekehrt und von Zelle zu Zelle, ohne dass die Zelle dabei ihre Stabilität verliert oder kaputt geht. Es sind bio-physikalische und bio-chemische Abläufe, die schon wirkten, als an den Menschen noch gar nicht zu denken war.

„Membranen werden bis heute nicht als eigenständiges strukturelles und funktionelles System gesehen, obwohl ihr Aufbau bei allen Warmblütern und in allen Strukturen, in denen sie vorkommen, gleich ist. Erkrankungen von Membranen sind ein wesentlicher Teil von Multisystemerkankungen"[1], zu denen alle sogenannten Zivilisationserkrankungen gehören. Auch die Depression gehört dazu.

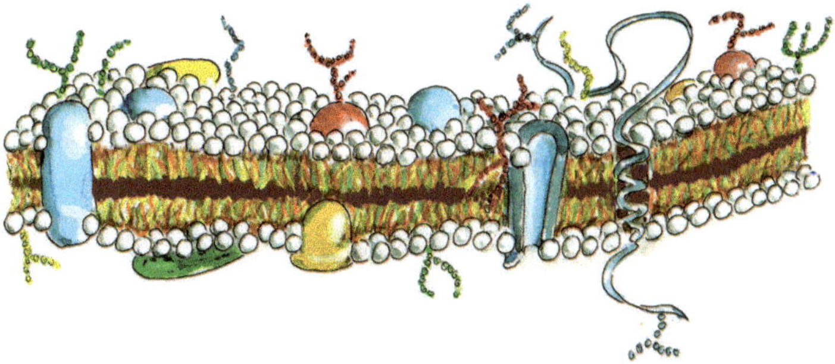

Die Zusammensetzung unserer Zellmembranen ist festgelegt, alle Arten von Fettsäuren, gesättigte, einfach und mehrfach ungesättigte, sind vertreten. Es gibt darunter essenzielle Fettsäuren, die von außen geliefert werden müssen und nur das, was geliefert wird, kann in die Membran eingebaut werden.

Unser Gehirn braucht Omega-3 Fettsäuren

Die Zellmembran aller Menschen besteht mindestens zu 2 % und maximal zu 16 % aus Omega-3-Fettsäuren.[2] Daran kann man erkennen, dass diese Fettsäuren essenziell sind. Ein Anteil von unter 2 % ist nicht mit dem Leben vereinbar. Das heißt, wir sollten sie nicht nur, wir müssen sie mit der Nahrung zuführen, sonst sterben wir. Damit gehören EPA und DHA, das sind die beiden wichtigsten Omega-3-Fettsäuren, in die gleiche Kategorie wie Wasser oder Salz.[3] Optimale Spiegel liegen zwischen 8 und 11 %, Spiegel darunter bringen gesundheitliche Einschränkungen mit sich. Menschen mit psychischen Erkrankungen brauchen höhere Spiegel, sie profitieren von Spiegeln von mehr als 12 %. Das ist nur durch Supplementierung zu schaffen.

Die Trockenmasse des Gehirns besteht aus 60 % Fett und 40 % Protein. Auch daran ist erkennbar, dass Fett alles andere als unnütz ist. Alle Fettsäuren sind im Wesentlichen gleich aufgebaut, nur die Anzahl der Kohlenstoffteilchen ist unterschiedlich. Es sind lange Ketten von Kohlenstoffteilchen, an die Wasserstoffteilchen binden. Je nachdem, ob in diesen Ketten Doppelbindungen auftreten, wird zwischen gesättigten, einfach und mehrfach ungesättigten Fettsäuren unterschieden.

Das ist nicht trivial, denn die Struktur bestimmt die Funktion. Mehrfach ungesättigte Fettsäuren haben andere Eigenschaften als gesättigte. Doppelbindungen ändern die dreidimensionale räumliche Struktur der Fettsäure. Die gerade Kette bekommt an der Doppelbindung einen Knick von ca. 30 Grad. Bei mehreren Doppelbindungen gibt es mehrere solcher Knicke. Aus einer geraden Kette entsteht ein räumliches Gebilde. Man kann sich das ein bisschen wie einen Zollstock vorstellen. Er kann wie ein langer, gerader Stock aufgeklappt sein, knickt man die einzelnen Glieder entstehen unterschiedliche Gebilde.

Besteht eine Fettsäure nur aus gesättigten Fettsäuren, dann hat sie gar keine Doppelbindungen. Ihre Struktur ähnelt dem ausgeklappten Zollstock. Gibt es eine Doppelbindung, hat der „Zollstock" einen Knick. Gibt es mehrere Doppelbindungen, gibt es genauso viele „Knicke".

Legt man nun viele dieser ausgeklappten Zollstöcke nebeneinander, entsteht ein sehr dichtes und festen Gebilde. So ist zu erklären, warum Butter bei ca. 8 Grad Celsius, also der Kühlschranktemperatur, schon so fest ist, dass man Schwierigkeiten hat, sie aufs Brot zu bekommen. Dazu müsste man nämlich mit dem Messer zwischen diese „geraden Zollstöcke" kommen. Butter besteht je zur Hälfte aus gesättigten und einfach ungesättigten Fettsäuren und deren Schmelzpunkt ist bei dieser Temperatur schon längst unterschritten. Deshalb ist sie sehr fest.

Bei Öl entsteht ein weniger festes Gebilde aus mehrfach ungesättigten Fettsäuren. Die Struktur hat viele Hohlräume, da die „Knicke" nicht zulassen, dass die Fettsäuren eng gepackt werden. Öl bleibt bei Kühlschranktemperatur im Vergleich zu Butter immer noch flüssig, denn es besteht überwiegend aus mehrfach ungesättigten Fettsäuren unterschiedlicher Längen. Deren Schmelzpunkt liegt viel tiefer.

Diese Hohlräume sind nicht nutzlos, sondern ermöglichen, dass sich in oder durch die Zellmembran Rezeptoren oder Kanäle schieben können, durch die der Stoffwechsel abläuft – und das, ohne die Zellmembran zu zerstören. An der obigen Abbildung kann man das gut erkennen.

Omega-3- und Omega-6-Fettsäuren regulieren Entzündungen

Wenn in Bezug auf die Bipolare Störung auch von einer Stoffwechselerkrankung gesprochen wird, ist es nicht verwunderlich, dass auch die Zellmembranen eine Rolle spielen, denn sie sind Teil des Stoffwechsels der Zelle. Stimmt die Zusammensetzung der Zellmembran nicht, stört das den Stoffaustausch und hat letztendlich Auswirkungen auf die Stimmung und den Antrieb.

Die Omega-3-Fettsäuren übernehmen eine grundlegende Rolle für die Entwicklung, Funktion und Alterung des Gehirns. In den Zellmembranen sind sie wichtige regulierende Faktoren bei der Übertragung von Signalen, der Neubildung von Nervenzellen und der Entzündungshemmung. Bemerkenswert ist die Tatsache, dass genau diese Prozesse bei verschiedenen psychiatrischen Störungen, einschließlich der Bipolaren Störung, verändert sind.[4]

Mehrfach ungesättigte Fettsäuren sind für die Entwicklung und Funktion des Gehirns von entscheidender Bedeutung[5], und ein Mangel an ihnen kann langfristige funktionelle Folgen wie Gedächtnisstörungen, Aufmerksamkeitsdefizit-/Hyperaktivitätsstörungen (ADHS), Depressionen oder Angststörungen haben.[6] DHA ist die am häufigsten vorkommende mehrfach ungesättigte Fettsäure und reichert sich im präfrontalen Kortex in den ersten 18 Lebensjahren rasch an. Nach dem zweiten Lebensjahrzehnt ist der Anstieg geringer.[7] Dies deutet darauf hin, dass die Jugendjahre eine entscheidende Phase sind, um eine angemessene DHA-Zufuhr im Gehirn sicherzustellen. DHA ist vor allem in fettem Fisch enthalten.

In einer Studie aus Spanien[8] aus dem Jahr 2022 wurde untersucht, ob eine höhere Aufnahme von DHA und Alpha-Linolensäure (ALA), mit einer verbesserten Aufmerksamkeitsleistung bei einer Gruppe von 332 Jugendlichen aus verschiedenen Schulen in Barcelona verbunden war. ALA gehört zu den Omega-3-Fettsäuren, ist aber pflanzlichen Ursprungs und kommt u.a. in Leinöl und Walnüssen vor. Zu den Stärken der Studie gehörte, dass der Omega-3-Index der Schüler im Blut gemessen wurde. Es konnte nachgewiesen werden, dass eine höhere DHA-Aufnahme durch den Verzehr von Fisch die selektive und anhaltende Aufmerksamkeit sowie das Erkennen und Lösen von Reizkonflikten (exekutive Funktionen) bei Aufmerksamkeitsaufgaben signifikant verbesserte. Ein so eindeutiger Zusammenhang zwischen der Aufnahme von Walnüssen und der Aufmerksamkeit konnte nicht hergestellt werden, aber die Autoren fanden Anhaltspunkte, dass höhere ALA-Spiegel in den roten Blutkörperchen eine positive Wirkung auf die Impulsivität zu haben scheinen.

Sowohl die fehlende Konzentration als auch Impulsivität spielen bei der Bipolaren Störung eine Rolle. In dieser Studie wurden Nachweise erbracht, dass Fisch- und Walnussverzehr positive Auswirkungen auf das Gehirn hat. Die Empfehlung, Nüsse als Nervennahrung zu betrachten und am Tag ca. 30 Gramm davon zu essen, wird durch diese Studie bestätigt.

Für das Gehirn und die psychische Stabilität sind zwei Fettsäuren besonders wichtig: DHA und die EPA. Diese Abkürzungen sagen dem Wissenschaftler, dass es sich um Omega-3-Fettsäuren handelt, die besonders lang sind. Zur besseren Unterscheidung eine Eselsbrücke: **D**HA ist vor allem für das **D**enken wichtig und **E**PA vor allem für die **E**ntzündungsbekämpfung. Denn aus ihnen bildet der Körper Serie-III-Prostaglandine, welche die Herstellung von anderen entzündungshemmenden Stoffen bewirken. Diese haben so hübsche Namen wie Resolvine, Maresine und Protektine. Der Name ist Programm. Resolvine kommt vom engl. Wort „revolving" für „Auflösen". Protektine kommt vom engl. Wort „protection", also Schutz. Das Wort Maresin setzt sich aus den Buchstaben von „macrophage mediator in resolving inflammation" zusammen, was so viel heißt wie „Entzündung auflösend".

Entzündungen sind per se nichts Schlechtes. Entzündungen gehören zum Abwehrmechanismus des Körpers und sind eng mit dem Immunsystem verbunden. Rubor (Rötung), Calor (Überwärmung), Tumor (Schwellung), Dolor (Schmerz) und Functio laesa (eingeschränkte Funktion) sind typische Entzündungsanzeichen, um Verletzungen zu heilen oder Krankheitskeime abzuwehren. Ist die Gefahr vorüber, fährt das System wieder in den Normalzustand. Daran sind die Omega-3- und Omega-6-Fettsäuren maßgeblich beteiligt.

Im Kapitel zur Psycho-Neuro-Immunologie hatte ich bereits erläutert, welche Folgen Dauerstress hat: Das Immunsystem wird dauerhaft vom hohen Cortisolspiegel unterdrückt und kann Entzündungsreaktionen nicht mehr auflösen. Die Entzündung wirkt unbemerkt wie auf Sparflamme fort, die typischen Entzündungszeichen treten nicht auf. Deshalb nennt man sie auch „stille Entzündung" – eine Art Schwelbrand im Körper. Und eben dieser Schwelbrand wird für das Entstehen von Depressionen verantwortlich gemacht. Wenn unsere Nahrung dann auch noch zu wenig Omega-3-Fettsäuren enthält, können solche Entzündungsprozesse nicht mehr vollständig zu Ende gebracht werden.

Man nimmt an, dass in der Nahrung des Menschen vor dem Beginn des Ackerbaus Omega-6- und Omega-3-Fettsäuren in einem ausgeglichenen Verhältnis (1:1) enthalten waren. Durch die moderne Ernährung werden meist deutlich mehr Omega-6-Fettsäuren zugeführt. Diese sind vor allem in pflanzlichen Ölen enthalten, die leicht verfügbar und günstig produziert werden können. Deshalb nutzt die Lebensmittelindustrie vor allem die Omega-6-haltigen Öle für ihre Produkte. Margarine ist ein Beispiel dafür, aber auch Backwaren werden mit diesen

Ölen hergestellt. Für Kuchen nimmt nur noch die Hausfrau Butter, alle im Handel angebotenen Backwaren, Kekse, Teilchen und Torten wären nicht so preisgünstig, würden sie Butter anstatt billigerem Fett enthalten. Für den Buttergeschmack werden Aromen hinzugefügt. Ein hohes Omega-6-zu-Omega-3-Verhältnis (mehr als 5:1) begünstigt Entzündungsprozesse und wird mit der Entstehung von chronisch-degenerativen Erkrankungen in Verbindung gebracht. Im Durchschnitt hat die deutsche Bevölkerung katastrophale Werte von ca. 15:1 zu Gunsten der Omega-6-Fettsäuren.[9]

Wenn der Schutz vor freien Radikalen, z.B. durch eine mangelnde Zufuhr an Omega-3-Fettsäuren, zu gering ist und es dadurch zu einer ungünstigen Verschiebung des Gleichgewichts zwischen entzündungsfördernden und entzündungshemmenden Stoffen kommt, spricht man von oxidativem Stress. „Ein übereinstimmender Befund bei der Bipolaren Störung ist das Vorhandensein von oxidativem Stress, der Biomoleküle anfällig für oxidative und nitrosative Schäden macht. Der Dopaminspiegel ist während der Manie deutlich erhöht, und Dopamin produziert reaktive Sauerstoffspezies und Chinone, die Proteine oxidieren können. Die Überproduktion von reaktiven Sauerstoff- und Stickstoffspezies kann zusammen mit der gestörten Aufrechterhaltung des Gleichgewichts durch antioxidative Systeme zu Schäden an Lipiden, Proteinen, DNA und RNA führen."[10]

Man kann also mit Fug und Recht sagen: Omega-3-Fettsäuren dämpfen Entzündungsreaktionen und sind essenziell dafür, dass sie überhaupt abklingen. Zu wenig Omega-3 im Körper ist ein eigenständiger Risikofaktor. Für das Gehirn ist Omega-3 derart wichtig, dass jeder Mensch davon profitiert, ausreichend hohe Spiegel zu haben, egal, ob er krank ist oder nicht.

Den eigenen Status kann man am einfachsten mit einer Fettsäuren-Analyse feststellen, die den Omega-3-Index, das Verhältnis der Omega-6- zu Omega-3-Fettsäuren und den Transfettsäurenanteil misst. Dafür gibt es Test-Kits, die man sich nach Hause schicken lassen kann, auch einige Apotheken bieten solche an.

Ohne leistungsfähige Mitochondrien gibt es keine stabile Psyche

Nun möchte ich Ihre Aufmerksamkeit auf ein Zellorgan lenken, das für Betroffene eine besondere Bedeutung hat. Haben Sie sich schon einmal gefragt, wo die Energie, die uns so oft fehlt, herkommt? Alle Energie, die der Körper benötigt, stellt er in den Kraftwerken der Zellen her. Und zwar nur dort, nirgendwo sonst. Diese Zellorganellen werden als Mitochondrien bezeichnet. Will man gesund und psychisch stabil bleiben, muss man sich gut um seine Mitochondrien kümmern. Man muss sie sogar regelrecht päppeln! Je nach Energiebedarf und Energieverbrauch haben die Zellen nicht nur ein Mitochondrium, wie es in schematischen Zeichnungen oft zu sehen ist, sondern hunderte oder tausende davon. Eine normale Körperzelle hat etwa 1.000 Mitochondrien, in den Herzmuskelzellen sind es ca. 2.000 und in den Nervenzellen bis zu 10.000 – wohl gemerkt: in einer einzigen Zelle.

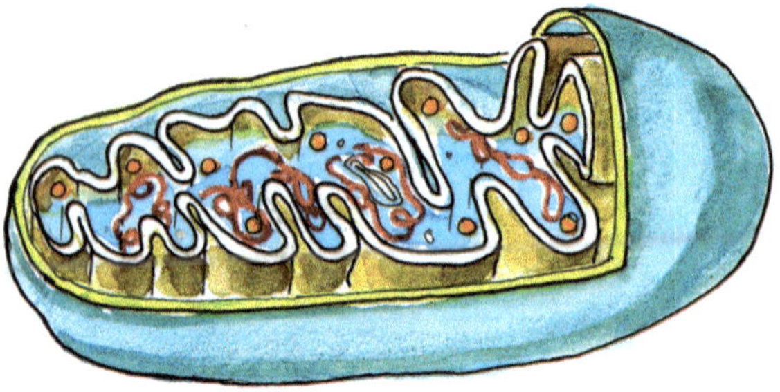

In diesen Mitochondrien finden zahlreiche Stoffwechselprozesse statt, die essenziell für die Zellfunktionen und damit für die Gesundheit, Regeneration und Heilung sind. Das bedeutet, dass wir ohne diese Prozesse nicht überleben könnten. Schädigungen oder Störungen in diesen Abläufen schränken nicht nur die Lebensqualität ein, sondern können die Heilung von Erkrankungen behindern und darüber hinaus die Entwicklung von weiteren Gesundheitsproblemen fördern. Unser Körper kann viel kompensieren, sodass wir eine Störung oder Schädigung oft nur an solch unspezifischen Symptomen wie Antriebs- und Stimmungsproblemen bemerken (siehe das Brubacher-Schema des Mikronährstoffmangels am Ende des Kapitels).

Warum sind die Mitochondrien so etwas Besonderes? In ihnen werden die Kohlenhydrate, Proteine und Fette, die wir über die Nahrung aufnehmen, unter Verwendung von Sauerstoff in körpereigene Energie umgewandelt. Zum Beispiel sind der Citratzyklus und die Atmungskette entscheidend daran beteiligt. **Auch der für die Stimmung so wichtige Tryptophanstoffwechsel benötigt funktionierende Mitochondrien.**

Eine weitere Besonderheit besteht darin, dass die Mitochondrien eine Membran haben, die sie vom Zellinneren abgrenzt und eine weitere – innere – Membran, an der die wichtigen schon beschriebenen Prozesse ablaufen. Die Membranen bestehen ebenfalls jeweils aus einer Doppel-Lipid-Schicht, deshalb werden sie auch als Doppelmembranorganellen bezeichnet.

Eine Störung des Stoffwechsels in den Mitochondrien führt zu Symptomen, die denen einer Depression oder einer gemischten Phase der Bipolaren Störung äh-

neln. „In den Mitochondrien findet die Energieproduktion statt. Ist dieser Stoffwechsel gestört kommt es zu einer verminderten ATP-Produktion und zu einem pathologisch erhöhten Lactat/Pyruvat-Quotienten. Dieser Leistungsverlust macht sich durch schnelle Ermüdung und verlangsamte Erholungsfähigkeit bemerkbar. Oft wird dieser Zustand als Depression diagnostiziert. Die Situation spitzt sich bei solchen Menschen zu, die eine genetisch bedingte Minderleistung des Enzyms COMT (Catechol-O-Methyltransferase) besitzen. Die dadurch erhöhte und verlängerte Wirkung von Noradrenalin steigert den Energieverbrauch erheblich. [...] Das klinische Bild ist geprägt durch Erschöpfung, Müdigkeit, schlechte und langsame Erholung, gepaart mit innerer Unruhe und Angetriebensein bis hin zur Rastlosigkeit."[11]
Die Ursache ist eine Störung der Mitochondrien. Das Lactat/Pyruvat-Verhältnis kann man messen, genauso wie die ATP-Produktion und die Aktivität der COMT. Der Psychiater misst nicht, sondern bewertet diese Symptome als gemischte Phase einer Bipolaren Störung und verordnet Psychopharmaka, also Medikamente, die die Mitochondrien noch mehr stressen. Woher ist er sich so sicher, dass er das Richtige tut?

Falsche Ernährung, Alkohol und Rauchen schädigen Mitochondrien
Bei der Umwandlung von Nahrungsenergie (Eiweiß, Fett, Kohlenhydrate) in körpereigene Energie (ATP) laufen kaskadenartige Prozesse ab, bei denen Elektronen mal abgegeben und mal aufgenommen werden.
Die Abgabe von Elektronen nennt man Oxidation, die Aufnahme von Elektronen nennt man Reduktion. Dabei entstehen sogenannte freie Radikale. Das sind instabile Sauerstoff- oder Stickstoff-Moleküle, die häufig mit ROS und RNS abgekürzt werden. Die Bezeichnung kommt vom englischen Wort für reaktive Sauerstoff-Spezies bzw. reaktive Stickstoff-Spezies (RNS). Sie sind Teil der physiologischen Abläufe im Körper und deshalb per se nichts Schlechtes. Damit werden u.a. zelluläre Prozesse wie Überleben, Wachstum, Zellneubildung und kontrollierter Zelltod reguliert.[12] Mit Hilfe körpereigener Antioxidantien werden ROS und RNS neutralisiert, um ein bestimmtes Gleichgewicht zwischen Oxidation und Reduktion aufrechtzuerhalten.

Ein Oxidans ist ein Stoff, der von einer biologischen Substanz, z.B. einer Amino- oder Fettsäure, ein Elektron wegnimmt. Mit anderen Worten ist ein Oxidans ein Elektronen-Dieb. Damit wird die Substanz selbst zu einem Radikal.

Ein Antioxidans verhindert oder verzögert die Veränderung an der Zielstruktur, z.B. in den Fettsäuren der Zellmembran[13], in Proteinen oder in der DNA. Anders gesagt: Es verhindert, dass die biologische Struktur ihrer Elektronen „bestohlen" wird. Ein Antioxidans ist der Bodyguard, der Beschützer.

Kommt es zu einem Ungleichgewicht von Oxidantien und Antioxidantien entsteht **oxidativer bzw. nitrosativer Stress,** der für die Entstehung von sehr vielen Erkrankungen verantwortlich gemacht wird, insbesondere für die sogenannten Zivilisationskrankheiten, zu denen auch die Depression gehört.

Im Laufe der Evolution hat unser Organismus gelernt, flexibel auf innere und äußere Einflüsse zu reagieren. Je nach Situation kann die Bildung von freien Radikalen nützlich sein, z.B. um einen unerwünschten Eindringling wie einen Virus zu bekämpfen oder schädliche Umwelteinflüsse abzuwehren. Wir hätten als Menschheit nicht überlebt, wenn unser Organismus nicht gelernt hätte, einerseits mit der Bildung von körpereigenen Antioxidantien auf diese Herausforderungen zu reagieren und andererseits Antioxidantien aus der Nahrung dafür zu nutzen.

Antioxidantien, die unsere Zellen selbst herstellen, gelten als viel wirksamer als exogene Antioxidantien, u.a. gehören viele Enzyme, über die ich weiter oben schon berichtet habe, dazu. Enzymatische Antioxidantien, wie z.B. die Superoxid-Dismutase, die Katalase oder die Glutathion-Peroxidase, bilden ein komplexes System, das synergetisch arbeitet, um ROS zu reduzieren.[14] In einer Überblicksarbeit aus Mexiko zum oxidativen Stress heißt es „In diesem Zusammenhang wird ein Mangel oder eine Fehlfunktion von Katalase[15] mit der Entstehung von degenerativen Krankheiten wie Schizophrenie, Alzheimer und Parkinson, Bipolarer Störung, Diabetes mellitus, Bluthochdruck, Anämie, Vitiligo und Krebs in Verbindung gebracht." Zu den bekanntesten nichtenzymatische Antioxidantien gehören Glutathion, die Harnsäure und Coenzym Q10.

Es wird Sie vielleicht überraschen, dass auch Melatonin, das vor allem als „Dunkel- oder Schlafhormon" bekannt ist, antioxidative Eigenschaften hat. In der oben genannten Studie heißt es: „Die Abnahme der Melatonin-Sekretion ist mit vorzeitigem Altern verbunden, während die ausreichende Konzentration dieses Moleküls positive Auswirkungen auf verschiedene Erkrankungen wie Herzerkrankungen, neurodegenerative Erkrankungen und Diabetes mellitus hat."[16]

Zu den exogenen Antioxidantien, die über den Verzehr von Obst, Gemüse, Organfleisch oder auch durch Nahrungsergänzungsmittel aufgenommen werden können, gehören eine ganze Reihe von Mikronährstoffen, wie alle Vitamine, viele Mineralstoffe (z.B. Zink und Selen) sowie einige sekundäre Pflanzenstoffe, wie Phenole, Flavonoide und Carotinoide, die zusammen mit den endogenen Antioxidantien dem oxidativen Stress entgegenwirken können.

Aus diesem Grund dürfen z.B. Vitamin C, die B-Vitamine, und hier vor allem B2 und B3, aber auch Magnesium und Coenzym Q10 nicht fehlen. Auch Eisen und Kupfer werden im richtigen Verhältnis benötigt. Sind diese Stoffe im relativen oder absoluten Mangel, führt dies zu den oben beschriebenen „unspezifischen" Symptomen, weil die Mitochondrien nicht richtig arbeiten können.

Zu den Umwelteinflüssen, denen wir ausgesetzt sind, gehören Faktoren wie exzessive UV-Strahlung, Schadstoffe in der Luft, Schwermetalle, hochverarbeitete, zucker- und fettreiche Lebensmittel, Toxine aus Pilzen, Bakterien und Viren, Pestizide, Insektengifte, Lösungsmittel, Kleb- und Isolierstoffe, Holzschutzmittel, Kunststoffe, Lacke, Leime, Haushaltsreiniger, Badezusätze, Kosmetika, Nagellacke und Nagelhärter, Spülmittel, Textilfarbstoffe, Elektrosmog, aber auch Medikamente sowie Alkohol und Zigaretten.[17] Anhand der folgenden Abbildung[18] möchte ich Ihnen zeigen, dass wir einige dieser „exogenen Quellen" durchaus über unseren Lebensstil und unseren Umgang mit der Umwelt beeinflussen können.

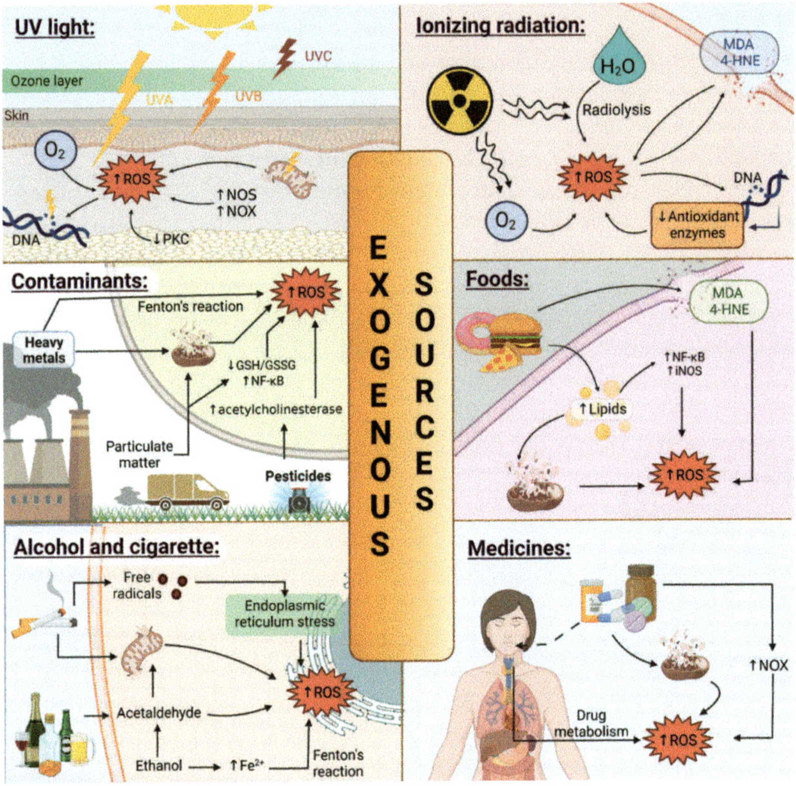

Ich möchte Ihren Blick dafür schärfen, dass z.B. Fastfood, Alkohol und Rauchen die Mitochondrien direkt schädigt, weil dadurch ein Übermaß an freien Radikalen entsteht. Ich finde es fatal, dass Menschen mit Bipolarer Störung häufig diesen vermeintlichen „Genüssen" frönen.

Es ist richtig, dass ich als Einzelperson nur schwer darauf Einfluss nehmen kann, wie die Luftqualität oder die Schadstoffbelastung in meiner unmittelbaren Umwelt ist. Aber für das, was ich selbst tun kann, wie z.B. meine Ernährung umzustellen, keinen Alkohol zu trinken und nicht zu rauchen, brauche ich niemand anderen verantwortlich machen. Dies liegt in meiner eigenen Hand. Niemand kann sich vor allen schädlichen Einflüssen schützen, aber durch mein Verhalten kann ich die Auswirkungen auf meinen Körper reduzieren. Wenn ich einerseits z.B. das Rauchen und Alkohol meide und mich andererseits so ernähre, dass ich möglichst viele Antioxidantien mit der Nahrung aufnehme, gebe ich meinem Körper die Chance, den oxidativen Stress im Zaum zu halten. Davon profitieren auch mein Gehirn und meine Psyche. Es ist mir ein Anliegen, diese Eigenverantwortung, die jeder von uns für sich selbst hat, bewusst zu machen.

Mitochondrien entscheiden über Vorlieben

Eine weitere Besonderheit der Mitochondrien ist, dass sie eine eigene DNA haben. Also neben unserer normalen Zell-DNA gibt es eine mtDNA. Auf ihr liegen, genauso wie auf der Zell-DNA, die Baupläne für Proteine, mit denen sie arbeitet. Dort befinden sich genauso Mutationen wie auf der Zell-DNA. Diese Mutationen gewährleisten die Anpassungsfähigkeit, von bereits die Rede war, denn sie sorgen dafür, dass Proteine sich immer ein bisschen anders verhalten. Dadurch kann immer wieder neu auf Umweltereignisse reagiert werden. Die mtDNA wird nur durch die Mutter vererbt. Wie in allen Familien, gibt es auch so eine Art „Mitochondrium-Stammbaum". Je nachdem wie sich die Populationen auf der Welt verteilen, entstehen viele neue Mutationen in der mtDNA, die immer dafür sorgen wollen, dass Mitochondrien vor dem Hintergrund der Umwelt optimal funktionieren.[19] Das ist der Grund, warum nicht alle Mitochondrien bei allen Menschen gleich sind, sondern es unterschiedlichen „Typen" gibt. Man spricht von mtDNA-Haplotypen.

Warum erzähle ich Ihnen das alles: Diese Unterschiede sind dafür verantwortlich, warum sich der Stoffwechsel der Menschen unterscheidet. So gibt es einige Menschen, die schlechter darin sind, Energie effizient umzusetzen, dafür aber mehr Wärme produzieren. Oder andere, bei denen die Mitochondrien nicht so belastbar sind und sie deshalb z.B. nicht so gut im Ausdauersport sind, dafür entstehen aber weniger freie Radikale, die mit dem Schutz vor einigen Krankheiten und mit Langlebigkeit verbunden sind. Hier ist die Forschung noch längst nicht am Ende. Das erklärt u.a. auch, warum einige Menschen gut mit einer LowCarb-Ernährung zurechtkommen, andere eher mit anderen Ernährungsformen oder warum einige sehr sensibel auf Umweltgifte reagieren und andere die Belastung gut wegstecken. Das ist ein weiterer Grund, warum nicht alle Maßnahmen für alle passen, warum auch nicht alle Medikamente für alle passen und warum auch nicht jede Ernährungsform für jeden geeignet ist.

Diese Doppelmembranorganellen sind für das Leben der Zelle unerlässlich, da sie die Hauptquelle für zelluläres ATP darstellen und viele Funktionen erfüllen, nicht zuletzt die Überwachung des Stoffwechselbedarfs der Zelle. Die Kraftwerke der Zelle verwandeln die von außen zugeführte Nahrungsenergie in Körperenergie. Wie gut sie das tun, kann man im Blut messen. Am Ende der komplizierten Reaktionskette entsteht Adenosin-Tri-Phosphat, das ATP. Das ist wie die Energie-Währung des Körpers, denn wenn ATP wieder abgebaut wird, gibt es Energie frei und die kann für die diversen chemischen Reaktionen genutzt werden.

Auch Mitochondrien brauchen eine feste Tagesstruktur

Zirkadiane Rhythmen, also tageszeitliche Rhythmen, werden von einer molekularen zirkadianen „Uhr" erzeugt. Man sagt zwar manchmal, jemand „ticke" nicht richtig, aber trotzdem haben wir keine mechanische Uhr im Kopf, deren Ticken man hören könnte. Es sind Clock-Gene gemeint, die in jeder Zelle vorkommen. Sie sind in der Lage Licht zu messen und so die innere Zeit mit der äußeren Umgebung in einem 24-Stunden-Tageszyklus zu koordinieren, und zwar nicht nur beim Menschen. Die „zirkadiane Uhr" ist ein inneres Zeitmesssystem, das es den Bewohnern des Planeten Erde – von Pflanzen und Bakterien bis hin zu Insekten und Säugetieren – ermöglicht, sich anzupassen und periodische Veränderungen der äußeren Umgebung zu antizipieren. Zirkadiane Rhythmen werden von einem endogenen biologischen System erzeugt, das die meisten biologischen Prozesse beeinflusst, wie z. B. Ruhe-/Aktivitätsverhalten, Schlaf-/Wachzyklen, Nahrungsaufnahme, Schwankungen der Körpertemperatur, Hormonausschüttung und viele andere.[20]

Das zirkadiane Uhrensystem ist ein wichtiger Regulierungsfaktor für fast alle physiologischen Aktivitäten, und seine Störung hat schwerwiegende Folgen für die menschliche Gesundheit. Eine Störung der zirkadianen Uhr ist in der modernen Gesellschaft weit verbreitet.

Untersuchungen über Menschen mit Jetlag oder Schichtarbeit haben ergeben, dass eine Störung der zirkadianen Uhr kognitive Beeinträchtigungen, psychiatrische Erkrankungen, das metabolische Syndrom, Zellveränderungen und Krebs verursachen kann.[21]

Es wird angenommen, dass Nervenzellen besonders empfindlich auf Störungen in den Mitochondrien reagieren. Als stoffwechselintensive, langlebige Zellen mit einer komplexen Architektur sind Neuronen stark von funktionierenden Mitochondrien abhängig. Denn durch mitochondriale Autophagie, auch Mitophagie genannt, steuern sie den Abbau von fehlgefalteten Proteinen und dysfunktionalen Organellen, die sich ansammeln und intrazelluläre Schäden verursachen können. Somit trägt die Autophagie dazu bei, dass ein Nährstoffgleichgewicht und die Zellhomöostase gewährleistet bleibt. Diese Doppelmembranorganellen können jedoch zu professionellen Killern und Hauptquellen von oxidativem Stress werden. Daher können gestörte Mechanismen der mitochondrialen Qualitätskontrolle eine Bedrohung für die Zellfunktion und das Überleben darstellen, insbesondere wenn diese Organellen nicht richtig funktionieren.

Es wird angenommen, dass diese Prozesse vor allem während des Schlafs stattfinden, dass sogar während des Schlafs eine umfassende Umstellung des Stoffwechsels abläuft, um sich an den unterschiedlichen Bedarf und die Verfügbarkeit der Energieversorgung anzupassen.[22]

Wie schon beschrieben, gibt es auch in den Mitochondrien Zyklen, die von der zirkadianen Uhr gesteuert werden, um eine Anpassung der Mitochondrien an vorhersehbare tägliche Veränderungen des Stoffwechsels zu ermöglichen.

Werden diese circadianen Rhythmen durch den Lebensstil (Nächte durchfeiern) oder durch ungünstige Arbeitszeiten (Schichtarbeit) gestört, wirkt das bis in die Zelle und bis in die Mitochondrien hinein. Menschen mit psychischen Störungen profitieren deshalb von einer stabilen Tagesstruktur.

Zusammenfassend lässt sich sagen, dass die Gesundheit der Mitochondrien einerseits von der genetischen Ausstattung abhängig ist, aber andererseits auch von dem Geschehen innerhalb einer „Wirtszelle“, dessen Teil sie sind[23] und von den Umweltbedingungen, in denen der Mitochondrien-Besitzer lebt und auch davon, wie der Mitochondrien-Besitzer mit den Ressourcen umgeht, dazu gehört der Lebensstil und die Ernährung des Einzelnen.

Neuromodulatoren wirken als Cotransmitter

Neuromodulatoren sind chemische Substanzen, die die Arbeitsweise des Nervensystems beeinflussen. Sie können vom Körper selbst produziert werden und sind für die normale, physiologische Arbeitsweise des Gehirns unverzichtbar. Es gibt aber auch eine Vielzahl von Stoffen, die von außen – z.B. über die Ernährung, über die Einnahme von Medikamenten oder von Drogen – ins Gehirn gelangen und die Wirkung eines Neurotransmitters auf ein Neuron beeinflussen. Unter anderem geschieht dies, indem sie komplexe Signalkaskaden in Gang setzen. So kann zum Beispiel die Schmerzwahrnehmung verstärkt (Substanz P) werden oder das Hungergefühl unterdrückt werden (Neuropeptid Y). Neuromodulatoren werden deshalb als **Cotransmitter** bezeichnet. Auch die Vitamine und einige Mineralstoffe wirken als solche Cotransmitter im Gehirn. Ein Mangel an den Vitaminen C, D, E und den Vitaminen des B-Komplexes wirkt sich negativ auf die Gehirnfunktion aus. Ich möchte Ihnen in diesem Kapitel deshalb drei ausgewählte Stoffe vorstellen, von deren Wirkung auf das Gehirn und die Psyche bislang nur wenig bekannt ist.

Die höchsten Vitamin-C-Konzentrationen befinden sich im Gehirn

Durch die Vitamin-C-Mangel-Erkrankung Skorbut (Mundfäule) verlor die britische Flotte zwischen dem 15. und dem 17. Jahrhundert etwa die Hälfte ihrer Matrosen. Neben extremer Müdigkeit und Erschöpfung, Entzündungen, Muskelschwund und erhöhter Anfälligkeit für Infektionen, sind Störungen bei der Kollagenbildung ein Hauptmerkmal eines Vitamin-C-Mangels. Ohne Vitamin C kann Kollagen nicht gebildet werden. Daher sind typische Skorbut-Merkmale exzessives Zahnfleischbluten *(Mundfäule)* – aber auch Wundheilungsstörungen.

Erst als James Lind durch die wahrscheinlich erste epidemiologische Studie (das ist eine Beobachtungsstudie) herausfand, dass Zitrusfrüchte und Sauerkraut Skorbut heilen können, hörte das Sterben an Bord auf. Man nimmt an, dass dieser Umstand zur Überlegenheit der britischen Flotte auf den Weltmeeren beitrug.[1] James Lind wusste noch nicht, dass es das Vitamin C war, das Skorbut heilte. Er gab den Kranken, die er in Zweiergruppen einteilte, jeweils unterschiedliche Mittel, darunter auch Salzsäure, Meerwasser, Zitrusfrüchte und Sauerkraut. Dann beobachtete er, wer überlebte.

Vitamin C wurde erst Anfang des 20. Jahrhunderts vom ungarischen Forscher und späteren Nobelpreisträger Albert Szent-Györgyi entdeckt. Er gab dem Stoff den Namen „Ascorbinsäure", weil es die Krankheit Skorbut heilte. Es reichen ca. 50 mg Vitamin C am Tag, um keinen Skorbut zu bekommen. Mit einer kleinen Kiwi oder 100 g frischen Erdbeeren kann man das bereits schaffen.

Diese Menge verhindert zwar Skorbut, reicht aber nicht aus, um gesund zu bleiben. Dafür braucht es nach neusten Forschungen[2] mindestens 200 mg, denn erst dann sind sämtliche Blutzellsysteme, allen voran die des Immunsystems, zu dem die Lymphozyten, Monozyten, Neutrophile und Thrombozyten gehören, mit Vitamin C gesättigt. Optimal wären 500 mg pro Tag, denn dann sind bei gesunden Menschen auch alle anderen Zellen mit ausreichend Vitamin C versorgt. Das heißt aber auch, dass Menschen, die nicht gesund sind, weil sie z.B. Medikamente nehmen müssen, meist deutlich höhere Bedarfe haben.

Vitamin C ist ein wichtiger Bestandteil für die Festigkeit des Gewebes. Alle Gewebestrukturen verlieren bei Vitamin-C-Mangel ihre Elastizität, auch die Blutgefäße und die Gefäßwände brechen. In der Folge verblutet der Mensch innerlich. Deshalb unterstützt Vitamin C auch die Wundheilung. Vier Monate ohne Vitamin C reichen aus, um Skorbut zu bekommen.

Wahrscheinlich werden Sie sich jetzt fragen, was Skorbut mit der Bipolaren Störung zu tun hat? Vitamin C ist ein „Multi-Talent" und ein universelles wasserlösliches Antioxidans. Damit ist es eine Art „Schlüssel-Antioxidans". Das heißt, es wirkt allgemein gegen freie Radikale. Er ist nicht nur bei Erkältungen wichtig, indem es die Funktion diverser Immunzellen fördert, sondern spielt im Zentralnervensystem (ZNS) eine entscheidende Rolle. Die Steroidhormonsynthese braucht Vitamin C, ein chronisch niedriger Cortisolspiegel kann einem Vitamin-C-Mangel geschuldet sein.[3] Die höchsten Konzentrationen von Vitamin C im Körper sind im Gehirn und im neuroendokrinen Gewebe zu finden. Es ist ein Neuromodulator der glutamatergen, cholinergen, dopaminergen und γ-Aminobuttersäure (GABA)-ergen Neurotransmission. Das heißt nichts anderes, als dass Vitamin C die Produktion und die Arbeitsweise der für die Stimmung und den Antrieb wichtigen Neurotransmitter beeinflusst.

Vitamin C unterstützt und strukturiert die Neuronen und ist an Prozessen wie Differenzierung, Reifung und Überleben der Neuronen beteiligt.[4] „Da neurologische Erkrankungen durch eine erhöhte Bildung freier Radikale gekennzeichnet sind, […] liegt die Vermutung nahe, dass Vitamin C den Verlauf neurologischer Erkrankungen verändern und eine potenzielle therapeutische Rolle spielen könnte"[5]

In einer Studie aus dem Jahr 2008 wurde bereits festgestellt, dass Vitamin C das Gehirn vor Schäden durch überschüssiges Vanadium schützen kann. Denn erhöhte Vanadiumspiegel, die bei bipolaren Patienten festgestellt wurden, werden für Manie und Depression verantwortlich gemacht.[6] Eine doppelblinde, placebokontrollierte Studie, bei der erhöhte Vanadiumspiegel kontrolliert wurden, zeigte, dass eine einmalige Gabe von 3 g Vitamin C die manischen Symptome im

Vergleich zu Placebo verringerte. Diese Forschungsergebnisse stammen aus den 1980er-Jahren. Da sich in späteren Jahren keine weiteren Studien zum Thema Vanadium finden ließen, nehme ich an, dass Forscher ihr Interesse an diesem Thema verloren haben. Trotzdem fand ich es bemerkenswert, dass 3 g Vitamin C die manischen Symptome gelindert hat!

Vielleicht denken Sie jetzt, das Thema Vitamin C kann ich „abhaken", die 50 mg Vitamin C nehme ich täglich spielend auf, denn ich esse jeden Tag Gemüse und Obst. Außerdem ist Skorbut doch eine Krankheit der Vergangenheit, die gibt es heute nicht mehr. In zwei Studien aus Malaysia wird berichtet, dass ein 4-jähriges[8] und ein 9-jähriges Kind[9] starke Schmerzen in den Beinen hatten und nicht laufen wollten. Die Erstdiagnose war Autismus. Alle anfänglichen biochemischen und radiologischen Untersuchungen waren unauffällig. Als die Ärzte nach den Ernährungsgewohnheiten fragten, fiel der Verdacht schnell auf Skorbut, was sich auch bestätigte. Nach der Gabe von Ascorbinsäure (also Vitamin C) besserten sich die Symptome der Kinder sofort. Die Familien wurden zur Änderung des Essverhaltens beraten und die Ernährung wurde dauerhaft umgestellt. Infolgedessen traten die Symptome nicht wieder auf.

Sollten Sie an Zahnfleischbluten leiden, könnte es sein, dass daran nicht die falsche Zahnpasta schuld ist, wie die Werbung suggeriert, sondern ein Vitamin-C-Mangel. Wenn nach wenigen Tagen der Einnahme von Vitamin-C-Brausetabletten das Zahnfleischbluten aufhört, sollten Sie Ihren Gemüse- und Obstverzehr einmal kritisch beleuchten. Womöglich ist dieser zu gering. Es gibt im Internet eine Datenbank, www.fddb.info, in der Sie die Nährwertangaben der meisten Lebensmittel angezeigt bekommen. Neben den Makronährstoffen werden auch die wichtigsten Vitamine und Mineralstoffe angegeben, die das Lebensmittel enthält. So können Sie leicht nachrechnen, ob Sie die Mindestmenge von 50 mg pro Tag tatsächlich aufnehmen.

Vitamin D ist ein natürlicher Serotonin-Wiederaufnahme-Hemmer

In der Nationalen Verzehrstudie 2008 NVS II steht, dass 91 % der Frauen und 82 % der Männer in Deutschland nicht genügend Vitamin D aufnehmen. In einer Studie aus dem Jahr 2015 stellte das Robert-Koch-Institut auf Deutschland bezogen fest: „Ein signifikanter Breitengradient wurde im Herbst bei Männern und im Winter bei Frauen beobachtet. In multiplen linearen Regressionsanalysen waren die Untersuchung im Winter, der Wohnsitz in nördlichen Breitengraden, die Nichtverwendung von Vitamin-D-Supplementen, geringe sportliche Aktivität, ein hoher Body-Mass-Index (BMI) und ein hoher Medienkonsum bei beiden Geschlechtern unabhängig voneinander signifikant mit niedrigeren Serum-25(OH) D-Spiegeln verbunden."[10]

Der durchschnittliche Serum-25(OH)D-Spiegel lag bei 45,6 nmol/l, ohne signifikante Unterschiede zwischen den Geschlechtern.[11] Das sind ca. 18 ng/ml. Als ausreichende Spiegel gelten Werte ab 75 nmol/l bzw. 30 ng/ml.

Bedenken Sie dabei: die Note „ausreichend" entspricht der Schulnote 4, man könnte auch sagen „gerade noch ausreichend". Wie ich nachfolgend noch erläutern werden, sind 75 nmol/l bzw. 30 ng/ml Mindest-, aber keine optimalen Vitamin D-Spiegel.

In Studien[12] wird gezeigt, dass **Vitamin D einerseits die Serotoninkonzentration in der extrazellulären Flüssigkeit des Gehirns aufrechterhält und andererseits die Wiederaufnahme und den Abbau im synaptischen Spalt hemmt.** Auf diese Weise kann ein optimaler Vitamin D-Spiegel zur Verbesserung des Serotoninstoffwechsels beitragen, der wiederum für Stimmungsschwankungen mitverantwortlich gemacht wird.

Bruce Ames gehört zu den bekanntesten Biochemikern der Welt. Von ihm stammt die Triage-Theorie, die besagt, dass der Körper bei einem Mikronährstoffmangel erst einmal die verfügbaren Ressourcen für das einsetzt, was das kurzfristige Überleben sichert, auch wenn das auf Kosten der Lebensdauer geht und zum Beispiel zu vorzeitigem Altern führt. Er hat sich auch mit der Frage beschäftigt, wie Vitamin D und Omega-3-Fettsäuren zusammenwirken, um ein normales Verhalten zu ermöglichen. Das hat er an autistischen Kindern und an Menschen mit ADHS, Bipolarer Störung, Schizophrenie und impulsiven Verhalten studiert.
In seiner Arbeit aus dem Jahr 2015 [13] beschreibt er die Synergie zwischen Vitamin D und den Omega-3-Fettsäuren DHA und EPA und stellt fest, dass ihr Zusammenspiel das Verhalten von Menschen u.a. mit Bipolarer Störung entscheidend beeinflusst. Hohe Spiegel von beiden Stoffen führen zu normalem Verhalten, niedrige zu pathologischem.

Ein niedriger Vitamin D-Spiegel hat Konsequenzen, insbesondere für Menschen, die psychische Probleme haben. Mein Spiegel liegt bei ca. 80 ng/ml bzw. 200 nmol/l. Ich halte einen hochnormalen Spiegel für eine wichtige Voraussetzung für psychische Stabilität, deshalb steht Vitamin D bei mir auch mit an erster Stelle.

Der menschliche Organismus ist anpassungsfähig. Er kann sich an veränderte Umweltbedingungen anpassen, allerdings dauern solche evolutionären Prozesse meist mehrere zehntauschende Jahre und damit viele Menschengenerationen. Man nimmt an, dass Menschen in den nördlichen Breiten eine hellere Hautfarbe und weniger Körperbehaarung bekamen, weil sie sich an die geringere und niedrigere Sonneneinstrahlung anpassten. Die hellere Haut machte es möglich, trotz geringerer Sonnenexposition noch genügend Vitamin D zu bilden. Die Evolution konnte nicht „vorhersehen", dass der Mensch auf die Idee kommen würde, sich nicht nur nachts in Höhlen aufzuhalten, sondern sich Betonpaläste baute, die er kaum noch verlassen würde. Unser lichtverwöhnter Stoffwechsel tickt noch immer wie in der alten Zeit. Er kann sich nicht „so schnell" an die moderne Zeit anpassen. Wir können zwar immer noch Vitamin D über die Haut bilden, aber wir halten uns einfach zu wenig im Freien auf und wenn doch, bedecken wir zu viel Hautfläche. Deshalb haben sehr viele Menschen einen Mangel an Vitamin D.[14]

Lithium als Spurenelement

Das Medikament Lithium kennt fast jeder Betroffene der Bipolaren Störung. Es gilt noch immer als Goldstandard bei der Behandlung der Krankheit. Es wurde in den 1950er-Jahren entdeckt und wird noch heute vielen Patienten mit Bipolarer Störung verordnet. Es gibt nämlich kein anderes Medikament, welches nachweislich das Suizidrisiko so nachhaltig senkt. Professor Bruno Müller-Oerlinghausen war Anfang der 1990er-Jahre maßgeblich an der Lithiumforschung beteiligt, u.a. entwickelte er mit seinem Team ein neuro-psycho-physiologisches Modell der Lithiumwirkung.[15] Er war Mitglied der Arzneimittelkommission der deutschen Ärzteschaft und viele Jahre deren Vorsitzender. Nachdem in den 1980er-Jahren Antiepileptika (z.B. Carbamazepin, Pregabalin, Lamotrigin) als Alternative zu Lithiumsalzen eingeführt wurden, hat er sich immer wieder mit den Vor- und Nachteilen der verschiedenen Prophylaxe-Optionen kritisch auseinandergesetzt. Diese Artikel[16] sind nach wie vor lesenswert.

Lithium als Medikament wird meist als Lithiumcarbonat (z.B. Quilonum®) verordnet. Eine Tablette enthält 450 mg LiCar. Darin sind ca. 90 mg reines Lithium enthalten. Die meisten Betroffenen bekommen 2 Tabletten täglich, also 900 mg LiCar bzw. 180 mg Lithium. Die individuelle Dosierung richtet sich nach dem Blutserumspiegel. Ein Bereich zwischen 0,8 und 1,2 mmol/l wird als therapeutisch wirksam angestrebt. Bei Blutserumspiegeln über 1,5 mmol/l kann Lithiumcarbonat bereits schädigende Wirkungen auf Niere, Leber, Herz und Drüsen haben. Deshalb muss der Lithiumspiegel des Patienten regelmäßig überprüft werden. Das ist der Grund, warum Lithium in Deutschland nur als verschreibungspflichtiges Medikament zugelassen ist, denn der Abstand zwischen der therapeutischen und der toxischen Dosis ist gering.

Mir geht es in diesem Kapitel aber um Lithium als **Spurenelement.** Damit sind Mengen im einstelligen Milligramm-Bereich gemeint, also Dosierungen von ca. 1 bis 9 mg reines Lithium täglich. Das Mineralwasser „Staatlich Fachingen – still" enthält 0,77 mg/l Lithium in Ionenform. Wenn man davon 2 Flaschen am Tag trinkt, was einer Menge von 1,5 Litern entspricht, nimmt man ca. 1,1 mg Lithium auf. Der Blutserumspiegel steigt auf etwa 0,0014 mmol/l. Diese Blutserumspiegel liegen bei etwa einem Tausendstel der toxischen Menge von Lithium, die bei 1,5 mmol/l liegt. Und trotzdem haben diese Mini-Dosen Lithium erstaunliche Wirkungen auf das Gehirn und die Psyche, die ich im Folgenden darstellen möchte. Ich denke, dass nur Wenige davon wissen.

Die folgenden Informationen habe ich größtenteils dem Artikel von Dr. Michael Nehls, den er im November 2023 auf seine Webseite veröffentlicht hat, und dem Artikel „Lithium und AD" vom Netzwerk „Kompetenz statt Demenz" entnommen. Ich gebe diese Arbeiten paraphrasiert wieder.

Die vollständigen Texte finden Sie hier: Dr. Nehls: https://michael-nehls.de/infos/lithium/ und hier: https://kompetenz-statt-demenz.dsgip.de/lithium-und-ad/

Was genau ist Lithium?
Lithium kommt, hauptsächlich in seiner ionischen Form, auf natürliche Weise in Oberflächengewässern vor. Die Konzentration ist dabei je nach geographischer Region unterschiedlich. Daher kann Lithium in verschiedenen Konzentrationen im Trinkwasser nachgewiesen werden. Die Quelle „Lithia Springs", Georgia, USA, ist bekannt für ihren hohen Lithiumgehalt und war bereits bei den Ur-Einwohnern eine heilige Stätte. Sie wurde u.a. auch von Mark Twain und Präsident Roosevelt als Kurbad benutzt.

Lithium kommt neben Mineralwässern auch in Eiern, in der Milch, im Fleisch, und in pflanzlicher Nahrung, wie Getreide, Hülsenfrüchte und Nüssen sowie in Schokolade vor.

Während des gesamten 19. und bis ins 20. Jahrhundert hinein wurde Lithium als Mineralstoffzusatz zur Anreicherung einer Vielzahl von Lebensmitteln und Getränken verwendet, darunter das beliebte Erfrischungsgetränk Seven-up. Das Getränk enthielt bis 1950 Lithiumcitrat und war ursprünglich mit seinem Potential vermarktet worden, die als „Kater" bekannten Auswirkungen übermäßigen Alkoholkonsums zu lindern und die Stimmung zu heben. Daher auch sein Name: „up" = „auf". Die Zahl „seven" = „sieben" ist eine Anspielung auf das Atomgewicht von Lithium, welches aufgerundet sieben beträgt. Heute enthält das Getränk kein Lithium mehr, aber der Name ist geblieben.

Bevölkerungsstudien an Menschen in verschiedenen Teilen der Welt haben festgestellt, dass ein erhöhtes Lithium-Vorkommen im Trinkwasser mit einer geringeren Häufigkeit von Demenz und vorteilhaften Verhaltensergebnissen verbunden sein kann: Orte mit einem höheren Lithium-Gehalt im Trinkwasser hatten eine geringere Rate an psychiatrisch bedingten Krankenhauseinweisungen, Selbstmord, Tötungsdelikten, Verbrechen und Demenz. Es ist wichtig zu beachten, dass die in solchen Studien im Trinkwasser gefundene Menge an Lithium sehr gering war: etwa 0,7 – 60 Mikrogramm pro Liter (µg/l) – das sind 0,0007 – 0,06 mg/l. Zum Vergleich: „Staatlich Fachingen – still" enthält 0,77 Milligramm pro Liter (mg/l), das sind 770 µg/l.

Im August 2017 sorgte der dänische Psychiater Lars Kessing für eine überraschende Meldung, die sogar in der Tagespresse Erwähnung fand. Die Frankfurter Allgemeine Zeitung schrieb: „Sollten sich seine Ergebnisse bestätigen, dann hinge ein Demenzrisiko auch davon ab, wie hoch der Lithiumgehalt im Trinkwasser ist."[17] Das führte dazu, dass, wegen der zunehmenden Fallzahlen an Alzheimererkrankungen, auf Kongressen schon gefordert wurde, das Leitungswasser mit Lithium anzureichern[18].

Der amerikanische Psychiater James Greenblatt berichtet in seinem 2018 auch auf Deutsch erschienenen Buch „Lithium – das Supermineral" ausführlich über seine Therapieerfolge mit Dosierungen von 5 mg bis max. 40 mg Lithiumorotat. Das Lithium ist hier an Orotat gebunden. Das ist eine andere Verbindung als Lithiumcarbonat, von dem oben die Rede war. In meinem Buch „Stabilität kann man essen?!" habe ich Greenblatts Buch ausführlich besprochen.

Orotat ist ein körpereigenes Molekül, das nur in geringen Mengen vom Körper selbst gebildet wird und zur Bedarfsdeckung zusätzlich täglich mit der Nahrung aufgenommen werden muss. Orotat ist das Salz der Orotsäure, von der man einige Zeit glaubte, sie sei lebensnotwendig. Deshalb nannte man sie eine Weile lang auch Vitamin B13. Diese Bezeichnung verwendet man heute nicht mehr, weil der Körper zu einer – wenn auch geringen – Eigensynthese fähig ist.

Orotsäure ist in Milchprodukten wie Joghurt, Kefir, Quark und Buttermilch enthalten. Schafsmilch enthält mehr als dreimal so viel wie Kuhmilch. Auch Muttermilch ist besonders reich an Orotsäure. Ein Mangel führt zu einer Schädigung der Gehirnfunktion, insbesondere der Gedächtnisleistung. Bei älteren Ratten konnte gezeigt werden, dass bei Orotat-Mangel eine Beeinträchtigung des Gedächtnisses durch die Gabe von Orotat behoben werden kann.[19] Es dient der Herstellung von genetischen Bausteinen, die im Gehirn insbesondere für die Neubildung von Nervenzellen im Hippocampus benötigt werden.
Dies erklärt die mangelbedingten Gedächtnisstörungen. Orotat (und somit auch alle an Orotat gebundenen Stoffe, wie z.B. Lithium-Orotat oder Magnesium-Orotat) wird deshalb durch einen speziellen Mechanismus effizient über die Blut-

Hirn-Schranke transportiert, um einer Beeinträchtigung der Hirnfunktion entgegenzuwirken.[20]

Aus dem gleichen Grund wird an Orotat gebundenes Lithium auch im Darm gut resorbiert (auch hier gibt es einen speziellen Transportmechanismus für Orotat). Gleichzeitig wird das an Orotat gebundene Lithium jedoch langsamer ausgeschieden als die freien Lithium-Ionen, wie sie z.B. im Trinkwasser oder Mineralwasser vorliegen. Dies führt zu einer geschätzten Halbwertszeit von Lithium-Orotat von mehr als einem Tag, so dass die gleiche zugeführte Menge Lithium (in Form von Orotat) zwar zunächst einen vergleichbar hohen Blutspiegel erreicht, wie nach der Aufnahme von Lithium-Ionen mit Mineralwasser, dieser aber aufgrund der Bindung an Orotat deutlich länger erhöht bleibt.[21]

So genügten beispielsweise in einem Tiermodell für Manie ein Zehntel der Dosis an Lithium-Orotat gegenüber dem in der medizinischen Praxis gängigen Lithium-Carbonat, um dieselbe therapeutische Wirkung zu erzielen.[22] Die Orotat-Formulierung zeigte dabei allerdings eine bessere Wirksamkeit und Potenz, und auch eine bessere „Verträglichkeit als Lithiumcarbonat, da die Aufnahme über den Transport und den Pentose-Stoffwechselweg erfolgt". Aufgrund dieses speziellen Transportmechanismus wird Lithium-Orotat als „überlegene Option für die Lithiumtherapie" (der Zukunft) diskutiert, wenn es darum geht, genau dort diese gewünschten neurobiologischen Effekte zu erzielen.[23]

Vielleicht fragen Sie sich jetzt, warum Lithium-Orotat dann nicht schon längst Eingang in die psychiatrische Praxis gefunden hat. Dafür gibt es eine simple Antwort: Für Lithiumcarbonat gibt es viele Studien, für Lithiumorotat nicht. Es gab Forscher, die in einer Arbeit aus dem Jahr 1979 Lithium-Orotat für nicht sicher hielten und deshalb verlor man das Interesse daran. Die Autoren einer Studie, die 2021 erschien, schreiben dazu: „Bevor Lithiumorotat ernsthaft als Alternative zu Lithiumcarbonat in Betracht gezogen werden kann, müssen Studien durchgeführt werden, die seine Wirksamkeit sowohl in der Grundlagenforschung als auch im klinischen Umfeld untersuchen. Dieser Bedarf ist besonders dringlich, da Lithiumorotat als Nahrungsergänzungsmittel gilt und daher in der Bevölkerung als Selbstmedikation weit verbreitet ist."[24]

Für mich ist diese Aussage nicht nachvollziehbar. In sehr geringen Dosen ist Lithiumorotat in den USA als frei verkäufliches Nahrungsergänzungsmittel von den Aufsichtsbehörden zugelassen und in der Bevölkerung weit verbreitet, aber die psychiatrische Wissenschaft interessiert sich nicht dafür, weil 1979 Bedenken zur Sicherheit geäußert wurden. Die Menschen in den USA scheinen sich darum nicht zu kümmern, sie nutzen diese minimalen Dosierungen, um sich selbst zu helfen, ohne vorher einen Psychiater zu fragen. Sie tun es einfach. Ich habe mal gelesen, dass Lithiumorotat in den USA häufiger verkauft wird als Aspirin.

Ich verstehe das nicht: Warum ist die Wissenschaft so borniert, es besser wissen zu wollen, als die Menschen, die das Lithiumorotat bereits nutzen? Im Buch von James Greenblatt können Sie erfahren, wie ein mutiger Psychiater dieses Nahrungsergänzungsmittel zum Wohle seiner Patienten einsetzt. Ich frage mich auch, warum Lithiumorotat in den USA zugelassen ist und bei uns in Deutschland nicht?

Bei Medikamenten ist die Frage nach der Sicherheit immer sehr wichtig, schließlich haben sich Ärzte in ihrem Eid verpflichtet, ihren Patienten nicht zu schaden. Dr. Nehls spricht von **1 mg Lithium täglich,** das nötig sei, um das Gehirn zu schützen. 1 mg Lithium ist in 26 mg Lithium-Orotat-Monohydrat – das ist die gängigste Verbindung – enthalten. In der Psychiatrie werden in der Regel 450 mg – 900 mg Lithiumcarbonat verordnet, das ca. 90 mg – 180 mg reines Lithium enthält. Lithiumorotat spielt also mengenmäßig „in einer ganz anderen Liga", trotzdem ist es in Deutschland rezeptpflichtig.

Die aktuelle Forschung zu Lithium als Spurenelement ist aber nicht stehen geblieben, sondern hat eine Reihe von Erkenntnissen hervorgebracht, die das Gehirn insgesamt betreffen und deshalb auch für Menschen mit psychischen Störungen interessant sind.

- Lithium schützt den Hippocampus und fördert die Neurogenese von adulten Neuronen. Das gleiche machen die Medikamente gegen Depressionen und Bipolare Störung. Wahrscheinlich ist das der eigentliche Grund für ihre Wirksamkeit. Allerdings haben die Medikamente Nebenwirkungen, die Lithium in geringen Dosen als Spurenelement nicht hat.

- Süßwasser- und Meerwasserfische unterscheiden sich durch ihren Lithiumgehalt, nur Meerwasserfische enthalten Lithium, Süßwasserfische nicht. Meeresfische enthalten auch Omega-3 und Vitamin D. Damit enthält Meerwasserfisch die drei wesentlichen Stoffe für die Gehirngesundheit und ist deshalb so wertvoll für jeden Menschen. Da Meerwasserfisch heutzutage meist kontaminiert ist, wäre gereinigtes Fischöl oder Algen-Öl eine Alternative.

- 0,3 mg Lithium pro Tag reicht aus, um einen bereits begonnenen Alzheimerprozess aufzuhalten, weil diese Menge die Schrumpfung des Gehirns stoppt. Das kann kein Medikament. Auch bei Depressionen hat man eine solche Atrophie (Gewebeschwund) des Gehirns festgestellt, deshalb kann es auch bei psychischen Erkrankungen hilfreich sein. Über die nötige Dosis kann nur ein Arzt entscheiden.

- Lithium aktiviert die Autophagie. Dabei werden kaputte Zellbestandteile recycelt. Das regt die Neurogenese an, was u.a. durch die Verlängerung der Telomere zu einer Verjüngung des Gehirns beiträgt. Davon kann jeder profitieren, egal, ob man eine psychische Erkrankung hat oder nicht.

- Lithium blockiert die Wirkung des Enzyms GSK3-beta (Glykogensynthase-Kinase 3), das an allen Entzündungen beteiligt ist. Damit werden u.a. stille Entzündungen im Gehirn, die als Ursache von Depressionen angesehen werden, vermindert.[25]

- Durch die Modulation der Expression von Uhrengenen (u.a. CLOCK) kann Lithium die zirkadianen Rhythmen neu synchronisieren. Es kann auch die Funktion der Hypothalamus-Hypophysen-Nebennieren-Achse normalisieren, indem es die Expression von Corticotropinen in den Nebennieren beeinflusst und bei der Stresskontrolle hilft.[26] In einem späteren Kapitel gehe ich näher darauf ein, dass eine Verschiebung der zirkadianen Rhythmen als eine von mehreren Ursachen für akute Phasen angesehen wird.

- Durch die Hochregulierung von Neurotrophinen, des hirnabgeleiteten neurotrophen Faktors (BDNF) und von Nervenwachstumsfaktoren, hat Lithium die Fähigkeit, das Wachstum von Nervenzellen zu fördern.[27] Ohne diese neuen Nervenzellen können wir keine Erinnerungen dauerhaft abspeichern.

- Lithium-Ionen induzieren die Produktion von Stammzellen und können daher die Proliferation von Blutzellen sowie die Bildung von neuralen Stammzellen stimulieren. Es kann die Dichte der grauen Substanz erhöhen und die Vergrößerung des Hippocampus fördern.[28] Ein schrumpfender Hippocampus wird mit Gedächtnisverlust in Verbindung gebracht.

Nun möchte ich Ihnen den Autor des Artikels, den ich anfangs erwähnt habe, vorstellen. Dr. med. Michael Nehls ist Arzt, Molekulargenetiker, Medizinwissenschaftler und Bestseller-Autor. Er beschäftigt sich seit 2007 mit Fragen der Gehirngesundheit.
Als freier theoretischer Medizinwissenschaftler hat er das Ziel, mit seinen medizinischen, neurowissenschaftlichen und evolutionsbiologischen Kenntnissen die Ursachen für Zivilisationskrankheiten zu erklären. Mit Lithium hat er sich im Zu-

sammenhang mit seinen Forschungen zum Hippocampus beschäftigt, die er in seinem Artikel zusammenfasst.

Dr. Nehls trieb die Frage um, woher unsere mentale Energie kommt, wodurch sie schwindet und mit welchen Maßnahmen man sie sich bis ins hohe Alter erhalten kann. Darüber schrieb er zwei Bücher „Die Alzheimer-Lüge" und „Alzheimer ist heilbar". Er entdeckte, dass der Hippocampus die einzige Gehirnstruktur ist, die ständig neue Gehirnzellen produziert. Er nennt ihn deshalb den „Frontalhirn-Akku". Mit Hilfe dieser adulten Neuronen können wir neue Informationen als bleibende Erinnerungen innerhalb eines Raum-Zeit-Kontinuums abspeichern. Das passiert ausschließlich im Schlaf. Dann lädt dieser „Frontalhirn-Akku" wieder auf. Diese individuellen Erinnerungen machen jeden von uns zu einem einzigartigen Menschen und sind wichtiger Teil unserer Identität und unseres Mensch-Seins. Gehen sie verloren, weil die Neurogenese behindert wird und der Hippocampus deshalb schrumpft, verlieren wir allmählich unsere Persönlichkeit.

Die nötigen Maßnahmen, um den Hippocampus gesund zu halten, nennt Dr. Nehls „artgerechtes Leben". Dazu gehören:

- Lebenssinn
- Bewegung
- Ernährung
- Schlaf
- Vitamin D
- Algen-Öl bzw. Fisch für die Versorgung mit Omega-3 Fettsäuren
- Kokosöl

Nach dem Minimumgesetz kann sich ein System, was von vielen Stoffen abhängig ist, nur so weit entwickeln, wie es der Stoff mit der geringsten Menge zulässt. Das ist der limitierende Faktor. Es reicht also nicht aus, nur einen Stoff zuzuführen, dann wird ein anderer zum Limit. Es kommt darauf an, alle Stoffe so lange zu optimieren, bis alle wieder im physiologischen Gleichgewicht sind.

Leben Menschen nicht artgerecht, kommt ein Teufelskreis in Gang. Durch den westlichen Lebensstil und/oder psychischen Stress und/oder Infektionen werden entzündungsfördernde Prozesse angestoßen, die die Neubildung von Neuronen unterdrücken und den Hippocampus schrumpfen lassen. Dadurch nimmt auch die psychische Widerstandskraft ab. Das wiederum führt dazu, dass die Menschen empfindlicher auf Stress reagieren, und dieser Stress schadet dem Hippocampus, der daraufhin weiter schrumpft. Im Übrigen laufen die gleichen Mechanismen auch bei Depressionen ab. Über den Spiegel-Artikel aus dem Jahr 2019 mit dem Titel „Schwelbrand im Gehirn" hatte ich schon berichtet.

Jetzt kommt Lithium ins Spiel: Lithium kann diesen Teufelskreis durchbrechen und den Hippocampus schützen, indem es ein entscheidendes entzündungsförderndes Enzym GSK3-beta blockiert. **Dafür reicht schon ca. 1 mg reines Lithium am Tag aus.** Dr. Nehls ist der Meinung, dass Lithium genau aus diesem Grund so erfolgreich bei der Bipolaren Störung und bei Depressionen eingesetzt wird. Allerdings braucht der Hippocampus für sein reibungsloses Funktionieren alle Komponenten, die oben aufgezählt sind. Lithium allein kann das nicht leisten. Es kommt also auf eine Änderung des Lebensstils an. Genau das zu veranschaulichen ist auch das Anliegen meines Buches.

In seinen beiden neuesten Büchern „Das erschöpfte Gehirn" und „Das indoktrinierte Gehirn" widmet Dr. Nehls sich der psychischen Widerstandskraft und deshalb habe ich sie mit großem Interesse und Erkenntnisgewinn gelesen.

Wenn Sie Dr. Nehls hören und sehen wollen, empfehle ich Ihnen sich seine Videos auf seiner Webseite oder auf YouTube anzusehen.

Sie können den Lithium-Artikel auch an Ihren Arzt oder Psychiater weitergeben, denn Dr. Nehls belegt seine Darstellungen mit 52 wissenschaftlichen Quellen.

In Deutschland ist, wie schon erwähnt, Lithiumorotat als Nahrungsergänzungsmittel nicht zugelassen, sondern nur als Medikament erhältlich. Es muss also von einem Arzt verschrieben werden. Da der Arzt frei in seiner Therapiewahl ist, kann er auch zum Beispiel ein Privat-Rezept über 25,7 mg Lithium-Orotat-Monohydrat ausstellen, das 1 mg reines Lithium enthält. Eine Kapsel kostet ca. 1 Euro, der Preis kann sich nach Rohstofflage und Verfügbarkeit ändern.

Es gibt Abpackungen mit 30 Stück, 60 Stück oder 90 Stück. Das Rezept kann man in Apotheken einlösen, die das Präparat herstellen, wie z.B. in der Klösterl Apotheke in München (siehe https://www.kloesterl-shop.de/lithium-5-orotat-60st-80008004) oder in der Eisbär-Apotheke Karlsruhe (siehe https://www.eisbaerapotheke.de/rezepturen.php).
Dazu muss man nicht nach München oder Karlsruhe fahren. Nach Vorlage des Original-Rezepts per Brief ist auch ein Versand des Präparats per Post möglich.

Ohne Rezept kann man Lithium nur über den natürlichen Gehalt in Mineralwässer bekommen. Zum Beispiel enthalten die Wässer „Heppinger", „Hirschquelle" und „Staatlich Fachingen - still" Lithium in geringen Mengen. In meiner Gegend bekomme ich nur „Staatlich Fachingen" im Handel zu kaufen. Um auf eine Menge von 1 mg zu kommen, die für die oben genannten förderlichen Prozesse notwendig ist, müsste man täglich 2 Flaschen a 0,75 l trinken. Ich finde, das ist zwar zu schaffen, bedeutet aber auch einen finanziellen Aufwand. Staatlich Fachingen gehört zu den teureren Wässern.

Ich hoffe, ich konnte Ihnen an diesen drei Stoffen exemplarisch zeigen, dass das Gehirn für ein gutes Funktionieren nicht nur Neurotransmitter, sondern auch diverse Neuromodulatoren braucht.

Unser Gehirn braucht Nahrung, die es nährt

Unser Gehirn braucht Nahrung, die es nährt – es liebt und giert aber nach zucker- und fetthaltigem Essen, das uns langfristig krank macht. Wie kann das sein?

Der menschliche Stoffwechsel ist ein Ergebnis der Evolution
Unser Leben heute unterscheidet sich wesentlich von dem Leben, das unsere Vorfahren noch vor ca. 200 Jahren führten. Wir leben heute in einer völlig veränderten Umgebung im Vergleich zu den vorigen Jahrtausenden unserer Entwicklung. Wir leben – zumindest in den Industrieländern – im Nahrungsüberfluss und nicht im Nahrungsstress, also mit der ständigen Bedrohung hungern zu müssen. Hochverarbeitete Nahrung, die zucker-, fett- und energiereich ist, lässt uns alle guten Vorsätze vergessen und besitzt eine fast magische Anziehungskraft auf unser Gehirn.
Das hat nichts mit unserem Willen zu tun, sondern ist Ausdruck der schon beschriebenen evolutionären Mechanismen, denen wir uns nicht entziehen können. Eine so zusammengesetzte Nahrung sicherte uns das Überleben und war lange Zeit hilfreich, weil wir Jahrtausende im Nahrungsmangel und nicht im Überfluss lebten. Die Vorliebe für Süßes und Fettes ist tief in unserem Gehirn verankert. Dieses ist nämlich auf eine konstante Energiezufuhr angewiesen und alles, was schnell Energie liefert, wird bevorzugt.

Viele Nahrungsmittel in der Natur sind allerdings energiearm. Man musste also sehr viel davon essen. Zum Beispiel enthält ein aprikosengroßes Stück Hühnerbrust ca. 8 g Eiweiß. Um die gleiche Menge Eiweiß aufzunehmen, müsste man zwei Stück Kopfsalat essen.[1] Haben Sie schon mal versucht, zwei Köpfe Salat auf einmal zu essen? Und wenn ja, fühlten Sie sich danach satt?

Um Nahrung zu finden, musste man in archaischen Zeiten suchen, sammeln oder jagen, sich also bewegen. Trotzdem kam es vor, dass die Suche erfolglos blieb. Sehr fett- und zugleich zuckerreiche Lebensmittel, wie sie heute die Regale des Supermarktes dominieren, gab und gibt es so gut wie gar nicht in der freien Wildbahn. Die Ausnahme war vielleicht an wenigen Tagen im Jahr frischer Honig mit fetten Larven, wenn beides am gleichen Ort gefunden wurde.

Nicht umsonst haben Menschen über viele Jahrtausende hinweg große Teile des Tages damit verbracht, Nahrung zu beschaffen und zuzubereiten. Es wurde das gegessen, was man gejagt, gesammelt und angebaut hat. Selbst wenn man von anderen Produzenten Lebensmittel eingetauscht oder auf Märkten gekauft hat, waren diese nur so weit „verarbeitet", dass sie für gewisse Zeit haltbar waren. Hochprozessierte und Ultra-hochprozessierte Lebensmittel gab es nicht.

Und das war auch noch bis zur heutigen Zeit so. Wir sollten uns bewusst machen, dass wir erst seit wenigen Jahrzehnten über eine gänzlich veränderte Ernährungskultur verfügen.

Setzen Sie das mal gedanklich in Verbindung mit dem Zeitstrahl von 6.000.000 Jahren der Menschheitsentwicklung!

Ich kann mich noch gut daran erinnern, dass meine Oma (1908 geboren) ständig irgendwas in der Küche oder im Garten zu tun hatte und deshalb immer ihre Kittelschürze trug. Einen Garten mit allerlei Gemüse und Obstbäumen und sogar ein paar Kaninchen und einen Vorratskeller voller Eingewecktem und einer Kartoffelmiete zu haben, war Inbegriff von guter Haushaltsführung und Garantie, nicht hungern zu müssen. Fertige Gerichte, die man im Laden kaufen konnte und die sich ein Jahr oder länger hielten, gab es nicht. Das erste Fertiggericht hieß „Ravioli" und wurde in den 1950er Jahren erfunden. Frische Milch musste man täglich beim Milchmann kaufen. Deshalb wurde auch nur so viel gekauft, wie man in kurzer Zeit verbrauchen konnte, dafür ging man allerdings häufiger einkaufen.

Die Vorliebe für zucker-, fett- und energiereiche Produkte wird von der Lebensmittelindustrie und dem Handel genutzt, um genau solche Lebensmittel herzustellen und gewinnbringend zu verkaufen. Auch Lebensmittel sind eine Ware, die der Logik des Profitinteresses unterliegt. Das Dogma lautet: Was gut schmeckt, wird wieder gekauft; was sich länger hält, bringt mehr Gewinn. Die Werbung trägt ihren Teil dazu bei, dass fast jeder Markenprodukte kennt. Allein an der Diskussion um die an Kinder gerichtete Lebensmittel-Werbung kann man erkennen, dass nicht die Gesundheit der Verbraucher im Vordergrund steht, sondern der Gewinn.

In unserer schnelllebigen modernen Zeit, in der sich die wenigsten die Zeit zum Kochen nehmen, finden Fastfood und Convenience- (übersetzt heißt dies „Bequemlichkeits"-) Produkte guten Absatz. Ohne Frage erleichtern die „vorgefertigten" Produkte die Küchenarbeit und sparen Zeit. Convenience kann zum Beispiel schockgefrorenes, bereits geschnittenes, ungewürztes Tiefkühlgemüse sein. Das enthält oft mehr Vitalstoffe als Frischware, die lange Wege hinter sich hat und tagelang im Supermarkt liegt. Diese Produkte sind empfehlenswert.

Zum Convenience Food gehören aber auch Fertig- oder Halbfertiggerichte, Fertigsoßen, Backmischungen, Instant-Pudding, Tütensuppen, Rührei aus dem Tetra Pak, fertige Salate, Smoothies und auch Pizza sowie anderes Fastfood. Nur so erlauben die günstigen Preise in Schnellrestaurants einen Gewinn für die Betreiber. Es werden immer mehr Produkte kreiert, welche die Vorliebe des Menschen für Süßes und Fettiges bedienen und den „Verbraucher" verleiten, immer mehr davon zu kaufen und zu essen. Deshalb enthalten diese Produkte u.a. raffinierten Zucker, Weißmehl, pasteurisierte, homogenisierte Milch, raffinierte oder hydrierte Pflanzenöle, synthetische Vitamine oder Aromen. Sie wissen sicher, dass die Erdbeerernte eines ganzen Jahres nicht ausreichen würde, um alle Erdbeerjoghurts im Regal so nach Erdbeere schmecken zu lassen, wie sie erhältlich sind. Deshalb müssen zusätzlicher Zucker, Aromen und andere Zusatzstoffe her, die u.a. dazu führen, dass Kinder den natürlichen Geschmack einer Erdbeere als fade empfinden.

Entstehen dadurch langfristig Zivilisationskrankheiten, wie Herz- Kreislauferkrankungen, Diabetes, Krebs oder auch psychische Störungen, entzieht sich die Lebensmittelindustrie ihrer Verantwortung mit dem Argument, dass sie nur das produziert, was der Verbraucher „will" und er ja die Wahl habe, was er kauft und sich in den Mund steckt. Niemand müsse die Produkte kaufen. Wer sich falsch ernährt, ist selber schuld.

Menschen mit psychischen Problemen kaufen noch häufiger süße und fetthaltige Produkte als der Durchschnitt der Bevölkerung. Denn diese Nahrungsmittel enthalten genau die Stoffe, die das Belohnungssystem schnell befriedigen und wenigstens für kurze Zeit aus dem Stimmungsloch helfen. Es ist einfach, zu fertigen Produkten zu greifen, die man entweder kalt oder aufgewärmt verzehren kann. Für das Einkaufen reicht die Kraft gerade noch aus, aber oft nicht für mehr.

Auch finanzielle Aspekte spielen dabei eine Rolle. Weniger gesundes Essen ist meist billiger als qualitativ hochwertigere Nahrung. Nicht wenige Betroffene müssen aufgrund ihrer Erkrankungen mit wenig Geld auskommen oder von Transferleistungen leben. Sie sehen beim Essen die einzige Möglichkeit zu sparen. Ich kenne Betroffene, die deshalb nur einmal am Tag essen oder die „containern" gehen. Hauptsache man wird satt und kommt irgendwie durch. Daraus wird schnell ein Teufelskreis.

Nahrung tierischen Ursprungs ist essenziell

Überlebt hat die Menschheit durch ihre Anpassungsfähigkeit an die sich ändernde Umgebung und die Fähigkeit, sich von der vorgefundenen Natur zu ernähren. Im Laufe der Evolution haben wir gelernt, Essbares von Ungenießbarem zu unterscheiden. Dafür waren unsere fünf Sinne wichtig, denn es gab noch keine Supermärkte, in denen alle Waren beschriftet sind, es gab noch nicht einmal die Schrift dafür, und auch die Lieferdienste waren noch nicht erfunden. Aufgrund unser menschlichen Körperzusammensetzung haben wir definierte Bedürfnisse an Kalorien und Nährstoffen, die wir täglich brauchen, wir müssen ausreichend Wasser trinken und benötigen zur Regeneration etwa ein Drittel des Tages lang Schlaf. Das bedeutet aber nicht, dass alle Menschen die gleichen Lebensmittel essen müssen. Genauso vielfältig wie die Umgebung, in der ein Mensch lebt, und das Essbare, was er in dieser Umgebung vorfindet sowie die persönlichen Vorlieben, ist auch die Ernährung, die uns nährt.

Ob wir es nun gut finden oder nicht, ob es gerade „en vogue", Mode oder Trend ist, ob es in die gerade herrschende politische Landschaft passt oder nicht; wollen wir gehirngesund und psychisch stabil bleiben, brauchen wir bestimmte Grundbausteine und Nährstoffe, die wir über die Nahrung aufnehmen müssen. Entscheidend ist, was am Ende tatsächlich im Körper ankommt und nicht, ob man sich Vegetarier, Veganer, Pescetarier, Flexitarier, Frutarier, Rohköstler, Paleo-Diätler, Clean Eater, Slow Foodler, Klimatarier, Low Carbler oder Omnivore nennt. Der menschliche Körper ist seit drei Millionen Jahren hervorragend daran angepasst, die benötigten Grundbausteine und Nährstoffe aufzunehmen und zu verarbeiten. Daran hat sich bis heute kaum etwas geändert. Unser Stoffwechsel und unser Gehirn funktionieren noch wie in alter Zeit und benötigen Stoffe, die **sowohl** pflanzlichen **als auch** tierischen Ursprungs sind.

Hier einige Beispiele, warum wir tierische Lebensmittel brauchen:

- Wir brauchen tierisches Vitamin A (Retinol), weil es mit Vitamin D synergistisch zusammenarbeitet. Die Vorstufe zum Vitamin A, das pflanzliche Beta-Carotin, hat ein Umwandlungsrate von 60:1. Man müssten also täglich mehrere Kilogramm Möhren essen, um daraus ausreichend Retinol zu bilden, wenn man nicht gar zu den sogenannten „Non-Respondern" gehört, deren Organismus zu einer solchen Umwandlung gar nicht in der Lage ist. Dagegen decken nur 100 g Leber den Wochen-Bedarf an Vitamin A.

- Wir brauchen marine **Omega-3-Fettsäuren** (DHA, EPA und sonstige), weil diese über die Fluidität der Zellmembranen entscheiden und diese langkettigen Fettsäuren freie Radikale abfangen. 100 g Hering decken in etwa den Tagesbedarf an DHA und EPA. Diese Fettsäuren werden von Algen gebildet und durch Fische aufgenommen. In unserer Gegend ist der Verzehr von Algen eher nicht üblich, also muss Fisch bzw. Fischöl oder bei veganer Ernährung alternativ Algen-Öl auf den Speiseplan.

  Lange ging man davon aus, dass die langkettigen und hoch ungesättigten Fettsäuren, DHA und EPA, aus der pflanzlichen Vorstufe alpha-Linolensäure (z.B. aus Leinöl) gebildet werden können. Heute weiß man: Das stimmt nur im Falle von EPA. Die Synthese von DHA aus EPA findet nicht statt, weswegen wir dringend auf die Zufuhr von DHA angewiesen sind.[2]

- Wir brauchen tierische **Omega-6-Fettsäuren** (z.B. Arachidonsäure), weil aus diesen Gehirnstrukturen gebaut werden.

- Wir brauchen große Mengen Cholin, die so nur in Tierprodukten vorkommen (vor allem in Innereien wie Leber oder in Eiern). Cholin ist essenziell für funktionierende Mitochondrien und einen funktionierenden Fettstoffwechsel. Cholin ist auch ein Ausgangsstoff von Phosphatidylcholin. Dieser wichtige Bestandteil der Zellmembran, sorgt dafür, dass Membranen überhaupt funktionieren. In den USA wird Cholin sogar als Vitamin, also als essenzieller Stoff und als Brain Food (Gehirnfutter) bezeichnet.

  Richard Wurtmann, ein Neurowissenschaftler, forscht seit Jahrzehnten an Cholin. Für ihn wirkt Cholin zusammen mit DHA wie „Dünger" fürs Gehirn. Ohne Cholin arbeiten die Enzyme im Gehirn zu langsam, so dass man laut Wurtmann das Gehirn regelrecht damit mästen muss.[3]

  Das wiederum sorgt für einen höheren Protein-Gehalt in den Synapsen und führt zu einer größeren Zahl an Synapsen. Das heißt, man hat nicht nur mehr Verbindungen zwischen den Gehirnzellen, sie arbeiten auch noch besser.

  Des Weiteren ist Cholin der Ausgangsstoff für einen wichtigen Neurotransmitter, das Acetylcholin,[4] das vor allem die motorischen Nerven benötigen. Ohne Acetylcholin könnten wir keine Bewegungen ausführen. Es liefert Methylgruppen und wird deshalb auch als Methylgruppendonator bezeichnet. Mehr dazu im nächsten Kapitel.

  Zwei bis drei Hühnereigelb decken den Tagesbedarf eines Erwachsenen an Cholin.

- Wir brauchen die nur in Fleisch vorkommenden Aminosäuren **Taurin, Kreatin, Carnitin, Carnosin** – diese sind immens wichtige Stoffwechselregulatoren mit sehr weitreichenden Effekten auf Körper und Psyche.

- Die nichtessenzielle Aminosäure **Carnitin** wird im Körper benötigt, um Fettsäuren in die Mitochondrien zu transportieren. Sie ist vor allem in Fleisch und Fleischextrakt sowie in Seelachsfilet und gebratenem Hering enthalten. Aus den Fettsäuren entsteht Energie, welche die Zellen wiederum für die Erledigung ihrer Aufgaben benötigen, beispielsweise für die Genese von Neurotransmittern oder Rezeptoren. Diese werden für die Übermittlung von Informationen von einer Nervenzelle zur nächsten benötigt oder ganz einfach für das Weiterleiten von Signalen innerhalb der Gehirnzellen. Die Mitochondrien der Nervenzellen im Gehirn brauchen besonders viele Fettsäuren für ihre Energieherstellung. Fehlt es aber an L-Carnitin, können noch so viele Fettsäuren zur Verfügung stehen, sie gelangen nicht in die Mitochondrien. Außerdem wirkt die Aminosäure positiv auf den Dopaminstoffwechsel. Die Einnahme von N-Acetyl-L-Carnitin ist dabei besonders empfehlenswert. Im Gegensatz zu L-Carnitin passiert N-Acetyl-L-Carnitin die Blut-Hirn-Schranke besser und wirkt somit effektiver auf die Nervenzellen.[5]

Es unterstützt die Neubildung von Nervenzellen, insbesondere der Axone, über die Impulse weitergeleitet werden, und ist deshalb ein wichtiger Baustein für die Neuroplastizität. Damit ist die Fähigkeit des Gehirns gemeint, seinen Aufbau und seine Funktionen so zu verändern, dass es optimal auf neue äußerliche Einflüsse und Anforderungen reagieren kann. Mit anderen Worten: Denken, Entscheiden, Handeln, aus Fehlern lernen, das eigene Verhalten anpassen: All das gelingt nur mit ausreichend Carnitin. In einer Meta-Analyse aus dem Jahr 2022 „wurden Zusammenhänge zwischen Carnitin und Depressionen, Bipolarer Störung und anderen psychischen Erkrankungen festgestellt."[6] Mich überrascht das nicht, denn die exekutiven Gehirnfunktionen sind in akuten Phasen der Krankheit beeinträchtigt.

- Wir brauchen tierische Fette, z.B. Trans-**Palmitolensäure** (eine Omega-7 Fettsäure) oder konjugierte Linolsäure **(CLA).** Diese sorgen dafür, dass die Mitochondrien, die Kraftwerke der Zellen, viel mehr Energie bereitstellen können.[7] Außerdem beugen diese Fettsäuren dem altersbedingten Muskelschwund entgegen und schützen das Gehirn vor Entzündung[8] CLA entsteht im Pansen von Wiederkäuern und wird von dort lebenden Bakterien gebildet. Je mehr Gras sie fressen, umso mehr CLA wird gebildet. In unserem Essen finden wir CLA im Rindertalg oder Milchfett.[9] Wenn man Milch verträgt, wäre Weidemilch mit einem natürlichen Fettanteil eine gute Quelle für CLA.

- Wir brauchen tierisches Eiweiß mit hochwertigen Aminosäuren, das z.B. Glycin oder kollagene **Peptide** enthält. Zum Beispiel liefert Knochenbrühe wertvolle Aminosäuren, wie Glycin, Prolin, Glutamin und Hydroxyprolin und Mineralstoffe wie Magnesium, Calzium, Kalium, Silizium, Schwefel und Phosphor. (Ein Rezept dafür finden Sie auf meiner Webseite)

- Wir brauchen Mikronährstoff-Verbindungen wie **Zink, Magnesium** oder **Hämeisen,**[10] damit alle nötigen Enzyme richtig arbeiten können. (Zu den Enzymen weiter unter mehr). Ohne Zink können Aminosäuren nicht korrekt in den Körper aufgenommen werden. Ohne Magnesium können Muskelzellen nicht entspannen, das kennen Sie vielleicht vom Wadenkrampf. Auch die Gefäße des Gehirns bestehen aus diesen Zellen, deshalb kann der Mensch bei Magnesiummangel nicht entspannen. Eisen und Zink gehören zu den bedeutsamen Spurenelementen mit vielfältigen Funktionen im Stoffwechsel. Eisenmangel ist eine der am weitesten verbreiteten Mangelerscheinungen und betrifft ca. 30 % der Weltbevölkerung. In Deutschland haben geschätzt ca. 2 % der Männer und 5 % der Frauen sogar eine Eisenmangelanämie.[11] Eisenmangel macht blass, schlapp und müde.

- Auch **Vitamin B12** ist essenziell. Es spielt unter anderem bei der DNA-Synthese, zellulären Reparaturprozessen, der Blutbildung und Hirnfunktion eine bedeutende Rolle. Ein abgesenkter Vitamin-B12-Status kann viele verschiedene Gesundheitsbeschwerden verursachen. Es kommt im Körper in zwei biologisch aktiven Formen vor: Methylcobalamin und Adenosylcobalamin. Methylcobalamin ist ein wichtiger Methyl-Gruppen-Spender im Körper. Es spielt unter anderem beim Aufbau der DNA, des Myelins und verschiedener Neurotransmitter eine Rolle. Weiterhin hilft es beim Abbau von Homocystein, hat dadurch eine pflegende Wirkung auf Herz und Blutgefäße und unterstützt den Hirnstoffwechsel. Adenosylcobalamin entfaltet seine Wirksamkeit in den Mitochondrien. Es ist unter anderem am Stoffwechsel von Fettsäuren, Cholesterin und Proteinen beteiligt. Daneben spielt es eine Rolle im Energiehaushalt und bei der Bildung von Hämoglobin.[12] Vitamin B12 kommt nur in Nahrungsmitteln tierischer Herkunft vor, z.B. in Fleisch, Fisch, Schalentieren, Geflügel, Milchprodukten und Eiern.

- Die Vitamine K1 und K2 sind stark zellschützend.[13] Die übermäßige Oxidation von Lipiden, zum Beispiel in Zellmembranen, verursacht den Zelltod. Das ist vor allem relevant in fettreichen Umgebungen, zum Beispiel im Gehirn. Forscher haben mittlerweile aufgezeigt, dass Vitamin K, und zwar sowohl K1 als auch K2, diesen Prozess stark unterbindet, indem es als Antioxidans in fettreichen Umgebungen, z. B. in Zellmembranen, fungiert. Das bedeutet, dass mit genug Vitamin K in der Nahrung die Zellen, vor allem die Gehirnzellen, nicht „rosten“ und kaputt gehen. Die vermutlich beste Vitamin K-Quelle ist Schweinespeck.

Ich habe hier bewusst einige Stoffe genannt, über die seltener im Zusammenhang mit tierischen Lebensmitteln geredet wird. Es geht mir nicht um das Für und Wider der aktuellen Diskussionen um das Thema Fleisch. Es geht mir auch nicht nur um Fleisch oder um Protein. Niemand soll täglich Unmengen an Fleisch essen. Niemand soll sich auf Dauer karnivor oder ketogen ernähren. Tierische Lebensmittel müssen auch nicht den Hauptbestandteil der Nahrung ausmachen, ich möchte nur das Bewusstsein dafür schärfen, dass sie nicht fehlen dürfen. Ob es mir nun gefällt oder nicht, ein nötiges Mindestmaß an tierischen Stoffen ist unverzichtbar. Wahrscheinich kann der menschliche Stoffwechsel nur adäquat funktionieren, wenn (auch) tierische Produkte verzehrt werden.

In einem 2023 erschienen Bericht der Welternährungsorganisation (FAO) wird die Bedeutung von Tierprodukten für die menschliche Gesundheit hervorgehoben. Die 1945 gegründete FAO mit Sitz in Rom gehört zum Organisationsnetzwerk der Vereinten Nationen und verfolgt das Ziel, den Welthunger zu bekämpfen. In einem aktuell publizierten Bericht[14] legt die Organisation ausführlich dar, warum Tierprodukte für die menschliche Gesundheit wertvoll sind.

So schreibt die FAO beispielsweise, dass „spezifische Aminosäuren und bioaktive Faktoren, die für die menschliche Gesundheit von Bedeutung sind – Carnitin, Kreatin, Taurin, Hydroxyprolin und Anserin – hauptsächlich in Tierprodukten enthalten" seien. Das gelte zudem auch für „die langkettigen Fettsäuren und das Verhältnis der essenziellen Fettsäuren, die in Tierprodukten enthalten sind und die für die Kognition in allen Phasen des menschlichen Lebenslaufs wichtig" sind. Speziell der Verzehr von Milch und Milchprodukten (z. B. Joghurt) habe positive Auswirkungen auf die Verringerung des Risikos für die Gesamtmortalität, Bluthochdruck, Schlaganfall, Typ-2-Diabetes, Darmkrebs, Brustkrebs, Fettleibigkeit, Osteoporose und Knochenbrüche.

Es gebe außerdem „relativ stichhaltige Beweise dafür, dass der Verzehr von Eiern bei Erwachsenen das Risiko eines Schlaganfalls oder einer koronaren Herzkrankheit nicht erhöht." Außerdem gebe es „überzeugende Hinweise darauf, dass ein Fleischkonsum von 85 bis 300 g/Tag bei Erwachsenen vor Eisenmangel schützen kann." Tierprodukte können den Nährstoffstatus und die Anthropometrie (Körpermaße) verbessern, vor Infektionskrankheiten schützen und die Immunfunktion steigern, einen positiven Einfluss auf die Knochengesundheit haben und die neuronale Entwicklung fördern bzw. vor neurologischen Erkrankungen schützen. Auf der anderen Seite habe sich gezeigt, dass „die auf dem Markt erhältlichen pflanzlichen Fleischalternativen einen Mangel an einigen wichtigen Nährstoffen und einen hohen Gehalt an gesättigten Fetten, Natrium und Zucker aufweisen."

Nahrung pflanzlichen Ursprungs ist essenziell

Zur menschlichen Nahrung gehören neben der Nahrung tierischen Ursprungs seit jeher auch pflanzliche Anteile, denn wir sind Omnivoren (Allesfresser) und Meister der Anpassung an die vorgefundene Umwelt. Diese unterschiedlichen Nahrungsquellen liefern auch die sogenannten Mikronährstoffe oder Vitalstoffe, zu denen Vitamine, Mineralstoffe und Spurenelemente gehören, die als Cofaktoren benötigt werden.

Pflanzliche Nahrung versorgt uns außerdem mit **Ballaststoffen.** Es gibt einige Forscher, die diese Ballaststoffe ursächlich für den gesundheitlichen Effekt von Pflanzennahrung halten. Die Bezeichnung „Ballast" klingt nach „unnütz" oder „überflüssig". Der Begriff stammt noch aus einer Zeit, in der die Wissenschaftler die Bedeutung dieser wichtigen Nahrungsanteile noch nicht erkannt hatten. Das Gegenteil von „unnütz" ist der Fall. In der renommierten Fachzeitschrift „Nature" erscheinen immer häufiger Ballaststoff-Studien, die genau darlegen, dass und wie Ballaststoffe u.a. massiv vor Fettleibigkeit und Stoffwechselstörungen schützen. Psychische Störungen zählen zu diesen Stoffwechselstörungen. Der menschliche Darm, der die Grenze zwischen der Außenwelt und dem Körperinneren darstellt, ist auf Ballaststoffe angewiesen. Die Darmbakterien ernähren sich von den unverdaulichen Bestandteilen unserer Nahrung und produzieren ihrerseits kurzkettige Fettsäuren, die das Gehirn braucht.

Diese werden häufig als SCFA bezeichnet. Das ist die Abkürzung für das englische Wort „Short Chain Fatty Acids" und bedeutet: kurzkettige Fettsäuren. Die bekanntesten kurzkettigen Fettsäuren sind Essigsäure (Acetat), Propionsäure (Propionat) und Buttersäure (Butyrat). Die Zellen der Darmschleimhaut nutzen diese Fettsäuren vor allem zur mitochondrialen Energieproduktion. Wenn die Zellen der Darmschleimhaut mehr Energie (ATP) zur Verfügung haben, können sie mehr Nährstoffe über aktive Transporter in den Körper pumpen und fördern damit die Vitalität.

Aus der Buttersäure (Butyrat) wird in der Leber durch Hinzufügung einer Wasserstoffgruppe das Beta-Hydroxybutyrat, besser bekannt als Ketonkörper, gebildet. Diese kleinen Körperchen haben der ketogenen Ernährung, bei der weitestgehend auf Kohlenhydrate verzichtet wird, ihren Namen gegeben. Diese speziellen Fettsäuren sind so kurz, dass sie die Blut-Hirn-Schranke passieren können. Sie sind pure Gehirnnahrung. Da sie aus Fett bestehen, liefern sie dem Gehirn eine Alternative zur Energie aus Glukose. Das ist immer dann wichtig, wenn – aus welchen Gründen auch immer – die Gehirnzellen die Glukose aus dem Blutzucker nicht mehr aufnehmen können, z.B. weil sie dagegen resistent geworden sind oder weil gerade keine Glukose verfügbar ist.

Die moderne westliche Ernährung enthält viel zu wenig Ballaststoffe, im Durchschnitt nehmen die Menschen ca. 10 bis 15 g am Tag auf. Der Körper braucht aber ca. 30 g Ballaststoffe, um ausreichend kurzkettige Fettsäuren zu bilden. Andernfalls fehlen diese dann auch im Gehirn. Heute noch lebende Jäger- und Sammlerkulturen schaffen es, 100 g Ballaststoffe am Tag aufzunehmen.

Um festzustellen, wie viele Ballaststoffe man täglich verzehrt, kann ein Ernährungstagebuch oder eine App wie z.B. „Yadzio" behilflich sein. Anhand der Lebensmitteleingaben kann die Software die einzelnen Bestandteile der Nahrung ausrechnen und auflisten.

Übrigens merken Sie eine höhere Ballaststoffaufnahme auch an der Stuhlmenge. Diese steigt nämlich bei höherer Aufnahme.

Pflanzliche Nahrung enthält auch sekundäre Pflanzenstoffe, die in einem bestimmten Maß förderlich für die Gesundheit des Menschen sind. Man kann die unterschiedlichen sekundären Pflanzenstoffe zum Beispiel an der Farbe von Gemüse und Obst erkennen. Daher kommt auch die Empfehlung, möglichst „bunt" nach den Farben des Regenbogens zu essen, um die unterschiedlichen sekundären Pflanzenstoffe aufzunehmen. Sekundäre Pflanzenstoffe aktivieren in unserem Körper Signalwege, die uns gesund erhalten.
Der berühmte Langlebigkeitsforscher David Sinclair verwendete 2004 erstmalig den Begriff „Xenohormesis". Damit beschrieb er, dass Pflanzenstoffe, die dem Schutz der Pflanze dienen, um sich zum Beispiel vor UV-Strahlung oder Fressfeinden zu schützen, auch Säugetiere schützen, die diese Pflanzen verzehren. Es wurden seitdem eine Vielzahl von solchen Pflanzenstoffen und ihre Bedeutung für die Gesundheit des Menschen entdeckt. Zwischen 8.000 und 10.000 liegt die Zahl im essbaren Teil der Pflanzenwelt. Recht bekannt sind z.B. Resveratrol (in roten Trauben), Curcumin (in der Kurkumawurzel), Grüntee-Extrakt oder Anthocyane (in Blaubeeren).

In zwei Studien aus dem Jahr 2018[15] und 2019[16] wurde festgestellt, dass Curcumin und Resveratrol zum einen anti-oxidativ und anti-entzündlich wirken und zum anderen einen hemmenden Effekt auf die Aktivität des Enzym IDO (Indolamin-2,3-Dioxygenase) haben. Dieses IDO lenkt Tryptophan in den Kynurenin-Weg, somit steht es nicht mehr für die Bildung von Serotonin zur Verfügung. Diese drei Pflanzenstoffe können die IDO-Aktivität verringern, es bleibt mehr Tryptophan übrig und daraus kann mehr Serotonin, Melatonin und GABA gebildet werden. Auch hier zeigt sich also ein direkter Einfluss der Ernährung auf unsere Hirnchemie.

Die pflanzliche Ernährung hat weitere Eigenschaften, die vorteilhaft sein können:

- Weil sie weniger bioverfügbares **Eisen** enthält, entsteht weniger Häm-Eisen. Bei einem Ferritinspiegel von über 150 kann es zur Insulinresistenz kommen.

- Die Nahrung enthält **mehr Kupfer.**

- Und deutlich **weniger Umweltgifte,** die von Pflanzen weniger stark aufgenommen werden und

- sie enthält **weniger Cholesterin,** das zwar an sich nicht ungesund ist, aber in bestimmten Zusammenhängen (z.B. Übergewicht) die Krankheitsentstehung begünstigen kann.

- Außerdem kann das Fehlen von Taurin, Carnitin, Carnosin und vielen essenziellen Aminosäuren, die eine fleischreiche Kost ernährungsphysiologisch wertvoll machen, im Gegenzug eine große Stärke der pflanzlichen Ernährung, denn das Fehlen signalisiert „Nährstoffmangel von außen, geh an deine Reserven."

Wie kann das sein? Ist das nicht ein Widerspruch? Offenbar ist es so, dass gehaltvolle, tierische Nahrung dem Körper Anabolismus (Aufbau) signalisiert und eine Ernährung, die arm an Tierprodukten ist, ein Zeichen für den Körper ist, dass er katabol, also abbauend werden soll.

Das ergibt Sinn: Wenn unsere Vorfahren dem Wild drei Tage vergeblich hinterhergerannt sind, dann muss der Körper verstehen können, dass er jetzt auf seine körpereignen Reserven zurückgreifen muss, also abbauend verstoffwechselt, um zu überleben. Deshalb war der im Herbst angefutterte Speck bis zum nächsten Frühling wieder weg. Hat die Sippe das Mammut erlegt, war wieder Zeit zum Umschalten auf aufbauenden Anabolismus. Diese Fähigkeit des Umschaltens nennt man metabolische Flexibilität.

Diese Flexibilität ist heutzutage vielen Menschen verloren gegangen. Das Problem der modernen Menschen mit unserer westlichen Ernährung ist der ständige Anabolismus. Abbauende Phasen, das ist erzwungenes Hungern oder freiwilliges Fasten, kommen nicht mehr vor. Bei jeder Gelegenheit wird gefuttert, gerade in der Stadt wird das einem auch sehr leicht gemacht.

Zur Wahrheit gehört aber auch, dass Pflanzen nicht nur Stoffe enthalten, die gesundheitsfördernd sind. Es gibt auch Stoffe, die schaden können. Damit meine ich nicht die Gifte, sondern Inhaltsstoffe, die die Aufnahme von Vitalstoffen stören oder hemmen, sogenannte Antinährstoffe, wie z.B. Lektine, Phytin- und Oxalsäure. Sie hemmt z.B. die Phytinsäure die Aufnahme von Mineralstoffen, vor allem von Eisen, Calcium, Magnesium und Zink sowie Proteinen[17], indem sie unlösliche Chelat-Komplexe mit ihnen bildet. Gleichzeitig blockiert Phytinsäure die Verdauungsenzyme Trypsin und Pepsin, ohne die die Eiweißverdauung nicht möglich ist. Eine Folge davon kann in der Folge sein, dass der Eiweißspiegel trotz ausreichender Eiweißaufnahme nicht ansteigt.

Wenn Phytinsäure an einen Mineralstoff oder ein Protein bindet, entsteht Phytat. Das ist das Salz der Phytinsäure und dient Pflanzen als Speicherform von Phosphor, welches für die Fortpflanzung und das Wachstum unerlässlich ist. Deshalb findet man Phytinsäure vor allem in Samen, Körnern, Hülsenfrüchten, aber auch in Wurzeln und Knollen.

Kommt Phytinsäure mit dem Speisebrei im Verdauungstrakt des Menschen an, bindet sie dort Mineralien, auch solche, die gar nicht aus der gegessenen Pflanze kommen, sondern vielleicht aus dem Stück Fleisch, Fisch oder Ei. In der Studie aus dem Jahr 1979[18] wurde die Zinkaufnahme gemessen, wenn 120 g Austern, die 100 mg Zink enthalten, allein oder zusammen mit der gleichen Menge Mais-Tortillas oder schwarzen Bohnen gegessen wurden. Nach drei Stunden wurde der höchste Peak erreicht. Wurden nur die Austern gegessen, kamen die 100 mg Zink im Blut an. Die schwarzen Bohnen verringerten die Zinkaufnahme um 30 % und die Mais-Tortillas sorgten dafür, dass überhaupt kein Zink aufgenommen wurde.

Auch wenn der Verzehr von Austern bei uns nicht so üblich ist, zeigt dieses Beispiel sehr anschaulich, dass sich phytinhaltige Ausgangsstoffe erheblich auf den Mineralstoffhaushalt auswirken können. Dies kann auch die Ursache für niedrige Spiegel an Eisen, Calcium, Magnesium, Zink und Eiweiß sein.

Der Mensch kennt allerdings schon lange Methoden, mit denen die schädliche Wirkung der Phytinsäure deutlich verringert werden kann: Einweichen (und Wegschütten des Einweichwassers), Keimen, Fermentieren und Kochen. Entscheidend ist daher nicht, was man gegessen hat, sondern was von den Nährstoffen im Körper tatsächlich ankommt. Das kann man nur durch Messen feststellen!

Ich frage mich deshalb, was von Studien zu halten ist, die per Fragebogen ermitteln, was die Probanden gegessen haben, aber nicht nachmessen. So erst kürzlich veröffentlicht[19] und dem Focus-Online einen Artikel wert mit der Überschrift „Was Sie von Ihrem Speiseplan streichen sollten, um länger zu leben."[20]

1994–98 wurden Daten von ca. 25.000 Teilnehmern aus dem Raum Heidelberg gesammelt. Die Leute sollten u.a. in einem Fragebogen ankreuzen, was sie so essen und wie häufig. 30 Jahre später wurden sie wieder zur Validierung von Forschern angerufen und nochmal befragt. Das Ergebnis lautete, dass eine LowCarb-Ernährung mit viel tierischem Protein besonders schlimm ist.
Vielleicht ist das der Grund, warum die Studienergebnisse manchmal ergeben, dass Vitalstoffe „nichts" bringen, weil man den Unterschied zwischen Zufuhr und Aufnahme nicht beachtete.

Tierische und pflanzliche Ernährung sind wie zwei Seiten derselben Medaille. **Wir brauchen beides.** Es handelt sich um einen Zyklus, der nur dann komplett ist, wenn es mal das eine und mal das andere gibt. Phasen mit viel tierischer Kost sollten sich mit Phasen abwechseln, in denen man weniger davon isst. Die rein pflanzlichen Phasen wirken dann wie eine Art Fasten, das gesund hält. Das nennt man u.a. auch „periodic undereating" (zeitweises Zuwenig-Essen).

Ich beschreibe diesen Zyklus vor allem deshalb so ausführlich, weil ich immer wieder auf (vor allem junge) bipolare Menschen treffe, die glauben, mit einer Ernährung ohne tierische Quellen, die doch gerade so „in" ist, ihre Stimmungsprobleme in den Griff zu bekommen. Leider neigen wir Bipolare zu Extremen, das kenne ich auch gut von mir. Extreme sind selten hilfreich, das gilt auch für das Essen. Es geht mir darum bewusst zu machen, dass wir **sowohl** pflanzliche **als auch** tierische Nahrung für einen funktionierenden Gehirnstoffwechsel brauchen. Das können wir uns nicht aussuchen, weil wir seit mehr als drei Millionen Jahren daran angepasst sind. Sicherlich gibt es kluge Strategien und Alternativen, um die eigenen Ernährungsbedürfnisse zu befriedigen, ohne die Umwelt dadurch zu zerstören. Die Welt retten zu wollen ist sehr nobel, aber was nützt eine gerettete Welt, wenn man wegen seiner Stimmungsschwankungen und Antriebsprobleme das Leben nicht genießen kann und im schlimmsten Falle es sogar als nicht mehr lebenswert betrachtet. Letztendlich kommt es darauf an, dass das Gehirn alles bekommt, was es braucht.

Gut gekaut ist halb verdaut

Zum Problem für das Gehirn können auch Prozesse werden, die gar nicht im Gehirn stattfinden. Es reicht nicht, nur Nahrung aufzunehmen, sie muss durch den Darm auch verdaut werden können. Dafür ist die Art und Weise, wie wir essen, mitverantwortlich. Damit meine ich nicht, ob wir Messer und Gabel oder Stäbchen oder die Finger benutzen, sondern wie wir **kauen!**

Die Verdauungsqualität hängt auch davon ab, ob und wann die Nahrung vorverdaut im Darm ankommt. Wenn Sie schon einmal ein Stück Brot sehr lange gekaut haben, bis es fast flüssig geworden ist, haben Sie vielleicht festgestellt, dass es süßlich schmeckt. Bereits im Mund beginnt das Enzym Amylase Kohlenhydrat-Strukturen in seine kleinsten Bestandteile zu zerlegen. Die kleinsten Bestandteile von Brot sind Einfachzucker und die schmecken süß.

Die meisten Nährstoffe sind ausschließlich vollständig verdaut resorbierbar, können also erst dann vom Darm aufgenommen werden, wenn sie in ihre kleinsten Bestandteile zerlegt wurden. Wer sich nicht die Zeit nimmt, die Nahrung durch Kauen und Einspeicheln gründlich zu zerkleinern, behindert die vollständige Aufnahme in den Körper. Das Enzym Amylase im Speichel braucht eben etwas Zeit dafür. Verdauungsstörungen und Blähungen können auch dadurch entstehen, dass nicht genug „vor"-verdaut wurde.

Im Darm leben mehr Bakterien, als der Mensch Zellen hat. Nahrung im Darm kann grundsätzlich zwei Wege gehen. Entweder die Nahrung wird optimal verdaut und resorbiert oder die unvollständig verdaute ernährt die Darmbakterien. Es herrscht prinzipiell eine besondere Art der Konkurrenz zwischen unseren Körperzellen und der Darm-Mikrobiota um die begehrten Nährstoffe.[21] Sowohl der Körper als auch die Darmbakterien profitieren von dieser Symbiose, es sei denn das Gleichgewicht im Darm ist gestört.

Ein Problem entsteht, wenn erschöpfte Personen, die sich kohlenhydratbetont ernähren, ungenügend kauen. Damit füttern sie Darmbakterien aus der Gruppe der Firmicutes und Pilze, die daraus Stoffwechselprodukte produzieren, die als Mykotoxine bezeichnet werden.[22]
Mykotoxine stellen einen großen Anteil an ungünstigen Stoffwechselprodukten dar, die mit der Entstehung von Krankheiten in Verbindung gebracht werden. Diese werden in der Regel durch die günstigen Darmbakterien in Schach gehalten. Gerät das Gleichgewicht von förderlichen und ungünstigen Darmbakterien aus dem Lot spricht man von einer Dysbiose. Heute weiß man, dass ein kranker Darm auch Auswirkungen auf das Gehirn hat. Deshalb haben Menschen mit Depressionen oft auch Darmsymptome. Es hängt also davon ab, ob eine übermäßige Zufuhr von Kohlenhydraten vermieden wird und ob komplexe Kohlenhydrate (Faserstoffe) bevorzugt werden.

Das Fazit lautet: Je langsamer Sie essen und je gründlicher Sie kauen, umso besser können Sie verdauen. Je mehr Ballaststoffe Sie essen, umso besser ist das für den Darm. Je besser der Darm arbeitet, umso mehr Nährstoffe gelangen in den Körper und die Darmbakterien produzieren günstige Metabolite, die wiederum Ihrem Gehirn und Ihrer Psyche guttun.

Das Gehirn braucht 47 verschiedene Stoffe

Unser Körper ist eine große biochemische Fabrik, die sich selbst regenerieren und reparieren kann. Dafür wird manchmal der Begriff „innerer Arzt" verwendet. Im Grunde genommen ist jede Heilung eine Selbstheilung des Körpers, denn „Krankheiten werden nicht durch fehlende Medikamente ausgelöst, sondern durch krankhafte biochemische Abläufe im Organismus, die es zu erkennen und zu korrigieren gilt."[1]
Damit diese biochemischen Abläufe gut funktionieren und der „innere Arzt" seine Arbeit machen kann, muss man den Stoffwechsel hegen und pflegen und ihm alles zur Verfügung stellen, was dafür gebraucht wird. Fast alle „Moleküle der Gefühle", damit sind die Neurotransmitter gemeint, kommen von außen und sind in den Stoffen enthalten, die wir unsere Nahrung nennen. Der Stoffwechsel fragt nämlich nicht danach, was der Einzelne mag oder nicht, wo er lebt, wie er seinen Tag verbringt oder wie viel Geld er hat, sondern verlangt, dass seine individuellen Nährstoff-Bedürfnisse befriedigt werden. Dann baut er auch einen gesunden Körper mit einem gesunden Gehirn und die bringen eine stabile Psyche hervor. Es kommt also nicht so sehr darauf an, welche Lebensmittel im Einzelnen den täglichen Speiseplan bestimmen, sondern dass diese Produkte die benötigten Nährstoffe in ausreichender Menge enthalten.

Diverse Makro- und Mikrostoffe sind für den Stoffwechsel erforderlich. Kein Stoff allein kann Wunder bewirken. Manchmal höre ich von Betroffenen, dass sie über die tollen Wirkungen eines Nährstoffs gelesen und diesen sogleich probiert haben – und enttäuscht sind, wenn sich nicht die erhoffte Wirkung auf die Stimmung einstellt. Es ist wie bei einem Orchester, alle Stimmen und alle Instrumente zusammen ergeben erst eine harmonische Musik.

Es sind im Wesentlichen folgende Stoffe, die unser Organismus neben Luft und Wasser zum Leben braucht. Viele davon habe ich Ihnen bereits näher vorgestellt.

- 10 essenzielle Aminosäuren (Arginin, Histidin, Isoleucin, Leucin, Lysin, Methionin, Phenylalanin, Threonin, Tryptophan, Valin)

- 2 Fettsäuren (Omega-3 und Omega-6 Fettsäuren),

- 13 Vitamine (A, B1, B2, B3, B5, B6, B7, B9, B12, C, D, E und K),
- 6 Mineralstoffe (Calcium, Chlor, Kalium, Magnesium, Natrium, Phosphor, Schwefel), sie werden auch als „Mengenelemente" bezeichnet, weil sie in Milligramm-Mengen benötigt werden.
- 16 Spurenelemente (zu den wichtigsten gehören: Eisen, Jod, Zink, Selen, Kupfer, Mangan, Chrom, Molybdän, Nickel und Kobalt); von ihnen werden nur Spuren in einer Größenordnung von weniger als Milligramm benötigt.

In meinem Buch „Stabilität kann man essen?!" können Sie weitere Details nachlesen.

Stadien des Mikronährstoffmangels

Wenn diese 47 Grundbausteine unbedingt für unser Überleben notwendig sind, wird klar, warum jedes Fehlen nicht mit dem Leben vereinbar ist und jeder Mangel Konsequenzen für unsere Gesundheit und damit auch für die Psyche hat. Fehlt nur ein einziger essenzieller Stoff, können wir nicht überleben! Zum Glück fallen wir nicht gleich tot um, wenn ein Baustein im Mangel ist, aber mit der Zeit stellen sich immer mehr unspezifische Symptome ein.

Der Vitaminforscher Brubacher hat daraus folgende Stadien des Mikronährstoffmangels beschrieben.

- Anfangs bemerken wir einen Mangel nicht, der Körper kann diesen eine Zeit lang kompensieren.
- Je suboptimaler die Versorgung ist, umso mehr psychische, vegetative und körperliche Symptome treten auf, wie z.B. Infektanfälligkeit, Müdigkeit, Schwäche, Antriebsmangel, Konzentrationsmangel und Schlafstörungen.
- Besteht der Mangel fort, treten erste, meist leichte Erkrankungen auf, die die Betroffenen veranlassen, sich an einem Arzt zu wenden. Erst jetzt beginnt die Schulmedizin zu handeln. Die unspezifischen Symptome werden oft mit Medikamenten behandelt, die vor allem die Symptome lindern sollen, aber nicht die Ursache bekämpfen. Hier könnte mit einer Nährstofftherapie noch Schlimmeres verhindert werden.
- Erreicht der Mangel einen Tiefpunkt, der nicht mehr vom Körper kompensiert werden kann, entstehen Krankheiten. Wird der Mikronährstoffmangel nicht behoben, werden die funktionellen und morphologischen

Veränderungen unumkehrbar und chronische Erkrankungen stellen sich ein. Die meisten Deutschen sterben an solchen chronischen Zivilisationskrankheiten, wie Herz-Kreislauf-Erkrankungen, Diabetes Typ II und Krebs.

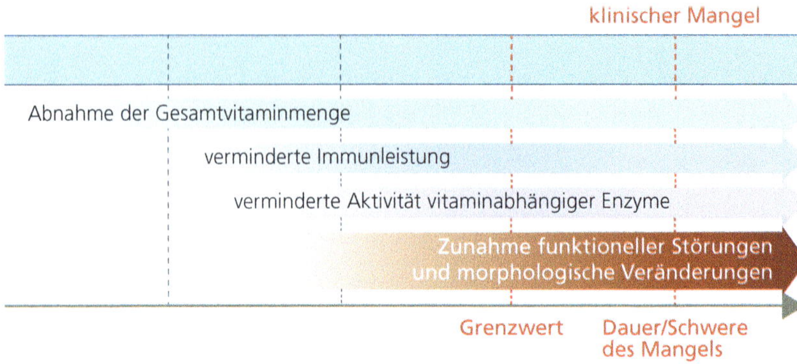

Im Folgenden eine Liste einiger ausgewählter Vitamine und Mineralstoffe, deren Mangel auf eine suboptimale Nährstoffversorgung hinweist und die die beschriebenen unspezifischen Symptome auslösen können. Die Liste stammt von Uwe Gröber, dem Leiter der Akademie für Mikronährstoffmedizin Essen:[2]

- Vitamin B1: Antriebslosigkeit, Lern- und Konzentrationsstörungen
- Vitamin B3: Müdigkeit, Nervosität, Mundwinkelrhagaden, Stimmungsschwankungen
- Vitamin B6: Kopfschmerzen, Nervosität, Reizbarkeit, Stimmungsschwankungen, Infektanfälligkeit
- Vitamin B12: Antriebslosigkeit, kognitive Leistungseinbußen, depressive Verstimmung
- Folsäure (Vitamin B9): Antriebslosigkeit, mentale Defizite, depressive Verstimmung
- Vitamin C: Infektanfälligkeit, physische und psychische Leistungseinbußen, depressive Verstimmung, Reizbarkeit
- Vitamin D: Infektanfälligkeit, Muskelschwäche, Müdigkeit, depressive Verstimmung (vor allem in den Wintermonaten)

- Magnesium: Nervosität, Reizbarkeit, Spannungskopfschmerzen, Stressanfälligkeit

- Eisen: Blässe, Infektanfälligkeit, Müdigkeit, Mundwinkelrhagaden, Muskelschwäche

- Zink: Infektanfälligkeit, Konzentrationsstörungen, Reizbarkeit, gestörte Wundheilung

Falls Ihnen diese Symptome bekannt vorkommen, überrascht mich das nicht. Es sind die gleichen Symptome, die für die depressive Phase und teilweise auch für die manische Phase der Bipolaren Störung beschrieben werden. Die Symptome können unterschiedliche Ursachen haben. Psychische Erkrankungen sind multikausal, das bedeutet, es gibt mehrere Gründe für eine Erkrankung. Es **muss** also nicht an den Vitalstoffmängeln liegen, aber depressive und manische Symptome können **auch** von Mikronährstoffmängeln verursacht werden. Im Kapitel zur „orthomolekularen Psychiatrie“ habe ich am Beispiel des Niacins darüber bereits berichtet.
Darüber hinaus können auch folgende Gründe zu einem Ungleichgewicht bei den Vitalstoffen beitragen:

- Ernährungsgewohnheiten: z.B. geringe Auswahl, einseitige Bevorzugung, besondere Zubereitungsformen bzw. Aufbereitungsprozesse von Lebensmitteln.

- Regionale Gegebenheiten: beispielsweise sehr geringes Vorkommen in Ackerboden oder Trinkwasser. So ist der Selengehalt des Bodens in Amerika deutlich höher als bei uns, weil durch die Eiszeit das Selen ausgewaschen wurde.

- erhöhter Verlust von Mikronährstoffen: etwa durch Durchfallerkrankungen oder starkes Schwitzen.

- erhöhter Verbrauch: z.B. durch Sport, schwere körperliche Arbeit, Dauerstress, manische Zustände.

- veränderte Bedingungen für Aufnahme, Ausscheidung und Bedarf bei unterschiedlichen Stoffwechselerkrankungen.

Deshalb bedarf es einer personalisierten Diagnostik und Medizin, die diese Umstände bei der Therapieauswahl einbezieht.

Naturgesetze gelten auch für eine gesunde Psyche

Wir Menschen können nicht gegen unsere Natur leben. Es gibt Naturgesetze, die wir nicht ignorieren können. Tun wir es doch, werden wir langfristig krank. Hat man eine empfindliche Psyche, leidet auch sie. Es ist allgemein bekannt, dass Menschen mit psychischen Problemen häufig einen ungesunden Lebensstil pflegen, einschließlich schlechterer Ernährungsgewohnheiten, gestörtem Essverhalten und Ernährungsmängeln. Dies ist zum Teil der Grund für die hohen Raten an chronischen Krankheiten und die reduzierte Lebenserwartung.[3] Das heißt aber nicht, dass jeder, der sich gesund ernährt, nie eine psychische Krise erleiden kann und nicht jeder, der raucht, trinkt, sich nicht bewegt und sich schlecht ernährt, psychisch krank wird.

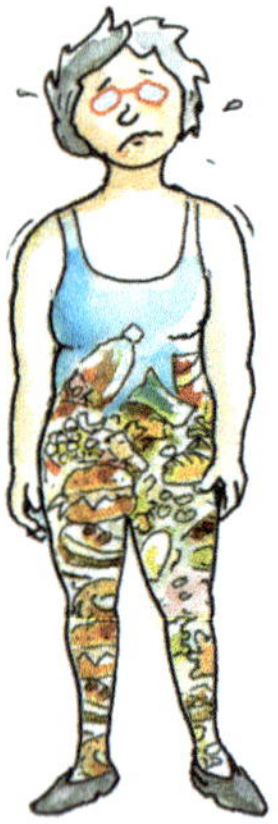

Es ist aber unbestritten, dass ein ungesunder Lebensstil sowohl (Mit-)Ursache als auch Folge der Erkrankung ist. Wenn ich mich nicht so ernähre, dass mein Gehirn alle Stoffe, die es braucht, bekommt, kann das zu Vitalstoffmängeln führen. Wenn diese Mängel Müdigkeit und Antriebslosigkeit auslösen, habe ich keine Kraft einkaufen zu gehen und selbst zu kochen. Als Alternative greift man zu schnellem Essen. Das kann Fastfood sein, Fertiggerichte, Abgepacktes oder die Pizza. Kochen ist neben der Anstrengung, eine Zeit lang in der Küche hantieren zu müssen, auch eine logistische Herausforderung, denn es soll alles zur gleichen Zeit fertig sein. In meinen akuten Phasen war ich gar nicht dazu in der Lage, strategisch zu planen und nichts anbrennen zu lassen. Meine Aufmerksamkeitsspanne war in den Manien viel zu kurz, es dauerte mir alles zu lange. Während meiner Depressionen konnte ich mir nicht merken, was in dem Rezept stand, und hatte keine Freude am Kochen. Ich kenne mehrere Betroffene, die während ihrer akuten Phasen entweder das Essen regelrecht vergessen, weil sie so „beschäftigt" sind oder die gar nichts herunterbekommen, selbst wenn man ihnen leckeres Essen vor die Nase stellt. Damit wird ein Teufelskreis in Bewegung gesetzt, aus denen die Betroffenen manchmal schwer herausfinden, denn diese Nährstoffmängel machen alles noch schlimmer.

Jeder kann und muss selbst entscheiden, was er sich täglich in den Mund steckt. Bipolare sind nicht ständig in akuten Phasen, es gibt auch andere Zeiten. Ich vermute, dass viele Betroffene gar nicht über ihr Essverhalten nachdenken. Weil schon jahrelang praktiziert, werden Gewohnheiten nicht in Frage gestellt.

Leser meines Buches „Stabilität kann man essen?!" berichteten mir, dass sie erst dadurch den Anstoß bekamen, ihr eigenes Essverhalten bewusst wahrzunehmen und zu hinterfragen. Schon kleinere Veränderungen hätten spürbare Verbesserungen gebracht.

Das eigene Verhalten kann man ändern und Gewohnheiten lassen sich überwinden, wenn man von den Mechanismen weiß, wie unser Lebensstil und die Ernährung Einfluss auf unsere Psyche haben. Das ist nicht immer einfach, es kostet Geduld und Zeit, einiges kostet auch Geld.

Die Ursachen für psychische Störungen sind vielfältig

Ich hoffe, es ist deutlich geworden, dass sehr viele Prozesse ineinandergreifen, damit unser Gehirn gut arbeiten kann und die „Moleküle der Gefühle" im Gleichgewicht bleiben. Gibt es irgendwelche Störungen in diesem komplexen Gefüge, können psychische oder neurologische Störungen die Folge sein.

Daraus folgt, dass es für psychische Probleme viel mehr Ursachen gibt, als Psychiater einem anbieten. Das können u.a. sein (die Aufzählung ist nicht abschließend):

- **Fehlernährung,** d.h. eine Ernährung, die zu wenige gehirnaktive Nährstoffe liefert. Die stetig wachsenden Mängel verringern die Widerstandskraft gegen Stress.
    - zu wenige gehirnaktive Aminosäuren, insbesondere Phenylalanin und Tryptophan, sowohl aus tierischer als auch pflanzlicher Herkunft
    - zu wenige Omega-3-Fettsäuren
    - zu wenig frisches Gemüse und Obst, das u.a. ausreichend Magnesium, Zink und Selen enthält
    - zu wenige Hülsenfrüchte, Saaten und Nüsse
    - zu wenige fermentierte Produkte
    - zu wenige Kräuter und Gewürze
    - zu wenige Ballaststoffe
    - zu viel Weizen, Zucker und Milch
    - zu viel Fertigprodukte und Fastfood
    - zu viel gesüßte Getränke
    - zu schnelles Essen und zu wenig Kauen
- Zu **wenig Tageslicht** und damit zu wenig Vitamin D

- eine **Schilddrüsen**unterfunktion, kombiniert mit Sexualhormonmangel

- Neben der zu geringen Aufnahme, können auch eine **vermehrte Ausscheidung** oder ein **erhöhter Bedarf** des Körpers zu einer Unterversorgung beitragen. Im Wesentlichen gibt es drei Gruppen. Es gibt Menschen, deren **Leber** sehr schnell, in normalem Tempo oder sehr langsam entgiftet. Das hat mit der Aktivität der dafür nötigen Enzyme zu tun. Das kommt besonders bei der Einnahme von Medikamenten zum Tragen, gilt im Prinzip aber auch für Nährstoffverarbeitung. Schnell-Metabolierer brauchen meist mehr vom Stoff, damit eine Wirkung eintritt und Langsam-Metabolierer brauchen nur einen Bruchteil davon und erreichen mit Minidosen schon gute Wirkstoffspiegel. Man kann nur durch Blutmessungen feststellen, was tatsächlich im Körper ankommt.

- **Niedriger Blutfluss** aufgrund von Gefäßerkrankungen. Die Nahrungsenergie kann nicht ausreichend ins Gehirn transportiert werden. Das Gehirn darbt. Das Fatale daran ist, dass diese Gefäßerkrankungen oft jahrelang nicht erkannt werden und man selbst auch nichts merkt.

- **Ein entzündlicher Prozess.** Aufgrund von Nährstoffmängeln können freie Radikale nicht ausreichend entschärft werden und es kommt zu stillen Entzündungen, die wie ein Schwelbrand im Gehirn über lange Zeit unbemerkt Schaden anrichten. Den oxidativen und nitrosativen Stress kann man durch Blutmessungen feststellen.

- **Insulinresistenz,** die zu einer Unterversorgung des Gehirns führt oder Blutzucker-Anomalien, die zu extremen Energieschwankungen führen. Wenn Insulin nicht mehr wirken kann, kommen weniger Nährstoffe – allen voran Glukose und Aminosäuren – in die Zellen. Der Energiestoffwechsel bricht zusammen. Es gibt ein Durcheinander bei der Aktivierung wichtiger Signalwege.

  Ist der Nüchtern-Insulinspiegel höher als 10 kann man davon ausgehen, dass das Gehirn bereits darbt, auch wenn man keinen Diabetes Typ II hat. Sie sollten deshalb bei jedem Check-Up beim Hausarzt nicht nur den Langzeit-Blutzucker-Wert HbA1c messen lassen, sondern auch das Nüchtern-Insulin oder den HOMA-Index. Nur dann können Sie sicher sein, dass keine Insulinresistenz vorliegt.

- **Polymorphismen** sind vererbte minimale Änderungen im Aufbau der DNA, die für eine psychische Krankheit anfälliger machen. Kommen noch andere Faktoren hinzu, kann die Krankheit ausbrechen.

  - die Calciumkanäle, die den Einstrom von Calcium in die Zelle ermöglichen, arbeiten nicht ganz korrekt, das wirkt sich auf die Aktivierung der Neurotransmitter aus.
  - der pH-Wert in den Mitochondrien ist nicht optimal, das führt dazu, dass nicht genug ATP hergestellt werden kann. Die Energie reicht nicht aus.

- Solche Polymorphismen können auch die **Mitochondrien,** die Doppelmembranorganellen der Zelle, betreffen. Diese werden nur maternal (von der Mutter) vererbt. Deshalb können psychische Erkrankungen familiär gehäuft auftreten. Es kommt aber auf die konkreten Lebens- und Umweltbedingungen an, ob die Krankheit tatsächlich ausbricht.

- Neurotransmitter müssen auf- und wieder abgebaut werden. Dieser Vorgang wird vor allem von zwei Enzymen, nämlich **COMT** (Catechol-O-Methyltransferase) und **MAO** (Monoaminoxidase) gesteuert. Diese Enzyme arbeiten nicht bei allen Menschen gleich. Beide Enzyme können schneller, normal oder langsamer arbeiten. Ein zu schneller oder ein zu langsamer Auf- und Abbau haben erhebliche Auswirkungen auf die Stimmung und den Antrieb.

- **Kopfverletzungen,** auch wenn sie Jahre zurückliegen, können Gehirnstrukturen beschädigt haben. Bei Menschen, die eine heftige Gehirnerschütterung erlitten haben, die sich auf den präfrontalen Kortex und die Schläfenlappen ausgewirkt hat, kann es zu Symptomen kommen, die fälschlicherweise als eine Bipolare Störung diagnostiziert werden.[4]

- **Toxische Belastungen** durch z.B. Schimmel, Haushaltschemikalien, Abgase, Luftverschmutzung, die über lange Zeit einwirken oder auch Genussgifte wie Alkohol und Nikotin, weil diese das Funktionieren der Nervenzellen stören.

- **Infektionen** mit Viren, Bakterien oder Parasiten, die vom Immunsystem nicht mehr in Schach gehalten werden können. Dazu gehören z.B. Helicobacter pylori, Eppstein-Barr-Virus, Corona-Virus, Borrelien, Toxoplasmen, Herpes-Virus oder Candida.

- **Tote, entzündete oder schwermetallbelastete Zähne,** da sie ständig Entzündungsbotenstoffe ins Blut abgeben und damit das Immunsystem schwächen.

- Nährstoff-Anomalien, z.B. **Unverträglichkeiten,** die zu überschießenden Reaktionen führen, deshalb kann es sinnvoll sein, mit einer Auslassdiät herauszufinden, ob und auf welche Lebensmittel man reagiert.

- **Schlafapnoe.** Der akute Sauerstoffmangel bei Atemaussetzern alarmiert das Gehirn, so als ob Lebensgefahr droht. Der Schlaf wird unterbrochen, das Gehirn kann nicht richtig regenerieren, denn es braucht mehrere Stunden zum „Spülen", also „Großreinemachen". Kommt es nicht dazu, bleiben Ablagerungen zurück, die das Funktionieren behindern.

…. und dann kann es in der Folge auch zu **Ungleichgewichten** bei den Neurotransmittern bzw. zu psychischen Störungen kommen.

Es ist richtig, dass man Ungleichgewichte bei den Neurotransmittern mit Medikamenten ausgleichen kann. Es ist richtig, dass solche Medikamente für eine gewisse Zeit ihren Nutzen haben, damit der Betroffene therapiefähig wird. Aus meiner Sicht ist das aber trotzdem nur eine Symptombehandlung, die an den wahren Ursachen nichts verändert. Langfristige Heilung gibt es nur, wenn man die Ursachen sucht und behandelt.

Es könnte bei Ihnen der Eindruck entstehen, dass diese vielen möglichen Ursachen kaum überschaubar sind. Einerseits treffen diese Punkte jedoch nicht alle auf einen Menschen zu, und andererseits ist es richtig, dass man an seinen genetischen Polymorphismen nicht viel ändern kann.

Es gibt aber eine Reihe von Möglichkeiten, seine Aufmerksamkeit und seine Energie auf die Dinge zu richten, die man ändern und beeinflussen kann.

Komorbiditäten Schilddrüse und Migräne

Erfahrene Psychiater wissen, dass psychische Erkrankungen häufig zusammen mit anderen Erkrankungen auftreten. Das gleichzeitige Vorkommen von zwei oder mehr verschiedenen Erkrankungen bei einem Menschen wird als Komorbidität bezeichnet. Das können sowohl körperliche Erkrankungen wie z.B. Bluthochdruck sein oder weitere psychische Beeinträchtigungen. Menschen mit Bipolarer Störung haben häufig eine oder zwei weitere Erkrankungen, wie eine statistische Erhebung zwischen 2008 und 2014 im Vivantes Humboldtklinikum Berlin-Reinickendorf ergab. Überdurchschnittlich häufig gehören eine Schilddrüsenunterfunktion und die Migräne dazu.

Die Schilddrüse – das Thermostat des Körpers

Die Schilddrüse ist ein kleines Organ unter dem Kehlkopf, das aussieht wie ein Schmetterling. Sie ist das Thermostat des Körpers. Es regelt den Stoffwechsel je nach Bedarf entweder hoch oder herunter. Das wird über Schilddrüsen-Hormone gesteuert. Diese regulieren auch die Zahl der Mitochondrien, also der Kraftwerke der Zellen. Der Energiestoffwechsel funktioniert umso besser, je mehr Mitochondrien man hat und je besser diese arbeiten.

So ist es nicht verwunderlich, dass ein herunterregulierter Stoffwechsel u.a. bedeutet: Energielosigkeit, Antriebsarmut, Müdigkeit, Lethargie, Konzentrationsstörungen, kalte Hände und Füße sowie unerklärliche Gewichtszunahme. Ein zu hoch regulierter Stoffwechsel bedeutet hingegen: Ruhelosigkeit, Übererregung, Schwitzen, unerklärliche Gewichtsabnahme, aber auch Angst- und Paniksymptome.

Die Symptome für eine Unter- oder Überfunktion der Schilddrüse sind denen einer Depression und einer Manie ähnlich, so dass ich mich frage, wer in der Lage ist, eine eindeutige Zuordnung vorzunehmen.

Es ist leicht, jemanden in die „psychische Ecke" zu stellen, nur weil man keine Erklärung für die Symptome hat. Wer nicht nach anderen Ursachen sucht, kann auch nichts finden. „Nicht selten gehen bei Hormonstörungen psychische Symptome, die oft unspezifisch sind, den erkennbaren körperlichen Anzeichen voraus. Alle durch Hormone bedingte psychischen Störungen gehören der Kategorie ‚organische psychische Störungen' an. Sie sind also nicht psychogen, sondern körperlich bedingt. Dabei kann sowohl ein Mangel als auch der Überschuss eines Hormons identische Symptome erzeugen. Das schließt nicht aus, dass neben der Therapie der endokrinologischen Erkrankung, eine psychologische oder psychiatrische Mitbehandlung erfolgen kann"[1], heißt es auf der Webseite einer Schilddrüsen-Privatpraxis.

Hier eine kleine Zusammenstellung aus dem Buch „Schilddrüse in Balance"[2], die diese engen Zusammenhänge zeigen.

Psychisches Symptom	Ursache Schilddrüse	Ursache Sexualhormon
Stimmungsschwankungen, Depressionen	Unterfunktion	Progesteron-Mangel
Unruhe, Nervosität, Reizbarkeit	Überfunktion	Progesteron-Mangel
Konzentrationsschwäche, Gedächtnisschwäche	Unterfunktion	Östrogen- und/oder Progesteron-Mangel

Je nachdem, zu welchem Facharzt Sie gehen, wird wahrscheinlich Folgendes geschehen:

Der **Psychiater** wird höchstwahrscheinlich Psychopharmaka verschreiben, weil er eine Manie oder eine Depression diagnostiziert. Sollte er Lithium verordnen, wird er vielleicht L-Thyroxin dazu verschreiben, denn es ist allgemein bekannt, dass Lithium die T4-Produktion behindert.

Der **Endokrinologe** wird Ihnen vielleicht mitteilen, dass „eine Behandlungsnotwendigkeit erst dann bestehe, wenn sich eine Unterfunktion der Schilddrüse abzeichne, und dann würde er L-Thyroxin verschreiben. Sonstige Behandlungsoptionen bestünden nicht und seien auch nicht erforderlich. Wird dann, mit oder ohne Substitution von Schilddrüsenhormonen, labortechnisch eine normale Schilddrüsenfunktion festgestellt, geben die dann ggf. immer noch bestehenden Symptome, Beschwerden und Befindlichkeitsstörungen Rätsel auf, werden diese meist psychosomatischen Ursachen zugeordnet. Die betroffenen Patienten bleiben mit ihren Beschwerden in einer frustrierenden Situation zurück: obwohl sie sich krank fühlen, kann die moderne Medizin an ihnen nichts Auffälliges finden und ihnen keine wirksame – und schon gar keine kausal orientierte – Behandlungsoption anbieten. Sie fühlen sich nicht zu Unrecht fehldiagnostiziert, nicht verstanden und nicht ernst genommen."[3] Diese Aussage kann ich aus eigenem Erleben bestätigen.

Der **Gynäkologe** wird vielleicht die Pille oder synthetische Hormone verschreiben oder aber den Patienten zum Psychiater überweisen. Sollte er sich mit bioidentischen Hormonen auskennen, haben Sie Glück.

Es ist wohl eher so, dass alle drei Systeme Psyche, Schilddrüse und Sexualhormone eng verzahnt sind. Aus meiner Sicht müsste ein Arzt alle Bereiche in den Blick nehmen, um deren Synergien zu nutzen. Leider machen das meist nur ganzheitlich arbeitenden Ärzte, die für ihre Leistungen Privatrechnungen stellen müssen, weil Krankenkassen in diesen Fällen nicht bezahlen.

Die Behandlung der Schilddrüse ist auch deshalb anspruchsvoll, weil jeder Mensch seine eigenen Wohlfühlwerte hat, die von anderen abweichen können. Daher gehen Fachärzte sehr vorsichtig mit der Interpretation von Laborwerten um und brauchen immer den Kontakt zum Patienten. Prof. Armin Heufelder aus München hat in einem Vortrag über die „Immunthyreoiditis in der Praxis" im Jahr 2020[4] berichtet, dass die Symptomatik bei Schilddrüsenerkrankungen häufig durch diverse Mikronährstoffmängel zustande kommt, weil eigentlich das Immunsystem krank ist und die Schilddrüse nur die Leidtragende sei. Deshalb empfiehlt er, bevor mit Schilddrüsenhormonen gearbeitet wird, diese Mikronährstoffmängel festzustellen und zu beheben.

In seiner endokrinologischen Praxis hat Prof. Heufelder 1.460 Patienten durchgemessen und ausgehend davon errechnet, wie viele Betroffene Mängel bei den für die Schilddrüse wichtigen Mikronährstoffen haben. Hier seine Ergebnisse:

- Selenmangel: 65 %
- Vitamin D-Mangel: 72 %
- Omega-3 Index <5: 78 %
- Zinkmangel: 48 %
- Serotoninmangel (Urin): 71 %
- Coenzym Q 10-Mangel: 89 %
- Folsäuremangel: 61 %
- Eisenmangel: 39 %
- Sexualhormonmangel (>45 Jahre): 68 %

Zur Behandlung gehöre nach Prof. Heufelder aber ebenso, die Patienten anzuhalten,

- ihren Stress zu reduzieren. Das kann man z.B. in einer Psychotherapie lernen.
- Virusinfekte zu vermeiden, indem man den Vitamin D-Spiegel optimiert.
- mit dem Rauchen aufzuhören, weil das den oxidativen und nitrosativen Stress fördert.
- das Mikrobiom (Darm) zu optimieren.
- Sexualhormonungleichgewichte zu vermeiden (das könnte z.B. eine Östrogendominanz oder ein Progesteron Mangel sein, die mit bioidentischen Hormonen ausgeglichen werden können)

Alles, was der Körper selbst machen kann, soll man ihn auch machen lassen. Erst dann sollte eine Schilddrüsenhormonbehandlung beginnen, die sich in ihrer Zusammensetzung nach den Symptomen des Patienten richtet. Denn die Schilddrüse braucht bestimmte Ausgangsstoffe, um die Schilddrüsen-Hormone in der richtigen Menge herstellen zu können. Es macht daher Sinn, erst einmal die „Freunde der Schilddrüse", also all die Cofaktoren, die für ein gutes Funktionieren notwendig sind, zu analysieren.

Das sind: Tyrosin, Jod, Selen, Eisen, Vitamin B9 und B12, VitaminD, Coenzym Q10, Omega-3-Fettsäuen, Zink, Carnitin, Sexualhormone (bei Menschen über 45 Jahre).

Wenn Ihnen diese Stoffe bekannt vorkommen, weil ich sie in den vorhergehenden Kapiteln schon erwähnt habe, wundert mich das nicht. Es sind zum großen Teil dieselben, die wir auch für eine stabile Psyche brauchen. Das zeigt, dass essenzielle Stoffe an vielen Stellen des Stoffwechsels gebraucht werden und dass ein Mangel Symptome hervorbringt, die je nach Sichtweise unterschiedlich interpretiert werden können.

Aus Sicht der Schilddrüse haben diese Stoffe folgende Bedeutung:

Tyrosin ist eine Aminosäure, die aus Phenylalanin (PHE) gebildet wird. Phenylalanin ist auch der Ausgangsstoff für Dopamin, unseren Antrieb. Fehlt diese Aminosäure, kann weniger Antrieb und auch weniger Schilddrüsenhormon gebildet werden. Deshalb der Zusammenhang zwischen Antriebsschwäche und Schilddrüsenunterfunktion. Da die Aminosäuren synergistisch wirken, ist es am besten, sich gut mit den essenziellen Aminosäuren zu versorgen.

Im Namen der Schilddrüsen-Hormone steckt bereits das Wort Jod. Das Tri-Jod-Thyronin (T3) ist das an drei Jod-Atome gebundene Thyronin und das Tetra-Jod-Thyronin (T4) ist das an vier Jod-Atome gebundene Thyronin, es wird meist als L-Thyroxin bezeichnet. T3 ist das aktive Hormon, T4 das Speicherhormon. T3 wird durch Umlagerung der Jod-Atome unter Beteilung des Cofaktors Selen aus T4 gebildet. Im Blut wird deren jeweils ungebundene Form, das sogenannte freie T3 (fT3) und freie T4 (fT4) gemessen.

An diesem Zusammenhang ist erkennbar, dass ohne Jod weder T3 noch T4 ausreichend gebildet werden können. Da alle Zellen, nicht nur die der Schilddrüse, Rezeptoren für Jod haben, geht man davon aus, dass auch alle Zellen Jod brauchen, sonst gäbe es die Rezeptoren nicht. Die früheren Warnungen vor diesem Ur-Element scheinen aus heutiger Sicht übertrieben, aber dazu gibt es noch immer kontroverse Diskussionen. Ein Spezialist auf diesem Gebiet ist Prof. Dr. Lutz Schomburg von der Charité Berlin, Institut für Experimentelle Endokrinologie. In seinem Vortrag auf dem Mikronährstoffkongress, den man auf YouTube[5] kostenlos ansehen kann, erklärt er sehr anschaulich die Zusammenhänge.

Wer eine Hashimoto-Thyreoiditis hat, sollte nur die Hälfte der empfohlenen Jod-Menge nehmen, also statt 300 µg, nur ca. 150-200 µg, aber eben nicht nichts – wie manchmal auch empfohlen wird. Die Jodspeicher kann man mit einem Jodsättigungstest messen. Das Verfahren ist zwar etwas aufwändig, aber sehr aufschlussreich. Wenigstens einmal im Zuge der eigenen Standortbestimmung würde ich eine solche Messung, z.B. bei einem Heilpraktiker, durchführen lassen. Bei mir hat sich dadurch ergeben, dass ich einen Jodmangel hatte.

Der dritte Stoff, ohne den die Schilddrüse nicht arbeiten kann, ist Selen. Auch darüber spricht Prof. Schomburg in seinem Vortrag. Ohne Selen kann T4 nicht zu T3 umgewandelt werden, es besteht hier eine direkte Abhängigkeit. Das bedeutet, dass ein geringer Selenspiegel auch geringes T3 bedeutet, denn das Enzym für die Umwandlung, die 5'-Dejodase, ist selenabhängig.
Wenn nur L-Thyroxin (T4) verordnet und der Selen-Spiegel nicht gemessen und ggf. angehoben wird, ist das ungefähr so, als ob Sie die Scheune mit dem Futter bis unter das Dach vollhaben, aber die Tür nicht aufbekommen. Das Vieh verhungert trotzdem. Ich habe noch nie gehört, dass jemand, dem wegen Lithium L-Thyroxin verschrieben wurde, auch Selen bekommen hat. Vielleicht ist das einer der Gründe, warum Lithium bei mir nicht gewirkt hat, ich habe nämlich „Hashimoto".

Der Selenspiegel im Vollblut sollte bei hochnormalen T3 und T4-Werten bei über 150 µg/l liegen. Bei vielen Menschen liegt er unter 100 µg/l. Selen ist außerdem Bestandteil des sogenannten Selenoprotein P, das die Selen-Aufnahme aus der Nahrung ermöglicht. Eine gestörte Produktion dieses Proteins führt zu einer verminderten Selen-Menge im Blut und im Gewebe. Da Selen sehr gut vor Zellschäden durch freie Radikale schützt und Bestandteil vieler Enzyme ist, z.B. der Glutathionperoxidase, kann ein Mangel auch zu Müdigkeit oder verminderter Leistungsfähigkeit beitragen, und dass auch, wenn Sie keine Schilddrüsenunterfunktion haben.

Die Glutathionperoxidase schützt in den Nervenzellen vor oxidativen Stress und damit vor dem Absterben der Nervenzellen, deshalb ist es für jeden wichtig, eine gute Selenversorgung zu haben. Wir haben keine Selenspeicher im Körper, es muss regelmäßig zugeführt werden. Da unsere Böden selenarm sind, es wurde während und nach der Eiszeit ausgewaschen, nehmen wir zu wenig über die

Nahrung auf. In Amerika enthalten die Böden viel mehr Selen, deshalb sind US amerikanische Studien zur Selenversorgung nicht auf Europa übertragbar. Ein (relativer) Selenmangel führt häufiger zu einer Schilddrüsen-Entzündung, ausreichend Selen könnte vor Schilddrüsen-Erkrankungen schützen. Natriumselenit ist als einziges Medikament dafür zugelassen.

Ich halte es für denkbar, dass auch Psychiater mit diesen Stoffen arbeiten könnten, schließlich sind sie auch Ärzte.

Migräne ganzheitlich behandeln

Als Migräne wird ein halbseitiger, starker Kopfschmerz bezeichnet, der anfallsartig auftritt. Zur Therapie werden Medikamente, wie Schmerztabletten, Betablocker, Antidepressiva, Triptane und neuerdings auch Antikörper verordnet. Die Behandlung von Migräne gilt als schwierig, weil die Medikamente die Attacken an sich nicht verhindern können, sondern nur die Symptome lindern. Die Attacken können durch Hunger oder Stress, aber auch durch bestimmte Lebensmittel, wie Schokolade, Rotwein oder Käse ausgelöst werden. Oft ist auch kein eindeutiger Auslöser identifizierbar. Es bleibt nur, herauszufinden, auf welche Trigger man reagiert, denn diese können sehr unterschiedlich sein.

Migräne ist eine chronische neurologische Erkrankung, von der ca. 8,5 Millionen Menschen in Deutschland betroffen sind. Die Bipolare Störung betrifft ca. 1 Million Menschen. Nicht jeder, der Migräne hat, entwickelt eine psychische Störung und nicht jeder Bipolare hat Migräne. Trotzdem ist der Anteil der Menschen mit Bipolarer Störung und der Komorbidität Migräne relativ hoch, sagen jedenfalls erfahrene Psychiater.

Die Medizin kann die genauen Ursachen noch nicht hundertprozentig erklären, man nimmt an, dass Nervenzellen auf bestimmte Reize übersensibel reagieren und es zu einer Art „Überspannung" kommt, mit der Folge, dass Nervenzellen (zu) stark feuern. Bei Menschen, die im Rahmen von Migräneattacken eine Aura – also visuelle Wahrnehmungsstörungen – erleben, kommt es zu einer Depolarisationswelle der Nerven- und Gliazellen der Hirnrinde, die sich langsam über (zumeist nur eine) Gehirnhälfte ausbreitet.[6]

Warum die Nervenzellen überreagieren, kann die Wissenschaft noch nicht vollständig erklären. Dr. Bodo Kuklinski, ein Arzt, der orthomolekulare Medizin schon sehr lange praktiziert, beschreibt die Migräne in seinem Buch[7] als eine Funktionsstörung der Mitochondrien, eine sogenannte Mitochondriopathie. Die eigentliche Ursache der Migräne ist für ihn eine Fehlfunktion bei der Energieherstellung in den Mitochondrien, die durch eine kohlenhydratlastige Ernährung mit vor allem einfachen Kohlenhydraten und einer unzureichenden Versorgung mit Vitamin B2, Coenzym Q10 und Magnesium entsteht. Die unterschiedlichsten Trigger sind lediglich Auslöser, weil sie auf verschiedene Weise den Energiemangel verstärken.

Es verwundert daher nicht, dass komplementäre und ganzheitliche Ansätze gesucht werden, die Migräne gar nicht erst entstehen lassen sollen.

Sie haben in den vorangegangenen Kapiteln über die Bedeutung der Mitochondrien gelesen. Deshalb wird es Sie nicht überraschen, dass Strategien zur Stärkung der Mitochondrien auch bei Migräne hilfreich sind.
Auch hier sind es Elemente einer gesunden Ernährung, die sich positiv auf die Intensität, Dauer oder Frequenz der Attacken auswirken können. Dazu gehören u.a.:

- Fasten. Allerdings gilt das nur für Intervallfasten (Essenpause von max. 16 Stunden) und Heilfasten (Kalorienrestriktion auf <800 kcal). Unregelmäßiges Essen wegen Stress, Zeitmangel oder auf Reisen lässt die Migränehäufigkeit steigen.

- Lebensmittel mit niedrigem glykämischen Index, um starke Schwankungen des Blutzuckerspiegels zu vermeiden. Dazu gehören Einfachzucker und hochverarbeitete Kohlenhydrate, insbesondere Weißmehlprodukte.

- Studien zur ketogenen Diät und Migräne legen den Schluss nahe, dass eine ketogene Ernährung die Mitochondrien-Funktion fördert und Faktoren wie oxidativer Stress, zerebrale Erregbarkeit und die allgemeine Entzündungsaktivität gemindert werden können.

- Hohe Ballaststoffdichte, die das Sättigungsgefühl aufgrund ihrer Quelleigenschaften erhöht und die Kohlenhydrataufnahme über den Darm und den Anstieg des Blutzuckerspiegels verzögert.

- Hohe Omega-3-Spiegel, da DHA und EPA eine schmerzlindernde und entzündungshemmende Wirkung haben.

- Ausreichende Flüssigkeitszufuhr

- Tryptophan als Serotoninvorstufe. Da Serotonin nicht die Blut-Hirn-Schranke überwinden kann, muss es im Gehirn erst aus Tryptophan hergestellt werden. „Einer der am besten untersuchten Neurotransmitter im

Zusammenhang mit Schmerzstörungen ist Serotonin. Östrogen kann die Serotoninsynthese und den Serotoninstoffwechsel verändern und eine allgemeine Verstärkung der tonischen Wirkung von Serotonin bewirken. Studien, in denen der Zusammenhang zwischen Serotonin und Erkrankungen wie Reizdarmsyndrom, Fibromyalgie, Migräne und anderen Kopfschmerzarten untersucht wurde, deuten auf einen eindeutigen Einfluss dieses Neurotransmitters hin."[9]

- Wenn während einer Migräneattacke Entzündungsprozesse ablaufen, aktivieren diese das Tryptophan abbauende Enzym IDO (darüber habe ich schon im Zusammenhang mit den Neurotransmittern und den Aminosäuren berichtet). Das führt zu einer verringerten Verfügbarkeit des Tryptophans für die Bildung von Serotonin. Steht weniger Serotonin zur Verfügung, verstärkt sich die Schmerzwahrnehmung.

  Abhilfe kann eine tryptophanreiche Ernährung bieten. Dazu gehören z.B. Spirulina (eine Mikroalge), Kürbiskerne, Sojabohnen, Cashewkerne, Edamer, Erdnüsse, Thunfisch, Huhn, Linsen, Eier und Haferflocken.

- Zusätzlich fördern Kupfer, Eisen, Vitamin C, B2, B3, B6 und B9 die Produktion von Serotonin, da diese Cofaktoren für dessen Bildung sind.

- Eine ausreichende Mikronährstoffversorgung, insbesondere von Magnesium, trägt zur Entspannung bei, da es als Gegenspieler des Glutamatrezeptors, die Erregungsschwelle des Gehirns senkt.

- Zu viel Glutamat kann Migräneattacken auslösen, weil es die Erregungsschwelle erhöht. Glutamat wird in Fertigprodukten, die Hefeextrakt, Casein, Weizengluten, Maiskleber und Sojaprotein enthalten, häufig als Zusatzstoff „Mononatriumglutamat" E 621 eingesetzt und soll den Geschmack intensivieren.

Ich habe so gut wie keine Migräneattacken mehr, seitdem ich mich gut um meine Mitochondrien kümmere und mich nach diesen Prinzipien ernähre. Zu den Vitalstoffen meiner Migräneprophylaxe gehören: Magnesium, Vitamin B2, Vitamin D, Omega-3-Öl und Taurin.

Auch an diesem Beispiel sehen Sie, dass Maßnahmen, welche die Psyche unterstützen auch bei neurologischen Erkrankungen, wie der Migräne, hilfreich sein können. Ich habe damit „zwei Fliegen mit einer Klappe geschlagen". Ich habe meine Stimmung und meinen Antrieb stabilisiert und meine Migräne besiegt.

Weitere Erkenntnisse aus der Wissenschaft

In diesem Kapitel stelle ich Ihnen einige Studien aus der wissenschaftlichen Literatur vor, die in der internationalen Datenbank „pubmed.gov" zugänglich sind. Ich möchte Ihnen damit zeigen, dass es eine ganze Reihe von Veröffentlichungen gibt, die sich mit den metabolischen Ursachen, die zu Stimmungsschwankungen führen, den Aspekten der Ernährung und Ernährungsinterventionen, Nährstoffen, antientzündlichen Lebensmitteln, der Darm-Hirn-Achse und den zirkadianen Rhythmen sowie Schlaf beschäftigen.

Vermutlich haben Sie von den meisten dieser Erkenntnisse noch nichts gehört. Das scheint auch auf viele Professionelle aus dem psychiatrischen Bereich zuzutreffen, sonst würde viel mehr dieses Wissens Eingang in den klinischen und ambulanten Alltag finden. Auch wenn immer wieder behauptet wird, die Wirksamkeit von Ernährungs- und Lebensstilinterventionen bei psychischen Erkrankungen sei nicht oder noch nicht ausreichend bewiesen, gibt es solche Erkenntnisse und Beweise, und zwar zahlreiche.

Falls Ihnen ein Arzt entgegen sollte, dass es ja keine Studien zum Thema Ernährungspsychiatrie gäbe und auch in den Leitlinien davon nichts stünde, können Sie mit den genannten Quellen punkten. Es geht mir nicht darum, jemandem zu unterstellen, dass er die wissenschaftliche Literatur nicht kennt. Es geht mir um die psychische Gesundheit der Betroffenen und um deren persönliches Wohlergehen und nicht um das Ego von Ärzten. Niemand kann alles wissen. Die wenigsten Ärzte haben und nehmen sich die Zeit, wissenschaftliche Literatur, dazu noch auf Englisch, zu lesen. Ich erwarte von einem Psychiater, dass er alle Möglichkeiten nutzt, um seinen Behandlungsauftrag als Arzt nachzukommen und seine Patienten dabei zu unterstützen, stabil zu werden. Von wem die Anregungen dazu kommen, sollte doch egal sein. Wenn dabei die hier beschriebenen Erkenntnisse einen Beitrag leisten können, ist allen geholfen. Dem Betroffenen geht es besser und der Arzt hat eine neue Erfahrung gemacht, die er auch für andere Patienten nutzen kann. Vielleicht können Sie erreichen, dass Ihr Arzt die eine oder andere Studien mal selbst liest. Das ist mein Anliegen.

Einen Teil der hier ausführlich besprochenen Studien können Sie in deutscher Übersetzung auf meiner Webseite www.bipolar-lotse.de finden. Es gibt sowohl eine Kurzfassung für den schnellen Überblick als auch eine Langfassung mit den Details. Die Wissenschaft ist frei und jeder kann sie nutzen.

Als Laie ist es nicht immer leicht, die Sprache der Wissenschaft zu verstehen. Ich lade Sie trotzdem ein, es zu versuchen. Sie finden auf den folgenden Seiten viele

Details, die Ihnen dabei helfen können, stabil zu werden und zu bleiben. Einiges wird Ihnen vielleicht bekannt vorkommen, weil ich einige Mechanismen schon in den vorhergehenden Kapiteln beschrieben habe. Am Ende wird Ihnen vielleicht auffallen, dass die wenigstens Studien zu dieser Thematik aus Deutschland stammen. Ich hätte Sie Ihnen gern vorgestellt, habe aber nur die wenigen gefunden. In anderen Ländern ist man – jedenfalls, was die wissenschaftliche Forschung betrifft – weiter.

Depression – Schwelbrand im Gehirn

Im Kapitel für die Psycho-Neuro-Immunologie habe ich bereits Studienergebnisse aus Deutschland beschrieben, die dem „Spiegel" Mitte 2019 einen großen Artikel mit der Überschrift „Depression – Schwelbrand im Gehirn"[1] wert waren. Darin wurde berichtet, dass man schon zu Zeiten von Hippokrates, also vor 2.500 Jahren, ahnte, dass Immunsystem und Psyche irgendwie zusammenhängen, weil Fieber, als Zeichen einer Immunreaktion, Psychosen lindern konnte. Auch aus dem 2. und dem 18. Jahrhundert gibt es Fallberichte, bei denen eine Infektion mit Malaria oder Pocken psychisch Kranke heilte.

Doch die moderne Medizin hat sich lange Zeit selbst ein Denkverbot verpasst. Das Gehirn, so das Dogma, sei »immunprivilegiert«, also dem Zugriff des Immunsystems weitgehend entzogen. Die Blut-Hirn-Schranke schotte es gegen Immunzellen ab. Inzwischen weiß man: Ohne die regulierende Funktion des Immunsystems kann der Mensch gar nicht denken.

»Es wird immer klarer, dass Immunmechanismen für die normalen, gesunden Funktionen des Gehirns wesentlich sind«, wird Frauke Zipp, Direktorin der Klinik und Poliklinik für Neurologie an der Universitätsmedizin Mainz in dem Artikel zitiert. »Immunsystem und Gehirn kommunizieren ständig miteinander.«

Und weiter heißt es in dem Artikel (leicht gekürzt wiedergegeben):

Für Depressionen gibt es bekannte Risikofaktoren, psychosozialer Stress gehört dazu, psychische Traumata können dazu führen. Solche Geschehnisse fachen Entzündungen im Gehirn und im restlichen Körper regelrecht an. Stress macht zudem die Blut-Hirn-Schranke durchlässiger, sodass bestimmte Stoffe leichter ins Gehirn gelangen können, die da eigentlich nichts zu suchen haben. Dort entsteht – zumindest bei einem Teil der depressiven Patienten – offenbar eine Art

Schwelbrand, eine chronische Entzündung, welche die Funktion der Nervenzellen beeinträchtigen kann. Vieles, was die Stimmung aufhellt, hat hingegen eine antientzündliche Wirkung: Sport und Bewegung, aber auch Entspannungsübungen und eine Psychotherapie, die hilft, mit Stress besser umzugehen.

Fazit: Alles, was das Immunsystem stärkt, ist auch gut für eine stabile Stimmung.

Aminosäuren, Vitamine und Mineralstoffe helfen gegen Stress und unterstützen eine ausgeglichene Stimmung

In einer Pilotstudie der Uni Bonn aus dem Jahr 2018 wurde 62 Teilnehmern zwischen 18 und 65 Jahren, in etwa gleich viele Männer und Frauen, die sich selbst als stressbelastet und erschöpft wahrnahmen, ein Nährstoffprodukt (zur Zusammensetzung weiter unten mehr) über 12 Wochen verabreicht. Die Hälfte bekam ein Placebo, das keine Nährstoffe enthielt. Die Studie war randomisiert, doppelblind und placebokontrolliert, erfüllte damit die Voraussetzungen für ein „gutes Studiendesign".

Die Teilnehmer hatten keine psychiatrische Diagnose, schätzen sich selbst aber als „stressbelastet" ein. Das wurde mit einem standardisierten Fragebogen überprüft und es wurden nur die Teilnehmer eingeschlossen, die einen PSQ30 (Perceived Stress Questionnaire) von über 0,5 hatten. Es wurde das Speichel-Cortisol bestimmt und im Blut wurden Spiegelmessungen für Nüchternglukose, HbA1c, Insulin, Gamma-GT, Gesamtcholesterin, LDL, HDL, Triglyceride, C-reaktives Protein, HOMA-Index, Serumserotonin, Serum-Aminosäuren durchgeführt. Auch wurde die aufgenommene Nahrung vor Beginn und nach 12 Wochen gemessen. Es sollte ermittelt werden, ob sich durch das Nährstoffpräparat die Stressbelastung und Erschöpfung reduziert hatte.

Die Studie zeigte, dass die tägliche Supplementierung der spezifischen Aminosäurezusammensetzung mit Vitaminen und Mineralien zu einer signifikant größeren Verbesserung des subjektiv empfundenen Stresses, gemessen am PSQ30-Gesamtscore, im Vergleich zur Placebogruppe nach der 12-wöchigen Intervention führte.

- Nach 12 Wochen verbesserte sich das Stresserleben der Verumgruppe signifikant, das anhand eines standardisierten Fragebogens ermittelt wurde.[2]

- Die Verbesserungen der wahrgenommenen Überlastung nach 8 und 12 Wochen sowie der wahrgenommenen Reizbarkeit, Freudlosigkeit, Müdigkeit und Anspannung (PNF) nach 12 Wochen waren in der Verumgruppe signifikant größer als in der Placebogruppe.

Bemerkenswert an diese Studie ist, dass hier tatsächlich gemessen wurde. Es ist ein Unterschied, ob ich die Teilnehmer nur befrage oder ob die Befragung durch die Messung ergänzt wird. Nur so kann man herausfinden, wie der Ausgangszustand der Personen tatsächlich war und was sich nach der Beobachtungszeit verändert hat. Bei Befragungen hat man immer das Problem, dass niemand sagen kann, ob sich die Probanden korrekt an das erinnern, was sie gegessen und getrunken haben und ob sie auch tatsächlich alles angeben oder z.B. aus Scham, ungesunde Snacks einfach nicht erwähnen.

So wurde u.a. ermittelt, dass sich durch die Supplementierung die Nahrungsaufnahme an Makronährstoffen nicht verändert hat, aber die Aufnahme von Ballaststoffen, Vitamin C und Kalium gestiegen ist, während die Nahrungsaufnahme von Cholesterin nur in der Verum-Gruppe abnahm. Die Unterschiede zwischen den beiden Gruppen waren signifikant. Das bedeutet, dass das Nährstoffprodukt synergistisch wirkte und die Aufnahme von in der Nahrung enthaltenen Stoffen verbessert! Diese Ergebnisse zeigen, dass sich die einzelnen Stoffe gegenseitig brauchen und der Mensch sie dann am besten aufnehmen kann, wenn alle vorhanden sind.

In Bezug auf die Stimmung und den Antrieb fanden die Wissenschaftler einen Zusammenhang zwischen Stress und ungesundem Essen:

„Eine Serotonin-Dysfunktion im Gehirn ist nicht nur mit psycho-neurovegetativen Symptomen, Stimmungsstörungen und beeinträchtigter Stressbewältigung assoziiert, sondern auch mit einer verminderten Kontrolle der gesamten Energieaufnahme. Ein hohes Maß an Stress bei Individuen ist mit einem erhöhten Konsum von Comfort Food verbunden. So war ein höheres Stressempfinden mit einer geringeren Obst-, Gemüse- und Proteinzufuhr, einem höheren Konsum von salzigen Snacks und einer geringeren Teilnahme an körperlichen Aktivitäten verbunden. Eine wiederholte Stimulation der Belohnungswege durch stressbedingte Stimulation der HPA-Achse, die Aufnahme von hoch schmackhaften Nahrungsmitteln oder beides kann zu neurobiologischen Anpassungen führen, die den zwanghaften Charakter des Überessens fördern."

Stress fördert die Gier auf hoch schmackhaftes, salziges Essen und zwanghaftes Überessen. Das habe ich an mir immer wieder festgestellt und glaubte, ich sei zu schwach, um dem zu widerstehen. Nun weiß ich, woran es lag!

„Es wird angenommen, dass eine ausreichende Versorgung mit spezifischen Aminosäuren als Vorstufe für Neurotransmitter das stressbedingte Ungleichgewicht zwischen exzitatorischen (z. B. Noradrenalin, Dopamin und Glutamat) und inhibitorischen (z. B. Serotonin, Gamma-Aminobuttersäure (GABA) und Glycin) Neurotransmittern und die neurologischen, emotionalen und verhaltensbezogenen Folgen positiv beeinflusst."

Aminosäuren können als Vorstufen für Neurotransmitter ausgleichende Wirkung zwischen anregenden und hemmenden Neurotransmittern haben. Sie wirken dem Ungleichgewicht entgegen und wirken positiv auf das Verhalten. Für mich sind Aminosäuren die grundlegenden Bausteine meiner Stabilität.

„Darüber hinaus wirken wasserlösliche Vitamine, insbesondere B-Vitamine und Vitamin C, zusammen mit Mineralstoffen wie Magnesium und Zink als Cofaktoren bei der Synthese und dem Metabolismus von Neurotransmittern. Daher sind diese Mikronährstoffe essenziell für die Regulierung der Stressreaktion. Eine ausreichende Zufuhr aller acht B-Vitamine ist für eine optimale physiologische und neurologische Funktion unerlässlich. Folat, B6 und B12 sind direkt an der Neurotransmittersynthese und dem Homocystein-Stoffwechsel beteiligt. Vitamin C, ein wichtiges Antioxidans des zentralen Nervensystems, ist an der Neuromodulation, -protektion und -übertragung beteiligt. Zink und Magnesium sind essenziell für die adäquate Funktion der Neurotransmittersysteme und weisen antidepressive Eigenschaften auf. Bei Personen, die beruflichen Belastungen und einem stressigen Lebensstil ausgesetzt sind, besteht das Risiko eines marginalen Mangels an einem oder mehreren dieser Mikronährstoffe."

Für mich heißt das, ich muss dafür sorgen, dass ich ausreichend B-Vitamine, Vitamin C, Magnesium und Zink aufnehmen, damit mein Gehirn alles bekommt, um mir eine stabile Stimmung zu bauen.

„Eine Erklärung für die Wirksamkeit von Mikronährstoff-Supplementen könnte eine unzureichende Nährstoffzufuhr aufgrund von langanhaltendem Stress sein. […] Somit deuten die vorliegenden Ergebnisse darauf hin, dass die Einnahme der spezifischen Aminosäurezusammensetzung mit Mikronährstoffen die Wahrnehmung von chronischem Stress auf komplexe Weise verringerte."

Es wurde auch die Zusammensetzung des Präparates beschrieben. Die Teilnehmer bekamen ein Pulver (9,4 g) mit folgendem Inhalt. Die Placebogruppe bekam ebenfalls ein Pulver, das diese Stoffe aber nicht enthielt, es sah nur genauso aus.

Für mich ist das wie ein Rezept für eine gute Stimmung und gegen Stress! Ich finde, eine solche Zusammenstellung kann man leicht nach machen:

Aminosäuren: Taurin 1.000 mg, L-Ornithin 2.000 mg, L-Phenylalanin 200 mg, L-Tyrosin 1.000 mg
Vitamine: Vitamin C 300 mg, B1 25 mg, Riboflavin (B2) 25 mg, B6 25 mg, B12 50 µg, Niacin (B3) 100 mg, Pantothensäure (B5) 100 mg, Folsäure (B9) 800 µg, Beta-Carotin 0,8 mg;

Mineralstoffe: Magnesium 300 mg, Zink 15 mg, Selen 100 µg, Chrom 50 µg, Molybdän 50 µg

Chronischer Stress und Entzündungen

Unter dem Titel: „Bipolare Störung: Ein evolutionärer psychoneuroimmunologischer Ansatz" veröffentlichten vier Wissenschaftler aus Finnland, Neuseeland, Estland und Lettland 2021 eine Arbeit in der Zeitschrift für Neuro- und Verhaltenswissenschaften.[3] Darin stellen sie fest, dass „Bipolare Störungen in Bevölkerungsgruppen, die den heutigen westlichen Lebensstil nicht übernommen haben, selten sind, was die Hypothese stützt, dass die Bipolare Störung auf eine Fehlanpassung zwischen der evolutionären und der heutigen Umwelt des Homo sapiens zurückzuführen ist." Jüngste Studien haben die Bipolare Störung mit geringgradigen Entzündungen, der Fehlfunktion der inneren Uhr und den daraus resultierenden Schlafstörungen in Verbindung gebracht. Stress sei häufig ein auslösender Faktor für Manie und Schlafprobleme, aber Stress verursache auch eine schwache Entzündung. Da Entzündungen die innere Uhr de-synchronisieren, seien chronischer Stress und Entzündungen die primären biologischen Mechanismen der Bipolaren Störung.

„Chronischer Stress und Entzündungen werden gefördert durch:

- den modernen westlichen Lebensstil,
- einschließlich eines stressigen sozialen Umfelds,
- ungesunde Ernährungsgewohnheiten,
- eingeschränkte körperlicher Aktivität und Fettleibigkeit.

Die Behandlung der Bipolaren Störung sollte sich auf die Verringerung von

- Stress,
- Stressempfindlichkeit und
- Entzündungen durch Änderungen des Lebensstils konzentrieren,

anstatt nur vorübergehend die Symptome mit psychopharmakologischen Maßnahmen zu lindern."[4]

Fazit: Stress ist der stärkste Auslöser für bipolare Symptome. Es lohnt sich zu lernen, wie man mit Stress besser umgehen und wie man seinen Lebensstil entsprechend anpassen kann.

Oxidativer Stress und mitochondriale Dysfunktion

Neuere Forschungsergebnisse zur Bipolaren Störung legen nahe, dass es eine genetisch bedingte Anfälligkeit der Mitochondrien gibt, die bei Bipolaren zu einer Kalziumdysregulation und zur Übererregbarkeit der serotonergen Neuronen führt, was vermutlich zu einer gesteigerten Anfälligkeit für oxidativen Stress führt.[5] Die Ursache können genetische Variationen eines Kalziumkanals oder anderer Kanäle sein. Diese Kanäle steuern den Stoffwechsel der Zelle. Hier wird u.a. entschieden, ob und in welcher Menge z.B. Kalzium-Ionen in die Zelle hineinkommen. An der Kalziumregulation sind aber noch andere Nährstoffe beteiligt, vor allem Magnesium, Vitamin D, Bor und Vitamin K2. Wenn diese Mitspieler fehlen oder im Mangel sind, kann es ebenfalls zu einer Fehlfunkton beim Kalziumstoffwechsel kommen. Meine Ärztin hat dafür einen passenden Kommentar: „Wer Bor-Hunger hat (also einen Mangel), macht gern Depressionen."

Das hat wiederum Auswirkungen darauf, ob und wie viele Vesikel, in denen Neurotransmitter wie z.B. Serotonin oder Dopamin gespeichert sind, aktiviert werden, um eine Signalübertragung auszulösen. Kommt es zu einer Dysregulation ändert sich die Aktivität in den Neuronen, dann gibt es entweder zu wenig oder zu viele Neurotransmitter im synaptischen Spalt. Das kann zu einem veränderten Gleichgewicht zwischen emotionsbezogenen und kognitionsbezogenen Gehirnregionen führen und Auswirkungen auf das Verhalten haben.

Mit anderen Worten gesagt: Bipolare reagieren auf Reize stärker und anders, je nachdem welche Gehirnregion besonders aktiviert wird. „In Zukunft könnten pharmakologische und psychosoziale Behandlungen kombiniert und auf der Grundlage der biologischen Basis jedes Patienten optimiert werden, was eine individualisierte Behandlung ermöglichen würde."[6] heißt es in einer Studie aus dem Jahr 2019.

Neben Psychopharmaka wird als eine der Möglichkeiten gegen den oxidativen Stress u.a. N-Acetylcystein (NAC) genannt. NAC ist ein Derivat der Aminosäure Cystein und hat antioxidative Eigenschaften. Es schützt das Gehirn vor Schäden durch freie Radikale, indem es Entzündungen verringert. N-Acetylcystein (NAC) ist eine acetylierte Form von Cystein. Die antioxidativen, entzündungshemmenden und schleimlösenden Eigenschaften von NAC sind der Grund für den Einsatz von NAC in höheren Dosen als Medikament (z. B. ACC® akut), das freiverkäuflich in Apotheken erhältlich ist. NAC wird nach der Einnahme in L-Cystein umgewandelt, was wiederum teilweise in Glutathion umgewandelt wird. NAC ist jedoch stabiler als freies L-Cystein und hat eine viel geringere Toxizitat, was es sicherer und wirksamer für die Erhöhung des Cystein-Spiegels im Körper macht. Taurin wird aus der Aminosäure Cystein synthetisiert, die enorm wichtig für das Gehirn ist. Darüber hatte ich bereits berichtet.

In einer Überblicksarbeit[7] aus 2022 über „Therapeutische Interventionen zur Minderung der mitochondrialen Dysfunktion und der durch oxidativen Stress verursachten Schäden bei Patienten mit Bipolarer Störung", stammt die untenstehende Abbildung. Sie zeigt die Wechselwirkungen zwischen der Bipolaren Störung, oxidativem Stress, mitochondrialer Dysfunktion, Immundysfunktion (blaue Felder) und Antioxidantien, Antidepressiva, entzündungshemmenden Mitteln, antipsychotischen Mitteln und der Lichttherapie (grüne Felder).

In dieser Arbeit wird u.a. erläutert, dass der erhöhte Dopaminspiegel während einer Manie deutlich mehr reaktive Sauerstoffspezies (ROS) produziert, die wiederum oxidativen Stress verursachen. Die Überproduktion von reaktiven Stickstoffspezies kann zu Schäden an Lipiden, Proteinen, DNA und RNA führen, und das sowohl in der Zelle als auch in den Mitochondrien. Entzündungen und Immundysfunktionen können an der Bipolaren Störung ursächlich beteiligt sein.[8] Oxidativer Stress und Entzündung sind eng miteinander verknüpft und induzieren sich gegenseitig im Sinne eines Teufelskreises.[9]

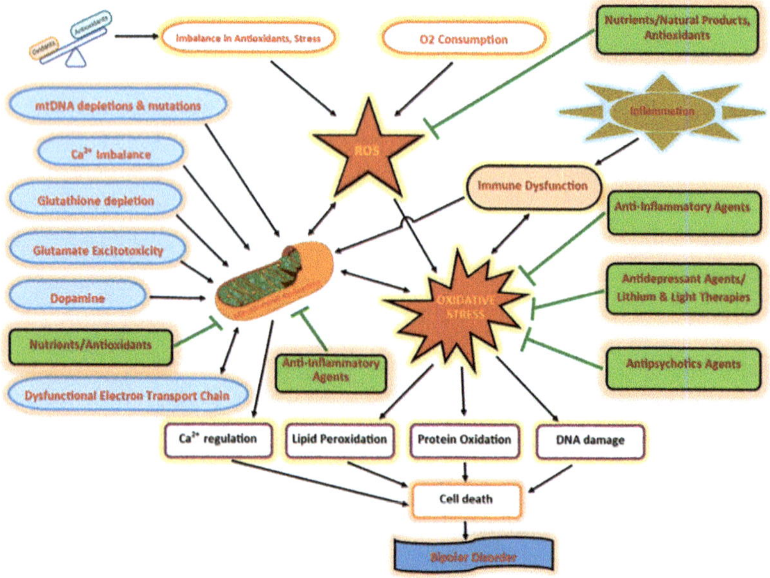

Hat je ein Arzt bei Ihnen mal kontrolliert, also gemessen, ob Sie mit allen essenziellen Stoffen ausreichend versorgt sind? Wurde mal die Funktionsfähigkeit Ihrer Mitochondrien gemessen? Hat je ein Arzt Sie mal nach Ihren Ernährungsgewohnheiten gefragt oder Ihnen dazu Empfehlungen gegeben? Bei mir wurden die essenziellen Stoffe erst gemessen, als ich mich selbst darum gekümmert habe. Ich war erstaunt, dass man alle diese Stoffe überhaupt messen kann und wie es sich anfühlt, wenn man Mängel ausgleicht.

Fazit: Füllt man entleerte Speicher auf und gibt den Mitochondrien das, was sie brauchen, kann der oxidative Stress sowie die Entzündung reduziert werden. Das spürt man an einer deutlichen Verbesserung der Stimmung und des Antriebs, und zwar einfach, weil jetzt die Umwandlungsprozesse wieder normal ablaufen und mehr Energie produziert werden kann. Das ist kein „Wunder" und keine „Spontanheilung", sondern angewandte Biochemie.

Manie mit Aktivkohle behandeln?

In den letzten 10 Jahren hat das Interesse an der Beziehung zwischen der Darmmikrobiota, dem Gehirn und neurologisch bedingten Erkrankungen zugenommen. Immer mehr Studien zu dieser Thematik erscheinen, weil man erkannt hat, dass das komplexe Ökosystem, das jeder von uns in seinem Darm beherbergt, einerseits bei jedem Individuum einzigartig ist und andererseits die vielfältige Gemeinschaft von Mikroben in einer wechselseitigen Beziehung zum menschlichen Wirt stehen. Man erhofft sich durch die Forschung erklären zu können, dass und warum jede Diskrepanz in der Kommunikation zwischen Darmmikrobiota und Wirt als ein auslösendes Element in der Entstehung von neuropsychiatrischen Krankheiten betrachtet werden kann.[10]

Zu diesen Erkenntnissen trug u.a. auch ein Einzelfallbericht[11] bei, der 2015 von französischen Forschern veröffentlicht wurde. Hier wurde berichtet, dass eine Manie mit Aktivkohle erfolgreich behandelt wurde. Als ich zuerst davon hörte, hielt ich das für einen Witz oder eine Fakenews. Deshalb ist es interessant, die näheren Hintergründe des Falls zu kennen, um diese Information richtig einordnen zu können.

Einer 46-jährigen Patienten wurde wegen erheblichem Übergewicht der Magen fast komplett entfernt. 15 Tage später wurde sie mit manischen Symptomen ins Krankenhaus eingeliefert. Es war ihre erste manische Phase, vorher gab es keine psychiatrische Vorgeschichte. Alle relevanten Parameter waren normal, bis auf abnorme Entzündungswerte. Den Ärzten waren die Forschungen von Goldstein et al. aus dem Jahr 2009[12] bekannt, die Hinweise darauf gaben, dass die Bipolare Störung einen immuninflammatorischen Hintergrund hat. Die Ärzte kamen auf die Idee Aktivkohle einzusetzen, die als starkes Absorptionsmittel für entzündliche Zytokine bekannt ist. Damit sollten die Entzündungsmediatoren im Darm neutralisiert und so die systemische Entzündung als auch die manischen Symptome verbessert werden.

Die Patientin bekam pro Tag ein Gramm Aktivkohle oral ohne begleitende psychotrope Behandlung. Nach fünfzehn Tagen war die Patienten symptomlos, das heißt die manischen Symptome waren verschwunden. Auch in der Nachbeobachtungszeit von acht Monaten traten keine Symptome mehr auf. In diesen acht Monaten wurde die Holzkohlebehandlung fortgesetzt. Parallel dazu normalisierten sich auch die Entzündungswerte allmählich.

Es wurden folgende Entzündungsmarker gemessen: lösliches CD14, TNF; Interleukin (IL) 6, IL-1E und IL 17; Chemokine (IL-8 und MIP) und Presepsin®.

Die Autoren fassen ihre Ergebnisse wie folgt zusammen: „Unseres Wissens ist dies der erste eindeutige Beweis für die Wirksamkeit einer nicht-psychotropen Behandlung für eine manische Episode, die auf die Darm-Hirn-Achse abzielt und auf der Überwachung des immun-entzündlichen Profils basiert, um die Wirksamkeit der Behandlung nach objektiven biologischen Kriterien zu verfolgen. Die Behandlung dieser manischen Episode war somit sowohl personalisiert als auch auf den Weg gebracht."[13]

Fazit: Es handelt sich hier um einen Einzelfallbericht, der eine besondere Vorgeschichte hat. Ob man mit einer Aktivkohlebehandlung auch andere manische Episoden behandeln kann, bleibt abzuwarten. Allerdings gibt es einen interessanten Aspekt. Bisher kann die Wissenschaft nicht erklären, warum die Bipolare Störung in Phasen verläuft und es dazwischen immer wieder stabile Zeiträume gibt. Meist wird Stress für das Auftreten von akuten Phasen verantwortlich gemacht. Berücksichtigt man aber, dass häufig auch Infektionen in der Vorgeschichte einen Anteil haben, die bekanntlich ebenso mit entzündlichen Prozessen einhergehen, ist diese Aktivkohlebehandlung interessant. Aktivkohle bindet im Darm Entzündungsbotenstoffe und verhindert damit deren Aufnahme ins Blut. Dazu muss man Aktivkohletabletten sehr gut kauen, um deren Oberfläche zu vergrößern oder sie sogar mörsern, um damit eine Trinklösung herzustellen.
Da Aktivkohle nicht schaden kann, wenn man sie mit ausreichend Wasser aufnimmt, finde ich es einen Versuch wert, insbesondere wenn sich die ersten manischen Symptome zeigen oder man den Verdacht hat, man könnte manisch werden. Vielleicht kann man auf diese Weise tatsächlich das Aufflammen der Manie abwenden. Aber bitte die anderen Maßnahmen aus dem Notfallkoffer nicht vergessen!

Zusammensetzung der Darmbakterien bei Bipolaren verändert

Schon vor 2.500 Jahren sah Hippokrates den Ursprung aller Krankheiten im Darm. Zunehmend beschäftigt sich die Wissenschaft mit der Gesamtheit der Mikroorganismen, die in unserem Darm leben. Diese werden auch als intestinales Mikrobiom bezeichnet. Die Mikrobiota wird als entscheidender Umweltfaktor für die menschliche Gesundheit und für Krankheiten über die Mikrobiom-Darm-Hirn-Achse anerkannt.[14] Wenn auch erst seit Kurzem, wendet sich die psychiatrische Forschung auch den Zusammenhängen zwischen Darm und Gehirn zu.

Die erste Querschnittsstudie, in der per Gen-Sequenzierung von Stuhlproben bewiesen wurde, dass bipolare Patienten eine veränderte Vielfalt und Zusammensetzung der Darmmikrobiota haben und deshalb die Ursachen und/oder Folgen der Bipolaren Störung auch außerhalb des Gehirns liegen können, wurde 2019 von Annamarie Painhold und Sabrina Mörkl von der MedUni in Graz in Erstautorenschaft veröffentlicht.[15] Das Neue daran war, dass die zuvor vor allem in Tierstudien beschriebenen Zusammenhänge der Darm-Hirn-Achse erstmals an bipolaren Menschen untersucht wurden.

Die Forscher fanden heraus, dass die Bipolare Störung mit einer Verarmung an nützlichen Darmbakterien, wie z.B. dem Faecalibacterium einhergeht. Faecalibacterium prausnitzii ist einer der wichtigsten Buttersäureproduzenten im menschlichen Darm. Die von der Darmflora gebildete Buttersäure und ihre Derivate stellen die Hauptenergiequelle der Darmschleimhaut dar.

Von allen kurzkettigen Fettsäuren hat die Buttersäure die größte Bedeutung für die Darmgesundheit. Sie wird vor allem von den Bakterien im Darm gebildet. Die Buttersäure wirkt anti-inflammatorisch und spielt eine Rolle bei der Aufrechterhaltung der Integrität (Dichtheit) der Darmbarriere, indem sie die Verbindungen zwischen den Zellen – die Tight junctions – stärkt.
Damit unterbindet die Buttersäure das Eindringen von unerwünschten Stoffen in das Epithel[16], hält also das draußen, was nicht in den Körper gelangen soll. Über die Ernährung wird beeinflusst, wie viel Buttersäure die Darmbakterien produzieren. Nahrungsmittel, die reich an Stärke und Ballaststoffen sind, vermehren die Zellzahlen von Faecalibacterium prausnitzii und die Konzentration an produzierter Buttersäure.

Über die kurzkettigen Fettsäuren hatte ich bereits im Zusammenhang mit der pflanzlichen Ernährung und den Ballaststoffen berichtet. Aus dem Salz der Buttersäure (Butyrat) wird durch Hinzufügung einer Wasserstoffgruppe das Beta-Hydroxybutyrat gebildet, besser bekannt unter der Bezeichnung „Ketonkörper". Ketonkörper liefern dem Gehirn eine Alternative zur Energie aus Glukose.

Weiter unten berichte ich ausführlich über eine Studie, welche die Wirkung der ketogenen Ernährung bei Menschen mit Bipolaren Störungen untersucht hat.

Man weiß, dass die meisten unserer Neurotransmitter von Darmbakterien produziert werden können. So produzieren beispielsweise Lactobacillus-Arten Acetylcholin und GABA; Bifidobacterium-Arten synthetisieren ebenfalls GABA; Escherichia produziert Noradrenalin, 5-HT und Dopamin; Streptococcus und Enterococcus synthetisieren 5-HT; und Bacillus-Arten produzieren Dopamin und Noradrenalin.[17] Tryptophan, ein 5-HT-Vorläufer, ist nachweislich bei Bipolarer Störung zusammen mit Veränderungen der Metaboliten des Kynurenin-Stoffwechsels verändert.[18]

In der zitierten Studie wurden hohe Tryptophan-Werte mit der Familie der Lactobacillaceae und der Ordnung der Lactobacillales in Verbindung gebracht. Bestimmte Lactobacillus-Arten können die IDO-Aktivität verringern und damit höhere Tryptophan-Spiegel ermöglichen. Allerdings erhielten alle bipolaren Teilnehmer eine psychopharmakologische Medikation. Psychopharmaka wie Antidepressiva und Lithium haben antibiotische Eigenschaften, welche die Darmmikrobiota kurz- und langfristig beeinflussen könnten. Deshalb muss man die Ergebnisse in dieser Hinsicht mit Vorsicht interpretieren.

Die Autoren schlussfolgern: „Unsere Ergebnisse weisen darauf hin, dass die Bipolare Störung möglicherweise nicht nur eine affektive Störung ist, die sekundär zu zerebralen Monoamin-Dysregulationen führt, sondern auch im weiteren Kontext als eine Dysfunktion der Darm-Hirn-Achse verstanden werden könnte." [19]

Fazit: Die Zusammensetzung der Darmbakterien spielt höchstwahrscheinlich eine große Rolle bei der Bipolaren Störung. Eine Fehlfunktion der Darm-Hirn-Achse kann die Ursache dafür sein, dass es zu einer Dysregulation der Monoamine kommt, die sich als Bipolare Störung zeigt. Zu den Monoaminen gehören Serotonin, Dopamin, Adrenalin und Noradrenalin. Durch eine ballaststoffreiche Ernährung und die Aufnahme von Präbiotika und Probiotika, insbesondere in fermentierten Produkten kann man die Zusammensetzung der Darmbakterien verändern.

Übrigens kann man die kurzkettigen Fettsäuren sowohl im Stuhl als auch im Blut-Serum messen. Zum Beispiel bietet das IMD Berlin-Potsdam einen solchen Test an. Der Test im Stuhl wird empfohlen u.a. bei Verdacht auf Dysbiose z.B. nach Antibiotikagabe oder bei einer Ernährung mit geringem Anteil an Ballaststoffen. Der Test im Serum wird empfohlen u.a. auch bei depressiven Symptomatiken, weil die kurzkettigen Fettsäuren auch die Ausbildung von Synapsen beeinflussen und deren Mangel Struktur und Funktion der Mikroglia beeinflussen. Ein solcher Test kostet jeweils ca. 53 Euro.

Undichte Blut-Darm-Schranke macht undichte Blut-Hirn-Schranke

In einer Studie aus dem Jahr 2021 [20] fanden die Forscher einen genetischen Polymorphismus bei Bipolaren, der zu Entzündungen des peripheren und zentralen Nervensystems beiträgt und damit eine Störung der Mikrobiom-Darm-Hirn-Achse bewirken kann. Und das geht so: Entzündungsfördernden Faktoren werden durch spezifische Darmbakterienstämme moduliert. Durch diese Entzündungen wird die Dichtheit der Blut-Hirn-Schranke beeinträchtigt, d.h. der Schutz, den die Blut-Hirn-Schranke darstellt, wird unterlaufen. So können Stoffe ins Gehirn gelangen, die dort nichts zu suchen haben, und Entzündungen verursachen. So entstand die Idee, über eine Veränderung der Zusammensetzung des Darmmikrobioms diese Entzündungen zu vermeiden und damit die Bipolare Störung nicht immer wieder neu anzufachen. Ich finde diesen Ansatz plausibel.

Eine andere Studie fand heraus, dass die Unterbrechung und Fehlregulation der Tight Junctions an der Blut-Hirn-Schranke, bei allen wichtigsten psychiatrischen Erkrankungen zu beobachten ist.[21] Im zentralen Nervensystem (ZNS) haben die Blutgefäße besondere Eigenschaften, die den molekularen Austausch zwischen dem Blut und dem Gehirn streng regulieren. Diese Blut-Hirn-Schranke (BHS) steuert den Eintritt lebenswichtiger Nährstoffe aus dem Blutkreislauf in das Gehirn sowie den Abtransport von Abfallprodukten und verhindert das Eindringen von Krankheitserregern.

Die Tight Junctions sind feste Verbindungen zwischen den Zellen sowohl des Darms als auch der Blut-Hirn-Schranke. Man kann sich das wie eine Stuhlreihe im Kinosaal vorstellen, bei der die Stühle miteinander verhakt werden, damit sich die Reihe nicht verschiebt. Diese feste Verbindung kann unter bestimmten Bedingungen geöffnet werden, um Darminhalte kontrolliert in den Körper zu lassen, z.B. ist die Muttermilch ein solcher „Öffner". Der Säugling wäre sonst nicht in der Lage, die Milch zu verdauen, weil er noch kein eigenes Mikrobiom hat.

Treten an diesen festen Verbindungen Störungen oder undichte Stellen auf, gelangen Stoffe aus dem Darm in den Körper oder vom Blut ins Gehirn und richten Unheil an. So öffnet Gluten, das Klebeeiweiß aus dem Weizen, für ca. 4 Stunden die Tight Junctions. Isst man drei Mal am Tag Brot aus Weizen, sind die Tore den ganzen Tag geöffnet. Mögliche neuropsychiatrische Folgen einer gestörten Darmbarriere sind Auswirkungen auf die Stimmung, Angst, Kognition und soziale Interaktion.[22] Wenn es gelänge, solche Fehlregulationen dieser festen Verbindungen zu verhindern, hätte man weitere Behandlungsansätze für psychische

Erkrankungen. Ich würde vorschlagen, Weizen einmal gezielt aus der Ernährung zu streichen und zu beobachten, was passiert.

Fazit 1: Es könnte sich lohnen, die Zusammensetzung der Darmbakterien untersuchen zu lassen sowie zu prüfen, ob ein „Leaky gut" (undichter Darm) vorliegt. Die dafür nötigen Marker heißen Zonulin und I-FABP (intestinal fatty acid binding protein). Sollte das der Fall sein, kann man mit Prä- und Probiotika sowie Glutamin gegensteuern.

Fazit 2: Weiter unten gehe ich noch näher darauf ein, dass Menschen mit psychischen Beeinträchtigungen oft einen ungünstigen Lebensstil (z.B. Rauchen und Alkohol) pflegen und eher zu Nahrung greifen, die nicht die nötigen Vital- und Ballaststoffe enthält. Aus meiner Sicht kommt es deshalb zu einem Teufelskreis. Die Ernährung liefert zu wenig nützliche Ausgangsstoffe für die Darmbakterien, diese können deshalb nicht ausreichend die Neurotransmitter herstellen, die im Gehirn gebraucht werden. Andererseits trägt eine ungünstige Ernährung dazu bei, dass die Blut-Darm-Schranke und die Blut-Hirn-Schranke durchlässiger werden, und deshalb Stoffe hineingelangen, die stille Entzündungen immer wieder anfachen. Aus meiner Sicht kann dieser Teufelskreis nicht durch Medikamente, die z.T. den Darmbakterien zusätzlich schaden, durchbrochen werden. Es braucht einen anderen, ganzheitlichen Behandlungsansatz.

Störung der zirkadianen Rhythmen

Die Einführung und weite Verbreitung von elektrischem Licht im 19. Jahrhundert hat die zirkadiane Organisation von Physiologie und Verhalten vieler Menschen in den Industrienationen tiefgreifend beeinflusst; die elektrische Beleuchtung in Wohnungen, Arbeitsumgebungen und öffentlichen Bereichen hat die Tagesaktivitäten auf den Abend ausgedehnt und damit die nächtliche Lichtexposition erhöht. Ursprünglich wurde angenommen, dass künstliches Licht in der Nacht harmlos sei, doch inzwischen wird es mit einem erhöhten Auftreten von Krebs, Stoffwechselstörungen und affektiven Problemen beim Menschen in Verbindung gebracht. In einer Studie aus den USA, die im Jahr 2020 veröffentlich wurde, wurde darüber hinaus festgestellt, dass eine chronische nächtliche Lichtexposition signifikant die zirkadianen Rhythmen und die zirkadiane Genexpression bei weiblichen bzw. männlichen Mäusen verändert, die Hirnphysiologie verändert und das Wohlbefinden von ansonsten gesunden Personen beeinträchtigen kann.[23]

Zahlreiche Symptome der Bipolaren Störung werden durch den zirkadianen Rhythmus reguliert. Daher wird vermutet, dass Störungen der zirkadianen Rhythmik an der Krankheitsentstehung und am Krankheitsverlauf beteiligt sind. Im Folgenden stelle ich Ihnen einige Studienergebnisse vor:

- In verschiedenen Studien wurde herausgefunden, dass Bipolare größere Schwankungen der Schlafdauer, weniger Regelmäßigkeit bei Tagesaktivitäten sowie eine größere Fragmentierung (also Unterbrechung) des Schlafes im Vergleich zur Kontrollgruppe aufwiesen.[24]

- Die Störung des zirkadianen Aktivitätsrhythmus ist ein zentrales Merkmal der Bipolaren Störung, und es gibt Studien, die über abnorme zirkadiane Aktivitätsrhythmen, einschließlich geringerer Amplitude, Phasenverschiebung oder -verzögerung und geringerer Stabilität, bei Patienten mit Bipolarer Störung im Vergleich zu gesunden Kontrollpersonen berichten. Darüber hinaus steht der zirkadiane Aktivitätsrhythmus in engem Zusammenhang mit Stimmungsproblemen. [25]

- Licht ist der wichtigste und am besten untersuchte Zeitgeber für die zirkadiane Rhythmik. Licht, insbesondere der blaue Anteil, führt zur Stimulation von Zellen in der Netzhaut, welche die Signale an einen Zellknoten mit dem Namen suprachiasmatischer Nucleus (SCN) leiten. Der SCN ist die innere Master-Clock, der Taktgeber, der Koordinator. Der despektierliche Spruch „Der tickt wohl nicht richtig" bekommt damit eine ganz neue Bedeutung. Der SCN beeinflusst über neuroendokrine und neuronale Mechanismen andere Kerngebiete im Gehirn, die für die Stimmung, den Antrieb, den Schlaf und den Appetit von hoher Bedeutung sind. Unser genetisches Programm unterscheidet sich geringfügig von einem exakten 24-Stunden-Rhythmus und ist beim Menschen in der Regel etwas länger, daher braucht die innere Uhr im SCN eine regelmäßige Synchronisation auf den externen 24-Stunden-Tag. Dazu sind Tageslicht und Dunkelphasen notwendig. Bei nachtaktiven Mäusen löst eine konstante Helligkeit Störungen der körperlichen Aktivität, der Körpertemperatur und des Schlaf-Wach-Rhythmus aus. Außerdem wird depressionsähnliches Verhalten und die Unfähigkeit, Freude zu empfinden (Anhedonie) gefördert.[26]

- Ebenfalls im Mausmodell konnte man zeigen, dass der Wechsel zwischen den manischen und depressiven Zuständen jahreszeitlich bedingt ist, wobei Manie mit dem Beginn im Sommer und Depression mit dem Beginn im Winter in Verbindung gebracht wird.[27] Allerdings lassen sich die Ergebnisse bei nachtaktiven Mäusen nicht einfach auf den Menschen übertragen.

- Es wird eine verstärkte Unterdrückung der Melatoninproduktion bei nächtlicher Lichtexposition diskutiert, die durch eine Fehlfunktion bestimmter Zellen auf der Netzhaut entsteht.[28]

- Es wird diskutiert, inwieweit die Zugehörigkeit zu einem späten Chronotyp als Risikofaktor für einen schweren Krankheitsverlauf (früherer Krankheitsbeginn, häufigeres suizidales Verhalten, vermehrte manische Episoden) gelten kann.
  Als Chronotyp bezeichnet man die vererbte Vorliebe für bestimmte Schlaf- und Aktivitätszeiten, unabhängig von den beruflichen oder sozialen Rahmenbedingungen. Man unterscheidet Früh-, Normal- und Spättyp, umgangssprachlich auch als „Lerchen", „Tauben" und „Eulen" bezeichnet. Ursache für die Unterschiede ist die individuelle Melatoninausschüttung, die wiederum auf genetischen Polymorphismen beruht.

  Kurz gesagt: Bipolare „Eulen" haben ein höheres Erkrankungsrisiko.

- Die Bipolare Störung und Schlafstörungen werden häufig miteinander in Verbindung gebracht. Erstens wurde eine verkürzte Schlafdauer, ein Symptom manischer Episoden, als Frühsymptom und Auslöser einer Manie in Betracht gezogen. Zweitens sind Schlaflosigkeit (Schwierigkeiten, den Schlaf einzuleiten und aufrechtzuerhalten) und Hypersomnie (verlängerte Schlafdauer oder übermäßige Tagesschläfrigkeit) häufig berichtete Symptome einer bipolaren Depression, die in der Zeit zwischen den Episoden fortbestehen und mit erheblichem Leidensdruck und Beeinträchtigungen verbunden sind. Drittens gibt es Hinweise darauf, dass Personen mit Bipolarer Störung eine größere Präferenz für den Schlaf am Abend (d. h. einen Abend-Chronotyp) aufweisen als gesunde Kontrollteilnehmer. Gegenwärtig konzentrieren sich Schlafinterventionen für Personen mit Bipolarer Störung in erster Linie auf die Verringerung von Schlaflosigkeit und die Stabilisierung zirkadianer Rhythmen.[29]

- In einer genomweiten Assoziationsstudie, die im Vereinigten Königreich und in Schweden durchgeführt wurde, wurde zum ersten Mal untersucht, ob eine genetische Veranlagung für Schlafmerkmale mit klinischen Subtypen von Personen mit Bipolarer Störung zusammenhängt. Die Studie wurde an der weltweit größten Einzelkohorte von Bipolaren mit genotypischen und phänotypischen Daten durchgeführt. In der Fall-Kontroll-Studie mit 4.672 Teilnehmern mit Bipolarer Störung und 5.714 Kontrollteilnehmern wiesen Personen mit Bipolarer Störung I eine signifikant höhere genetische Anfälligkeit für eine längere Schlafdauer auf, während Personen mit Bipolarer Störung II eine signifikant höhere genetische Anfälligkeit für Schlaflosigkeit aufwiesen; diese Ergebnisse konnten in einer unabhängigen Stichprobe wiederholt und damit bestätigt werden. In dieser Studie wurde der Nachweis erbracht, dass die genetische Neigung zu Schlaflosigkeit und längerer Schlafdauer je nach Bipolar-Subtyp unterschiedlich ist.[30] Die Autoren schlussfolgern daraus, dass diese Subtypen auch anderes behandelt werden sollten.

- In einer Studie aus dem Jahr 2016 über die Auswirkungen von Jetlag auf die Bipolare Störung, wurde festgestellt, dass Phasenverschiebungen Episoden auslösen können. Reisen nach Osten können manische Episoden auslösen, während Reisen nach Westen depressive Episoden auslösen können.[31] Als Phasen wird sinngemäß die „Uhrzeit" der inneren Uhr im Verhältnis zur tatsächlichen regionalen Uhrzeit bezeichnet. Unter normalen Umständen laufen beide synchron. Bei Reisen über die Zeitzonen hinweg, sind diese gegeneinander verschoben. Das nennt man Jetlag.

- In einer Studie mit 26 stationären bipolaren Patienten wurden zur Aufnahme, dann zweiwöchentlich und zur Entlassung Speichelproben zur zirkadianen Phasenbestimmung mittels Cortisol- und Melatoninspiegel und zur Messung der Expression bestimmter Clock-Gene entnommen. Im Vergleich zur Kontrollgruppe wiesen manische Patienten eine zirkadiane Phasenvorverlagerung von 7 Stunden auf, während depressive Patienten eine zirkadiane Phasenverzögerung von 4–5 Stunden aufwiesen. Diese Phasenverschiebungen waren eng an die Stimmung geknüpft und normalisierten sich bis zum Erreichen der Euthymie.[32]

- Die halbjährlichen Wechsel von Sommer- und Winterzeit scheinen keine Auswirkungen zu haben[33], aber Nachtschichtarbeit führt zu einem erhöhten Rückfallrisiko.[34]

- Da Licht starke direkte Auswirkungen auf Stimmung, Kognition, Wachheit, Leistung und Schlaf hat, kann es als „Medikament" zur Behandlung vieler klinischer Zustände betrachtet werden. Die Lichttherapie ist bei Winter- und anderen Depressionen sowie bei zirkadianen Schlafstörungen bereits gut etabliert.[35] So wurde Anfang 2020 eine Metaanalyse[36] aus London veröffentlicht, in der untersucht wurde, wie wirksam drei verschiedene, nichtmedikamentöse Interventionen, nämlich Schlafentzug, Schlafphasenverschiebung und Helllichttherapie im Zusammenspiel waren. Die Autoren nannten die Kombination Triple-Chronotherapie. Dabei wurde folgendes Protokoll befolgt:

  - Kompletter Schafentzug für eine Nacht. An den folgenden Abenden vorgezogene Schlafenszeiten. 1.Nacht: 18:00 – 01:00 Uhr; 2.Nacht: 20:00 – 03:00 Uhr; 3.Nacht: 22:00 bis 05:00 Uhr)

- Zusätzlich musste vor dem Zubettgehen eine Blaulichtfilterbrille getragen werden.

- Am Morgen musste sich jeder Teilnehmer für 30 Minuten vor eine Tageslichtlampe setzen, die 10.000 Lux abstrahlte.

Insgesamt war die Chronotherapie nach 5–7 Tagen anderen Therapien wie Psychotherapie, Antidepressiva, Bewegung oder Lichttherapie allein überlegen. 33,0 % der Patienten in der Chronotherapie-Gruppe sprachen nach 5–7 Tagen auf die Behandlung an, in der Kontrollgruppe waren es 1,5 % der Patienten.

Fazit: Diese Fülle an Studien zeigt, dass das Thema Schlaf und zirkadiane Rhythmen die Wissenschaft sehr beschäftigt. Insbesondere die letzte Studie gibt praktische Anregungen, was man selbst tun kann. Ich kenne eine Betroffene, die sich selbst mithilfe des Schlafentzugs immer mal wieder selbst therapiert, wenn sie ihre Depression nicht anders in den Griff bekommt. Das kann jeder ebenfalls tun.

Höheres Risiko für Diabetes, metabolisches Syndrom, Herz-Kreislauf-Erkrankungen und Osteoporose

In einer systematischen Übersicht aus dem Jahr 2022 zum Thema „Ernährung und Bipolare Störung" wurde darauf hingewiesen, dass die Raten von Erkrankungen wie Diabetes, metabolisches Syndrom, Herz-Kreislauf-Erkrankungen und Osteoporose im Vergleich zur Allgemeinbevölkerung bei Menschen mit Bipolarer Störung unverhältnismäßig hoch sind. Dies sei sowohl auf die Krankheit selbst zurückzuführen, die immun-entzündliche Prozesse im Gehirn aktiviert, Ungleichgewichte beim oxidativen Stress, mitochondriale Dysfunktionen und vorzeitige/beschleunigte Alterung mit sich bringt, als auch auf die Nebenwirkungen von Medikamenten und einen ungesunden Lebensstil. Die Ernährung, Ernährungsmuster und bestimmte Nährstoffe können diese Mechanismen beeinflussen. So habe beispielsweise die mediterrane Ernährung entzündungshemmende Eigenschaften, Omega-3-Fettsäuren können entzündungshemmend wirken und die Neuroplastizität beeinflussen. Eine Kalorienkontrolle kann antioxidative Wirkungen haben, während ein Übermaß an Zucker die mitochondriale Aktivität beeinträchtigen kann und ein Übermaß an Gluten die Entzündung verstärken kann.[37]

Die Autoren kommen zu dem Ergebnis, dass „die Aufnahme oder Ergänzung von ungesättigten Fettsäuren, vor allem Omega-3-Fettsäuren, mit einer Verbesserung der bipolaren Symptome verbunden zu sein scheint, ebenso wie Meeresfrüchte, Folsäure und Zink. [...] Vielversprechende Ergebnisse werden mit Coenzym Q10 und Probiotika in Verbindung gebracht. Insgesamt deuten diese vorläufigen Ergebnisse darauf hin, dass diätetische Ansätze in die Bipolar-Behandlung einbezogen werden könnten. Auch in Anbetracht des hohen Risikos von Stoffwechselstörungen bei Menschen mit Bipolarer Störung sollten sie zu einem gesunden Ernährungsstil ermutigt werden, einschließlich des täglichen Verzehrs von Obst, Gemüse, Meeresfrüchten und Vollkornprodukten."[38]

Fazit: Körperlichen Erkrankungen dürfen nicht aus dem Blick geraten, auch wenn der Psychiater nicht danach fragt. Deshalb sollten regelmäßig Kontrolluntersuchungen gemacht werden.

Hyperkalorische Lebensmittel und Bipolare Störung

Jeder weiß, dass niemand unendlich viel essen kann, irgendwann ist man satt. „Das Gehirn steuert, dass bei gesunden Menschen die Energieaufnahme im Gleichgewicht mit dem Energieverbrauch steht, was zur Aufrechterhaltung eines normalen Körpergewichts beiträgt. […] Das Gehirn erkennt Energieüberschüsse und -defizite im Körper, indem es die Spiegel der zirkulierenden Stoffwechselhormone und Nährstoffe erfasst und über das autonome Nervensystem Stoffwechselinformationen aus der Peripherie empfängt."[39] Experten gehen davon aus, dass „das Gehirn über mehrere Signalwege die Nahrungsaufnahme und den Energieverbrauch reguliert. Ein spezialisiertes neuronales Netzwerk koordiniert das Verhalten bei der Energieaufnahme und die Stoffwechselprozesse, die den Energieaufwand beeinflussen. Um die Energiehomöostase aufrechtzuerhalten, reguliert das Gehirn verschiedene Aspekte des Körperstoffwechsels, z. B. das Verhalten bei der Nahrungssuche, die Magenentleerung, die Nährstoffaufnahme im Darm, die Thermogenese, die Insulinsekretion der Bauchspeicheldrüse und die Wirkung von Insulin in Leber, Fettgewebe und Skelettmuskulatur.[40] Wenn das Essen allerdings nur „leere" Kalorien bietet, also zwar Energie, aber zu wenig Nährstoffe enthält, dann gerät dieses Regelwerk aus dem Lot. Betroffene essen dann große Menge Nahrung, solange bis ein bestimmter Nährstoffbedarf gedeckt ist bzw. der Magen einen bestimmten Füllstand erreicht hat. Experten nennen dieses Phänomen Hyperphagie (chronisch übermäßiges Essen). Sind zu wenig Nährstoffe im Essen, muss eben mehr Masse gegessen werden, um die nötige Menge aufzunehmen. Dieses Phänomen wird auch als „an vollen Töpfen verhungern" bezeichnet und als eine Ursache für Übergewicht angesehen.

Übrigens sättigen Proteine stärker als Kohlenhydrate, obwohl beide pro Gramm jeweils 4 kcal Energie liefern. Hat der Mensch seinen Bedarf an Eiweiß gedeckt, hört er auf zu essen. Das ist auch ein Mechanismus aus alter Zeit und beweist, dass die Proteine, griechisch für „der Erste" der wichtigste Nährstoff sind. An Eiweiß kann man sich nicht überessen, an Kohlenhydraten schon.

In einer Querschnittstudie aus dem Jahr 2001 wurde festgestellt, dass die Gesamtenergieaufnahme, die Gesamtmenge an Saccharose (Haushaltszucker) und der Anteil an energiereichen Kohlenhydraten bei Menschen mit Bipolarer Störung signifikant höher war als in der nicht erkrankten Vergleichsgruppe. Auch der Konsum von gesüßten Getränken lag höher. Gleichzeitig bewegten sich die Bipolaren weniger als die Vergleichsgruppe.[41] Daraus kann man schlussfolgern, dass Menschen mit Bipolarer Störung eine besondere Affinität zu energiereicher Nahrung haben. Ich erkläre mir das so, dass die akuten Phasen, also Manien und Depressionen, enorme Energieräuber sind und deshalb die Gier auf Süßes und Fettiges entsteht.

Bei den Lebensmitteln, die Fett und Zucker im Verhältnis von 1:1 enthalten und die damit auch sehr gut schmecken, wie z.B. Käsekuchen, Bagels oder Torte, jede Form von Süßigkeiten oder Fast Food tritt die natürliche Sättigung meist nicht ein. „Angesichts des Überflusses und der Allgegenwart von schmackhaften hyperkalorischen Lebensmitteln sind Übergewicht und Fettleibigkeit bei einem großen Teil der Weltbevölkerung zu einem pandemischen Phänotyp geworden"[42], stellte die WHO 2016 fest. Schmackhafte hyperkalorische Lebensmittel beeinflussen die neuronale Plastizität, also die Anpassungsfähigkeit des Gehirns und werden von depressiven und bipolaren Menschen stärker bevorzugt als von der Allgemeinbevölkerung. „Obwohl Lebensmittel im Gegensatz zu Drogen für das Überleben eines Organismus notwendig sind, weist die Abhängigkeit von schmackhaften, hyperkalorischen Nahrungsmitteln bei Menschen und Tiermodellen ähnliche Merkmale auf wie die Drogenabhängigkeit."[43]

Bei etwa 10 % der Bipolaren wird als Komorbidität, also als zusammen mit der bipolaren Störung auftretende Erkrankung, eine Binge-Eating-Störung diagnostiziert, bei der es zu unkontrollierten Essattacken kommt.[44] Ebenso tritt bei 8,8 % der Bipolaren das Night-Eating-Syndrom auf und damit häufiger als in Kontrollgruppen. Das nächtliche Esssyndrom umfasst eine reduzierte Nahrungsaufnahme während des Tages und ein abendliches „Überessen", das manchmal mit häufigem nächtlichem Erwachen und bewussten Episoden zwanghafter Nahrungsaufnahme einhergeht. Bipolare Patienten mit Night-Eating-Syndrom zeigen mehr Angstzustände, schlechtere Funktionsfähigkeit und schlechtere Schlafparameter.[45] Die Studienautoren vermuten, dass sich bei diesen Betroffenen der zirkadiane Rhythmus verschoben hat.

Fazit: Wenn der Mensch seinen Körper nicht gut genug füttert, kann das System nicht die richtigen Informationen an das Gehirn liefern. Das kann zu einem veränderten Verhalten oder falschen Entscheidungen führen oder eben auch zu komischen Gedanken, die sich bei Bipolaren in Manien oder Depressionen ausdrücken. Kurt Krömer, ein bekannter Komiker, hat dem Buch über seine Depression passenderweise den Titel gegeben: „Du darfst nicht alles glauben, was du denkst."

Verursacht Nitrat im Essen Manien?

Am folgenden Beispiel möchte ich Ihnen zeigen, dass Schlussfolgerungen auch manchmal fragwürdig sein können und auch andere Interpretationsmöglichkeiten zulassen. Es gibt einen Grundsatz in der Wissenschaft: Eine Korrelation ist keine Kausalität. Mit anderen Worten gesagt: Nur weil zwei Sachverhalte in einem Zusammenhang auftreten, muss es sich nicht zwingend um eine Ursache-Wirkung-Beziehung handeln. Die Studie zu nitrierten Fleischstäbchen, die Sie vielleicht als Salami-Snack mit der Aufschrift „Bifi®" kennen, ist ein Beispiel dafür.

Im Jahr 2018 erschien eine Studie von Seva G. Khambadkone und ihrem Team von der Johns Hopkins School of Medicine, Baltimore, USA, in der berichtet wurde, dass der Verzehr von nitriertem, trocken gepökeltem Fleisch, nicht aber von anderen Fleisch- oder Fischprodukten, stark und unabhängig mit der aktuellen Manie assoziiert sei. Das sorgte für Aufsehen und war sogar dem deutschen Fernsehen ein Beitrag zum Thema wert. Wörtlich heißt es in der Studie: „Wir fanden überraschenderweise heraus, dass der Verzehr von nitrierten Wurstwaren mit einer deutlich erhöhten Rate von Krankenhauseinweisungen wegen akuter Manie verbunden war."

In der Diskussion der Studie wurde die Vermutung geäußert, dass die aufgenommenen Nitrate möglicherweise Manien auslösen können, und dass diese Erkenntnisse zu neuen Methoden zur Vorbeugung von Manie und zur Entwicklung neuer therapeutischer Interventionen führen könnten.[46] Wie leider häufig anzutreffen, stand in den Presseartikeln nicht „möglicherweise", sondern es hieß reißerisch: „Nitrat verursacht Manie". Die Journalisten hatten sich auch nicht die

Mühe gemacht und die Details gelesen. Dort stand, dass bei der Befragung von Patienten, die wegen akuter Manie in der Klinik behandelt wurden, auffiel, dass viele solche Fleischstäbchen zuvor verzehrt hatten.

Wie gesagt: Es wurde gefragt, aber nicht gemessen! Können Sie sich erinnern, was Sie in den letzten Tagen gegessen haben und wenn Fleischstäbchen dabei waren, wie viele davon?

Im Mausmodell habe man dann anschließend festgestellt, dass auch diese nach dem Verzehr von nitrathaltigem Fleisch mit verstärkter Aktivität reagierten. (Nitrat wird zur Konservierung von Fleisch genutzt, u.a. deshalb sind Dauerwürste so lange haltbar)

Dagegen regte sich aber zum Glück schnell Widerspruch. Conrad M. Swartz von der Southern Illinois University School of Medicine entgegnet in einem Kommentar zu dieser Studie: „Diese Studie zeigte jedoch eine Assoziation und keine Kausalität. Manische Episoden und der Verzehr von nitrathaltigem Fleisch können durch etwas anderes zusammen verursacht worden sein. Die Ursache kann auch in umgekehrter Richtung liegen, z. B. kann der Verzehr von nitriertem Fleisch durch Medikamente zur Behandlung manischer Episoden ausgelöst worden sein. Lithiumsalze werden häufig Menschen mit manischen Episoden verschrieben, aber nur selten Menschen mit Schizophrenie, schizoaffektiven Störungen oder schweren Depressionen. Lithium führt zu Geschmacksveränderungen sowie zu Heißhunger auf süße und fette Speisen und zu unerwünschter Gewichtszunahme."[47]

Fazit: Das ist ein Beispiel dafür, dass man bei Studien wirklich genau hinschauen muss und nicht jede Interpretation der Autoren der „Weisheit letzter Schluss" darstellt. Ein einziges Produkt, wie hier diese Fleischstäbchen, für den Ausbruch einer Manie verantwortlich zu machen, ist mir zu monokausal. So funktioniert unsere Psyche nicht. Auch wenn es zu schön wäre, könnte man verkünden, dass Bipolare bloß Fleischstäbchen weglassen bräuchten, um nie mehr manisch zu werden.

Haben Lebensmittel und Ernährung einen therapeutischen Wert bei Stimmungs- und Empfindungsstörungen?

Mit dieser Überschrift wurde im Mai 2022 eine Studienanalyse[48] veröffentlicht, die in der Zeitschrift des Verbandes für Arbeitspsychiatrie in Indien erschienen ist. Aus meiner Sicht wird hier sehr ehrlich das Dilemma der Psychiatrie beschrieben, das darin besteht, dass es zwar durch den Einsatz von Psychopharmaka zu einer erheblichen Verringerung der Krankheitslast und der Sterblichkeit gekommen sei, aber die Psychiater im Laufe der Jahre erkannt haben, dass „der Nutzen dieser Medikamente für die psychische Gesundheit von vielen erheblichen Nebenwirkungen, der Notwendigkeit einer unangenehm langen Medikamenteneinnahme und einer unzureichenden Compliance überschattet wird, die erhebliche Anstrengungen zur Verbesserung der Therapietreue erfordert. Darüber hinaus können Medikamente bei einem Drittel der Bevölkerung wirksam sein, während sie bei der Hälfte der Bevölkerung zu einem Rückfall führen."[49] Mit anderen Worten, die Nachteile der Psychopharmaka machen es den Behandlern immer schwerer, die Patienten von deren Nutzen überzeugen. So sucht man nach anderen Optionen.

Die Autoren der Studie stellen fest, dass das Interesse an lebensstilbezogenen Faktoren stetig zunehme, insbesondere das Thema Ernährung ziehe viel Aufmerksamkeit auf sich. Eine wachsende Zahl von Forschungsergebnissen deute darauf hin, dass die Ernährung nicht nur bei der Förderung eines positiven psychischen Wohlbefindens, sondern auch bei der Behandlung psychischer Erkrankungen eine wichtige Rolle spiele.

Die Autoren fassen die vorliegenden Forschungsergebnisse in Bezug auf psychische Erkrankungen zusammen. Es werden die Rolle der Aminosäuren, die Neurogenese, die Omega-3 Fettsäuren, die Darm-Hirn-Achse und die Bedeutung der B-Vitamine und Magnesium besprochen.

Ich fand interessant, dass die Autoren erklären, warum hochverarbeitete Lebensmittel so ungünstig für Menschen mit psychischen Störungen ist. Sie erklären diesen Zusammenhang so:

Die Darm-Hirn-Achse beeinflusst über die Ernährung die psychische Gesundheit: Die Wirkung erfolgt entweder direkt über die neuronale Achse oder indirekt über entzündliche oder hormonelle Veränderungen im Darm und dem damit verbundenen Gefäßsystem. Da die westliche Ernährung aus verarbeiteten Lebensmitteln besteht, essen wir diese überwiegend in azellulärer Form. Das bedeutet, ihre ursprüngliche zelluläre Struktur wurde durch mechanische, chemische oder Hitzebehandlung zerstört. So entsteht Mehl durch Zermahlen eines Korns, die Zellstruktur des Korns bricht auf. Kartoffeln oder Hülsenfrüchte hingegen werden durch Kochen zwar auch verändert, aber die Zellstruktur bleibt erhalten. Es sind die Eiweißstrukturen, die durch Kochen verändert werden. Ohne Kochen könnten wir sie gar nicht aufnehmen.

Auch Obst nehmen wir zunehmend in azellulärer Form auf. Die ganze Frucht zu essen, bedeutet alle Bestandteile in der ursprünglichen Form zu essen. Die so beliebten Smoothies entstehen durch das mechanische Zerstören der Zellstrukturen im Mixer. Es sind zwar noch alle Inhaltsstoffe enthalten, aber die Aufnahme im Darm verläuft anders, als wenn man die Obstbestandteile einzeln in ihrer ursprünglichen Form isst.

Die azellulären Bestandteile werden leicht und zu früh im (Dünn)-Darm verdaut und umgewandelt. Die Ballaststoffe, die das Darmmikrobiom im Dickdarm nähren, erreichen diesen Darmabschnitt gar nicht mehr. Diese frühe und übermäßige Umwandlung wirkt sich negativ auf das mikrobielle Milieu aus, was zu einem erheblichen Verlust von Bakterien führt, die für die Funktion des Mikrobioms wichtig sind, und kann die Vererbbarkeit durch epigenetische Veränderungen fördern.

Eine ballaststoffarme Ernährung, die reich an raffiniertem Zucker, künstlichen Süßstoffen und gesättigten Fetten ist, löst mit größerer Wahrscheinlichkeit Entzündungsprozesse aus, die sich negativ auf die Darmschleimhaut auswirken und die Durchlässigkeit des Epithels erhöhen. Dies kann zur Ausbreitung von Entzündungsstoffen über den Blutkreislauf in entfernte Bereiche, einschließlich des Gehirns, führen. Das führt zu zahlreichen Entzündungskrankheiten, die sich nachteilig auf das Denken, die Gehirnfunktion und die Blut-Hirn-Schranke auswirken. Fortgeschrittene Glykierungsendprodukte, sogenannte AGEs, (wärmebehandelte Lebensmittel mit einem hohen Anteil an verarbeiteten Fetten und Kohlenhydraten, wie etwa Frühstückscerealien usw.) fördern das Wachstum schädlicher Mikroben, reduzieren nützliche Mikroben und erhöhen die Durchlässigkeit des Dickdarms. Diese ernährungsbedingten Entzündungen führen auch zu Heißhungerattacken und Hyperphagie, wodurch ein Teufelskreis aus schlechter Ernährung und negativen Auswirkungen entsteht.

Verfügbare Forschungsergebnisse deuten darauf hin, dass allein die mediterrane Ernährung das Risiko einer Depression um 30 % verringert. Bei der mediterranen Ernährung, die aus unverarbeiteten pflanzlichen und tierischen Produkten besteht, sind die Zellwände und Zellmembranen intakt. Sie durchqueren das Darmlumen in der vorgesehenen Geschwindigkeit, werden über den gesamten Verdauungstrakt verdaut und erreichen den ballaststoffreichen Dickdarm. Diese Ernährung scheint das Gleichgewicht aufrechtzuerhalten und das Wachstum der faserabbauenden Bakterien im Dickdarm sowie die Bildung nützlicher Metaboliten zu fördern. Deshalb wirkt die mediterrane Ernährung von Natur aus entzündungshemmend.

Speziell in Bezug auf die Bipolare Störung nennen die Autoren biochemische Anomalien, die mit einer Ernährungsumstellung und Lebensstiländerung beeinflusst werden können, u.a.: eine Überempfindlichkeit gegenüber Acetylcholin, erhöhtes Vanadium, verringertes Vitamin B und C, Taurin, Omega-3-Fettsäuren und eine Anämie (Blutarmut). Wie diese Anomalien zusammenwirken, wird so erklärt: „Vitamin C hat eine schützende Wirkung auf Vanadium-induzierte Hirnschäden. In Verbindung mit der natürlichen Versorgung des Körpers mit Lithium wird festgestellt, dass es manische und depressive Symptome verringert. Taurin, das aus Cystein in der Leber gewonnen wird, hat eine beruhigende Wirkung auf das Gehirn und blockiert auch die überschüssige Wirkung von Acetylcholin. Weitere Nährstoffe, die sich als wirksam erwiesen haben, sind L-Tryptophan und Cholin. Lithiumorotat, ein nicht verschreibungspflichtiges Nahrungsergänzungsmittel, ist im Gegensatz zu pharmazeutischem Lithium in viel geringerer Dosierung erforderlich und überwindet die Blut-Hirn-Schranke.[50]

Wie bei fast jeder Studie verweisen die Autoren auf zukünftig noch durchzuführende Studien, die weitere Belege liefern sollen. So heißt es in der Zusammenfassung: „Die verfügbaren Daten belegen, dass die mediterrane Ernährung, unverarbeitete Lebensmittel, Omega-3-Fettsäuren, Nährstoffe, die reich an essenziellen Aminosäuren sind, und Vitamine bei vielen psychischen Erkrankungen ein therapeutisches Potenzial haben. Sie wurde sowohl als Ergänzung als auch als Hilfsmittel mit günstigem Ergebnis eingesetzt. Ob sie jedoch ein guter Ersatz oder eine gute Ergänzung für Psychopharmaka ist, wird sich im Laufe der Zeit durch weitere Forschung und empirische Beweise zeigen. Allein die Tatsache, dass sie bei umsichtiger Anwendung nützlich ist, stimmt inmitten der oben erwähnten Bedenken und Komplikationen der Psychopharmazie optimistisch."[51]

Fazit: Die genannten Stoffe sind bei umsichtiger Anwendung nützlich, stellen die Autoren fest. Ich frage mich, warum ich erst auf weitere Studien warten soll, bevor ich diese nutze. Muss ein Sachverhalt immer wieder und wieder bewiesen werden, damit er die Ärzte überzeugt? Als Betroffene reichen mir diese Belege heute schon aus, um sie für meine Stabilität zu nutzen.

Liste von antidepressiven Lebensmitteln mit höchster Nährstoffdichte

2018 erschien eine Studie aus Kanada [52], deren Ziel es war herauszufinden, welche Lebensmittel die höchste Nährstoffdichte aufweisen und welche Nährstoffe laut wissenschaftlicher Literatur eine Rolle bei der Vorbeugung und Förderung der Genesung von depressiven Störungen spielen. Es war die erste Studie, die ein ganzes Nährstoffsystem im Fokus hatte und nicht nur einen einzelnen Stoff. Absicht war, mit der Untersuchung Ärzten, Klinikern, Forschern und Patienten gleichermaßen ein Instrument in die Hand zu geben, welches bei einer gesünderen Lebensmittelauswahl hilft. „In Anbetracht der Kosten, der Stigmatisierung und des Zugangs bieten Ernährungsinterventionen eine einzigartige Behandlungsmöglichkeit für psychisch Kranke."[53]

Es wurden **236 Lebensmittel** erfasst, für die es Evidenz gibt. Das heißt, dass nur solche Nährstoffe eingeschlossen wurden, die sich in Humanstudien als vorteilhaft für die Behandlung oder Vorbeugung von depressiven Störungen erwiesen haben. Es wurden tierische und pflanzliche Lebensmittel getrennt betrachtet. Die Daten wurden fur je eine 100-g-Portion pro Lebensmittel in roher Form erfasst und es wurden nur ganze, unverarbeitete Lebensmittel ohne Natrium- und Fettzusatz bewertet. Im Folgende einige Auszüge aus der Lebensmittelliste. Dabei ist zu berücksichtigen, dass nur englischsprachige Studien ausgewertet wurden:

Rangliste der tierischen Lebensmittel: Austern, Leber- und Organfleisch (Milz, Nieren, Herz), Geflügelinnereien, Muscheln, Krabben, Ziege, Thunfisch, Seelachs, Regenbogenforelle, Hering (Ich habe die Lebensmittel ausgewählt, die bei uns bekannt sind.)

Rangliste der pflanzlichen Lebensmittel: Brunnenkresse, Spinat, Senf, Rüben oder Rübengrün, Kopfsalat, Mangold, frische Kräuter (Koriander, Basilikum, Petersilie), Chicorée, Radicchio, Wassermelone, Paprika, Grünkohl, Kohl, Kürbis, Löwenzahngrün, Blumenkohl, Kohlrabi, Rotkohl, Brokkoli, Rosenkohl, Acerola, Butternutkürbis, Papaya, Zitrone, Erdbeeren.

Rangliste der Lebensmittel-Kategorien, die antidepressiv wirken: Gemüse, Organfleisch, Obst, Meeresfrüchte, Hülsenfrüchte, Fleisch, Körner, Nüsse und Samen, Molkereiprodukte.

Mein Fazit: Ich finde, das liest sich wie eine Einkaufsliste. Jeder kann seinen Speiseplan nach dieser Liste ausrichten und die genannten Lebensmittel bevorzugen. Eine solche Liste gehört auch in jede Krankenhausküche.

Supplementierung und Ernährungsinterventionen bei Stimmungsstörungen

Im Jahr 2019 erschien eine Überblicksarbeit zum Einfluss von Supplementierung und Ernährungsinterventionen auf die pathogenen Prozesse von Stimmungsstörungen[54], die 149 Studien zu dieser Thematik einschloss und einen Überblick über die Evidenz, also die Beweiskraft, geben sollte. Es wurden folgende Stoffe einbezogen: Folat, Homocystein, S-Adenosylmethionin (SAMe), L-Acetylcarnitin, Alpha-Liponsäure, N-Acetylcystein, L-Tryptophan, Zink, Magnesium, Vitamin D, Omega-3-Fettsäuren, Coenzym Q10 und Inositol. Hier einige Ergebnisse:

- Es hat sich gezeigt, dass abnormale, also zu niedrige Folat- und SAMe-Spiegel und zu hohe Homocystein-Spiegel mit einem höheren Depressionsrisiko verbunden sind.

- Zahlreiche Studien haben eine antidepressive Wirkung von L-Methylfolat- und SAMe-Supplementierung bei Personen mit Depressionen gezeigt.

- Zusätzlich wurden die Aminosäuren L-Acetylcarnitin, Alpha-Liponsäure, N-Acetylcystein und L-Tryptophan mit der Entwicklung von Depressionen in Verbindung gebracht und es wurde gezeigt, dass sie antidepressive Wirkungen ausüben.

- Andere Wirkstoffe, die nachweislich depressive Symptome verbessern, sind Zink, Magnesium, Omega-3-Fettsäuren und Coenzym Q10
- Die Ergänzung von antidepressiven Medikamenten mit verschiedenen Nahrungsergänzungsmitteln, die auf ernährungsbedingte und physiologische Faktoren abzielen, kann die antidepressive Wirkung verstärken.

- Medizinische Lebensmittel, insbesondere L-Methylfolat, und andere Nahrungsergänzungsmittel können eine Rolle bei der Behandlung von Depressionen bei Patienten mit unzureichendem Ansprechen auf antidepressive Therapien spielen.

Die Autoren gehen davon aus, dass neben den biopsychosozialen, kognitiven und verhaltensbezogenen Komponenten Ungleichgewichte in der Ernährung die Stimmung und die neurologischen Funktionen beeinflussen können.

Nährstoffe, einschließlich Vitamine, Mineralien, Fettsäuren und essenzielle Aminosäuren, beeinflussen neurologische Hormon-, Neurotransmitter- und Signalwege sowie die Gehirnfunktionen, einschließlich der Kognition und der Stimmung.

Ähnliche Signalwege im Darm beeinflussen die Neurotransmitterfunktion und die Neuroinflammation, die sich letztlich auf die Stimmung auswirken. Es wird vermutet, dass ein Zusammenhang zwischen Entzündung und Depression in der Auswirkung von Zytokinen auf den Serotoninspiegel, den Glutamat-Stoffwechsel, den Dopaminweg, die Hypothalamus-Hypophysen-Nebennieren-Achse (HPA), die mikrogliale Aktivierung und die Gehirnstruktur besteht. Dies zeigt sich u.a. an erhöhten Entzündungsmarkern wie CRP, Interleukin-6 und -1 sowie TNF-alpha. Darüber hinaus können Zytokine die Oligodendrozyten, welche die Glutamatübertragung modulieren, beeinträchtigen, indem sie zu Glutamat-Exzitotoxizität (den Tod einer Nervenzelle durch Reizüberflutung – A.O.) und axonalen Schäden in der weißen Substanz des Gehirns beitragen. Diese Kaskade von Ereignissen beeinflusst die neurale Plastizität durch Zelltod (Exzitotoxizität), verminderte Neurogenese, erhöhte glutamaterge Aktivierung, oxidativen Stress und Induktion von Apoptose.

Diese entzündungsvermittelten Veränderungen können Auswirkungen auf den Langzeitverlauf der Depression haben, einschließlich des Ansprechens auf die Behandlung, so dass die Kontrolle der Entzündung wahrscheinlich ein wichtiger Aspekt der Behandlung der Depression ist. Insbesondere IL-6- und CRP-Werte wurden mit einer erhöhten Wahrscheinlichkeit für das Auftreten einer behandlungsresistenten Depression in Verbindung gebracht, was darauf hindeutet, dass entzündungshemmende Interventionen eine Rolle bei der Behandlung von Patienten mit Major Depression spielen könnten.[55]

Mein Fazit: Man kann den Entzündungsstatus im Blut messen. Dafür gibt es Marker wie C-reaktives Protein, Interleukin 6 und 1 sowie Tumornekrosefaktor alpha, die jedes Labor messen und beurteilen kann.

Ketogene Ernährung bei Bipolarer Störung

Ketogene Diäten, die seit über 100 Jahren zur Behandlung von Kindern mit Epilepsie eingesetzt werden, erfreuen sich auch bei der Behandlung psychischer Erkrankungen zunehmender Aufmerksamkeit. Wie bereits im Kapitel über Psychopharmaka beschrieben, werden viele Medikamente, die zur Kontrolle von Anfällen verschrieben werden, auch zur Stabilisierung der Stimmung genutzt. „In der Tat ist die Grenze zwischen Erkrankungen des Gehirns, die als neurologisch gelten, und solchen, die als psychiatrisch eingestuft werden, möglicherweise eher rhetorischer als biologischer Natur, da beide Krankheitskategorien ihren Ursprung im selben Organ haben und viele biochemische Ähnlichkeiten aufweisen, einschließlich der Dysregulation von Neurotransmittersystemen, der Destabilisierung neuronaler Netzwerke, der Neuroinflammation, des übermäßigen oxidativen Stresses, der gestörten Neuroplastizität, der mitochondrialen Dysfunktion und des gestörten zerebralen Glukosestoffwechsels."[56]

Im Jahr 2022 erschien die erste Studie, in der der Nutzen einer ketogenen Diät unter klinischen Bedingungen bei Menschen mit psychischen Erkrankungen mit wissenschaftlichen Methoden untersucht wurde. Bis dahin gab es zwar immer mal wieder Einzelfallberichte, aber diese wurden nicht als relevant angesehen. Zuvor gab es lediglich im Jahr 1965 (!) eine Pilotstudie an 10 Frauen mit behandlungsresistenter Schizophrenie.
Es wurden 31 Erwachsene mit schweren, anhaltenden psychischen Erkrankungen (schwere depressive Störung, Bipolare Störung und schizoaffektive Störung), deren Symptome trotz intensiver psychiatrischer Behandlung schlecht kontrolliert waren, in ein psychiatrisches Krankenhaus eingewiesen und auf eine ketogene Diät mit maximal 20 Gramm Kohlenhydraten pro Tag als Ergänzung zur konventionellen stationären Versorgung gesetzt. Die Dauer der Intervention reichte von 6 bis 248 Tagen.

Es handelte sich also um Patienten, die „austherapiert" waren. Können Sie sich die Verzweiflung der Patienten und die der Angehörigen vorstellen, wenn zum Teil jahrelang therapiert wird und die Erkrankung nicht besser wird? Immer wieder treten Phasen auf und scheinbar nichts hilft. Es wundert mich daher nicht, dass diese Menschen sich auf die ketogene Diät eingelassen haben. Sie waren wahrscheinlich zu allem bereit, denn eine ketogene Diät verlangt einem schon einiges ab. Deshalb haben auch drei Patienten die Diät nach kurzer Zeit abgebrochen, aber die anderen hielten durch.

Auch an dieser Studie wird deutlich, wie sehr solche Forschungen von den Persönlichkeiten abhängen, die sie initiieren. Dr. Danan, der Erstautor der Studie, ist seit 35 Jahren praktizierender Psychiater in Toulouse, Frankreich. Nachdem er bei einem Familienmitglied eine deutliche Verbesserung der medikamentenrefraktären Anfälle und des autistischen Verhaltens innerhalb weniger Wochen nach der Aufnahme der ketogenen Diät beobachtet hatte, interessierte sich Dr. Danan für das Potenzial der Diät, um den psychiatrischen und metabolischen Status seiner behandlungsresistentesten Patienten unabhängig von der Diagnose zu verbessern.
Er schuf ein Behandlungsprogramm für metabolische Psychiatrie in der Clinique du Castelviel, einem allgemeinen psychiatrischen Krankenhaus mit 129 Betten in Castelmarou, Frankreich, in dem Patienten mit chronischen psychischen Erkrankungen, die alle psychiatrischen Standardtherapien ausgeschöpft hatten, eine ketogene Diät in einer unterstützenden, medizinisch überwachten Umgebung ausprobieren konnten.

Alle Teilnehmer nahmen unentgeltlich und freiwillig teil. Es nahmen 13 Personen mit der Diagnose Bipolare Störung Typ II, 12 Personen mit der Diagnose schizoaffektive Störung und 7 Personen mit schwerer depressiver Störung teil. Alle wiesen mindestens einen Indikator für eine schlechte Stoffwechsellage auf, z.B. Übergewicht, Adipositas, Bluthochdruck und/oder einen erhöhten Nüchternblutzuckerspiegel. Die meisten Teilnehmer befanden sich bereits seit vielen Jahren in der Behandlung von Dr. Danan, mit einer Spanne von 5 Monaten bis 30 Jahren, und alle waren in der Vergangenheit ein oder mehrere Male unter seiner Aufsicht in derselben oder einer ähnlichen angeschlossenen Einrichtung psychiatrisch behandelt worden, wobei nur minimale klinische Verbesserungen erzielt worden waren. Keiner der Teilnehmer hatte jemals zuvor versucht, eine kohlenhydratarme Diät einzuhalten.

Die Kohlenhydratzufuhr wurde auf insgesamt maximal 20 Gramm pro Tag beschränkt, was etwa 5 % der täglichen Kalorien ausmachte. Diese bestanden ausschließlich aus Gemüse, Nüssen, Zitronensaft und kleinen Mengen dunkler

Schokolade. Eiweiß machte 15–20 % der täglichen Kalorien aus und stammte aus Fleisch, Meeresfrüchten, Geflügel, Milchprodukten, Eiern und Nüssen. Fett machte 75–80 % der Ernährung aus; als zusätzliche Fette waren Olivenöl, Kokosnussöl, Butter, Mayonnaise und saure Sahne erlaubt. Die Teilnehmer erhielten täglich drei Mahlzeiten, die in der Klinik zubereitet wurden und eine Snackbox. Außerdem wurde einmal täglich eine Ergänzung mit Fischöl (250 mg: 18 % EPA, 12 % DHA), Magnesiumoxid (300 mg), Kupfer (1 mg), Vitamin B1 (1,1 mg), Vitamin B5 (6 mg), Vitamin B6 (3,4 mg), Vitamin B12 (2,5 mg) und Vitamin C (330 mg) verabreicht.

Dr. Danan traf sich an 6 Tagen pro Woche mit jedem Teilnehmer, um den klinischen Fortschritt zu überwachen und die Teilnehmer über ihre Ernährung aufzuklären und zu unterstützen. Die Einhaltung der Diät wurde anhand der Informationen geschätzt, die aus diesen häufigen Arztgesprächen, den täglichen Ernährungstagebüchern der Teilnehmer und den Beobachtungen des Pflegepersonals gewonnen wurden. Die Medikation wurde nach klinischem Ermessen angepasst. Um Veränderungen festzustellen, wurde unter anderem die Hamilton Depressionsskala (HAM-D) eingesetzt.

Spürbare Verbesserungen der Stimmung und der psychotischen Symptome wurden bei allen 28 Patienten (100 %) während der Intervention beobachtet, in der Regel innerhalb von 3 Wochen oder weniger nach Beginn der ketogenen Diät. Eine Verringerung des HAM-D-Wertes um 4 oder mehr Punkte gilt als minimale klinisch bedeutsame Differenz und wurde von allen 22 Patienten erreicht, bei denen die HAM-D-Werte bewertet wurden, unabhängig von der Diagnose. Eine Verringerung um 7 oder mehr Punkte, die als wesentlich klinisch wichtig gilt, wurde von 21/22 Patienten (95 %) erreicht. **12 von 28 Patienten (43 %) erreichten eine klinische Remission.** Das bedeutet, dass ihre Symptome nicht mehr auftraten. **Das ist die eigentliche Sensation!**

Haben Sie schon mal von einem Medikament gehört, dass bei 43 % der Betroffenen die Symptome zum Verschwinden bringt, und das bei Patienten, die jahrelang mit sehr geringem Erfolg psychiatrisch therapiert wurden? Nur durch eine ketogene Ernährung?

Die meisten Patienten litten anfangs unter einem oder mehreren Symptomen, die in der Anfangsphase der ketogenen Ernährung häufig auftreten, wie Kopfschmerzen, Schlaflosigkeit, Reizbarkeit, Erregung, Schwindel und Heißhunger auf Kohlenhydrate. Diese Symptome waren jedoch leicht, erforderten keine besondere medizinische oder psychiatrische Behandlung und klangen innerhalb von höchstens 2 Wochen ab. Nach dieser anfänglichen Übergangszeit wurde die ketogene Diät von allen Patienten psychiatrisch gut vertragen, und 27 von 31 (87 %) hatten keine problematischen somatischen Nebenwirkungen.

In den Monaten nach der Entlassung aus dem Krankenhaus berichteten 13 der 28 eingeschlossenen Patienten (46 %) über eine gute Einhaltung der Diät zu Hause, 5 (18 %) berichteten über eine teilweise Einhaltung, 6 (21 %) brachen die Diät ab, 1 Patient brach sie ab und nahm sie später wieder auf, und 3 wurden nicht weiter beobachtet. Diejenigen, die sich dafür entschieden, die ketogene Diät nach der Entlassung fortzusetzen, taten dies, um die während des Krankenhausaufenthalts erfahrenen psychiatrischen und metabolischen Vorteile beizubehalten oder zu verbessern. Gründe für den Abbruch waren u. a. Kosten, Schwierigkeiten bei der Zubereitung der Mahlzeiten, Einschränkung und geringe Motivation.

Die Autoren der Studie schätzen diese Ergebnisse folgendermaßen ein. „Diese Variante der ketogenen Diät war sicher, in einer stationären Einrichtung durchführbar, wurde von den meisten Patienten gut vertragen und war mit erheblichen und statistisch signifikanten Verbesserungen der Depressions- und Psychose-Symptome verbunden, die bei früheren Krankenhausaufenthalten nicht beobachtet wurden. Die Effektstärken waren groß bei allen Ergebnismessungen zur psychischen Gesundheit in allen Untergruppen und sehr groß bei den Patienten mit der Hauptdiagnose einer schweren Depression.
In Anbetracht der Tatsache, dass sich die während dieses Krankenhausaufenthalts durchgeführten Maßnahmen nur durch die Hinzufügung der ketogenen Diät zur üblichen Behandlung unterschieden, halten wir es für wahrscheinlich, dass die ketogene Diät erheblich zu diesen beispiellosen Verbesserungen der psychischen Gesundheit beigetragen hat, insbesondere bei den 79 % der Patienten, deren psychotrope Medikation entweder reduziert oder nicht verändert wurde. Die in dieser Serie beobachteten bemerkenswerten Verbesserungen bei mehreren Markern der metabolischen Gesundheit, einschließlich Körpergewicht, Blutdruck, Blutzucker und Triglyceride, wären schwerlich irgendeinem anderen Aspekt des Krankenhausaufenthalts als der ketogenen Diät zuzuschreiben, von der bekannt ist, dass sie diese gesunden Veränderungen fördert."[57]

Über die biologischen Mechanismen für diese Erfolge schreiben die Autoren:

„Entzündungen spielen bei allen drei Erkrankungen eine Rolle, wurden aber bei Depressionen am ausführlichsten untersucht. Entzündungen spielen eine Rolle bei der Entstehung und dem Verlauf vieler Fälle von klinischer Depression und werden mit einem schlechten Ansprechen auf antidepressive Medikamente in Verbindung gebracht. Es hat sich gezeigt, dass die ketogene Diät die Entzündung durch komplexe Einflüsse auf zentrale und periphere immunregulatorische Bahnen reduziert. Sie beeinflusst auch mehrere Neurotransmittersysteme, die bei Depressionen eine Rolle spielen, darunter das dopaminerge, serotonerge, glutamaterge und GABAerge System.

Bei bipolar Erkrankten ist die Prävalenz eines gestörten Glukosestoffwechsels höher, selbst bei Personen, die keine Medikamente einnehmen. Calkin fand heraus, dass Menschen mit Insulinresistenz oder Typ-2-Diabetes eher schnelle Stimmungsschwankungen erleben, weniger auf Lithium ansprechen und eher einen progressiven Krankheitsverlauf aufweisen. Zu den vorgeschlagenen Mechanismen, durch die eine Dysregulation von Glukose und Insulin die Stimmung dysregulieren kann, gehört auch schädlicher oxidativer Stress, der wiederum die mitochondriale Funktion beeinträchtigen könnte. Napolitano et al. entdeckten kürzlich, dass die ketogene Diät den Glutathionspiegel im Gehirn erhöhen kann, ein allgegenwärtiges intrazelluläres Antioxidans, das für die Pufferung von oxidativem Stress entscheidend ist. Campbell und Campbell stellen die Hypothese auf, dass die ketogene Diät dazu beitragen könnte, die Symptome der bipolaren Erkrankung zu lindern, indem die primäre Brennstoffquelle des Gehirns von Glukose auf Ketonkörper umgestellt wird, wodurch bestehende mitochondriale Defekte umgangen und weitere mitochondriale Schäden verringert werden. Calkin et al. haben vorgeschlagen, dass eine Insulinresistenz über eine entzündliche Schädigung der Endothelzellen die Integrität der Blut-Hirn-Schranke (BHS) bei Menschen mit bipolarer Erkrankung beeinträchtigen kann. Interessanterweise wurde eine Störung der engen Verbindungen, die für die Struktur und Funktion der BHS entscheidend sind, nicht nur bei bipolaren Erkrankungen, sondern auch bei schweren Depressionen und Schizophrenie beobachtet."[58]

Am Ende kommen die Autoren zu folgenden Schlussfolgerungen:

„In dieser retrospektiven Analyse der klinischen Versorgung, die unseres Wissens die bisher größte Anzahl von Menschen mit schweren psychischen Erkrankungen repräsentiert, die mit einer ketogene Diät in einem Krankenhaus behandelt wurden, haben wir festgestellt, dass die ketogene Diät durchführbar, sicher und gut verträglich ist und mit erheblichen Verbesserungen der psychischen Symptome sowie mehrerer Marker für die metabolische Gesundheit einhergeht. Zwar sind noch genauere Untersuchungen erforderlich, um den Zusammenhang zwischen der ketogene Diät und der Verbesserung der psychischen Gesundheit zu bestätigen, doch deuten diese Ergebnisse darauf hin, dass die medizinisch überwachte Kohlenhydratrestriktion eine einfache, sichere und allgemein zugängliche Maßnahme ist, die als ergänzende Strategie bei der Behandlung schwerer Gemütskrankheiten und psychotischer Erkrankungen in Betracht gezogen werden sollte."[59]

Fazit: Ich finde diese Ergebnisse phänomenal. Sie müssten bei jedem Psychiater auf große Plakate gedruckt im Wartezimmer aushängen. Ich weiß, dass eine ketogene Ernährung nicht für jeden machbar oder umsetzbar ist. Wenn Sie es jedoch wenigstens schaffen könnten, ihre Kohlenhydrataufnahme auf 100 g am Tag zu reduzieren, können Sie nach meiner Überzeugung einige dieser beschriebenen positiven Effekte erleben. Es kommt auf den Versuch an. Ich habe durch eine LowCarb-Ernährung meine Stabilität erreicht, es hat nur etwas länger gedauert. Warum sollten Sie das nicht auch schaffen?

Körperliche Aktivität und Bipolare Störung

In einer 2021 veröffentlichten naturalistischen prospektiven Kohortenstudie aus Japan[60] wurde die Auswirkung zirkadianer Aktivitätsrhythmen auf das Auftreten von Stimmungsrückfällen bei Bipolarer Störung untersucht. Die Daten wurden aus der APPLE[61] Studie entnommen und unter der Fragestellung ausgewertet, welche Faktoren mit Rückfällen bei Bipolarer Störung in Verbindung stehen. Denn trotz Erhaltungstherapie mit Psychopharmaka erleiden mehr als ein Drittel der Patienten mit einer Bipolaren Störung innerhalb eines Jahres einen Rückfall, wobei mehr als 90 % im Laufe ihres Lebens mindestens eine weitere Stimmungsepisode erleben.[62]

Die 189 Teilnehmer nahmen an einer Studie mit dem Titel „Assoziation zwischen der Pathologie der bipolaren Störung und der Lichtexposition im täglichen Leben (APPLE) Kohortenstudie" teil. Kurz gesagt ist die APPLE-Kohortenstudie eine prospektive, naturalistische Beobachtungsstudie von ambulanten Patienten mit Bipolarer Störung, die seit August 2017 von zwei Krankenhäusern und zwei Kliniken in Japan durchgeführt wird.
Die Teilnehmer waren im Alter von 19 bis 75 Jahren, davon 55,6 % weiblich, und trugen zu Hause an sieben aufeinander folgenden Tagen einen Beschleunigungsmesser am Handgelenk des nicht dominanten Arms und hielten ihre Schlaf- und Aufstehzeiten in einem Schlaftagebuch fest. Mithilfe des Messgerätes wurden auch die Schlaf- und Tageslichtstärke sowie die Gesamtschlafzeit und die Schlafeffizienz objektiv gemessen.

Es wurden nur solche Teilnehmer eingeschlossen, die sich nicht in akuten Episoden befanden und die nicht in Nachtschichten arbeiteten. Alle Teilnehmer nahmen Psychopharmaka ein, z. T. mehrere: 76 (40,2 %) Lithium, 108 (57,1 %) Antiepileptika, 106 (56,1 %) Antipsychotika, 68 (36 %) Antidepressiva und 121 (64 %) Schlafmittel. Danach wurden die Teilnehmer 12 Monate lang auf Rückfälle der Stimmungsschwankungen hin beobachtet. Von den 189 Teilnehmern erlitten 88 (46 %) während der Nachbeobachtungszeit einen Stimmungsrückfall.

Die neue Qualität der Studie beschreiben die Autoren so: „Unseres Wissens wurde jedoch in keiner früheren Studie untersucht, ob objektiv gemessene zirkadiane Aktivitätsrhythmen, einschließlich Ausmaß, Zeitpunkt, Fragmentierung und Stabilität, mit nachfolgenden Stimmungsepisoden bei Patienten mit Bipolarer Störung in Zusammenhang stehen. [...] Wir fanden heraus, dass ein stabiler zirkadianer Aktivitätsrhythmus signifikant mit einem Rückgang der Stimmungsrückfälle, hauptsächlich depressiver Episoden, verbunden war. Wir fanden auch heraus, dass ein späterer Zeitpunkt des zirkadianen Aktivitätsrhythmus ein signifikanter Faktor für die Zunahme der Rückfälle depressiver Episoden war."

Des Weiteren wurde festgestellt, dass Anomalien des zirkadianen Rhythmus den Rückfall von manischen, hypomanischen und gemischten Episoden beeinflussen können und dass ein **stabiler Tagesrhythmus** dem entgegenwirkt. Je höher die Variabilität innerhalb eines Tages war, um so signifikanter stieg das Risiko eines Rückfalls von manischen, hypomanischen und gemischten Episoden.

Die Autoren vermuten, dass ein Wirkmechanismus von Lithium, der nach wie vor noch nicht vollständig geklärt ist, in der Modulation des zirkadianen Aktivitätsrhythmus liegt und dadurch dessen Wirkung erklärbar sei. Körperliche Aktivität hilft nicht nur Stimmungsschwankungen und Rückfällen vorzubeugen, sondern kann auch körperliche Erkrankungsrisiken aufgrund der Pharmakotherapie verringern.
Ein gedämpfter zirkadianer Aktivitätsrhythmus war signifikant mit einem Anstieg der Stimmungsschübe verbunden. Es wurde ein Zusammenhang zwischen geringer körperlicher Aktivität und vermehrten Stimmungsschüben festgestellt, wobei mit mehr Bewegung vor allem weniger depressiven Episoden in Verbindung standen. Somit kann körperliche Aktivität insbesondere depressiven Episoden vorbeugen. Eine andere prospektive 11-Jahres-Kohortenstudie mit 33.908 Erwachsenen zeigte, dass mindestens 1 Stunde körperliche Aktivität pro Woche 12 % der künftigen Depressionsfälle verhindern kann.[63]

Im Folgenden weitere Erkenntnisse zum Zusammenhang von Bewegung und Bipolarer Störung aus anderen Studien: Eine systematische Überprüfung von Patienten mit Bipolarer Störung ergab, dass körperliche Betätigung mit positiven Auswirkungen auf depressive Symptome, Lebensqualität und Funktionsfähigkeit verbunden ist.[64]

In einer prospektiven Kohortenstudie mit 80 Patienten mit Bipolarer Störung wurde berichtet, dass eine geringere körperliche Aktivität, die anhand eines Fragebogens gemessen wurde, mit einem Rückfall der Gemütslage und Krankenhausaufenthalten wegen psychiatrischer Störungen in Zusammenhang stand.[65]

Es gibt Hinweise darauf, dass das Ausmaß der körperlichen Aktivität mit den Stimmungsstörungen bei der Bipolaren Störung zusammenhängt. Da viele Patienten mit einer Bipolaren Störung Berichten zufolge die meiste Zeit sitzend verbringen[66], könnte eine erhöhte körperliche Aktivität, wie z. B. Sport, als Zusatztherapie zur Verbesserung sowohl der psychischen als auch der körperlichen Probleme von Patienten mit Bipolarer Störung nützlich sein.

Darüber hinaus steht auch der Zeitpunkt der körperlichen Betätigung in Zusammenhang mit den Gemütssymptomen. Auf der Grundlage dieser Faktoren ist es wahrscheinlich, dass das Ausmaß und der Zeitpunkt der körperlichen Aktivität mit Stimmungsrückfällen bei Bipolarer Störung zusammenhängen.

Fazit: Regelmäßige Bewegung und ein geregelter Tagesablauf sind unverzichtbar und ein wichtiger Baustein der Stabilität.

Jeder Schritt zählt

Ich höre häufig, dass insbesondere depressive Betroffene sich nicht in der Lage fühlen, Sport zu machen, weil sie ihn als zu anstrengend empfinden. Deshalb möchte ich Ihnen hier eine Meta-Analyse[67] der europäischen Gesellschaft für Kardiologie vorstellen, die basierend auf 17 Kohortenstudien und mehr als 220.000 Teilnehmern zum **Thema Schrittzahl** im August 2023 veröffentlicht wurde. Man wollte schlicht und ergreifend (nur) wissen, wie die Zahl der täglich gegangenen Schritte mit dem Risiko für den Tod durch Herzkreislauferkrankungen und der allgemeinen Sterblichkeit zusammenhängt. Das Resultat sind unfassbare Zahlen. Diese zeigen nämlich: Jeder Schritt zählt. Schon bei 4.000–5.000 Schritten zeigen sich erhebliche Risikoreduktionen um 40–50 %. Das Risiko fällt nichtlinear bis zu 20.000 Schritten pro Tag. Ab 10.000 Schritten reden wir von Risikoreduktionen um 70–80 %! Das heißt, je mehr Schritte man geht, umso niedriger ist die Gesamt- und Herzkreislauf-Sterblichkeit. Die Ergebnisse gelten den Autoren zufolge unabhängig von Alter, Geschlecht und Klimazone. Herzkreislauferkrankungen sind Todesursache Nummer eins in unserem Land. Zeitgleich verschlingen diese Krankheiten des Gefäßsystems Unsummen an Geld, sie belegen Platz 1 bei Ausgaben des Gesundheitssystems.

Ich hatte Ihnen in einem vorhergehenden Abschnitt die systematische Übersicht aus dem Jahr 2022 zum Thema „Ernährung und Bipolare Störung"[68] vorgestellt. Darin wurde darauf hingewiesen, dass die Raten von Erkrankungen wie Diabetes, metabolisches Syndrom, Herz-Kreislauf-Erkrankungen und Osteoporose im Vergleich zur Allgemeinbevölkerung bei Menschen mit Bipolarer Störung unverhältnismäßig hoch sind. In der Meta-Analyse der Kardiologiegesellschaft wird gezeigt, dass bereits ein ganz normaler Spaziergang, für den man sich nicht einmal groß anstrengen muss, diese Risikoreduktion bewirkt.[69] Eine weitere große Studie legte nahe, dass auch eine erhöhte Schrittfrequenz (Schritt-Tempo) und die Schritt-Intensität (Treppensteigen) die Herzkreislaufsterblichkeit weiter senkt.

Der Lead-Autor der Meta-Analyse, Prof. Maciej Banach, fasst die Ergebnisse wie folgt zusammen: „In einer Welt, in der es immer mehr fortschrittliche Medikamente gegen bestimmte Krankheiten wie Herz-Kreislauf-Erkrankungen gibt, sollten wir meiner Meinung nach immer wieder betonen, dass eine Änderung des Lebensstils, einschließlich Ernährung und körperlicher Betätigung, die eine Hauptthema unserer Analyse war, mindestens genauso wirksam oder sogar noch wirksamer sein kann, um das kardiovaskuläre Risiko zu senken und das Leben zu verlängern."[70]

Fazit: 10.000 Schritte am Tag sind ein gewaltiger Schutzfaktor. Es gibt keine Ausrede mehr, nicht wenigstens spazieren zu gehen. Mal ein bisschen schneller gehen und mal 50 Treppenstufen nehmen, lohnt sich ebenfalls. Man muss es nur tun, vielleicht kann ein Hund dabei helfen.

Neue Leitlinien für die Behandlung psychiatrischer Störungen mit Nutrazeutika und Phytozeutika

Zum Abschluss des Kapitels möchte ich Ihnen eine Veröffentlichung aus dem Jahr 2022 vorstellen, die in gewisser Weise eine kleine Sensation darstellt. Es handelt sich um eine neue Leitlinie für die Behandlung von psychiatrischen Störungen, die sich nur auf Nutrazeutika (in Deutschland wird meist der Begriff „Nahrungsergänzungsmittel", „Nährstoffe" oder „Vitalstoffe" verwendet) und Phytozeutika (das sind Pflanzenstoffe) bezieht.

Das Bemerkenswerte darin ist, dass eine Arbeitsgruppe, die aus 31 Mitgliedern aus 15 Ländern bestand, erstmals Studien zur Wirkung von Nahrungsergänzungsmitteln und Pflanzenstoffen auf die Psyche systematisch ausgewertet und eine Bewertung für die klinische Praxis in der Psychiatrie vorgenommen hat. Das Team bestand aus Psychiatern, Psychologen, Psychopharmakologen für Naturprodukte, Epidemiologen, Ärzte für integrative Medizin, Ernährungswissenschaftlern, präklinischen Wissenschaftler, Apothekern und Statistiker.

Sie wurde vom Weltverband für biologische Psychiatrie und dem Kanadischen Netzwerk für die Behandlung von Stimmungsschwankungen und Angstzuständen erarbeitet und herausgegeben. „Diese Leitlinien zielen darauf ab, einen endgültigen, evidenzbasierten Ansatz zu liefern, um Kliniker bei der Entscheidungsfindung über den Einsatz solcher Mittel bei schweren psychiatrischen Störungen zu unterstützen."[71]

Die Leitlinie ist also eine Empfehlung und nicht verpflichtend, ein Arzt kann sich danach richten, muss es aber nicht. Trotzdem finde ich es bemerkenswert, dass es diese Zusammenstellung überhaupt gibt. Nun kann nämlich niemand mehr behaupten, es gäbe keine Studien und Nahrungsergänzungsmittel (NEM) hätten in der Psychiatrie keinen Nutzen.

In der Leitlinie, die im englischen Original 34 Seiten umfasst, wurden viele Studien ausgewertet, die bestimmte Qualitätsmerkmale erfüllen mussten, um einbezogen zu werden. Für jede Symptomgruppe wurden die analysierten Stoffe bewertet und es wurde eine Empfehlung für den Einsatz gegeben. Es gibt vier Listen, eine eigene Liste für Stimmungsstörungen und Bipolare Störung, für Angststörungen, für Schizophrenie und für ADHS.

Die Arbeitsgruppe hat folgende Substanzen in die Leitlinie einbezogen: Omega-3-Fettsäuren, Vitamin D, Probiotika, Zink, Methylfolat (das ist Vitamin B9), S-Adenosyl-Methionin (SAMe), Vitamin C, Tryptophan und 5-HTP, Kreatin, Inositol, Magnesium, N-Acetyl-Cystein (NAC), Johanniskraut, Safran, Curcumin, Rhodiola rosea und Lavendel.

Die Bewertung erfolgte danach, ob eine Mono- oder begleitende Therapie empfohlen wird. Die Stärke der Empfehlung wurde mit den Kriterien „empfohlen", „schwach empfohlen" oder „nicht empfohlen" vorgenommen.

Es würde den Rahmen dieses Buches sprengen, wenn ich die einzelnen Empfehlungen aufschreiben würde. Die Leitlinie ist im Internet frei verfügbar für jedermann nachlesbar. In die Suchfunktion brauchen Sie nur „PMID: 35311615" eingeben.

In der wissenschaftlichen Diskussion ist es üblich, dass Ergebnisse sachlich kritisiert werden. Studien sind nicht der „Weisheit letzter Schluss", sondern aktueller Stand der Wissenschaft, der ständig im Fluss ist. So hat z.B. Prof. Clemens von Schacky, der zusammen mit dem US-Amerikaner William S. Harris den Omega-3 Index erfunden hat, beklagt, dass die Ausgangsspiegel von EPA und DPA bislang zu wenig berücksichtigt wurden, da diese auf die Effekte einer Omega-3-Gabe

Einfluss haben. „Ist ein Defizit diagnostiziert, und wird es unter Kontrolle der Spiegel ausgeglichen, so ist zu erwarten, dass EPA und DHA bei Major Depression, bipolarer Depression und bei ADHD wirksam sind"[72]

Sicher gibt es noch weitere Kritikpunkte, z.B. dass für die Einschätzung von Vitamin C nur zwei Studien herangezogen wurden und die Teilnehmerzahl insgesamt 70 Probanden betrug. Ich frage mich, ob man von einer solch geringen Datenlage tatsächlich ableiten kann, ob ein NEM der Psyche nützt oder nicht.

Aus meiner Sicht macht diese Leitlinie wieder das Dilemma der Forschung deutlich, die darauf aus ist, die Wirkung eines einzelnen Stoffes zu untersuchen. Wie ich bereits mehrfach dargestellt habe, kann man die Wirkung eines Vitalstoffs, der an mehr als tausend (Vitamin D), sechshundert (Magnesium) oder dreihundert (Zink) verschiedenen Stoffwechselprozessen beteiligt ist, nicht mit den gleichen Methoden messen wollen, wie ein Medikament, das für die Beeinflussung von genau einem Stoffwechselprozess gemacht wurde. Die Wirkung von Vitalstoffen ist unspezifisch und fast immer synergistisch. Fehlt das eine, kann meist auch das andere nicht in vollem Umfang wirken. Das erschwert die Ernährungsforschung und deshalb sollte man solche Studien unter Berücksichtigung dieses Dilemmas bewerten.
Hinzu kommen noch die üblichen Ungenauigkeiten, die in jeder Studie auftreten können. Wenn zum Beispiel in einer Studie über Omega-3 oder Vitamin D die Ausgangsspiegel gar nicht gemessen werden, kann niemand die Ergebnisse korrekt interpretieren. Prof. Schacky sprach in einem Vortrag darüber, dass allein die Tatsache, ob Omega-3 auf nüchternen Magen oder zusammen mit einer fettreichen Mahlzeit eingenommen wird, entscheidend für den Omega-3-Spiegel am Ende der Studie waren. Die Spiegel unterschieden sich teilweise um den Faktor 13.

Ich selbst habe an der NutriAct-Familienstudie des Ernährungsinstituts Bergholz-Rehbrücke teilgenommen und erlebt, wie die Daten erhoben wurden. Es wurden u.a. Blut- und Speichelproben genommen, Geruchs-, Geschmack- und kognitive Tests gemacht. Es gab eine körperliche Untersuchung und für eine Woche einen Aktivitätsmesser. Das war alles sehr zeitaufwändig und schien mir sehr umfassend zu sein.

Ich weiß aber, dass es auch Studien gibt, in denen die Probanden lediglich danach befragt werden, was sie in der Vergangenheit gegessen und getrunken haben und daraus wurden dann Rückschlüsse auf deren Erkrankungen, die nach 15 Jahren eingetreten sind, gezogen. Können Sie sich noch erinnern, was Sie letzte Woche oder vor einem Monat oder vor einem Jahr gegessen haben?

Deshalb bitte ich Sie, auch alle in diesem Kapitel vorgestellten Studien unter diesem Aspekt zu betrachten. Es gibt in der wissenschaftlichen Forschung wohl nie finale Antworten, immer wieder gibt es neue Entdeckungen, die bekannte Sachverhalte in einem neuen Licht erscheinen lassen oder sogar ganz neue Aspekte offenbaren.

Ich bin mir darin aber sicher: Die Ernährung hat entscheidenden Einfluss auf meine Psyche und wenn ich damit Stabilität erreichen konnte, können Sie das auch. Ich hoffe, ich konnte Ihnen mit dieser Studienauswahl einen Eindruck davon verschaffen, was heute bereits an Wissen wissenschaftlich belegt und vorhanden ist und Sie nun nicht mehr an die alleinige Macht der Psychopharmaka glauben.

C Stabilität kann man leben – Psychiatrie der Zukunft

Was Sie auf den folgenden Seiten lesen werden, ist keine Realität, sondern Vision. Sie werden nirgends solch eine Behandlung finden, aber es gibt schon einige Ärzte und Therapeuten, die Ansätze davon bereits praktizieren. Es lohnt sich, nach diesen zu suchen.

Meine Vision von klinischer Behandlung

Ein Aufenthalt im Krankenhaus oder der Klinik sollte immer nur die letzte Option sein, wenn die ambulanten Therapien nicht im Bereich des Möglichen liegen, nicht verfügbar sind oder der Zustand des Betroffenen so instabil ist, dass er unter ärztliche Beobachtung muss.
Ein Krankenhaus muss vielen Anforderungen genügen. Ich denke, es kommt weniger auf die baulichen Voraussetzungen an als auf den Inhalt der Therapie, die auf den psychiatrischen Stationen angeboten werden. Allerdings habe ich die Anzahl der Betten pro Zimmer immer dann als unangenehm empfunden, wenn sich mehr als zwei Patienten ein Zimmer teilen mussten. Am liebsten hatte ich Einzelzimmer, weil ich dann nach meinem eigenen Rhythmus meinen Tag gestalten konnte und nicht das Gefühl hatte, meine Zimmernachbarin zu stören.

Das wünsche ich mir als Patientin:

- Täglich ausführliche Arztgespräche, die nicht nur 3 Minuten dauern. Dabei möchte ich berichten können, was seit der letzten Visite, auch wenn sie nur einen Tag her ist, passiert ist. Meine Erfahrung ist, dass in 24 Stunden viel passieren kann und mich auch Kleinigkeiten getriggert haben. Darüber möchte ich nicht nur mit der Psychotherapeutin reden, sondern auch mit dem Arzt.

- Täglich mindestens 50 Minuten Einzel-Psychotherapie – ja, fünf Mal in der Woche

- Einen abwechslungsreichen Tagesplan mit diversen Gruppen- und Einzelangeboten zur Ergotherapie, Musik- und Kunsttherapie sowie auch Angebote zum kognitiven Training.

- Täglich Bewegungstherapie im Freien bzw. Sporthalle. Je nach dem körperlichen Zustand kann das auch ein begleiteter Spaziergang im Park oder gemeinsames lockeres Joggen sein. Wichtig ist, dass diese Einheiten möglichst auf dem frühen Vormittag liegen, damit alle die Möglichkeit haben, Licht zu tanken – egal, bei welchem Wetter.

- Jederzeit Zugang zu einem Sportraum, mit Fahrradergometer, Boxsack, Trampolin und Laufband, um insbesondere den unruhigen oder manischen Patienten die Möglichkeit zum körperlichen Ausagieren zu geben.

- Tageslichtlampen in allen Räumen, die sich automatisch dem Sonnenstand anpassen, Abdunklungsmöglichkeiten in den Patientenzimmern sowie Blaulichtfilterbrillen für jeden Patienten, um einen guten Schlaf auch in der Klinik zu ermöglichen.

- Einmal wöchentlich ein Seminar zum Thema „Ernährung bei psychischen Erkrankungen". Darin sollen die theoretischen Grundlagen für das gemeinsame Kochen vermittelt werden. Des Weiteren werden die Ernährungstagebücher, die jeder Patient anfertigen soll, besprochen.

- Gemeinsames Kochen in der Stationsküche – und zwar täglich. Organisatorisch kann die Arbeit verteilt werden, sodass jeder mal einkauft, vor- und zubereitet und kocht. Damit sollen alle Patienten die Möglichkeit bekommen, kochen zu lernen, neue Möglichkeiten der Zubereitung von Mahlzeiten kennenzulernen und vielleicht auch Gerichte, die sie bisher nicht kannten auszuprobieren. Es braucht einen Koch und/oder einen Ernährungsberater, damit möglichst alle Mahlzeiten von den Patienten selbst unter fachlicher Anleitung zubereitet werden können.

- Wöchentlich zweimal Psychoedukation – damit meine ich eine in Seminarform organisierte Patientenschulung, in der die Betroffenen viel über die Ursachen, Behandlungsmethoden, Frühwarnzeichen und Möglichkeiten des Umgangs mit der Erkrankung lernen. Hier erfolgt die Unterweisung für die Anfertigung eines Life-Charts und die Übungen zum Stimmungstagebuch. Das Seminar kann auch Elemente aus dem Selbst- und Zeitmanagement enthalten.

- Für Patienten mit Schlafproblemen Anwendung der Triple-Chronotherapie[1], (siehe auch das Kapitel zu den wissenschaftlichen Studien) um den verschobenen circadianen Rhythmus wieder ins Lot zu bringen.

- Patientenbibliothek mit Sachbüchern über psychische Erkrankungen, Erfahrungsberichte von Betroffenen und allgemeine Gesundheitsthemen sowie diverses Informationsmaterial, z.B. die kleinen Patientenbroschüren von der Wissenschaftlichen Verlagsgesellschaft

Neben dem ärztlichen, psychologischen und pflegerischen Fachpersonal wünsche ich mir, dass auch Experten aus Erfahrung zum Team gehören, also Menschen, die Erfahrung mit psychischen Krisen gemacht haben. Der Verein EX-IN bildet dafür Genesungsbegleiter aus. Ich könnte mir auch vorstellen, dass Präventologen für diese Arbeit geeignet sind, wenn sie Erfahrungen mit psychisch beeinträchtigten Menschen haben.

Meine Vision von langfristiger ambulanter Betreuung

Im Kapitel „Psychiatrie für Anfänger" hatte ich Ihnen bereits über die Stationsäquivalente Behandlung (StäB) berichtet. Ich finde diese Form der aufsuchenden Hilfe sehr nützlich für Menschen, die Unterstützung brauchen, aber stationäre Aufenthalte aus den verschiedensten Gründen ablehnen oder nicht annehmen können, z.B. weil sie sich um Kinder oder zu pflegende Angehörige kümmern müssen.

Ich wünsche mir für die ambulante Betreuung aller Menschen mit psychischen Problemen ähnliche Modelle. Es kann, muss aber nicht, eine aufsuchende Hilfe sein. Ambulante Therapie kann in der Praxis des Psychiaters oder in einer psychiatrischen Institutsambulanz stattfinden, aber es sollte sich auch hier um ein Helfer-Team handeln. Entscheidend ist, dass ein möglichst dichtes Netz aus Angeboten vorgehalten wird, aus dem der Betroffene nach seinen aktuellen Bedürfnissen auswählen kann. Nur einmal im Vierteljahr für 20 Minuten den Psychiater aufzusuchen, reicht den Wenigsten.

Aus meiner Sicht gehört dazu, dass der Psychiater eng mit dem Hausarzt zusammenarbeitet, diese sich also in regelmäßigen Abständen über den gemeinsamen Patienten austauschen und abstimmen. So kann das vorherrschende Prinzip unter Ärzten „Jeder macht seins und keiner weiß vom anderen" durchbrochen werden. Zum Beispiel können Blutmessungen optimiert und die Ergebnisse diskutiert werden, ebenso kann die psychiatrische Medikation entsprechend der ggf. vorliegenden anderen Erkrankungen angepasst werden.

Damit der Betroffene langfristig stabil bleibt, sollten Kontrolluntersuchungen mindestens einmal im Jahr, besser noch halbjährlich durchgeführt werden. Dazwischen können z.B. Apps dabei helfen, ein Stimmungstagebuch zu führen, den Tagesablauf zu protokollieren oder ein Dankestagebuch zu pflegen. Auch die technischen Möglichkeiten der Video Meetings und Online-Schulungen können genutzt werden.

Menschen, die Lebensgewohnheiten, wie zum Beispiel ihr Essverhalten umstellen wollen, brauchen engmaschige Beratung. Das muss nicht unbedingt ein Arzt tun, es gibt Ernährungsberater, Heilpraktiker, Bewegungs-Coaches oder Präventologen, die hier ebenfalls wichtige Arbeit leisten können.

Der Berufsverband der Präventologen hat z.B. ein Trainings-Programm entwickelt, welches sich „GLK – Gesundheits- und Lebenskompetenz" nennt. Es ist von der Zentralen Prüfstelle Prävention der Krankenkassen geprüft und in seiner Kompaktversion zertifiziert worden, sodass die Krankenkassen die Kosten übernehmen können. GLK-Trainer sind speziell ausgebildete Präventologen. Die Teilnahme an einem solchen Programm kann vom Arzt verschrieben werden.

Gesundheitskompetenz beschreibt die Fähigkeit von Menschen im täglichen Leben Entscheidungen zu treffen, die sich positiv auf die eigene Gesundheit auswirken. Dazu zählen neben den persönlichen Gesundheitskompetenzen und der Orientierung im Gesundheitswesen auch das Konsumverhalten, die Gesundheitspolitik und die Gesundheit in der Arbeitswelt. Daraus wird ersichtlich, dass Gesundheitskompetenzbildung eine komplexe und herausfordernde Aufgabe darstellt. Das GLK-Training beinhaltet einen „Werkzeugkoffer" für die Ausbildung von individueller wie sozialer Gesundheitskompetenz. Es hilft den Menschen, Ressourcen und Potenziale zu entfalten und stärkt ihre Resilienz. Das GLK lässt erleben, wie sich beispielweise Beziehungskonflikte, berufliche Misserfolge, Lebenskrisen oder schwere Schicksale bewältigen lassen. Das GLK kann eine Psychotherapie sinnvoll ergänzen. Aus diesem Grund bin ich der Meinung, dass das Programm auch für Menschen mit psychischen Beeinträchtigungen wertvoll und nützlich ist.

Um Betroffenen dieses breite Angebot zugänglich zu machen, braucht es eine zentrale Person, die Coach, Ansprechpartner, Begleiter oder auch Organisator ist. Auch diese Aufgaben kann von nicht ärztlichen Kräften, z.B. Präventologen oder psychiatrischen Pflegekräften übernommen werden.

Ich bin mir bewusst, dass meine Vision viel Personal und Geld benötigt. Ich denke, dass Einsparungen an anderer Stelle diesen Aufwand kompensieren können. Wenn nämlich weniger Betroffene in die Klinik müssen (ein Tag vollstationär kostet zwischen 300 € und 400 €), weniger Medikamente verordnet werden und auch nicht mehr so viele Menschen einen Psychiater aufsuchen, werden personelle und finanziellen Ressourcen frei.

Wie viel Leid könnte man dadurch verhindern, wenn Menschen, die in psychische Krisen geraten, schnelle und wirkungsvolle Hilfe bekämen, weil alle Akteure zusammenarbeiten.

Ich wünsche mir, dass viele Menschen diese Änderungen bei ihren Krankenkassen und Ärzten einfordern, denn nur so kann und wird es Neues geben. Fangen Sie bei sich an! Ändern Sie Ihre Essgewohnheiten und Ihren Lebensstil, erfahren Sie, was orthomolekulare Medizin ermöglicht, nehmen Sie Ihr Schicksal selbst in die Hand und warten Sie nicht mehr auf den Arzt, der Ihnen Medikamente verschreibt, sondern aktivieren Sie Ihren „inneren Arzt", der Ihnen langfristige Besserung bringt.

Meine Vision von personenbezogener Diagnostik

Aus meiner Sicht werden im psychiatrischen Bereich viel zu selten Laboruntersuchungen gemacht. Das heißt, das Blut des Betroffenen wird unzureichend nach diversen Fragestellungen untersucht. Im Folgenden eine Auswahl, welche Diagnostik aus meiner Sicht hilfreich ist:

Aminogramm und Gesamt-Eiweiß

Die Zusammensetzung der Aminosäuren sagt sehr viel darüber aus, ob für folgende Prozesse die notwendigen Ausgangsstoffe überhaupt vorhanden sind: Tryptophan für die Stimmung, Phenylalanin und Tyrosin für den Antrieb sowie

Tryptophan und Glycin, um zur Ruhe zu kommen. Da die anderen essenziellen Aminosäuren genauso gebraucht werden, sollten möglichst alle Aminosäuren gemessen werden, und zwar zusätzlich zum Gesamt-Eiweiß. Das Gesamt-Eiweiß sollte möglichst über 7,0 g/dl liegen, Werte unter 6,2 g/dl zeigen an, dass die Eiweißzufuhr nicht ausreicht und deshalb auch nicht damit gerechnet werden kann, dass sich psychische Probleme schnell ändern werden. Allerdings dauert es meist lange, bis der Gesamt-Eiweiß-Wert im Blut ansteigt. Da hilft nur regelmäßige Zufuhr und Geduld.

Fettsäuren-Analyse

Diese Analyse gibt darüber Aufschluss, wie die Zellmembran zusammengesetzt ist. Liegt der Omega-3-Index unter 8 %, kann man davon ausgehen, dass nicht nur die Zellmembran der Neuronen (Gehirnzellen) und der Körperzellen, sondern auch die Membran der Mitochondrien nicht optimal arbeiten. Wie ich bereits beschrieben habe, ist die Hülle der Zellen genauso wichtig wie alle anderen Zellorgane. Sie ist das Tor für den Stoffwechsel, sowohl von innen nach außen als auch von außen nach innen. Wenn die Membran nicht richtig arbeitet, können die Mitochondrien nicht ausreichend Energie produzieren. Es gibt heute schon Test-Kits, die man sich nach Hause schicken lassen kann. Dafür muss man also nicht extra ins Labor.

Homocystein

Wer Antiepileptika als Psychopharmaka nimmt, sollte seinen Homocysteinwert kennen, denn Antiepileptika tragen zu dessen Erhöhung bei. Der Wert sollte nicht höher als 10 µmol/l betragen, besser wäre zwischen 5 – 7 µmol/l. Homocystein ist einer der wichtigste Marker für die Funktion des Herz-Kreislaufsystems, er zeigt aber auch an, wie gut die Zellen mit den Vitaminen B9 und B12 versorgt sind. Für die Psyche bzw. das Gehirn ist der Marker sehr nützlich, weil die B-Vitamine nicht umsonst „Nervenvitamine" genannt werden. Sie werden für die enzymatischen Umwandlungsprozesse zur Bildung der Neurotransmitter benötigt. Liegt das Homocystein über 10 µmol/l kann man davon ausgehen, dass die B-Vitamine im Mangel sind. Die Werte verhalten sich umgekehrt proportional, d.h. je höher das Homocystein, umso geringer die B-Vitamine. Da es insgesamt acht verschiedene B-Vitamine gibt, ist deren einzelne Messung zwar möglich, aber relativ teuer. Der Homocystein-Wert ist nur ein Wert und kostet je nach Labor ca. 30 €. Trotzdem würde ich zusätzlich noch B9 und B12 im Serum messen lassen. Mehr dazu weiter unten.

Das kleine und große Blutbild
Das große Blutbild (eine treffendere Bezeichnung ist „Differenzialblutbild") kann man über den Hausarzt machen lassen, dann trägt die Krankenkasse die Kosten. Es beinhaltet auch das kleine Blutbild. Bitte lassen Sie sich die Werte zusammen mit den Referenzwerten aushändigen. Man kann an den Werten z.B. erkennen, ob ein Folsäuremangel (Vitamin B9) oder Vitamin B12-Mangel wahrscheinlich ist.

Ein Vitamin-B9-Mangel kann vorliegen, wenn das Volumen der Erythrozyten (das sind die roten Blutkörperchen) über 95 fl liegt. Der Messwert heißt MCV – der Referenzwert liegt (je nach Labor) meist bei 78–98 fl. Ein Mangel an B9 kann auch bei einem Mangel an weißen Blutkörperchen (Leukozyten) oder bei einem Mangel an Blutplättchen (Thrombozyten) vorliegen.

Es ist auch möglich, dass jemand beide Anzeichen hat, dann hat der Körper einen Mangel, egal, ob der Folsäurewert im Serum im Referenzbereich (4,5–20 ng/ml) liegt oder nicht. Mein Folsäurewert liegt über 25 ng/ml.

Sind die Leukozyten erniedrigt, ist das ein Anhaltspunkt für ein schwaches Immunsystem. Jedes Virus, das vorbeikommt, hat leichtes Spiel.

Bei einem niedrigen Hb-Wert (das ist der rote Blutfarbstoff Hämoglobin) kann nicht genug Sauerstoff gebunden und demzufolge auch nicht zu den Zellen transportiert werden. Die Folge davon sind Blässe und Müdigkeit. Die Ursache kann ein Eisenmangel sein. Um diesen einzuschätzen, braucht man noch weitere Werte, wie Ferritin und die Transferrin-Sättigung. Das kleine Blutbild gibt einen ersten Anhaltspunkt. Gibt es etwas Auffälliges, muss man weitersuchen.

Wenn das kleine und große Blutbild keine Auffälligkeiten bietet, weil alle Werte im Normbereich liegen, heißt das noch lange nicht, dass es keine Vitalstoffmängel gibt. Denn diese werden mit dieser Messung gar nicht erfasst.

Die Kombination von niedrigem Hb-Wert (unter 12 g/dl bei der Frau und unter 14 g/dl beim Mann) mit vergrößertem Volumen (MCV) kann auf einen B12-Mangel hinweisen. Dann macht es Sinn, den **B12-Wert im Serum** zu messen. Der Referenzwert liegt je nach Labor zwischen 200–2000 pg/ml (Labor Augsburg). Beim IMD Berlin wird 197–771 pg/ml angegeben. Das sind riesige Unterschiede beim gleichen Parameter – das muss man einfach wissen. Ich achte darauf, dass mein B12-Spiegel über 1.000 pg/ml liegt. Für mich heißt das: volle Power!

Liegen sowohl die B9- als auch die B12-Werte im Serum im unteren Referenzbereich, lohnt eine zusätzliche Einnahme immer. Ohne diese Vitamine kann keine gute Stimmung entstehen. Übrigens kann das Kribbeln von Händen und Füßen ebenfalls auf einen B12-Mangel hindeuten, es kann aber auch eine zu geringe Ferritin-Versorgung, ein katastrophales Aminogramm, eine Schilddrüsenunterfunktion und noch anderes die Ursache für das „Ameisenkribbeln" sein.

Schilddrüse

Für die Einschätzung der Schilddrüse werden folgende Parameter gebraucht:

TSH ist der Wert, der vom Hausarzt auf Kasse gemessen werden kann. Je höher er steigt, um so langsamer arbeitet die Schilddrüse. Je langsamer, desto mehr muss vom Thyroidea-stimulierendem Hormon gebildet werden. Das TSH hat nämlich die Aufgabe die Aktivität der Schilddrüse zu regulieren. Deshalb kann ein Wert über 2,5 mE/l bereits eine Schwächung der Schilddrüse bedeuten. Werte, die kleiner sind als 0,3 mE/l deuten auf eine Überfunktion hin, also ein Zuviel an Hormonen. Menschen mit einer Schilddrüsen-Überfunktion nehmen nur sehr schwer zu, sind ständig angespannt, nervös und leicht reizbar. Weder eine Überfunktion noch eine Unterfunktion ist gut. Einen Wohlfühl-Idealwert gibt es nicht, sondern nur eine individuelle Spannbreite von 0,3 bis 2,5 mE/l.

Das TSH allein reicht jedoch nicht zur Beurteilung der Schilddrüsen-Funktion aus. Leider wird aber meist nur dieser Wert gemessen. Es braucht noch das **freie T3,** das **freie T4** und das **rT3.** Das Tri-Jod-Thyronin (T3) ist das an drei Jod-Atome gebundene Thyronin und das Tetra-Jod-Thyronin (T4) ist das an vier Jod-Atome gebundene Thyronin, es wird meist als **L-Thyroxin** bezeichnet und in der Psychiatrie häufig zusammen mit Lithium verordnet, um die Schilddrüse „zu schützen." Beide Werte sollten im mittleren bis oberen Normbereich liegen. Allerdings muss man sich bei der Interpretation immer bewusst sein, dass die Messung im Blut erfolgt, T3 seine Wirkung aber erst intrazellulär, also erst in der Zelle entfaltet. Dazu muss es erst durch den T3-Rezeptor hineingelassen werden und der ist u.a. selenabhängig. Das ist der Grund, warum auch der Selenwert bestimmt werden sollte, sonst kann man das Schilddrüsengeschehen gar nicht richtig einschätzen.

Ist das rT3 hoch, kann eine Störung bei der Umwandlung von T4 (Speicher) zu T3 (aktives Hormon) vorliegen oder es gibt ein Überangebot an T3 und der Körper versucht es zu bremsen, indem ein Jodteilchen umgebaut wird, das T3 inaktiviert. Übrigens kann auch Stress dabei eine Rolle spielen. Dadurch steigt das Cortisol und zu viel Cortisol, fördert auch rT3. Deshalb macht eine rT3 Messung Sinn, wenn psychische Probleme wie Gedächtnis- und Konzentrationsstörungen, Müdigkeit oder Antriebslosigkeit vorherrschen.

Hashimoto-Thyreoiditis ist eine Sonderform der Schilddrüsen Unterfunktion. Dabei handelt es sich um eine Autoimmunerkrankung, die häufiger bei Frauen auftritt, weil sie im Vergleich zu Männern stärkere hormonelle Umstellungen erleben (Schwangerschaften, Menopause) Noch häufiger tritt die Hashimoto bei Frauen mit psychischen Problemen auf. Deshalb ist es wichtig zu wissen, ob man vielleicht „eine Hashimoto" hat, denn deren Symptome sind häufig denen einer Depression ähnlich. Dafür müssen die spezifischen Antikörper TOP und TAK gemessen werden. Wird die Schilddrüse unterstützt und die Entzündungsneigung gebessert, können dadurch auch die psychischen Probleme gelindert werden.

Weitere Co-Faktoren für das Gehirn

Die folgenden Parameter sind Cofaktoren für die ausreichende Produktion von Neurotransmittern bzw. für die Mitochondrien-Funktion. Ohne Messung können Sie nicht feststellen, an welcher Stelle Ihr System nicht richtig funktioniert. Kennt man die Stellen, kann man gezielt auffüllen und braucht später dann auch nur noch diese Werte kontrollieren.

25-OH-Vitamin D: Meine Empfehlung ist: Bitte streben Sie Werte im oberen Normbereich an. Wenn das Labor den Referenzbereich von 30 – 80 ng/ml angibt, dann streben Sie diese 80 ng/ml an. Ich kenne mehrere Betroffene, bei denen sich ab 80 ng/ml die Depression endlich aufhellte. Vitamin D ist an über tausend Stoffwechselprozessen beteiligt. Jede Zelle hat Vitamin-D-Rezeptoren, d.h., dass auch jede Zelle Vitamin D benötigt.

Auf den Webseiten der Sonnenallianz oder dem Vitamin-D-Service von Dr. Raimund von Helden gibt es kostenlose Vitamin-D-Rechner und viele Informationen rund um dieses für die Psyche so wertvolle Prohormon.

Übrigens tritt ein Vitamin-D-Mangel, ein Progesteron-Mangel und eine Autoimmune Schilddrüsenerkrankung häufig zusammen auf. Gleicht man den Vitamin-D-Mangel aus, verbessert sich die Schilddrüsenstoffwechsellage, die Antikörper bei Hashimoto sinken und meist zieht dann die Psyche nach und wird stabiler.

Mineralstoffprofil: Das IMD Berlin/Potsdam bietet einen Paketpreis für die Messung von 11 Mineralstoffen und 6 Schwermetallen an. Das Labor nennt das Paket „Mineralstoffprofil 11+6". Es kostet ca. 82€. Die Auswertung ist sehr anschaulich aufbereitet, sodass man auch als Laie sofort erkennen kann, wo man steht. Von den dort aufgeführten Mineralstoffen sind die ersten fünf in besonderem Maße für die Psyche wichtig, und zwar in der Reihenfolge, wie sie dort aufgelistet werden: **Magnesium, Selen, Zink, Calcium und Kalium.** Mineralstoffe dürfen nicht einzeln betrachtet werden, sondern wie eine zusammenhängende Gruppe. Über die Konzentration von verschiedenen Mineralstoffen wird der Stoffaustausch in die Zelle hinein und hinaus sowie der Transport im extrazellulären Raum reguliert. Das hat wieder etwas mit den physikalischen Eigenschaften der Metall-Kationen und -Anionen zu tun. Die anderen sechs Werte sollten aber auch im grünen Referenzbereich liegen.

Coenzym Q10 – Dieses Coenzym kennen Sie vielleicht aus der Werbung für Kosmetikprodukte, weil es auch in der Haut schützend wirkt. Ein anderer Begriff, der das gleiche meint, ist „Ubichinon" (lat. „ubique" = überall), weil diese vitaminähnliche Substanz in allen Zellen von Menschen, Tieren, Pflanzen und Bakterien vorkommt. Es wird normalerweise ausreichend vom Körper selbst hergestellt, wenn die Ausgangs- und Vorstufen vorhanden sind. Gibt es z.B. einen Mangel an Tyrosin, SAM oder den Vitaminen B3, B5, B6, B9 und B12 sowie Vitamin E kann die körpereigene Synthese signifikant vermindert sein und zu einem Coenzym-Q10-Mangel führen.[3]
Des Weiteren sinkt mit zunehmendem Alter die Eigenproduktion, sodass mit 60 Jahren nur noch etwa die Hälfte der Menge produziert wird, wie mit 30 Jahren. Coenzym Q10 liegt in oxidierter und reduzierter Form vor, vor allem in Membranen mit hohem Energieumsatz, zu denen die Mitochondrien gehören. Beide Formen werden ständig ineinander umgewandelt, sie beeinflussen sowohl die Struktur als auch die enzymatische Ausstattung der Zellmembranen. Da das Gehirn einen enorm hohen Energiebedarf und -verbrauch hat, ist es besonders fatal, wenn die Mitochondrien dort nicht richtig arbeiten können. Jede Funktionsstörung der Mitochondrien führt zu Symptomen von Energiemangel, Kraftlosigkeit und Müdigkeit und deshalb auch zu depressiven Verstimmungen oder Stimmungsschwankungen. Das hat erst einmal gar nichts mit den Neurotransmittern zu tun. Besteht eine medikamentöse Behandlung nur darin, dass die Neurotransmitter durch Psychopharmaka beeinflusst werden, fehlt es aber an den Ausgangsstoffe für die Q10-Bildung, kann sich der psychische Zustand nicht verbessern. Dann sind die Psychopharmaka das falsche Mittel am falschen Ort. Das ist ungefähr so, als wenn Sie Kuchen nur mit Backpulver backen wollen. Haben Sie keine Eier, Butter und Mehl nützt Ihnen das Backpulver gar nichts.

Alle energieabhängigen Organe brauchen Coenzym Q10, dazu gehört auch die Schilddrüse, das Herz und selbstverständlich das Gehirn.

Der Coenzym-Q10-Wert sollte bei 2,5 mg/l eingestellt werden, wenn jemand Statine (Cholesterinsenker) nimmt, denn Statine blockieren die Synthese von Coenzym Q10 oder wenn jemand genetisch bedingt hohe Cholesterinwerte hat. Auch wenn Sie solche Medikamente nicht brauchen, sollten Sie Ihren Q10 Spiegel kennen und ggf. anheben.

Ich hatte in vorherigen Kapiteln auch über Vitamin C und seine Bedeutung für die Psyche gesprochen. Der Blutwert für Vitamin C ist großen Schwankungen unterlegen, deshalb ist eine Blutmessung meist nicht aussagekräftig. Sorgen Sie lieber dafür, dass Sie mindestens ein Gramm Vitamin C, in stressigen Zeiten eher drei Gramm, am Tag aufnehmen.

Eisen bzw. Ferritin

Eisen ist das quantitativ bedeutendste Spurenelement, es ist essenziell für die Funktion aller Zellen und insbesondere für den Energiestoffwechsel und Sauerstofftransport. Es ist das häufigste Spurenelement im Körper. Es ermöglicht uns Leben, denn eisenhaltige Proteine erlauben die Sauerstoffbindung und -Verfügbarkeit. Der rote Blutfarbstoff Hämoglobin hat seine Farbe vom Eisen.

Eisen ist Bestandteil einer riesigen Bandbreite an Proteinen und Enzymen im Körper – es reguliert: Immunfunktion, Neurotransmitter, Zellenergie, Durchblutung, Entgiftung und vieles mehr. Aber auch hier gilt, dass weder ein Zuwenig noch ein Zuviel gut ist. In hohen Mengen fungiert Eisen im Körper als Schwermetall und kann damit auch zum Problem werden.
Ein Eisenmangel zeigt sich in vielen unspezifischen Symptomen, u.a. in reduzierter Leistungsfähigkeit, Müdigkeit, Konzentrationsstörungen und einer ADHS-Symptomatik. Bei einem Ferritinwert von unter 30 µg/l, das ist das Speichereisen, kommt es bereits zu Einschränkungen. Zum Beispiel fallen die Schilddrüsen-Werte für fT3 und fT4 ab.

Wenn Sie Eisenpräparate und Schilddrüsenhormone nehmen, achten Sie darauf, diese mit einem Abstand von mindestens 3-4 Stunden einzunehmen. Ich habe die besten Erfahrungen gemacht, wenn ich die Schilddrüsen-Hormone morgens und die Eisenkapsel zur Nacht genommen habe – und bitte auch nicht mit anderen Mineralstoffen wie Magnesium, Kalium oder Calcium kombinieren.

Übrigens je weniger tierische Produkte gegessen werden, um so ausgeprägter ist der Selen-, Jod- und Eisenmangel.

Stehen die Laborergebnisse fest, muss der Betroffene individuell beraten werden, um seine spezifischen Mängelzustände zu beseitigen. Deshalb sollte ein Psychiater auch Kenntnisse in orthomolekularer Medizin haben. Eine solche Zusatzausbildung kann man in ca. 6 Monaten absolvieren, da sie auf dem Medizinstudium aufbaut, z.B. beim Forum für orthomolekulare Medizin. Nähere Information finden sie auf der Webseite: https://fom-online.de

Es gilt das Prinzip: Messen und machen, nach 3 Monaten messen und machen, nach 6 Monaten messen und machen und dann ggf. einmal jährlich messen und machen.

Mögliche Strategie

Bitte bedenken Sie, dass folgende Empfehlungen nur sehr allgemein sind und auch nur allgemein sein können. Jeder von uns ist ein Individuum mit seinem ganz eigenen Stoffwechsel. Was mir geholfen hat, fehlt Ihnen vielleicht gar nicht. Deshalb ist das Messen im Blut so wichtig. Ich liste hier einige Nährstoffe auf, die nach meiner Erfahrung bei Menschen mit psychischen Problemen meist unzureichend sind.

Ich stütze mich dabei auch auf die Erfahrung von schon lange auf dem Gebiet tätigen Ärzten, wie z. B. Dr. Ulrich Strunz und Dr. Helena Orfanos-Böckel, die darüber auch Bücher geschrieben haben. Wie viel Sie tatsächlich brauchen, hängt von Ihrem Blutspiegel ab. Es ist nicht sinnvoll, wenn ich Ihnen meine Einnahme-Mengen aufschreibe, denn diese gelten nur für mich. Ihre müssen Sie erst herausfinden.

- Anheben des Vitamin D-Spiegels auf ca. 80 ng/ml (Diese Einstellung ist individuell und basiert auf einem Laborwert. Ohne Ausgangsspiegel und einen Vitamin-D-Rechner geht es nicht!)
- Vitamin-B-Komplex täglich (mit mind. 400 µg B9 und 800 µg B12)
- Magnesium: mind. 400 mg
- Zink: mind. 10 mg
- Aminosäuren als Presslinge, Shakes, Konzentrat, Kapseln: zwischen den Mahlzeiten
- Omega-3 Fettsäuren als Öl oder Kapsel, so dass mind. 1.000 mg EPA am Tag aufgenommen wird
- Coenzym Q10: mind. 100 mg,
- Selen als Natriumselenit: mind. 100 µg

Nahrungsergänzungsmittel kaufe ich derzeit nur bei deutschen Anbietern, die freiwillige Qualitätskontrollen auf ihren Webseiten veröffentlichen. Das sind die Firmen „norsan.de“, „Sunday.de“, „Edubily.de“, „Strunz.com“ und „natugena.de“.

Ich höre häufig, dass Betroffene diese Blutmessungen übergehen wollen, weil sie doch so teuer seien. Ja, Labormessungen kosten Geld. Die wichtigsten Basiswerte kosten nach meiner Erfahrung zusammen ca. 250 €.
Bedenken Sie aber Folgendes: Wenn die Tankanzeige Ihres Autos einen niedrigen Füllstand anzeigt, dann suchen Sie baldmöglichst eine Tankstelle auf. Sie wissen, dass das Tanken Geld kostet. Sie wissen aber auch, dass das Auto nicht weiterfährt, wenn der Tank leer ist und Sie auf offener Straße irgendwo im Niemandsland liegen bleiben könnten.

Wenn Ihre Psyche leidet, leidet im Grunde Ihr Gehirn, weil es nicht alles bekommt, was es braucht. Es kann dann auch irgendwann nicht mehr weiter und bremst Sie derart aus, dass Sie Ihr Leben nicht mehr so leben können, wie Sie es möchten.

Es ist logisch, erst einmal herauszufinden, was genau fehlt. In anderen Lebensbereichen ist das eine Selbstverständlichkeit: Eine kluge Hausfrau sieht vor dem Einkaufen nach, was gebraucht wird, und kauft nur das ein, was fehlt. Ein kluger Hausbesitzer bestellt nur so viel Kohle, Heizöl oder Holz, wie in seinen Keller oder seinen Tank passt. Ein kluger Restaurantbesitzer bestellt nur so viel Ware, wie er auch verkaufen kann. Als kluger Gehirnbesitzer sollte man auch so herangehen, denn sonst könnte es sein, dass Sie Nährstoffe einnehmen, die Sie gar nicht brauchen oder deren Dosis zu gering ist, um eine Wirkung zu entfalten.

Ich kann im Rahmen dieses Buches die Problematik nur ansatzweise erklären. Daher empfehle ich Ihnen die Bücher von Dr. Ulrich Strunz, wie z.B. „Blut – unser flüssiges Organ" oder „77 Tipps für ein gesundes Gehirn" und insbesondere die Bücher von Dr. Orfanos-Böckel mit dem Titel „Nährstoff-Therapie" und „Nährstoff-Therapie, Praxisleitfaden". Es gibt zurzeit nichts Besseres auf dem Büchermarkt, in dem die Zusammenhänge so verständlich und konkret dargestellt werden. Diese Bücher sind auch eine Empfehlung für Ihren Hausarzt oder Psychiater oder auch ein schönes Geschenk zum Geburtstag oder zu Weihnachten.

Meine Vorgehensweise

Da es sich um ein recht umfangreiches Programm handelt, habe ich auch nicht alles auf einmal machen können. Ich habe mich Schritt für Schritt voran getastet, alles im allem brauchte ich mehr als zwei Jahre dafür.
Als erstes habe ich mich auf meine Ernährung konzentriert. Heute ernähre ich mich im Wesentlichen eiweiß- und gemüsebetont nach den LowCarb-Prinzipien. Ich meide – soweit möglich – Zucker, Weizen und Milch, esse aber fermentierte Milchprodukte wie Käse, Quark und Kefir. Wir kochen jeden Tag mit frischen Zutaten selbst.

Außerdem praktiziere ich das Intervall-Fasten, versuche also 16 Stunden am Stück nichts zu essen. Nach einigem Ausprobieren hat sich für mich die Zeit zwischen 20 Uhr und 12 Uhr am nächsten Tag als praktikabel erwiesen.
Danach habe ich Blutmessungen durchführen lassen, um zu erfahren, ob und welche Vitalstoff-Mängel ich hatte. Diese habe ich aufgefullt.

- Den Vitamin-D-Spiegel habe ich innerhalb von 10 Tagen mit einer Hochdosistherapie in den gewünschten Bereich gebracht. Es hat mehrerer Messungen bedurft, bis ich meine Erhaltungsdosis gefunden hatte. Diese nehmen ich jeden Tag.

- Um den Omega-3-Index auf über 8 % zu heben, waren mehr als drei Monate nötig. Den Omega-3-Index auf 12% zu steigern und sowohl DHA als auch EPA in einen oberen Bereich zu bringen, hat zwei Jahre gedauert.

- Der Selenspiegel stieg schnell und gut mit Selenmethionin. Um ihn zu halten, nutze ich Natriumselenit.

- Mein Magnesiumspiegel brauchte fünf Monate, bis überhaupt irgendeine Veränderung im Blut messbar war. Meine Magnesiumspeicher, die sich vor allem im Knochen und im Muskel befinden, müssen sehr niedrig gewesen sein. Deshalb hat es so lange gedauert, bis sie wieder aufgefüllt waren.

- Es waren auch andere Mineralstoffe, wie z.B. Zink im Mangel. Hier stieg mein Spiegel schnell an und ich kann ihn gut mit einer geringen Dosis halten.

- Um einen guten Gesamt-Eiweiß-Spiegel bemühe ich mich immer noch, er liegt ständig am unteren Referenzbereich, obwohl mein Aminogramm gute Werte aufweist. Ich brauche täglich zusätzlich zum Essen Aminosäuren-Supplemente, weil sonst meine Spiegel zu niedrig bleiben.

- Die Werte meiner Schilddrüse habe ich mit Schilddrüsen-Hormonen optimiert. Sie arbeiteten viel zu langsam und sowohl das freie T4 als auch das freie T3 waren zu niedrig. Mir fehlte Jod, Selen und Progesteron.

- Erst durch Messung wurde festgestellt, dass mein Progesteron- und Östrogenspiegel viel zu niedrig war. Ich nehme seitdem bioidentische Hormone.

- Durch Messungen von Rest-Titern konnte ich ausschließen, dass Viren, die ich im Laufe meines Lebens „eingesammelt" habe, wie z.B. das Eppstein-

Barr-Virus, mich belasten. Sie werden von meinem Immunsystem gut in Schach gehalten.

Der nächste Schritt war eine bessere Blutdruckeinstellung. Dank der modernen Technik gibt es inzwischen Geräte, z.B. von der Firma „Aktiia“, mit denen ich meinen Blutdruck 24 Stunden am Tag selbstständig überwachen kann.

Ich ließ testen, ob ich eine Schlafapnoe habe. Das war zum Glück nicht der Fall. Ich ging zu einem orthomolekular arbeitenden Zahnarzt, der tote Zähne und Amalgamreste entfernte.

Wir haben uns einen Hund angeschafft und gehen mit ihm täglich meist acht- bis zehntausend Schritte an die frische Luft, insbesondere am Morgen.

Meine Arbeitszeit kann ich nach meinen Bedürfnissen einteilen, so vermeide ich weitestgehend Stress und Druck.

Etwa jedes halbe Jahr lasse ich nachmessen, ob noch alles in Ordnung ist und passe ggf. meine Strategien an.

Ja, das kostet alles Zeit, Aufmerksamkeit und Geld, aber meine Stabilität, die nun schon zehn Jahre andauert, ist mir das wert.

Was ein gesundes Gehirn und eine gesunde Psyche brauchen

In diesem Kapitel möchte ich die bisher geschilderten Erkenntnisse zusammenfassen: Psychische Probleme treten nie allein auf, sie entstehen fast immer im Zusammenhang mit langandauerndem Stress, der die Nährstoffspeicher allmählich leert und das Immunsystem über längere Zeit unterdrückt. Auslöser können sowohl psychischer als auch physischer Natur sein. Unser Organismus macht in seiner Stressreaktion keinen Unterschied, mit welchem konkreten Stressor er sich konfrontiert sieht. Er wehrt sich mit genau den gleichen Strategien gegen einen Virus, einen emotionalen Stressor oder eine körperliche Verletzung. Wenn die Psyche leidet, kann sich der seelische Schmerz in körperlicher Erkrankung niederschlagen, genau wie ein körperlicher Schmerz eine depressive Verstimmung triggert.

Oft kommt dann ein Teufelskreis in Gang. Wegen des Stresses werden Tätigkeiten, die zeit- oder arbeitsaufwändig sind, zunehmend vernachlässigt. Das kann z.B. eine nährstoffreiche Ernährung, das Kochen und bewusste Einkaufen sowie ausreichende Bewegung und Ausgleich durch Entspannung sein. Weil die Vitalstoffe und der Stressausgleich fehlen, kann der Körper eine Entzündung nicht mehr vollständig auflösen und sie schwelt unbemerkt fort.

Es ist bequem, einfach und schnell in dieser Situation auf hochverarbeitete Industrie-Nahrung, Fertigprodukte, gesüßte Getränke und Fast Food zurückzugreifen. Es macht satt und schmeckt. Die Probleme stellen sich erst allmählich ein, weil der Körper Mängel lange kompensieren kann.

Plötzlich, manchmal wie aus dem Nichts, ist die Krise da. Steckt man in einer akuten Krise, ist der Weg heraus langwierig, aufwändig und erscheint fast unmöglich. Deshalb ist der Griff zum Medikament so leicht, vor allem auch, wenn es der Arzt verschreibt. Medikamente unterdrücken Symptome, ändern aber nichts an den Ursachen der Erkrankung. Deshalb kann ein Medikament eine Zeit lang helfen, aber Sie sollten sich damit nicht zufriedengeben.

Wenn Sie Ihre Stabilität zurückhaben wollen, geht das nur über eine langfristige Lebensstiländerung. Sie müssen so leben, dass die Störung keine Chance mehr hat, zu stören oder anders gesagt, Sie müssen Ihrem Gehirn alles geben, was es braucht, um Ihnen eine stabile Psyche zu bauen. Insbesondere Menschen mit Bipolarer Störung haben die Chance stabil zu werden nur, wenn sie ihre eigenen Trigger kennen und diesen keinen Raum geben. Dazu braucht es einerseits Wissen über die Zusammenhänge und ein Bündel an Maßnahmen, die ich Ihnen im Detail in meinem Buch vorgestellt habe. Ein selbstbestimmtes Leben nach den Erfordernissen der Krankheit ist möglich.

Das Gehirn braucht Nahrung, die es nährt

Das Gehirn braucht Nahrung, die es nährt[1], neue Neuronen zu generieren und Schäden zu reparieren. Diese Ernährung muss die dafür notwendigen Baustoffe enthalten, und zwar in ausreichender Menge: Aminosäuren, gute Fette und diverse Vitalstoffe. Der Hippocampus, einer der wenigen Bereiche des Gehirns, in dem Neurogenese (Neubildung von Gehirnnervenzellen) stattfindet, profitiert von allen beschriebenen Nährstoffen, insbesondere von Kokosöl, Alpha-Liponsäure und den Omega-3 Fettsäuren.

Die Elemente der **mediterranen Ernährung** sind ein Beispiel, an dem man sich bei der Nahrungsauswahl orientieren kann. Im Internet sind unter diesem Stichwort Lebensmittellisten, viele Rezepte und Kochbücher zu finden. Einen großen Anteil machen Gemüsesorten und Obst aus, auch Hülsenfrüchte, Nüsse, Saaten sowie Fisch, Meeresfrüchte und fermentierte Milchprodukte. Das Olivenöl hat in der mediterranen Küche einen hohen Stellenwert. Auch Kräuter und Gewürze werden häufiger verwendet als Salz.

Im Norddeutschen Rundfunk (NDR) gibt es eine Sendereihe der „Ernährungs-docs". Hier wird gezeigt, auf welche Weise diverse Erkrankungen durch eine Ernährungstherapie gelindert oder sogar geheilt werden können. Es gibt auch ein paar Folgen zum Thema Depression. Es lohnt sich, diese ggf. in der Mediathek anzuschauen. Auf der Webseite des Senders finden Sie außerdem eine Rubrik mit Rezepten, die sich leicht nachkochen lassen. Mir gefällt an der Serie, dass den Betroffenen sehr anschaulich erklärt wird, welche Ursachen ihr gesundheitliches Problem hat und warum die empfohlene Ernährungstherapie hilfreich sein kann – ohne dabei jemanden vorzuführen.

Seit einigen Jahren betreibe ich selbst die Internetseite bipolar-lotse.de. In meinem Blog finden Sie regelmäßige Zusammenfassungen und Übersetzungen von aktuellen Studien zum Thema Ernährung und psychische Gesundheit. Eine ebenfalls wertvolle Hilfestellung bieten die gesundheitsbezogenen Beiträge auf der Internetseite schoenkost.com. Dort finden Sie zahlreiche interessante Inhalte, zu den in diesem Buch besprochenen Themen, weitere Quellen und viele leckere Rezepte zum Nachkochen.

Behalten Sie stets im Gedächtnis: Zucker, Weizen und Milch fördern Entzündungen. Deshalb meiden Sie solche Produkte. Bedenken Sie, dass jeder selbst entscheidet, was er sich täglich in den Mund steckt. Allerdings korrumpieren Zucker und Weizen das Gehirn, sodass man ein großes Verlangen nach genau diesen Produkten verspürt. Ein Verzicht kann sich wie ein kalter Entzug anfühlen, aber erst nach einigen Tagen hört das Gehirn auf zu „meckern". Da müssen Sie durch!

Geben Sie Ihrem Gehirn die Chance, die stillen Entzündungen, die diese Stoffe in Ihrem Gehirn ausgelöst haben, aufzulösen und abzubauen. Verzichten Sie auf „leere" Kohlenhydrate, die außer Kalorien nur sehr wenig Nährstoffe enthalten: gesüßte Getränke, wie Cola oder Eistee, aber auch alle Backwaren (ja, auch Brot), Fertigprodukte, Fast Food, Essen-to-go.

Haben Sie Eiweiß auf dem Teller, empfehle ich Ihnen, dieses zuerst zu essen, denn Eiweiß sättigt am stärksten und schnellsten. Ein Tier hört auf zu essen, wenn es seinen Eiweißbedarf gedeckt hat, das gilt auch für den Menschen. Danach das Gemüse, vielleicht gelingt es Ihnen auf diese Weise, die sogenannten Sättigungsbeilagen (Nudeln, Kartoffeln, Reis) zu reduzieren oder wegzulassen. Das allgegenwärtige Brot lässt sich durch Gemüsescheiben ersetzen oder durch Brot, das aus Mandel- und Kokosmehl gebacken wurde. Auch dafür gibt es im Internet Anbieter, die solche fertigen Backmischungen verschicken.

Für das Frühstück eignen sich mehrere Eier, z.B. als gekochtes, Spiegel- oder Rührei, vielleicht sogar mit Speck. Sie können es auch mit allerlei Gemüse, z.B. mit Tomaten oder Pilzen aufpeppen. Auch Haferflocken in all ihren Variationen, als Over-Night-Porridge oder Bircher Müsli mit Nüssen und/oder Beeren eignet sich gut. Hafer ist im Gegensatz zu Weizen durch Zucht kaum verändert, d.h. unser Stoffwechsel kennt ihn schon „sehr lange". Er bringt pflanzliches Eiweiß mit und den für die Leber wichtigen Ballaststoff Beta-Glucan. Außerdem enthält Hafer viele gehirngesunde Nährstoffe. Wer trotzdem nicht satt wird, kann noch eine Handvoll Nüsse essen.

Etwas schwieriger ist die eigene Essenversorgung, wenn man unterwegs ist. Es ist nach meiner Erfahrung fast unmöglich, gehirngesunde Gerichte in Schnellrestaurants, Kiosken oder auf Bahnhöfen zu bekommen. Dafür können Sie fast überall Fast Food und Backwaren kaufen. Dann hilft es nichts, man muss sich gut vorbereiten und sein Essen mitnehmen. Dafür eignen sich gekochte Eier oder Rührei-Muffins, bereits mundgerecht zugeschnittenes Gemüse oder Obst, das seine Verpackung mitbringt, wie Äpfel, Birnen oder Bananen. Auch kleingeschnittene Käsewürfel oder Salami-Sticks kann man gut mitnehmen. Wenn es keine andere Möglichkeit gibt, kann man auch auf Protein-Riegel und eine Packung Nüsse zurückgreifen.

Gehen Sie selbst einkaufen, vor allem frisches Gemüse der Saison, hochwertiges Eiweiß und fermentierte Produkte. Probieren Sie ruhig mal Sorten aus, die Sie noch nicht kennen. Außer Tomaten und Gurken gibt es noch viele andere Gemüsesorten. Bevorzugen Sie Produkte, die kein Etikett haben, dann können Sie sicher sein, dass es sich um natürliche, unverarbeitete Lebensmittel handelt.

Alle, in irgendeiner Weise bearbeitete oder verarbeitete Produkte müssen ein Etikett haben, damit der Verbraucher weiß, was drin ist. Lesen Sie die Etiketten der Verpackungen bewusst. Je länger die Liste der Inhaltsstoffe, umso weniger sollten Sie von diesen Produkten kaufen. Obwohl alle Zusatzstoffe, Konservierungsmittel und Aromen einzeln zugelassen sind, kann niemand sagen, was die Kombination aus vielen solcher Stoffe tatsächlich im Körper bewirkt.

Setzen Sie sich zum Ziel, möglichst viele verschiedenen Farben, am besten alle Farben des Regenbogens täglich auf dem Teller zu haben. Die Pflanzenfarben enthalten die sekundären Pflanzenstoffe, die uns guttun und die Gesundheit unterstützen.

Bereiten Sie Ihre Mahlzeiten frisch zu. Überlegen Sie eventuell, wer Sie dabei unterstützen kann. Kochen kann Spaß machen, vor allem, weil man das Ergebnis seiner Arbeit schnell sieht. Einkaufen und Mahlzeiten planen kann einen Tag strukturieren und dem Gehirn eine neue Aufgabe geben. Die Energie folgt der Aufmerksamkeit. Die Beschäftigung lenkt von schwarzen Gedanken ab und Sie kommen unter Menschen. Die Vorfreude auf das selbst zubereitete und wohlschmeckende Essen kann wie eine selbsterfüllende Prophezeiung wirken.

Wenn Sie sich bewusst machen, dass Sie selbst tätig geworden sind, Sie selbst etwas Sicht- und Essbares zustande gebracht und Sie sich selbst damit auch noch etwas Gutes getan haben, haben Sie Ihr eigenes Antidepressivum produziert. Die Vorfreude lässt Ihr Dopamin anspringen und die Wohltat des Essens stimuliert Ihr Serotonin, das Wohlfühlhormon. So einfach kann es sein, seine Stimmung zu verbessern.
Halten Sie die Mahlzeitenstruktur ein, nämlich zwei oder drei regelmäßige Hauptmahlzeiten. Die Betonung liegt auf regelmäßig, auch das strukturiert den Tag. Probieren Sie auch mal das Intervall-Fasten aus, es gibt dem Körper die Chance in längeren Essenspausen richtig aufzuräumen. Außerdem erhöht es die Freude auf die nächste Mahlzeit.

Essen Sie jeden Tag eine Handvoll Nüsse, das kann und darf auch mal zwischendurch sein. Diese liefern pflanzliches Eiweiß, gute Fette und viele Vitalstoffe, insbesondere die B-Vitamine, die nicht umsonst Nervenvitamine heißen.

Sorgen Sie gut für die Vielfalt in Ihrem Darm. Probiotika, Präbiotika und Symbiotika zum Ausgleich des Ungleichgewichts der Darmmikrobiota sind vor allem in fermentierten Produkten enthalten. Auch diese sollten häufig auf dem Speiseplan stehen. Probieren Sie doch mal frisches Sauerkraut (nicht erhitzt), Kefir, Miso-Paste und Kombucha.

Essen Sie mit Genuss und langsam (gut gekaut ist halb verdaut) und ohne negative Gefühle. Richten Sie Ihre Aufmerksamkeit auf den Geschmack und nicht auf das Handydisplay. Es gibt keine Verbote, nur Empfehlungen bestimmte Dinge zu meiden. Seien Sie nicht zu streng mit sich, dann verliert man schnell die Motivation. Niemand fällt tot um, wenn er mal etwas Ungesundes isst. Es darf nur nicht dreimal am Tag und sieben Tage die Woche sein. Machen Sie sich bewusst, dass Sie mit jeder gesunden Mahlzeit Ihrem Ziel einen Schritt näherkommen. Ein chinesisches Sprichwort sagt: „Auch die längste Reise beginnt mit dem ersten Schritt." Ernährungsumstellungen sind genauso anspruchsvoll wie Änderungen von Gewohnheiten. Deshalb beginnen Sie mit den Dingen, die Ihnen relativ leichtfallen.

Um seine weniger hilfreichen Gewohnheiten zu überwinden, können Sie außerdem Folgendes tun:

- Stellen Sie eine Obstschale in Sichtweite auf den Tisch, das fördert den Verzehr von Obst.
- Bereiten Sie sich mundgerecht geschnittenes Gemüse zu, das erleichtert den Griff zu gesunden Snacks.
- Halten Sie einige hartgekochte Eier auf Vorrat bereit. Wenn der Heißhunger kommt, können Sie ihn damit besänftigen.
- Essen Sie Ihre Hauptmahlzeiten von kleinen Tellern, das reduziert die Portionsgröße.
- Planen Sie Ihre Mahlzeiten, das hilft dabei sich ausgewogen zu ernähren.
- Gehen Sie nur mit Einkaufliste und gesättigt einkaufen, das verhindert Impulskäufe.
- Stellen Sie sich einen Wecker oder einen „Timer", um Ihre Essenspausen einzuhalten.
- Meiden Sie Elektronik am Esstisch, das fördert achtsames Essen.
- Nutzen Sie farbige Trinkgläser, das fördert den Wasserkonsum.
- Wenn Sie Snacks brauchen, dann portionieren Sie diese vorher oder wiegen Sie sie ab, das verhindert Überessen.

- Nutzen Sie Ernährungsanalyse-Apps, mit denen Sie dokumentieren können, was Sie gegessen und getrunken haben. Man kann sich nämlich ganz schön verschätzen.

- Sorgen Sie für „dunkle Tage" vor, halten Sie dafür gesunde Naschereien parat, zum Beispiel Trockenfrüchte, Gemüse-Chips oder dunkle Schokolade, vielleicht auch einen gut schmeckenden, hochwertigen Eiweißshake.

Vermutlich werden Sie durch diese Maßnahmen deutliche Verbesserungen feststellen. Insbesondere wenn Sie älter als 40 Jahre sind, wird das eventuell jedoch nicht ausreichen, um dauerhaft stabil zu bleiben. Wenn Sie durch Messungen festgestellt haben, dass Sie trotz der geänderten Ernährung Ihre Speicher nicht voll auffüllen können, dann ist auch der Einsatz von Nährstoffen als Nahrungsergänzungsmittel angebracht. Wie schon im vorhergehenden Kapitel erläutert, halte ich folgende Stoffe für besonders wichtig für das Gehirn und die Psyche: Aminosäuren, Omega-3-Öl, Vitamin D, Vitamin B9 und B12 sowie Magnesium, Zink, Selen und Q10. Das ist die Basisversorgung. Für Ihren individuellen Bedarf können auch weitere Nährstoffe und Hormone in Frage kommen.

Das Gehirn braucht Sauerstoff

Sorgen Sie für ausreichende Versorgung mit Sauerstoff, die eine **gesunde Durchblutung des Gehirns** gewährleistet und halten Sie Ihre Gefäße gesund. Achten Sie auf Ihren Blutdruck (er muss normal sein!) und Ihre Blutfettwerte. Haben Sie andere Erkrankungen, kümmern Sie sich darum, dass diese gut behandelt werden und Sie ggf. medikamentös richtig eingestellt sind.

Das Gehirn braucht Bewegung

Die Sauerstoffversorgung des Gehirns können Sie auch durch regelmäßige Bewegung verbessern. Besonders geeignet sind Aufenthalte an der frischen Luft am Vormittag. Damit tanken Sie nämlich auch gleich eine große Portion blaues Tageslicht. Dazu muss man nicht zum Marathonläufer werden, ausgedehnte Spaziergänge tun es auch. Mehr dazu finden Sie im Kapitel zu den wissenschaftlichen Studien und in meinem Buch „Stabilität kann man essen?!"

Das Gehirn braucht ausreichend Flüssigkeit

Trinken Sie ausreichend. Beginnen Sie Ihren Tag, indem Sie gleich nach dem Aufstehen 400 ml lauwarmes Wasser trinken, z.B. zusammen mit den Medikamenten oder Kapseln, die Sie auf nüchternen Magen zu sich nehmen. Das gleicht den Flüssigkeitsverlust aus, der über die Nacht eingetreten ist, und regt die Verdauung an.

Trinken Sie schon, bevor das Durstgefühl einsetzt, am besten über den Tag verteilt. Zu empfehlen sind lithiumhaltiges Mineralwasser (z.B. „Staatlich Fachingen still" in der grünen Flasche) und ungesüßte Tees, aber keine zuckerhaltigen Getränke. Griechischer Bergtee und grüner Tee enthalten Stoffe, die nachweislich dem Gehirn guttun. Diese kann man kalt oder heiß trinken. Am besten Sie kochen sich jeden Tag eine große Kanne und stellen Sie so hin, dass sie Ihnen immer wieder ins Auge fällt. Dann jedes Mal etwas davon trinken.

Das Gehirn braucht ausreichend Schlaf

Etwa ein Drittel des Tages schlafen wir, um zu regenerieren. Sorgen Sie für gute Bedingungen dafür. Möglichst zur gleichen Zeit ins Bett gehen und aufstehen, möglichst gleiche Schlafroutinen, keine elektronischen Geräte im Schlafzimmer, kühles und gut belüftetes Raumklima. Wenn die Straße vor Ihrem Schlafzimmer die ganze Nacht beleuchtet ist, sollten Sie das Zimmer abdunkeln und wenn der Straßenlärm stört, doch lieber mit geschlossenem Fenster schlafen. Dafür abends und morgens gut durchlüften. Auch hierzu finden Sie mehr in meinem Buch „Stabilität kann man essen?!". Ebenfalls empfehlen kann ich Ihnen die freizugängliche Schlaffibel „Gesunder Schlaf – Gesundes Lebens" der Akademie für menschliche Medizin.[2]

Das Gehirn braucht Anregung und Beschäftigung

Eine sinnstiftende Tätigkeit bringt das Gefühl, gebraucht zu werden, deshalb muss diese Tätigkeit nicht unbedingt eine bezahlte Tätigkeit sein. Unser Gehirn liebt auch andere neue Erfahrungen, neues Wissen und neue Eindrücke, deshalb sorgen Sie dafür, dass es mit sinnvollen Gedanken beschäftigt ist. Man kann immer nur einen Gedanken denken, also lenken Sie Ihre Aufmerksamkeit auf das Neue. Das kann man auch durch die soziale Verbindung mit anderen Menschen schaffen, z.B. in einer Selbsthilfegruppe. Der persönliche Kontakt von Menschen ist durch nichts zu ersetzen.

An Verhaltensmustern und Glaubenssätzen arbeiten

Alles, was Ihrem Gehirn nützt, nützt auch Ihrer Psyche. Manchmal ist es hilfreich, sich bei einem Therapeuten mit seinen Verhaltensmustern und Glaubenssätzen auseinanderzusetzen. Für Menschen mit Stimmungsschwankungen halte ich eine Verhaltenstherapie für besonders geeignet. Am wichtigsten aber ist nicht die Therapieform, sondern eine gute Beziehung zum Therapeuten. Deshalb bemühen Sie sich rechtzeitig um einen Therapieplatz. Suchen Sie sich ggf. Unterstützung bei psychologischen Psychotherapeuten oder Selbsthilfegruppen; bei orthomolekular tätigen Ärzten oder Präventologen.

Trennen Sie sich von falschen Erwartungen

Sich Unterstützung und Hilfe zu suchen, heißt aber nicht, die Verantwortung für seine eigene psychische Gesundheit an andere abzugeben nach dem Motto: „Arzt - mach mich heil!". Diese Erwartung wird enttäuscht werden. Jeder muss sein eigenes Leben leben, das kann einem niemand abnehmen. Auch ein Therapeut kann Ihnen nur dabei helfen, Ihre eigene Lösung zu finden, er kann Ihre Probleme aber nicht für Sie lösen. Sorgen Sie zuerst gut für sich selbst, erst dann kann man für andere sorgen. Das ist gute Selbstfürsorge. Was Ihnen gut tut oder nicht, können nur Sie allein entscheiden.

Und alle diese Punkte wirken zusammen, nie eines nur allein, wie bei einem Puzzle, das erst dann ein vollständiges Bild ergibt, wenn alle Teile an ihrem Platz sind. Es geht um eine langfristige Ernährungs- und Lebensstilumstellung, es geht um die Änderungen bisheriger Gewohnheiten, es geht um gute Selbstfürsorge und es geht auch um die Übernahme von Verantwortung für die eigene stabile Stimmung und die eigene Gesundheit. Nehmen Sie die Zügel Ihres Lebens wieder selbst in die Hand.

Stabilität – was ist das?

Nun haben Sie viele Möglichkeiten erfahren, wie man seine verlorengegangene Stabilität wieder erlangen kann. Ich bin mir sicher, dass Sie etwas für sich gefunden haben, mit dem Sie beginnen werden. Hier zum Abschluss des Buches beschreibe ich, warum es sich lohnt, sich auf den Weg zu machen. Was bedeutet es für mich, stabil zu sein?

Stabil sein bedeutet für mich, meinen Stimmungsschwankungen nicht hilflos ausgeliefert zu sein, sondern sie selbst managen zu können. Ich habe die Kontrolle und niemand sonst. Ich habe es in der Hand, ob die Krankheit mich beherrscht oder ich die Krankheit. Ich will die sich selbst Erkennende und die ihr eigenes Leben Gestaltende sein; die, von der eine Handlung ausgeht; die bestimmt, was getan werden soll und nicht die, auf die sich eine (ärztliche) Handlung richtet.

Das nenne ich Autonomie.

Stabil sein bedeutet für mich, zu akzeptieren, dass ich ein breiteres Gefühlsspektrum habe als andere. Das begreife ich als Chance und Ressource und eher weniger als Geißel. Ich akzeptiere, dass ich manchmal von meinen Gefühlen mitgerissen werde, mir schnell die Tränen laufen und ich den Schmerz anderer körperlich empfinde. Das macht mir keine Angst mehr, sondern ist Teil meiner mir eigenen Persönlichkeitsausprägung, die ich nicht mehr abwehren muss. Ich darf Gefühle haben, auch wenn sie heftig sind. Ich kann diesen Gefühlen trauen, denn sie sind echt. Ich empfinde es als beglückend, besonders emphatisch zu sein. Ich habe Strategien entwickelt, starke Gefühle wahrzunehmen, einzuordnen, auszuhalten und eigenes Leid von fremdem Leid emotional zu trennen. Auch habe ich gelernt, mich vor Überforderung zu schützen.

Das nenne ich Selbstakzeptanz.

Stabil sein bedeutet für mich, dass ich auch dann selbst über mich bestimme, wenn es kritisch wird, die Stimmung zu kippen droht oder sich nicht hilfreiche Gedanken aufdrängen. Hilfe anzunehmen ist keine Schwäche, sondern Einsicht, dass ich es allein nicht mehr schaffe. Ich gebe mir dann die Erlaubnis, schwach sein und Anderer Hilfe zu bedürfen. Trotzdem entscheide ich, wann und wem ich für eine begrenzte Zeit erlaube, mich therapeutisch oder ärztlich zu begleiten.

Das nenne ich Einsicht

Stabil sein bedeutet für mich, mich nicht dem Reiz der Manie hinzugeben. Sie ist eine trugerische Verlockung. Deshalb bin ich wachsam. Ich brauche die Manie nicht mehr, um meine Bedürfnisse zu artikulieren und auszuleben. Ich verfüge über Ressourcen, meine Wünsche angemessen und gewaltfrei zu äußern, ich kann und darf gut für mich sorgen, ohne die Interessen anderer Menschen zu missachten oder zu verletzen, und ich darf so sein, wie ich bin, ohne mich verbiegen zu müssen, um gesehen zu werden.

Das nenne ich Selbstfürsorge

Stabil sein bedeutet für mich, das Schöne, Friedliche und Schöpferische des Lebens im Fokus zu haben. Ich freue mich an vielen kleinen Dingen, insbesondere in der Natur, und nehme die jahreszeitlichen Veränderungen bewusst wahr. Genuss mit allen Sinnen ist nichts Verbotenes oder verschwendete Zeit, sondern bewusstes Erleben. Ich gebe mir die Erlaubnis, innezuhalten und wahrzunehmen, was ist – ohne zu werten. Ich gehe achtsam, verständnisvoll und versöhnlich mit mir um. Dann kann ich auch mit anderen so umgehen. Die Energie folgt der Aufmerksamkeit und so suche ich täglich Neues und Schönes.

Das nenne ich Achtsamkeit

Stabil sein bedeutet für mich, mich in meinem Körper wieder wohlzufühlen. Ich schlafe gut und erholsam und komme morgens schnell aus dem Bett. Meine normale Stimmungslage ist Fröhlichkeit ohne manische Züge und Beschwingtheit ohne aufgedreht zu sein. Ich bewege mich schneller, flitze Treppen rauf und runter, quäle mich nicht mehr aus dem Sessel, sondern federe hoch und gehe kaum noch langsam, so, als hätte ich ständig Rückenwind. Ich laufe am Tag oft mehr als 8.000 Schritte und kann mit dem Fahrrad Distanzen zurücklegen, die früher undenkbar waren. Unsere jährlichen mehrtägigen Radwanderungen sind zu den Höhepunkten des Jahres geworden.

Das nenne ich Belastbarkeit

Stabil sein bedeutet für mich, Stress als angenehme Herausforderung zu betrachten. Ich kann mich gut konzentrieren, besser und schneller denken ohne mich ausgelaugt und erschöpft zu fühlen. Ich kann wieder schnell und viel lesen. Wichtige Seiten bleiben mir im Gedächtnis, sodass ich die Stellen schnell wiederfinde. Mein Gedächtnis hat sich verbessert, sodass ich immer wieder meine Gesprächspartner mit Details verblüffe, obwohl das Treffen schon lange zurück liegt. Mein Gespür dafür, wann es zu viel wird, hat sich verfeinert, so versuche ich Überforderung durch rechtzeitiges Gegensteuern zu vermeiden.

Das nenne ich Resilienz

Stabil sein bedeutet für mich, meinen inneren Frieden mit mir und meiner Krankheit zu machen. Was vergangen ist, kann ich nicht mehr ändern, ich kann aber eine andere Haltung dazu einnehmen und Schlussfolgerungen für die Zukunft ziehen. Was mir nicht gut tut, versuche ich zu meiden. Nicht hilfreiche Gedanken verdränge ich durch Ablenkung und Aktivität. Ich lebe im Hier und Jetzt und richte meinen Fokus auf das, was ich selbst tun kann. Ich liebe den Flow und versuche ihn so oft wie möglich zu erreichen. So gestalte ich aktiv und bewusst meinen Tag und bereite den nächsten damit vor. Ich sehe froh und ohne Angst in die Zukunft.

Das nenne ich Zufriedenheit

Stabil sein bedeutet für mich, meine Fähigkeiten und Fertigkeiten für mich und andere zu nutzen. Ich wertschätze, dass ich das tun kann, was mir Spaß macht. Ich lese unzählige Bücher und wissenschaftliche Studien und extrahiere daraus Wissen, das für Betroffene nützlich ist – weil ich es kann und es mir Spaß macht. Ich stelle dieses Wissen systematisch zusammen und schreibe Bücher darüber – weil ich es kann und es mir Spaß macht. Ich habe mit über 60 Jahren nochmal ein Studium aufgenommen, um noch besser Betroffene beraten und auf ihre individuellen Befindlichkeiten eingehen zu können – weil ich es kann und es mir Spaß macht. So darf ich mich jetzt „Orthomolekular-Therapeutin" und „Präventologin" nennen. Ich richte meinen Fokus auf das, was ich kann, und fördere meine Stärken. Ich hadere nicht mehr mit dem, was ich alles nicht kann.

Das nenne ich Selbstwirksamkeit

Stabil sein bedeutet für mich, in innerer und äußerer Stimmigkeit zu leben. Ich betrachte meine Krankheit aus einem anderen Blickwinkel. Sie steht nicht mehr im Mittelpunkt. Ich wende mich davon ab und richte meinen Fokus auf meine gesunden Anteile.

Ich habe meine Bipolare Störung im Griff. Ich weiß zwar nicht, welche Herausforderungen die Zukunft bringen wird, aber ich bin sicher, dass die Krankheit nie mehr diese Allmacht erlangen wird wie zu Beginn. Ich werde nicht mehr zulassen, ihr zu viel Raum zu geben. Ich kenne meine Ursachen, meine Trigger und meine Gegenstrategien. Das verleitet mich aber nicht zur Unvorsichtigkeit, deshalb lebe ich so, dass ich auch stabil bleiben kann.

So lasse ich alle sechs Monate meine Blutparameter bestimmen, damit alles im Gleichgewicht bleibt. Ich esse bewusst die Dinge, von denen ich weiß, dass sie mir guttun und mir die nötigen Ausgangsstoffe für mein Gehirn bieten. Was ich nicht über die Ernährung schaffe, substituiere ich als Nahrungsergänzungsmittel. Trotzdem darbe ich nicht.

Dieser Lebensstil ist inzwischen zur Gewohnheit geworden, er ist integraler Bestandteil meines Alltags und deshalb gut handhabbar für mich. Die Krankheit hat meinem Leben eine Wendung und einen neuen Sinn gegeben. Ich kann meine Fähigkeiten und Fertigkeiten einsetzen, um anderen meinen langen Erkenntnisweg zu ersparen und dazu beitragen, dass sie ebenfalls zu Experten ihrer eigenen Erkrankung werden.

Das ist für mich Stabilität

Und das alles zusammen nenne ich: psychische Gesundheit,
denn Stabilität kann ich leben.

A Stabilität kann verloren gehen

Die vielen Gesichter der bipolaren Störung

1 Rantala MJ, Luoto S, Borráz-León JI, Krams I. Bipolar disorder: An evolutionary psychoneuroimmunological approach. Neurosci Biobehav Rev. 2021 Mar;122:28-37. doi: 10.1016/j.neubiorev.2020.12.031. Epub 2021 Jan 6. Erratum in: Neurosci Biobehav Rev. 2021 Jul;126:528. PMID: 33421542.

2 Genome-wide association study of more than 40,000 bipolar disorder cases provides new insights into the underlying biology. Nat Genet. 2021 Jun;53(6):817-829. doi: 10.1038/s41588-021-00857-4 . Epub 2021 May 17. PMID: 34002096; PMCID: PMC8192451.

3 Rantala MJ, Luoto S, Borráz-León JI, Krams I. Bipolar disorder: An evolutionary psychoneuroimmunological approach. Neurosci Biobehav Rev. 2021 Mar;122:28-37. doi: 10.1016/j.neubiorev.2020.12.031. Epub 2021 Jan 6. Erratum in: Neurosci Biobehav Rev. 2021 Jul;126:528. PMID: 33421542.

4 ebenda

5 Paljärvi T, Herttua K, Taipale H, et al Cause-specific excess mortality after first diagnosis of bipolar disorder: population-based cohort study; BMJ Ment Health 2023;26:e300700.

6 https://www.aerzteblatt.de/nachrichten/144747/Bipolare-Stoerung-versechsfacht-Risiko-auf-nicht-natuerlichen-Tod?rt=41b4e92920f05c48091c78a270120e66; vom 21.Juli 2023

7 Paljärvi T, Herttua K, Taipale H, et al Cause-specific excess mortality after first diagnosis of bipolar disorder: population-based cohort study; BMJ Ment Health 2023;26:e300700.

Psychiatrie behandelt „Psyche" – nicht „Mensch"

1 Franke, Alexa: Modelle von Gesundheit und Krankheit, 3. Auflage, 2012, Verlag Hans Huber; S. 68

2 Ebenda, S.69

3 Wulf Bertram: Von Descartes über Karl Valentin zu Thure von Uexküll. Der Dualismus in der Medizin und der Versuch seiner Überwindung. In: Schubert, Christian; Singer, Magdalena (Hg.) (2020): Das Unsichtbare hinter dem Sichtbaren. Gesundheit und Krankheit neu denken. Perspektiven der Psychoneuroimmunologie; S.13

4 Ebenda, S.14

5 Ebenda, S.17

6 Walsh, William J. (2016): Psychische Erkrankungen anders behandeln. Gezielte Therapie mit Mikronährstoffen - natürlich und nebenwirkungsfrei. Unter Mitarbeit von

Dörte Eliass. 1. Auflage. Kirchzarten, Breisgau: VAK. S. 10
7 https://www.dgsp-ev.de/psychopharmaka/neuroleptikadebatte/dgsp-stellungnahme-zu-aktuellen-forschungsergebnissen-in-der-neuroleptikabehandlung.html - letzter Abruf am 29.05.2023
8 http://orthomolecular.org/library/definition/index.shtml9
9 Linus Pauling, Zeitschrift „Science", 19. April 1968, S. 265
10 http://orthomolecular.org/hof/index.shtml - letzter Abruf 21.05.2022
11 Linus Pauling in seinen eigenen Worten: Auszüge aus seinen Schriften, Reden und Interviews, herausgegeben von Barbara Marinacci. NY: Simon and Shuster, 1995
12 Fuchs, Norbert (2012): Mit Nährstoffen heilen. Eine Einführung in die komplexe orthomolekulare Nährstoff-Therapie; 12 Tabellen. 4., überarb. Aufl, Köln: Reglin. S.32 33
13 Ebenda
14 Bauer (2003), DÄ 100: A1654 sowie Maier (2008) Eur Arch Psychiatrie Clin Neurosci 258:12).
15 Klante, Dirk (2019): Vitamine, die bessere Medizin. Wie Sie einfach gesünder leben können. 2. überarbeitete und erweiterte Auflage. Basel, Zürich, Roßdorf: SYNERGIA. S. 112
16 Gekürzt zitiert aus: Kauffmann, Kyra; Kauffmann, Sascha (Hg.) (2018): KPU und HPU - zwei häufige, aber vergessene Mitochondrienstörungen. 3. überarbeitete und ergänzte Auflage. Oberhaching: Hachinger Verlagsgesellschaft; Dustri-Verlag Dr. Karl Feistle. S.1–2 und S.10–13
17 Walsh, William J. (2016): Psychische Erkrankungen anders behandeln. Gezielte Therapie mit Mikronährstoffen – natürlich und nebenwirkungsfrei. Unter Mitarbeit von Dörte Eliass. 1. Auflage. Kirchzarten, Breisgau: VAK, S. 6
18 Ebenda
19 Amen, Daniel G. (2021): Gesundes Gehirn - gesunde Psyche. Warum Angststörungen, Depressionen, ADHS und andere psychische Krankheiten körperliche Ursachen haben und wie man sie heilen und vermeiden kann. 1. Auflage. München: Riva.; S. 27
20 Ebenda, S. 14
21 Ebenda
22 Wulf Bertram: Von Descartes über Karl Valentin zu Thure von Uexküll. Der Dualismus in der Medizin und der Versuch seiner Überwindung. In: Schubert, Christian; Singer, Magdalena (Hg.) (2020): Das Unsichtbare hinter dem Sichtbaren. Gesundheit und Krankheit neu denken. Perspektiven der Psychoneuroimmunologie; S. 21
23 Ebenda, S. 25
24 Ebenda, S. 24
25 Ebenda
26 Ebenda, S. 28
27 https://uexkuell-akademie.de/einleitung/
28 Schubert, Christian, Amberger, Madeleine (2016): Was uns krank macht - was uns heilt. Aufbruch in eine neue Medizin: das Zusammenspiel von Körper, Geist und Seele

besser verstehen. Munderfing: Fischer & Gann.
29 Röcker, Anna E.; Schubert, Christian (2021): Immunsystem und Psyche – ein starkes Paar. Die Kraft, die uns am Leben hält, verstehen und stärken – Mit einem Beitrag von Prof. Dr. Dr. Christian Schubert. 1. Auflage. München: Scorpio Verlag. S. 31
30 Ebenda, S. 13 ff.
31 Tennant F. A Diet for Patients With Chronic Pain. Pract Pain Manag. 2011;11(6).
32 https://magazin.spiegel.de/SP/2019/26/164526498/index.html
33 Schubert, Christian; Amberger, Madeleine (2016): Was uns krank macht - was uns heilt. Aufbruch in eine neue Medizin: das Zusammenspiel von Körper, Geist und Seele besser verstehen. Munderfing: Fischer & Gann. S. 36
34 Orfanos-Boeckel, Helena (2022): Nährstoff-Therapie. Orthomolekulare Medizin & Bioidentische Hormone: Mangel ausgleichen, Beschwerden lindern, Alterungsprozesse aufhalten. 1. Auflage. Stuttgart: TRIAS. S.197
35 Jacka FN, O'Neil A, Opie R, Itsiopoulos C, Cotton S, Mohebbi M, Castle D, Dash S, Mihalopoulos C, Chatterton ML, Brazionis L, Dean OM, Hodge AM, Berk M. A randomised controlled trial of dietary improvement for adults with major depression (the ‚SMILES' trial). BMC Med. 2017 Jan 30;15(1):23. doi: 10.1186/s12916-017-0791-y Erratum in: BMC Med. 2018 Dec 28;16(1):236. PMID: 28137247, PMCID: PMC5282719
36 Firth J, Marx W, Dash S, Carney R, Teasdale SB, Solmi M, et al. The effects of dietary improvement on symptoms of depression and anxiety: a meta-analysis of randomized controlled trials. Psychosom Med. 2019;81(3):265–280. doi: 10.1097/PSY.0000000000000673
37 Maher TJ. Effects of nutrients on brain function. Prog Brain Res. 2000; 122:187–194. doi: 10.1016/S0079-6123(08)62138-
38 Hoepner CT, McIntyre RS, Papakostas GI. Impact of Supplementation and Nutritional Interventions on Pathogenic Processes of Mood Disorders: A Review of the Evidence. Nutrients. 2021 Feb 26;13(3):767. doi: 10.3390/nu13030767, PMID: 33652997, PMCID: PMC7996954.
39 Jacka FN, O'Neil A, Opie R, Itsiopoulos C, Cotton S, Mohebbi M, Castle D, Dash S, Mihalopoulos C, Chatterton ML, Brazionis L, Dean OM, Hodge AM, Berk M. A randomised controlled trial of dietary improvement for adults with major depression (the ‚SMILES' trial). BMC Med. 2017 Jan 30;15(1):23. doi: 10.1186/s12916-017-0791-y . Erratum in: BMC Med. 2018 Dec 28;16(1):236. PMID: 28137247 ; PMCID: PMC5282719.
40 Prakash J, Chaudhury S, Chatterjee K, Kumar S. Do food and nutrition have therapeutic value for disorders of mood and conation? Ind Psychiatry J. 2022 Jan-Jun;31(1):1-5. doi: 10.4103/ipj.ipj_68_22. Epub 2022 May 20. PMID: 35800866; PMCID: PMC9255610
41 Mörkl S, Stell L, Buhai DV, Schweinzer M, Wagner-Skacel J, Vajda C, Lackner S, Bengesser SA, Lahousen T, Painold A, Oberascher A, Tatschl JM, Fellinger M, Müller-Stier-

lin A, Serban AC, Ben-Sheetrit J, Vejnovic A-M, Butler MI, Balanzá-Martínez V, Zaja N, Rus-Prelog P, Strumila R, Teasdale SB, Reininghaus EZ, Holasek SJ. 'An Apple a Day'?: Psychiatrists, Psychologists and Psychotherapists Report Poor Literacy for Nutritional Medicine: International Survey Spanning 52 Countries. Nutrients. 2021; 13(3):822 https://doi.org/10.3390/nu13030822
42 Ebenda
43 Ebenda

Zum Umgang mit Psychopharmaka

1 https://www.dgsp-ev.de/veroeffentlichungen/broschueren/memorandum-zur-anwendung-von-neuroleptika.html
2 https://www.deutsche-apotheker-zeitung.de/news/artikel/2020/09/25/die-herren-der-ringe-der-stellenwert-von-trizyklika-bei-der-behandlung-psychiatrischer-erkrankungen
3 https://de.wikipedia.org/wiki/Psychopharmakon
4 Schwabe U, Paffrath D, Ludwig W-D et al. Arzneiverordnungsreport, 2018. 1. Auflage. Berlin, Heidelberg: Springer-Verlag; 2018
5 Ebenda
6 https://de.wikipedia.org/wiki/Psychopharmakon
7 Wang PS, Lane M, Olfson M, Pincus HA, Wells KB, Kessler RC. Twelve-month use of mental health services in the United States: results from the National Comorbidity Survey Replication. Arch Gen Psychiatry. 2005;62(6):629–640. doi: 10.1001/archpsyc.62.6.629
8 Prakash J, Chaudhury S, Chatterjee K, Kumar S. Do food and nutrition have therapeutic value for disorders of mood and conation? Ind Psychiatry J. 2022 Jan-Jun;31(1):1-5. doi: 10.4103/ipj.ipj_68_22. Epub 2022 May 20. PMID: 35800866; PMCID: PMC9255610
9 Baldessarini RJ, Tondo L, Vázquez GH. Pharmacological treatment of adult bipolar disorder. Mol Psychiatry. 2019 Feb;24(2):198-217. doi: 10.1038/s41380-018-0044-2. Epub 2018 Apr 20. PMID: 29679069 .
10 Prakash J, Chaudhury S, Chatterjee K, Kumar S. Do food and nutrition have therapeutic value for disorders of mood and conation? Ind Psychiatry J. 2022 Jan-Jun;31(1):1-5. doi: 10.4103/ipj.ipj_68_22. Epub 2022 May 20. PMID: 35800866; PMCID: PMC9255610
11 Jin H, Shih PA, Golshan S, et al. Comparison of longer-term safety and effectiveness of 4 atypical antipsychotics in patients over age 40: a trial using equipoise-stratified randomization. The Journal of Clinical Psychiatry. 2013 Jan;74(1):10-18. DOI: 10.4088/jcp.12m08001 . PMID: 23218100; PMCID: PMC3600635.
12 Walsh, William J. (2016): Psychische Erkrankungen anders behandeln. Gezielte Therapie mit Mikronährstoffen - natürlich und nebenwirkungsfrei. Unter Mitarbeit von Dörte Eliass. 1. Auflage. Kirchzarten, Breisgau: VAK.

13 Smollich, Martin (2020): Wechselwirkungen zwischen Arzneimitteln und Lebensmitteln., 2. überarbeitete und erweiterte Auflage. Stuttgart: WVG, Wissenschaftliche Verlagsgesellschaft. S. 6
14 Ebenda, S.6–7
15 DE Hert M, Correll CU, Bobes J, Cetkovich-Bakmas M, Cohen D, Asai I, Detraux J, Gautam S, Möller HJ, Ndetei DM, Newcomer JW, Uwakwe R, Leucht S. Physical illness in patients with severe mental disorders. I. Prevalence, impact of medications and disparities in health care. World Psychiatry. 2011 Feb;10(1):52-77. doi: 10.1002/j.2051-5545.2011.tb00014.x. PMID: 21379357; PMCID: PMC3048500.
16 https://www.dge.de/wissenschaft/faqs/referenzwerte/
17 Smollich, Martin (2020): Wechselwirkungen zwischen Arzneimitteln und Lebensmitteln., 2. überarbeitete und erweiterte Auflage. Stuttgart: WVG, Wissenschaftliche Verlagsgesellschaft. S. 59
18 Ebenda, S. 17 ff.
19 Ebenda, S.34

B Stabilität kann man wieder erlangen

Salutogenese und psychische Gesundheit

1 WHO Ottawa-Charta zur Gesundheitsförderung, 1986 unter www.euro.who.int – letzter Abruf am 26.05.2022
2 Aaron Antonovsky: Salutogenese. Zur Entmystifizierung der Gesundheit. dgvt-Verlag, Tübingen 1997, S.36
3 Wikipedia – Stichwort Aron Aaron Antonovsky
4 Petzold, Theodor Dierk (2013): Gesundheit ist ansteckend. Praxisbuch Salutogenese. 1. Auflage. München: Irisiana, S. 8
5 Wikipedia – Stichwort Aaron Antonovsky
6 Petzold, Theodor Dierk (2013): Gesundheit ist ansteckend. Praxisbuch Salutogenese. 1. Auflage. München: Irisiana, S. 7

Über Gefühle und Emotionen

1 Damasio, Antonio (2021): Wie wir denken, wie wir fühlen. Die Ursprünge unseres Bewusstseins. Unter Mitarbeit von Sebastian Vogel. München: Hanser, Carl., Seite 23
2 Damasio, Antonio R. (2017): Im Anfang war das Gefühl. Der biologische Ursprung menschlicher Kultur. Unter Mitarbeit von Sebastian Vogel. Erste Auflage. München: Siedler.
3 https://www.spiegel.de/wissenschaft/mensch/emotionen-ich-fuehle-also-bin-ich-a-561852.html
4 Damasio, Antonio (2021): Wie wir denken, wie wir fühlen. Die Ursprünge unseres Bewusstseins. Unter Mitarbeit von Sebastian Vogel. München: Hanser, Carl., Seite 23

5 Ebenda, S.24
6 Ebenda, S.24
7 Ebenda, S.23
8 Ebenda, S.16 ff.
9 http://www.onlinecat.de/Leseproben/watzlawick.htm
10 https://de.wikipedia.org/wiki/Katastrophisieren
11 Kölsch, Stefan: Wie wir unsere Gefühle kontrollieren, in: Gehirn&Geist; Jan. 2023, S. 32-35 auch www.spektrum.de/artikel/2071344

Gedanken über (m)ein krankes Gehirn

1 www.drhuber.at/progesteron - letzter Abruf am 11.06.2022
2 www.praxis-dr-orfanos.de/gehirninsuffizienz-was-tun/ – letzter Abruf am 11.06.2022
3 https://www.strunz.com/news/der-mensch.html – letzter Abruf am 12.06.2022
4 Ebenda
5 Prof. Jörg Spitz, Akademie für menschliche Medizin, aus einem Vortrag auf dem Kongress für menschliche Medizin, 06.04.2019, Frankfurt/M.

Sich auf den Weg machen

1 Siehe auch Wikipedia – Rubikonmodell der Handlungsphasen nach Heckhausen und Gollwitzer

Ein Mangel an Neurotransmittern hat viele Ursachen

1 Miorin-Bellermann, Juliane (2022): Hormonelle Dysbalancen. Erkennen - Verstehen - Behandeln. 1. Auflage. Stuttgart: Karl F. Haug. S. 92 ff.
2 Ebenda
3 Miorin-Bellermann, Juliane (2022): Hormonelle Dysbalancen. Erkennen - Verstehen - Behandeln. 1. Auflage. Stuttgart: Karl F. Haug. S. 94 ff
4 Ebenda
5 Kauffmann, Kyra; Kauffmann, Sascha (2020): Natürlich high. Die körpereigenen Glückshormone aktivieren und Antriebslosigkeit, Depressionen und Ängsten vorbeugen. Originalausgabe, 1. Auflage. München: systemed, S. 48
6 Ebenda S. 49
7 Ebenda S. 50
8 Ebenda
9 aan het Rot M, Mathew SJ, Charney DS. Neurobiological mechanisms in major depressive disorder. Cmaj. 2009;180(3):305–313. doi:10.1503/cmaj.080697
10 Maher TJ. Effects of nutrients on brain function. Prog Brain Res. 2000;122:187–194. doi:10.1016/S0079-6123(08)62138-
11 Steardo L Jr, Luciano M, Sampogna G, Carbone EA, Caivano V, Di Cerbo A, Giallonar-

do V, Palummo C, Vece A, Del Vecchio V, De Fazio P, Fiorillo A. Clinical Severity and Calcium Metabolism in Patients with Bipolar Disorder. Brain Sci. 2020 Jul 1;10(7):417. doi: 10.3390/brainsci10070417 . PMID: 32630307 ; PMCID: PMC7408522.

12 Kato T. Current understanding of bipolar disorder: Toward integration of biological basis and treatment strategies. Psychiatry Clin Neurosci. 2019 Sep;73(9):526-540. doi: 10.1111/pcn.12852 . Epub 2019 May 23. PMID: 31021488 .

13 Stork, C., Renshaw, P. Mitochondrial dysfunction in bipolar disorder: evidence from magnetic resonance spectroscopy research. Mol Psychiatry 10, 900–919 (2005). https://doi.org/10.1038/sj.mp.4001711 PMID: 16027739

14 Gao K, Mu CL, Farzi A, Zhu WY. Tryptophan Metabolism: A Link Between the Gut Microbiota and Brain. Adv Nutr. 2020 May 1;11(3):709-723. doi: 10.1093/advances/nmz127 . PMID: 31825083 ; PMCID: PMC7231603.

15 Cryan JF, Dinan TG. Mind-altering microorganisms: the impact of the gut microbiota on brain and behaviour. Nat Rev Neurosci. 2012 Oct;13(10):701-12. doi: 10.1038/nrn3346. Epub 2012 Sep 12. PMID: 22968153.

16 Painold A, Mörkl S, Kashofer K, Halwachs B, Dalkner N, Bengesser S, Birner A, Fellendorf F, Platzer M, Queissner R, Schütze G, Schwarz MJ, Moll N, Holzer P, Holl AK, Kapfhammer HP, Gorkiewicz G, Reininghaus EZ. A step ahead: Exploring the gut microbiota in inpatients with bipolar disorder during a depressive episode. Bipolar Disord. 2019 Feb;21(1):40-49. doi: 10.1111/bdi.12682 . Epub 2018 Jul 26. PMID: 30051546 ; PMCID: PMC6585963.

Neurotransmitter bestehen aus Aminosäuren

1 Vilgis, Thomas (2020): Biophysik der Ernährung. Eine Einführung. Unter Mitarbeit von Hans-Konrad Biesalski. 1. Auflage 2020. Berlin, Heidelberg: Springer Berlin Heidelberg, S. 19

2 Hideaki Sato et al., Neurodegenerative processes accelerated by protein malnutrition and decelerated by essential amino acids in a tauopathy mouse model.Sci. Adv.7,eabd5046(2021).DOI:10.1126/sciadv.abd5046

3 Ebenda

4 Ebenda

5 Michalk, Chris (2014): Das Handbuch zu Ihrem Körper. Abnehmen, Gesundheit, Leistungsfähigkeit ; so erreichen Sie Ihr genetisches Maximum. 1. Aufl. Wallerfangen: Edubily.

6 https://www.instagram.com/p/CvhsC46qYLV/?utm_source=ig_web_copy_link

7 Kauffmann, Kyra; Kauffmann, Sascha (2022): Klar im Kopf statt Nebel im Hirn. Was wir über unsere Gene wissen sollten, um unser Gehirn zu retten: alles Wichtige zu MTHFR, COMT, MAO-A, APOE und BNDF. Kirchzarten: VAK. S. 46

8 Hideaki Sato et al., Neurodegenerative processes accelerated by protein malnutrition and decelerated by essential amino acids in a tauopathy mouse model.Sci. Adv.7,eabd5046(2021).DOI:10.1126/sciadv.abd5046

9 McLean A, Rubinsztein JS, Robbins TW, Sahakian BJ. The effects of tyrosine depletion in normal healthy volunteers: implications for unipolar depression. Psychopharmacology. 2004;171(3):286–297. doi:10.1007/s00213-003-1586-8

10 https://de.wikipedia.org/wiki/Serotonin

11 Hoffer, Abram; Saul, Andrew W.; Foster, Harold D. (2018): Niacin in der Behandlung. Berlin: ABA Verlag UG., S.55

12 Pervin M, Unno K, Konishi T, Nakamura Y. L-Arginine Exerts Excellent Anti-Stress Effects on Stress-Induced Shortened Lifespan, Cognitive Decline and Depression. Int J Mol Sci. 2021 Jan 6;22(2):508. doi: 10.3390/ijms22020508. PMID: 33419170 ; PMCID: PMC7825557.

13 Ripps H, Shen W. Review: taurine: a „very essential" amino acid. Mol Vis. 2012;18:2673-86. Epub 2012 Nov 12. PMID: 23170060 ; PMCID: PMC3501277.

14 Michalk, Chris in: https://genetisches-maximum.de/paleo/paleo-low-carb-vegan-das-beste-ernaehrungskonzept

15 https://genetisches-maximum.de/zellgesundheit/wenn-eine-arbeit-zu-taurin-in-science-erscheint/

16 Michalk, Chris: https://genetisches-maximum.de/paleo/paleo-low-carb-vegan-das-beste-ernaehrungskonzept

17 https://www.sciencedaily.com/releases/2023/06/230608195654.htm

18 Fuchs, Norbert (2012): Mit Nährstoffen heilen. Eine Einführung in die komplexe orthomolekulare Nährstoff-Therapie ; 12 Tabellen. 4., überarb. Aufl. Köln: Reglin., S. 237 ff.

19 Classen H.-G., Birkelbach D. Giftung und Entgiftung: Die Rolle von Eisen und Zink. OM – Zs.f.Orthomol. 2023;21:9-14

20 ebenda

21 ebenda

22 Amen, Daniel G. (2021): Gesundes Gehirn - gesunde Psyche. Warum Angststörungen, Depressionen, ADHS und andere psychische Krankheiten körperliche Ursachen haben und wie man sie heilen und vermeiden kann. 1. Auflage. München: Riva; S. 226

23 Kauffmann, Kyra; Kauffmann, Sascha (2022): Klar im Kopf statt Nebel im Hirn. Was wir über unsere Gene wissen sollten, um unser Gehirn zu retten: alles Wichtige zu MTHFR, COMT, MAO-A, APOE und BNDF. Kirchzarten: VAK. S. 57

24 Ebenda, S. 67

25 Ebenda, S. 58 ff.

26 Ebenda, S. 81 ff.

27 Ebenda

28 Edubily https://www.instagram.com/p/Cs6Ov78qHDc/?hl=de&utm_source=Klaviyo&utm_medium=email&utm_campaign=Das%20neue%20Multi%20ist%20da%20(01H1PAM25RBX8AZ532407656F4)&_kx=vuy3fYahHdUTx6jw8q2QgV4_NKou7hO_jv9dXiMUgLDPYcCyx-lhttNxtCTgM1i.TWr24C – letzter Abruf 05.06.2023

29 Veronese N, Stubbs B, Solmi M, Ajnakina O, Carvalho AF, Maggi S. Acetyl-L-Carnitine

Supplementation and the Treatment of Depressive Symptoms: A Systematic Review and Meta-Analysis. Psychosom Med. 2018 Feb/Mar;80(2):154-159. doi: 10.1097/PSY.0000000000000537. PMID: 29076953.

30 Pickering G, Mazur A, Trousselard M, Bienkowski P, Yaltsewa N, Amessou M, Noah L, Pouteau E. Magnesium Status and Stress: The Vicious Circle Concept Revisited. Nutrients. 2020 Nov 28;12(12):3672. doi: 10.3390/nu12123672. PMID: 33260549; PMCID: PMC7761127.

Intakte Zellmembranen und funktionierende Mitochondrien

1 Müller, Kurt E.: Mitochondrien – Funktion und funktionelle Störungen; OM – Zs.f.Orthomol. 2023;21:S.36-44

2 Von Schacky C. Verwirrung um die Wirkung von Omega-3 Fettsäuren. Betrachtung von Studiendaten unter Berücksichtigung des Omega-3 Index. Internist. 2019;60:1319–1327. doi: 10.1007/s00108-019-00687-x

3 von Schacky C. Omega-3 Fatty Acids in Pregnancy-The Case for a Target Omega-3 Index. Nutrients. 2020 Mar 26;12(4):898. doi: 10.3390/nu12040898 . PMID: 32224878 ; PMCID: PMC7230742.

4 Pusceddu MM, Kelly P, Stanton C, Cryan JF, Dinan TG. N-3 Polyunsaturated Fatty Acids through the Lifespan: Implication for Psychopathology. Int J Neuropsychopharmacol. 2016 Dec 30;19(12):pyw078. doi: 10.1093/ijnp/pyw078 . PMID: 27608809 ; PMCID: PMC5203760.

5 Janssen CI, Kiliaan AJ. Long-chain polyunsaturated fatty acids (LCPUFA) from genesis to senescence: the influence of LCPUFA on neural development, aging, and neurodegeneration. Prog Lipid Res. 2014 Jan;53:1-17. doi: 10.1016/j.plipres.2013.10.002. Epub 2013 Oct 24. PMID: 24334113.

6 Lauritzen L, Hansen HS, Jørgensen MH, Michaelsen KF. The essentiality of long chain n-3 fatty acids in relation to development and function of the brain and retina. Prog Lipid Res. 2001 Jan-Mar;40(1-2):1-94. doi: 10.1016/s0163-7827(00)00017-5. PMID: 11137568.

7 Carver JD, Benford VJ, Han B, Cantor AB. The relationship between age and the fatty acid composition of cerebral cortex and erythrocytes in human subjects. Brain Res Bull. 2001 Sep 15;56(2):79-85. doi: 10.1016/s0361-9230(01)00551-2. PMID: 11704343.

8 Pinar-Martí, A., Fernández-Barrés, S., Gignac, F. et al. Red blood cell omega-3 fatty acids and attention scores in healthy adolescents. Eur Child Adolesc Psychiatry (2022). https://doi.org/10.1007/s00787-022-02064-w

9 https://www.norsan.de/wissen/omega-6-fettsaeuren/

10 Kim HK, Andreazza AC, Yeung PY, Isaacs-Trepanier C, Young LT. Oxidation and nitration in dopaminergic areas of the prefrontal cortex from patients with bipolar disorder and schizophrenia. J Psychiatry Neurosci. 2014 Jul;39(4):276-85. doi: 10.1503/jpn.130155. PMID:

11 Müller, Kurt E.: Mitochondrien – Funktion und funktionelle Störungen; OM –

Zs.f.Orthomol. 2023;21:S.36-44
12 Aranda-Rivera AK, Cruz-Gregorio A, Arancibia-Hernández YL, Hernández-Cruz EY, Pedraza-Chaverri J. RONS and Oxidative Stress: An Overview of Basic Concepts. Oxygen. 2022; 2(4):437-478. https://doi.org/10.3390/oxygen2040030
13 Friedrichsen H-P, Gröber U. Der Transkriptionsfaktor Nf-κB: Bindeglied zwischen oxidativem Stress und Inflammation. Zeitschrift für Orthomolekulare Medizin 2022; 20(02): 17-21, DOI: 10.1055/a-1817-3968
14 Aranda-Rivera AK, Cruz-Gregorio A, Arancibia-Hernández YL, Hernández-Cruz EY, Pedraza-Chaverri J. RONS and Oxidative Stress: An Overview of Basic Concepts. Oxygen. 2022; 2(4):437-478. https://doi.org/10.3390/oxygen2040030
15 Ebenda
16 Ebenda
17 Nach Kuklinski, Bodo: Neue Chancen zur natürlichen Vorbeugung und Behandlung von umweltbedingten Krankheiten, Lebensbaum-Verlag, 1994
18 Aranda-Rivera AK, Cruz-Gregorio A, Arancibia-Hernández YL, Hernández-Cruz EY, Pedraza-Chaverri J. RONS and Oxidative Stress: An Overview of Basic Concepts. Oxygen. 2022; 2(4):437-478. https://doi.org/10.3390/oxygen2040030
19 Michalk, Chris - https://genetisches-maximum.de/mitochondrien/sind-alle-mitochondrien-gleich/
20 Mauri S, Favaro M, Bernardo G, Mazzotta GM, Ziviani E. Mitochondrial autophagy in the sleeping brain. Front Cell Dev Biol. 2022 Aug 24;10:956394. doi: 10.3389/fcell.2022.956394. PMID: 36092697; PMCID: PMC9449320.
21 Xie Y, Tang Q, Chen G, Xie M, Yu S, Zhao J, Chen L. New Insights Into the Circadian Rhythm and Its Related Diseases. Front Physiol. 2019 Jun 25;10:682. doi: 10.3389/fphys.2019.00682 . PMID: 31293431 ; PMCID: PMC6603140.
22 Mauri S, Favaro M, Bernardo G, Mazzotta GM, Ziviani E. Mitochondrial autophagy in the sleeping brain. Front Cell Dev Biol. 2022 Aug 24;10:956394. doi: 10.3389/fcell.2022.956394. PMID: 36092697; PMCID: PMC9449320.
23 Michalk, Chris - https://genetisches-maximum.de/mitochondrien/sind-alle-mitochondrien-gleich/

Neuromodulatoren wirken als Cotransmitter

1 https://www.planetwissen.de/geschichte/persoenlichkeiten/james_cook_entdecker_aus_leidenschaft
2 Levine M, Conry-Cantilena C, Wang Y, Welch RW, Washko PW, Dhariwal KR, Park JB, Lazarev A, Graumlich JF, King J, Cantilena LR. Vitamin C pharmacokinetics in healthy volunteers: evidence for a recommended dietary allowance. Proc Natl Acad Sci U S A. 1996 Apr 16;93(8):3704-9. doi: 10.1073/pnas.93.8.3704 . PMID: 8623000 ; PMCID: PMC39676.
3 https://genetisches-maximum.de/vitamine/ueber-vitamin-c - letzter Abruf am 01.10.2023

4 Moretti M, Fraga DB, Rodrigues ALS. Ascorbic Acid to Manage Psychiatric Disorders. CNS Drugs. 2017 Jul;31(7):571-583. doi: 10.1007/s40263-017-0446-8. PMID: 28600627.

5 Kocot J, Luchowska-Kocot D, Kiełczykowska M, Musik I, Kurzepa J. Does Vitamin C Influence Neurodegenerative Diseases and Psychiatric Disorders? Nutrients. 2017 Jun 27;9(7):659. doi: 10.3390/nu9070659 . PMID: 28654017; PMCID: PMC5537779.

6 Lakhan SE, Vieira KF. Nutritional therapies for mental disorders. Nutr J. 2008 Jan 21;7:2. doi: 10.1186/1475-2891-7-2. PMID: 18208598; PMCID: PMC2248201.

7 Naylor GJ, Smith AH. Vanadium: a possible aetiological factor in manic depressive illness. Psychol Med. 1981 May;11(2):249-56. doi: 10.1017/s0033291700052065. PMID: 6791192.

8 Musa H, Ismail II, Abdul Rashid NH. Paediatric scurvy: frequently misdiagnosed. Paediatr Int Child Health. 2021 May;41(2):158-161. doi: 10.1080/20469047.2020.1816285. Epub 2020 Sep 16. PMID: 32937094.

9 Kow RY, Nik Abdul Adel NA, Abdul Razak AH, Low CL, Awang MS. Scurvy: A Neglected Cause of Muscle Pain and Weakness in a Child With Picky Eating Behavior. Cureus. 2021 Jul 9;13(7):e16289. doi: 10.7759/cureus.16289. PMID: 34405060; PMCID: PMC8352794.

10 Rabenberg M, Scheidt-Nave C, Busch MA, Rieckmann N, Hintzpeter B, Mensink GB. Vitamin D status among adults in Germany--results from the German Health Interview and Examination Survey for Adults (DEGS1). BMC Public Health. 2015 Jul 11;15:641. doi: 10.1186/s12889-015-2016-7 . PMID: 26162848 ; PMCID: PMC4499202.

11 Ebenda

12 Sabir MS, Haussler MR, Mallick S, Kaneko I, Lucas DA, Haussler CA, Whitfield GK, Jurutka PW. Optimal vitamin D spurs serotonin: 1,25-dihydroxyvitamin D represses serotonin reuptake transport (SERT) and degradation (MAO-A) gene expression in cultured rat serotonergic neuronal cell lines. Genes Nutr. 2018 Jul 11;13:19. doi: 10.1186/s12263-018-0605-7. PMID: 30008960; PMCID: PMC6042449.

13 Patrick RP, Ames BN. Vitamin D and the omega-3 fatty acids control serotonin synthesis and action, part 2: relevance for ADHD, bipolar disorder, schizophrenia, and impulsive behavior. FASEB J. 2015 Jun;29(6):2207-22. doi: 10.1096/fj.14-268342. Epub 2015 Feb 24. PMID: 25713056.

14 O'Neill CM, Kazantzidis A, Ryan MJ, Barber N, Sempos CT, Durazo-Arvizu RA, Jorde R, Grimnes G, Eiriksdottir G, Gudnason V, Cotch MF, Kiely M, Webb AR, Cashman KD. Seasonal Changes in Vitamin D-Effective UVB Availability in Europe and Associations with Population Serum 25-Hydroxyvitamin D. Nutrients. 2016 Aug 30;8(9):533. doi: 10.3390/nu8090533 . PMID: 27589793 ; PMCID: PMC5037520.

15 https://www.bruno-mueller-oerlinghausen.de/html/lithium.html - letzter Aufruf am 12.11.2023

16 https://www.bruno-mueller-oerlinghausen.de/html/antidepressiva.html - letzter Aufruf am 12.11.2023

17 https://www.faz.net/aktuell/wissen/medizin-ernaehrung/hilft-lithium-gegen-demenz-15299138-p2.html - letzter Aufruf am 12.11.2023
18 https://www.strunz.com/news/das-aspirin-der-psychiatrie.html - letzter Aufruf am 12.11.2023
19 Rüthrich HL, Wetzel W, Matthies H. Memory retention in old rats: improvement by orotic acid. Psychopharmacology (Berl). 1983;79(4):348-51. doi: 10.1007/BF00433416. PMID: 6407051.
20 https://michael-nehls.de/infos/lithium/ - letzter Abruf am 12.11.2023
21 Ebenda
22 Pacholko AG, Bekar LK. Lithium orotate: A superior option for lithium therapy? Brain Behav. 2021 Aug;11(8):e2262. doi: 10.1002/brb3.2262 . Epub 2021 Jul 1. PMID: 34196467 ; PMCID: PMC8413749.
23 Ebenda
24 Ebenda
25 Aus einem Interview von Patric Heinzmann mit Dr. med. Michael Nehls im Oktober 2023 – kostenlos auf YouTube „Die Alzheimer-Lüge – ein Arzt packt aus“
26 https://kompetenz-statt-demenz.dsgip.de/lithium-und-ad/
27 Ebenda
28 Ebenda

Unser Gehirn braucht Nahrung, die es nährt

1 Dr. med. Fleck, Anne; Vössing, Su; Schüler, Hubertus (2018): Gesunde Sommerküche. 1. Auflage 2018. Hilden: Becker Joest Volk Verlag., S.11
2 Arterburn LM, Hall EB, Oken H. Distribution, interconversion, and dose response of n-3 fatty acids in humans. Am J Clin Nutr. 2006 Jun;83(6 Suppl):1467S-1476S. doi: 10.1093/ajcn/83.6.1467S. PMID: 16841856.
3 Wurtman RJ. A nutrient combination that can affect synapse formation. Nutrients. 2014 Apr 23;6(4):1701-10. doi: 10.3390/nu, 6041701 . PMID: 24763080 ; PMCID: PMC4011061.
4 Michalk, Chris Blog https://genetisches-maximum.de/naehrstoffe/du-brauchst-mehr-cholin-junge-und-maedchen/?highlight=Cholin
5 https://www.strunz.com/news/neuer-blick-auf-depressionen.html - News vom 26.07.2023
6 Liu T, Deng K, Xue Y, Yang R, Yang R, Gong Z, Tang M. Carnitine and Depression. Front Nutr. 2022 Mar 14;9:853058. doi: 10.3389/fnut.2022.853058 . PMID: 35369081 ; PMCID: PMC8964433.
7 Kim Y, Park Y. Conjugated linoleic acid (CLA) stimulates mitochondrial biogenesis signaling by the upregulation of PPARγ coactivator 1α (PGC-1α) in C2C12 cells. Lipids. 2015 Apr;50(4):329-38. doi: 10.1007/s11745-015-4000-5 . Epub 2015 Feb 27. PMID: 25720738 .
8 Murru E, Carta G, Manca C, Sogos V, Pistis M, Melis M, Banni S. Conjugated Li-

noleic Acid and Brain Metabolism: A Possible Anti-Neuroinflammatory Role Mediated by PPARα Activation. Front Pharmacol. 2021 Jan 8;11:587140. doi: 10.3389/fphar.2020.587140. PMID: 33505308; PMCID: PMC7832089.

9 Michalk, Chris Blog https://genetisches-maximum.de/stoffwechsel/cla-wundersubstanz-im-tierfett/?highlight=CLA

10 Michalk, Chris – Newsletter „Du musst fürs Hirn essen!" vom 26.06.2022 auf www.edubily.de

11 Classen H.-G., Birkelbach D. Giftung und Entgiftung: Die Rolle von Eisen und Zink. OM – Zs.f.Orthomol. 2023;21:9-14

12 https://orthoknowledge.eu/naehrstoffe/vitamin-b12/

13 Helmholtz Munich. „Vitamin K prevents cell death: New function for a long-known molecule." ScienceDaily. ScienceDaily, 3 August 2022. www.sciencedaily.com/releases/2022/08/220803120356.htm

14 https://www.fao.org/family-farming/detail/en/c/1639091/ Author: Food and Agriculture Organization of the United Nations FAO, Organization: Food and Agriculture Organization of the United Nations FAO; Year: 2023

15 Larussa T, Gervasi S, Liparoti R, Suraci E, Marasco R, Imeneo M, Luzza F. Downregulation of Interleukin- (IL-) 17 through Enhanced Indoleamine 2,3-Dioxygenase (IDO) Induction by Curcumin: A Potential Mechanism of Tolerance towards Helicobacter pylori. J Immunol Res. 2018 Oct 8;2018:3739593. doi: 10.1155/2018/3739593. PMID: 30402507; PMCID: PMC6196794.

16 Fan J, Zhang K, Jin Y, Li B, Gao S, Zhu J, Cui R. Pharmacological effects of berberine on mood disorders. J Cell Mol Med. 2019 Jan;23(1):21-28. doi: 10.1111/jcmm.13930. Epub 2018 Nov 18. PMID: 30450823; PMCID: PMC6307759.

17 Sarkhel, S., & Roy, A. (2022). Phytic acid and its reduction in pulse matrix: Structure–function relationship owing to bioavailability enhancement of micronutrients. Journal of Food Process Engineering, 45(5), e14030. https://doi.org/10.1111/jfpe.14030

18 Solomons NW, Jacob RA, Pineda O, Viteri F. Studies on the bioavailability of zinc in man. II. Absorption of zinc from organic and inorganic sources. J Lab Clin Med. 1979 Aug;94(2):335-43. PMID: 458251.

19 Bajracharya, R.; Katzke, V.; Mukama, T.; Kaaks, R. Effect of Iso-Caloric Substitution of Animal Protein for Other Macro Nutrients on Risk of Overall, Cardiovascular and Cancer Mortality: Prospective Evaluation in EPIC-Heidelberg Cohort and Systematic Review. Nutrients 2023, 15, 794. https://doi.org/10.3390/nu15030794

20 https://www.focus.de/gesundheit/longevity/ernaehrung/tierisches-oder-pflanzliches-protein-dafuer-braucht-ihr-koerper-eiweiss_id_185456292.html - letzter Abruf am 16.10.2023

21 Wang Q, Zhang SX, Chang MJ, Qiao J, Wang CH, Li XF, Yu Q, He PF. Characteristics of the Gut Microbiome and Its Relationship With Peripheral CD4+ T Cell Subpopulations and Cytokines in Rheumatoid Arthritis. Front Microbiol. 2022 Feb 3;13:799602. doi: 10.3389/fmicb.2022.799602 . PMID: 35185845 ; PMCID: PMC8851473.

22 Sartor, H. Kommt Erschöpfung aus dem Darm? Zeitschrift fur Komplementärmedizin 2023; 15(04): 12-16 DOI: 10.1055/a-2094-0615

Das Gehirn braucht 47 verschiedene Stoffe

1 Kuklinski, Bodo; van Lunteren, Ina (2013): Gesünder mit Mikronährstoffen. Schützen Sie Ihre Zellen vor „Freien Radikalen". Erw. Neuaufl., 3. Aufl. Bielefeld: Aurum. S.10

2 Gröber U: Stoffwechsel-Tuning mit Mikronährstoffen: die Basis der Prävention OM – Zs. f. Orthomol. Med. 2009; 4: 16–19 DOI: 10.1055/s-0029-1240537

3 Mörkl S, Stell L, Buhai DV, Schweinzer M, Wagner-Skacel J, Vajda C, Lackner S, Bengesser SA, Lahousen T, Painold A, Oberascher A, Tatschl JM, Fellinger M, Müller-Stierlin A, Serban AC, Ben-Sheetrit J, Vejnovic A-M, Butler MI, Balanzá-Martínez V, Zaja N, Rus-Prelog P, Strumila R, Teasdale SB, Reininghaus EZ, Holasek SJ. 'An Apple a Day'?: Psychiatrists, Psychologists and Psychotherapists Report Poor Literacy for Nutritional Medicine: International Survey Spanning 52 Countries. Nutrients. 2021; 13(3):822. https://doi.org/10.3390/nu13030822

4 Ebenda, S. 23

Komorbiditäten Schilddrüse und Migräne

1 https://www.privatpraxis-kosttor.de/endokrinologie/

2 Hainel, Anneli; Ermer, Marcel; Hotze, Lothar-Andreas (2015): Schilddrüse in Balance. Gut leben mit Hashimoto, Basedow, Über- und Unterfunktionen. 2., vollst. überarb. Aufl. Stuttgart: TRIAS, S. 35

3 https://schilddruesenguide.de/thyreoiditis/immunthyreoiditis-hashimoto-update-2011/#more-698

4 Aus einem Webinar von Frau Dr. med. Anneli Hainel zu „Mikronährstoffen bei Schilddrüsenerkrankungen" auf www.ganzimmun.de

5 https://www.youtube.com/watch?v=oGVzYUZfkiA

6 Dr. Lisa König: „Komplementäre Präventionstherapie der Migräne (Teil 1: Ernährung) in OM & Ernährung, Nr. 184, F41 ff.

7 Kuklinski, Bodo (Hg.) (2016): Mitochondrien. Symtome, Diagnose und Therapie. 2. Auflage. Bielefeld: Aurum.

8 Ebenda, Seite F42

9 Paredes S, Cantillo S, Candido KD, Knezevic NN. An Association of Serotonin with Pain Disorders and Its Modulation by Estrogens. Int J Mol Sci. 2019 Nov 15;20(22):5729. doi: 10.3390/ijms20225729 . PMID: 31731606 ; PMCID: PMC6888666.

Weitere Erkenntnisse aus der Wissenschaft

1 https://magazin.spiegel.de/SP/2019/26/164526498/index.html

2 Armborst D, Metzner C, Alteheld B, Bitterlich N, Rösler D, Siener R. Impact of a Specific Amino Acid Composition with Micronutrients on Well-Being in Subjects with Chronic Psychological Stress and Exhaustion Conditions: A Pilot Study. Nutrients. 2018 Apr

29;10(5):551. doi: 10.3390/nu10050551 . PMID: 29710825 ; PMCID: PMC5986431.

3 Rantala MJ, Luoto S, Borráz-León JI, Krams I. Bipolar disorder: An evolutionary psychoneuroimmunological approach. Neurosci Biobehav Rev. 2021 Mar; 122:28-37. doi: 10.1016/j.neubiorev.2020.12.031. Epub 2021 Jan 6. Erratum in: Neurosci Biobehav Rev. 2021 Jul; 126:528. PMID: 33421542.

4 Ebenda

5 Kato T. Current understanding of bipolar disorder: Toward integration of biological basis and treatment strategies. Psychiatry Clin Neurosci. 2019 Sep;73(9):526-540. doi: 10.1111/pcn.12852 Epub 2019 May 23. PMID: 31021488.

6 Ebenda

7 Madireddy S, Madireddy S. Therapeutic Interventions to Mitigate Mitochondrial Dysfunction and Oxidative Stress-Induced Damage in Patients with Bipolar Disorder. Int J Mol Sci. 2022 Feb 6;23(3):1844. doi: 10.3390/ijms23031844. PMID: 35163764; PMCID: PMC8836876.

8 Ebenda

9 Friedrichsen H-P, Gröber U. Der Transkriptionsfaktor Nf-ϰB: Bindeglied zwischen oxidativem Stress und Inflammation. Zeitschrift für Orthomolekulare Medizin 2022; 20(02): 17-21, DOI: 10.1055/a-1817-3968

10 Mitrea L, Neme- SA, Szabo K, Teleky BE, Vodnar DC. Guts Imbalance Imbalances the Brain: A Review of Gut Microbiota Association With Neurological and Psychiatric Disorders. Front Med (Lausanne). 2022 Mar 31;9:813204. doi: 10.3389/fmed.2022.813204. PMID: 35433746; PMCID: PMC9009523.

11 Hamdani N, Boukouaci W, Hallouche MR, Charron D, Krishnamoorthy R, Leboyer M, Tamouza R. Resolution of a manic episode treated with activated charcoal: Evidence for a brain-gut axis in bipolar disorder. Aust N Z J Psychiatry. 2015 Dec;49(12):1221-3. doi: 10.1177/0004867415595873 . Epub 2015 Jul 24. PMID: 26209321 .

12 Goldstein, Benjamin & Kemp, David & Soczynska, Joanna & McIntyre, Roger. (2009). Inflammation and the Phenomenology, Pathophysiology, Comorbidity, and Treatment of Bipolar Disorder: A Systematic Review of the Literature. The Journal of clinical psychiatry. 70. 1078-90. 10.4088/JCP.08r04505. e

13 Hamdani N, Boukouaci W, Hallouche MR, Charron D, Krishnamoorthy R, Leboyer M, Tamouza R. Resolution of a manic episode treated with activated charcoal: Evidence for a brain-gut axis in bipolar disorder. Aust N Z J Psychiatry. 2015 Dec;49(12):1221-3. doi: 10.1177/0004867415595873 . Epub 2015 Jul 24. PMID: 26209321 .

14 Lai J, Jiang J, Zhang P, Xi C, Wu L, Gao X, Fu Y, Zhang D, Chen Y, Huang H, Zhu Y, Hu S. Impaired blood-brain barrier in the microbiota-gut-brain axis: Potential role of bipolar susceptibility gene TRANK1. J Cell Mol Med. 2021 Jul;25(14):6463-6469. doi: 10.1111/jcmm.16611. Epub 2021 May 20. PMID: 34014031; PMCID: PMC8278099.

15 Painold A, Mörkl S, Kashofer K, Halwachs B, Dalkner N, Bengesser S, Birner A, Fellendorf F, Platzer M, Queissner R, Schütze G, Schwarz MJ, Moll N, Holzer P, Holl AK, Kapfhammer HP, Gorkiewicz G, Reininghaus EZ. A step ahead: Exploring the gut micro-

biota in inpatients with bipolar disorder during a depressive episode. Bipolar Disord. 2019 Feb;21(1):40-49. doi: 10.1111/bdi.12682 . Epub 2018 Jul 26. PMID: 30051546 ; PMCID: PMC6585963.

16 https://www.mikrooek.de/gesundheits-blog/schleimhauternaehrende-bakterien-bei-morbus-crohn-vermindert, letzter Abruf am 02.09.2023

17 Cryan JF, Dinan TG. Mind-altering microorganisms: the impact of the gut microbiota on brain and behaviour. Nat Rev Neurosci. 2012 Oct;13(10):701-12. doi: 10.1038/nrn3346. Epub 2012 Sep 12. PMID: 22968153.

18 Birner A, Platzer M, Bengesser SA, Dalkner N, Fellendorf FT, Queissner R, Pilz R, Rauch P, Maget A, Hamm C, Herzog-Eberhard S, Mangge H, Fuchs D, Moll N, Zelzer S, Schütze G, Schwarz M, Reininghaus B, Kapfhammer HP, Reininghaus EZ. Increased breakdown of kynurenine towards its neurotoxic branch in bipolar disorder. PLoS One. 2017 Feb 27;12(2):e0172699. doi: 10.1371/journal.pone.0172699. PMID: 28241062; PMCID: PMC5328271.

19 Painold A, Mörkl S, Kashofer K, Halwachs B, Dalkner N, Bengesser S, Birner A, Fellendorf F, Platzer M, Queissner R, Schütze G, Schwarz MJ, Moll N, Holzer P, Holl AK, Kapfhammer HP, Gorkiewicz G, Reininghaus EZ. A step ahead: Exploring the gut microbiota in inpatients with bipolar disorder during a depressive episode. Bipolar Disord. 2019 Feb;21(1):40-49. doi: 10.1111/bdi.12682 . Epub 2018 Jul 26. PMID: 30051546 ; PMCID: PMC6585963.

20 Lai J, Jiang J, Zhang P, Xi C, Wu L, Gao X, Fu Y, Zhang D, Chen Y, Huang H, Zhu Y, Hu S. Impaired blood-brain barrier in the microbiota-gut-brain axis: Potential role of bipolar susceptibility gene TRANK1. J Cell Mol Med. 2021 Jul;25(14):6463-6469. doi: 10.1111/jcmm.16611. Epub 2021 May 20. PMID: 34014031; PMCID: PMC8278099.

21 Greene C, Hanley N, Campbell M. Blood-brain barrier associated tight junction disruption is a hallmark feature of major psychiatric disorders. Transl Psychiatry. 2020 Nov 2;10(1):373. doi: 10.1038/s41398-020-01054-3. PMID: 33139732; PMCID: PMC7606459.

22 Kelly JR, Kennedy PJ, Cryan JF, Dinan TG, Clarke G, Hyland NP. Breaking down the barriers: the gut microbiome, intestinal permeability and stress-related psychiatric disorders. Front Cell Neurosci. 2015 Oct 14; 9:392. doi: 10.3389/fncel.2015.00392. PMID: 26528128; PMCID: PMC4604320.

23 Walker WH 2nd, Borniger JC, Gaudier-Diaz MM, Hecmarie Meléndez-Fernández O, Pascoe JL, Courtney DeVries A, Nelson RJ. Acute exposure to low-level light at night is sufficient to induce neurological changes and depressive-like behavior. Mol Psychiatry. 2020 May;25(5):1080-1093. doi: 10.1038/s41380-019-0430-4. Epub 2019 May 28. PMID: 31138889; PMCID: PMC6881534.

24 Findeis, H., Oster, H., Bauer, M. et al. Chronobiologische Aspekte der bipolaren Störung. Nervenarzt 93, 873–881 (2022). https://doi.org/10.1007/s00115-022-01350-x

25 Rock P, Goodwin G, Harmer C, Wulff K. Daily rest-activity patterns in the bipolar phenotype: A controlled actigraphy study. Chronobiol Int. 2014 Mar;31(2):290-6.

doi: 10.3109/07420528.2013.843542. Epub 2013 Oct 30. PMID: 24517177; PMCID: PMC3934377.

26 Fonken LK, Weil ZM, Nelson RJ. Mice exposed to dim light at night exaggerate inflammatory responses to lipopolysaccharide. Brain Behav Immun. 2013 Nov; 34:159-63. doi: 10.1016/j.bbi.2013.08.011. Epub 2013 Sep 6. PMID: 24012645.

27 Young JW, Cope ZA, Romoli B, Schrurs E, Aniek Joosen, van Enkhuizen J, Sharp RF, Dulcis D. Mice with reduced DAT levels recreate seasonal-induced switching between states in bipolar disorder. Neuropsychopharmacology. 2018 Jul;43(8):1721-1731. doi: 10.1038/s41386-018-0031-y. Epub 2018 Feb 27. PMID: 29520059; PMCID: PMC6006292.

28 Findeis, H., Oster, H., Bauer, M. et al. Chronobiologische Aspekte der bipolaren Störung. Nervenarzt 93, 873–881 (2022). https://doi.org/10.1007/s00115-022-01350-x

29 Lewis KJS, Richards A, Karlsson R, Leonenko G, Jones SE, Jones HJ, Gordon-Smith K, Forty L, Escott-Price V, Owen MJ, Weedon MN, Jones L, Craddock N, Jones I, Landén M, O'Donovan MC, Di Florio A. Comparison of Genetic Liability for Sleep Traits Among Individuals With Bipolar Disorder I or II and Control Participants. JAMA Psychiatry. 2020 Mar 1;77(3):303-310. doi: 10.1001/jamapsychiatry.2019.4079. PMID: 31751445; PMCID: PMC6902167.

30 Ebenda

31 Inder ML, Crowe MT, Porter R. Effect of transmeridian travel and jetlag on mood disorders: evidence and implications. Aust N Z J Psychiatry. 2016 Mar;50(3):220-7. doi: 10.1177/0004867415598844. Epub 2015 Aug 12. Erratum in: Aust N Z J Psychiatry. 2016 Oct;50(10):1021. PMID: 26268923.

32 Moon JH, Cho CH, Son GH, Geum D, Chung S, Kim H, Kang SG, Park YM, Yoon HK, Kim L, Jee HJ, An H, Kripke DF, Lee HJ. Advanced Circadian Phase in Mania and Delayed Circadian Phase in Mixed Mania and Depression Returned to Normal after Treatment of Bipolar Disorder. EBioMedicine. 2016 Sep; 11:285-295. doi: 10.1016/j.ebiom.2016.08.019. Epub 2016 Aug 13. PMID: 27543154; PMCID: PMC5049992.

33 Lahti, T.A., Haukka, J., Lönnqvist, J. et al. Daylight saving time transitions and hospital treatments due to accidents or manic episodes. BMC Public Health 8, 74 (2008). https://doi.org/10.1186/1471-2458-8-74

34 Frank E, Swartz HA, Kupfer DJ. Interpersonal and social rhythm therapy: managing the chaos of bipolar disorder. Biol Psychiatry. 2000 Sep 15;48(6):593-604. doi: 10.1016/s0006-3223(00)00969-0. PMID: 11018230.

35 Wirz-Justice A, Skene DJ, Münch M. The relevance of daylight for humans. Biochem Pharmacol. 2021 Sep; 191:114304. doi: 10.1016/j.bcp.2020.114304. Epub 2020 Oct 28. PMID: 33129807

36 Humpston C, Benedetti F, Serfaty M, Markham S, Hodsoll J, Young AH, Veale D. Chronotherapy for the rapid treatment of depression: A meta-analysis. J Affect Disord. 2020 Jan 15; 261:91-102. doi: 10.1016/j.jad.2019.09.078. Epub 2019 Sep 30. PMID: 31606606.

37 Fernanda C. Gabriel, Manoela Oliveira, Bruna Dc M. Martella, Michael Berk, Elisa Brietzke, Felice N. Jacka & Beny Lafer (2022) Nutrition and bipolar disorder: a systematic review, Nutritional Neuroscience, DOI: 10.1080/1028415X.2022.2077031

38 Ebenda

39 Roh E, Kim MS. Brain Regulation of Energy Metabolism. Endocrinol Metab (Seoul). 2016 Dec;31(4):519-524. doi: 10.3803/EnM.2016.31.4.519, PMID: 28029023 PMCID: PMC5195827.

40 Ebenda

41 Elmslie JL, Mann JI, Silverstone JT, Williams SM, Romans SE. Determinants of overweight and obesity in patients with bipolar disorder. J Clin Psychiatry. 2001 Jun;62(6):486-91; quiz 492-3. doi: 10.4088/jcp.v62n0614 , PMID: 11465534 .

42 WHO | Obesity and Overweight. Geneva: World Health Organization.

43 Morin JP, Rodríguez-Durán LF, Guzmán-Ramos K, Perez-Cruz C, Ferreira G, Diaz-Cintra S, Pacheco-López G. Palatable Hyper-Caloric Foods Impact on Neuronal Plasticity. Front Behav Neurosci. 2017 Feb 14;11:19. doi: 10.3389/fnbeh.2017.00019. PMID: 28261067; PMCID: PMC5306218.

44 McElroy SL, Crow S, Biernacka JM, Winham S, Geske J, Cuellar Barboza AB, Prieto ML, Chauhan M, Seymour LR, Mori N, Frye MA. Clinical phenotype of bipolar disorder with comorbid binge eating disorder. J Affect Disord. 2013 Sep 25;150(3):981-6. doi: 10.1016/j.jad.2013.05.024. Epub 2013 Jun 3. PMID: 23742827; PMCID: PMC5551039.

45 Melo MCA, de Oliveira Ribeiro M, de Araújo CFC, de Mesquita LMF, de Bruin PFC, de Bruin VMS. Night eating in bipolar disorder. Sleep Med. 2018 Aug;48:49-52. doi: 10.1016/j.sleep.2018.03.031. Epub 2018 May 7. PMID: 29859477.

46 Khambadkone, S.G., Cordner, Z.A., Dickerson, F. et al. Nitrated meat products are associated with mania in humans and altered behavior and brain gene expression in rats. Mol Psychiatry 25, 560–571 (2020). https://doi.org/10.1038/s41380-018-0105-6

47 Swartz, C.M. Mania and nitrated meat products. Mol Psychiatry 25, 511 (2020). doi.org/10.1038/s41380-019-0389-1

48 Prakash J, Chaudhury S, Chatterjee K, Kumar S. ,Do food and nutrition have therapeutic value for disorders of mood and conation? Ind Psychiatry J. 2022 Jan-Jun;31(1):1-5. doi: 10.4103/ipj.ipj_68_22. Epub 2022 May 20. PMID: 35800866; PMCID: PMC9255610.

49 Ebenda

50 Ebenda

51 Ebenda

52 LaChance LR, Ramsey D. Antidepressant foods: An evidence-based nutrient profiling system for depression. World J Psychiatry. 2018 Sep 20;8(3):97-104. doi: 10.5498/wjp.v8.i3.97. PMID: 30254980; PMCID: PMC6147775.

53 Ebenda

54 Hoepner CT, McIntyre RS, Papakostas GI. Impact of Supplementation and Nutritional

Interventions on Pathogenic Processes of Mood Disorders: A Review of the Evidence. Nutrients. 2021 Feb 26;13(3):767. doi: 10.3390/nu13030767. PMID: 33652997; PMCID: PMC7996954.

55 Ebenda

56 Danan A, Westman EC, Saslow LR, Ede G. The Ketogenic Diet for Refractory Mental Illness: A Retrospective Analysis of 31 Inpatients. Front Psychiatry. 2022 Jul 6;13:951376. doi: 10.3389/fpsyt.2022.951376. PMID: 35873236; PMCID: PMC9299263.

57 Ebenda

58 Ebenda

59 Ebenda

60 Esaki Y, Obayashi K, Saeki K, Fujita K, Iwata N, Kitajima T. Association between circadian activity rhythms and mood episode relapse in bipolar disorder: a 12-month prospective cohort study. Transl Psychiatry. 2021 Oct 13;11(1):525. doi: 10.1038/s41398-021-01652-9. PMID: 34645802; PMCID: PMC8514471.

61 Esaki Y, Kitajima T, Obayashi K, Saeki K, Fujita K, Iwata N. Light exposure at night and sleep quality in bipolar disorder: The APPLE cohort study. J Affect Disord. 2019 Oct 1; 257:314-320. doi: 10.1016/j.jad.2019.07.031. Epub 2019 Jul 5. PMID: 31302520.

62 Solomon DA, Keitner GI, Miller IW, Shea MT, Keller MB. Course of illness and maintenance treatments for patients with bipolar disorder. J Clin Psychiatry. 1995 Jan;56(1):5-13. PMID: 7836345.

63 Harvey SB, Øverland S, Hatch SL, Wessely S, Mykletun A, Hotopf M. Exercise and the Prevention of Depression: Results of the HUNT Cohort Study. Am J Psychiatry. 2018; 175:28–36. doi: 10.1176/appi.ajp.2017.16111223

64 Melo MC, Daher Ede F, Albuquerque SG, de Bruin VM. Exercise in bipolar patients: A systematic review. J Affect Disord. 2016 Jul 1; 198:32-8. doi: 10.1016/j.jad.2016.03.004. Epub 2016 Mar 15. PMID: 26998794.

65 Vancampfort D, Firth J, Schuch FB, Rosenbaum S, Mugisha J, Hallgren M, et al. Sedentary behaviour and physical activity levels in people with schizophrenia, bipolar disorder and major depressive disorder: a global systematic review and meta-analysis. World Psychiatry. 2017; 16:308-15. doi: 10.1002/wps.20458

66 Ebenda

67 Banach M, Lewek J, Surma S, Penson PE, Sahebkar A, Martin SS, Bajraktari G, Henein MY, Reiner Ž, Bielecka-Dobrowa A, Bytyçi I. The association between daily step count and all-cause and cardiovascular mortality: a meta-analysis. Eur J Prev Cardiol. 2023 Aug 9:zwad229. doi: 10.1093/eurjpc/zwad229. Epub ahead of print. Erratum in: Eur J Prev Cardiol. 2023 Aug 18;: PMID: 37555441.

68 Fernanda C. Gabriel, Manoela Oliveira, Bruna De M. Martella, Michael Berk, Elisa Brietzke, Felice N. Jacka & Beny Lafer (2022) Nutrition and bipolar disorder: a systematic review, Nutritional Neuroscience, DOI:

69 https://genetisches-maximum.de/citrullin/warum-gehen-so-magisch-wirkt

70 Ebenda

71 Sarris J, Ravindran A, Yatham LN, Marx W, Rucklidge JJ, McIntyre RS, Akhondzadeh S, Benedetti F, Caneo C, Cramer H, Cribb L, de Manincor M, Dean O, Deslandes AC, Freeman MP, Gangadhar B, Harvey BH, Kasper S, Lake J, Lopresti A, Lu L, Metri NJ, Mischoulon D, Ng CH, Nishi D, Rahimi R, Seedat S, Sinclair J, Su KP, Zhang ZJ, Berk M. Clinician guidelines for the treatment of psychiatric disorders with nutraceuticals and phytoceuticals: The World Federation of Societies of Biological Psychiatry (WFSBP) and Canadian Network for Mood and Anxiety Treatments (CANMAT) Taskforce. World J Biol Psychiatry. 2022 Jul;23(6):424-455. doi: 10.1080/15622975.2021.2013041. Epub 2022 Mar 21. PMID: 35311615.

72 https://www.strunz.com/news/neu-nems-in-der-psychiatrie.html

C Stabilität kann man leben – Psychiatrie der Zukunft

Meine Vision von klinischer Behandlung

Meine Vision von langfristiger ambulanter Betreuung

1 https://pubmed.ncbi.nlm.nih.gov/31606606/ und hier https://pubmed.ncbi.nlm.nih.gov/25231629/

Meine Vision von personenbezogener Diagnostik

1 https://www.praeventologe.de/gesundheitskompetenz/vorstellung-glk

2 http://www.vitalstoff-lexikon.de/Weitere-Vitalstoffe/Coenzym-Q10/ - letzter Abruf am 16.06.2022

Was ein gesundes Gehirn und eine gesunde Psyche brauchen

1 Amen, Daniel G. (2021): Gesundes Gehirn - gesunde Psyche. Warum Angststörungen, Depressionen, ADHS und andere psychische Krankheiten körperliche Ursachen haben und wie man sie heilen und vermeiden kann. 1. Auflage. München: Riva; S. 78

2 https://go.spitzen-praevention.com/pdf-gesunder-schlaf/